《西南民族大学学报》（人文社会科学版）创刊35周年成果巡礼

# 探索与创新

主　编　赵心愚　余仕麟

## 传媒与文化产业：
### 媒介时代前瞻

副主编　吴定勇　刘立策

四川大学出版社

责任编辑:庄　剑
责任校对:舒　星
封面设计:墨创文化
责任印制:王　炜

**图书在版编目(CIP)数据**

传媒与文化产业:媒介时代前瞻 / 赵心愚,余仕麟主编. —成都:四川大学出版社,2014.7
(探索与创新)
ISBN 978-7-5614-7918-6

Ⅰ.①传… Ⅱ.①赵… ②余… Ⅲ.①传播媒介-中国-文集②文化产业-中国-文集 Ⅳ.①G219.2-53 ②G124-53

中国版本图书馆 CIP 数据核字(2014)第 172611 号

**书名** 传媒与文化产业:媒介时代前瞻

| | |
|---|---|
| 主　　编 | 赵心愚　余仕麟 |
| 出　　版 | 四川大学出版社 |
| 地　　址 | 成都市一环路南一段24号(610065) |
| 发　　行 | 四川大学出版社 |
| 书　　号 | ISBN 978-7-5614-7918-6 |
| 印　　刷 | 四川和乐印务有限责任公司 |
| 成品尺寸 | 148 mm×210 mm |
| 印　　张 | 15 |
| 字　　数 | 400 千字 |
| 版　　次 | 2014 年 8 月第 1 版 |
| 印　　次 | 2014 年 8 月第 1 次印刷 |
| 定　　价 | 33.00 元 |

◆读者邮购本书,请与本社发行科联系。电话:(028)85408408/(028)85401670/(028)85408023　邮政编码:610065
◆本社图书如有印装质量问题,请寄回出版社调换。
◆网址:http://www.scup.cn

◆版权所有◆侵权必究

# 总　序

　　《西南民族大学学报》（人文社会科学版）（以下简称学报社科版）创刊于 1979 年 7 月，是在改革开放的春天里应运而生的宁馨儿。35 年来，沐浴着改革开放的春风和党的民族政策的阳光雨露，在学校党委、行政的正确领导和强有力的支持下，学报社科版通过不断的改革探索和锐意创新，刊物质量不断提高，社会影响逐渐扩大，近 20 年来已经陆续入选中文社会科学引文索引（CSSCI）来源期刊、中文核心期刊、中国人文社会科学核心期刊、RCCSE 中国核心学术期刊、全国高校百强社科期刊，还被评为"全国民族地区学报名刊""四川省社会科学学术期刊名刊"等，并且在 CSSCI 期刊的评选中连续数届名列全国民族学与文化学类学术期刊前茅。"三十而立"，35 岁的学报社科版已经开始走向成熟。

　　回想 35 年前创刊之时，十一届三中全会刚刚开过，正从"文化大革命"浩劫中恢复过来的西南民族学院（2003 年 6 月更名为西南民族大学）改由国家民委和四川省双重领导（以国家民委为主），并被列为"六五"期间重点建设院校，学校迎来了自 1951 年建校以来的第二次大发展。1979 年 3 月，学校《关于把工作重点转移到教学、科研上的意见》颁布实施后，更为把工作重心从思想、工作、制度上转移到教学、科研上来，做了一系列准备，为本刊的创办和发展营造了宽松有利的环境。自创刊以来，学校在其机构设置、人员配备、硬件设施、办公经费等方面，都给予了巨大的支持。尤其在进入新世纪以后，学校实现跨越式、超常规大发展，进入了建校以来发展得最快、最好的黄金时期，办学规模迅猛扩大，办学实力和办学水平迅猛提升，学校从各方面对学报的支持自然更大，要求也更高。这些年来，学报社科版和理科版（1975年创刊）努力抓住这种大好机遇改革创新，加快发展，取得了长足的进步。特别是学报社科版，自"十五"以来更加明确了特色化发展战略，立足学校的学科特色和地处大西南的地域优势努力做大做强"民族学·人类学"板块，着重打造"民族理论与民族政策""民族文化""藏彝走廊""灾难人类学"等栏目和专题，逐渐凝练了自身特色和品牌优势；同时锐意改革，不断创新，较早在全国学报界推出了一系列新的改革尝试，并通过建立健全规章制度，强化科学管理，一次又一次取得较大的突破，在海内外学术界尤其是民族学界产生了较高的知名度和较大的影响力，成了为数不多的同时拥有最重要的"三核心"（CSSCI来源期刊、中心核心期刊、中国人文社会科学核心期刊）头衔的重量级刊物，被誉为"民族学类学术期刊的一朵奇葩"。

　　作为综合性学术期刊，学报社科版开设有"民族学·人类学""哲学·宗教""法学""经济·管理""新闻传播""语言文学""政治""历史""教育"等基本栏目，创刊以来各个栏目所刊发的文章数以千计。在创刊35周年之际，学报编辑部以基本栏目为单位，从各个栏目历年所刊发的众多文章中各精选出四五十篇辑集成册，结成《民族学·人类学：追述与反思》《民族文化：发掘与弘扬》《哲学·宗教：智慧与超越》《法学：社会秩序如何构建》《经济·管理：效率与福利》《生态文明：利用与厚生》《文学：从文化启蒙到思想激荡》《传媒与文化产业：媒介时代前瞻》《政治·历史：守望与追求》《教育：百年树人》《信息分析与科学评价：学术影响力研究》等11个专题卷册，作为纪

## 总　序

念创刊35周年的"探索与创新"系列丛书,其目的有三:一是检视创刊35年来各个基本栏目的大体质量,二是反映我校学报社科版创刊35年来在推动我国学术进步和文化繁荣方面做出的努力,三是为各学科领域专家学者对我校学报办刊35年来的优秀文章进行"专业化"阅读提供方便。

为了从各个栏目数以千计的文章中遴选出相对较为优秀的四五十篇作品,丛书各卷册都遵循如下遴选标准:(1)名家名稿;(2)他引次数多的文章;(3)被《新华文摘》《中国社会科学文摘》《中国高校学术文摘》《人大复印资料》等四大文摘转载的文章;(4)获得省部级以上优秀社科成果奖的文章;(5)属于省部级以上基金项目成果等。在选编时,上述条件同时具备得越多者优先入选,而入选文章至少要符合其中的一两条。在此前提下,丛书还同时考虑到各个年代和卷册内各个栏目板块以及文章主题的基本平衡,规定原则上一个作者的文章在一卷中最多只能选用一篇。这样,既尽可能照顾到更多的作者,又保证了每一篇入选文章都具有较高的质量。

21世纪的今天,以移动互联网为代表的新兴媒介层出不穷,全球化、数字化、国际化浪潮滚滚而来,势不可挡,高校学报正面临着更加严峻的挑战和更为激烈的竞争。逆水行舟,不进则退。作为面向海内外发行的综合性学术期刊,《西南民族大学学报》(人文社会科学版)将再接再厉,进一步提高办刊水平,既要及时反映西南民族大学社会科学研究的新成果,为促进西南民族大学的内涵发展、特色发展做出新的更大的贡献,更要为中国各民族文化的传播、传承和我国民族地区的经济社会文化发展提供更为有力的学术支撑,使其不仅在国内成为名刊,也能够面向世界,逐步成为具有一定国际影响力的学术期刊。

是为序。

# 目 录

## 新闻传播

民生新闻：中国特色的新闻传播范式 ………… 董天策（1）
从内容调整到制度创新：中国新闻教育改革出路
　　………………………………… 吴廷俊　王大丽（22）
传媒新格局下的民族新闻教育 ………… 钟克勋　徐希平（35）
论记者之"优"的道德评价标准 …………………… 陈堂发（48）
论新闻发言人 …………………………………… 邱沛篁（58）
多重理论视野中的新闻评论 …………………… 赵振宇（68）
媒体评论的危机与转型 ………………………… 刘学义（81）
媒介融合，报业发展新支点
　　——从报纸消亡论说起 ………………………… 石　磊（93）
媒介融合发展与新闻资源开发 ………………… 蔡　雯（103）
新媒体背景下突发事件报道的机制创新
　　——以CNN的《我报道》为例 ………………… 韩　鸿（112）
环境新闻中媒体舆论归责的形成、消退与再生
　　——剖析2010年全球主流媒体环境灾难报道
　　……………………………………………… 王积龙（126）
试论人际传播 …………………………………… 陈力丹（139）
论网络传播学的理论构建 ……………………… 赵志立（156）
大众传播学的议程设置理论与框架理论关系探讨
　　……………………………………………… 张洪忠（170）
风险社会中的环境污染问题及舆论风险 ……… 张涛甫（180）

涌现与互动
　　——网络传播表现与动力机制的研究 …………… 彭　虹（192）
媒介生态与和谐准则 ………………… 蒋晓丽　杨　琴（209）
论政府的媒介形象 …………………………………… 丁柏铨（218）
传播学教育在中国 …………………………………… 刘海贵（232）
拟态环境与广告的实在与空灵 ……………………… 杨晓明（244）
我国本土化跨文化传播研究现状分析
　　——以2000—2009年部分CSSCI新闻传播类学术刊物为例
　…………………………………………………… 刘　阳（256）

## 文化产业

论中国文化产业发展的"3P战略" ………………… 李思屈（276）
我国文化产业政策体系的3P评估 …………………… 关萍萍（291）
论文化产业发展中的版权评估问题 …… 蔡尚伟　钟　勤（312）
国内动漫衍生品市场的现状与前景 ………………… 赵路平（325）
传媒产业规制：背景演变、国际经验与中国现实
　……………………………………………………… 朱春阳（333）
论中国文化产业品牌战略 …………………………… 梁明洪（347）
动漫产业的发展与国家文化软实力提升 …………… 刘　轶（355）
信息空间理论下的非物质文化遗产数字化保护与传播
　………………………………………… 谈国新　孙传明（370）

## 影视艺术

论电视文本的结构主义批评 ………………………… 欧阳宏生（385）
拍摄者在纪录片叙事中介入身份的合理性研究
　………………………………………… 王冬冬　李奇凌（399）
女性电影文本
　　——从男性主体中剥离与重建 ………………… 王　虹（409）

# 目 录

遮蔽与张扬：新中国女性电影的主题变奏 ········ 高　力（426）

人类学电影的信息传递方式 ·················· 郝跃骏（442）

微博时代电视娱乐节目传播特征探析

——以《中国好声音》的传播实践为例

················································ 朱　天　姚　婷（459）

# 民生新闻：中国特色的新闻传播范式

董天策

进入新世纪以来，"民生新闻"不仅是我国传媒界大力推进的传播新潮，而且是学术界广泛关注的理论问题。检索中国学术期刊全文数据库，自 2003 年到 2006 年 6 月，各种刊物发表关于"民生新闻"的研讨文章已近 200 篇。事实上，有关研讨文章远不止这个数目。且不说网上发布的这类文章，单正式出版的《南方传媒研究》第一辑"民生新闻专辑"，就收录未进入上述统计的有关文章 30 余篇。然而，民生新闻研究虽然很热门，学术上的进展却难以令人满意。一方面，众多的研讨文章"大多处于零散的、经验性的、个案式的研究层面上，比较欠缺学术深度"[1]；另一方面，这些研讨文章往往自说自话，对"民生新闻"的研讨很少展开学术意义上的对话，以致有论者认为民生新闻研究存在着"七大待解之谜"：(1)"民生新闻"是否是一个严谨的科学命题？(2)"民生新闻"与"社会新闻"的关系究竟如何？(3)"民生新闻"究竟有哪些本质特征？(4)"民生新闻"是传播理念还是新闻类别抑或节目形态？(5) 电视与报纸究竟是谁"抄"谁的"民生新闻"？(6) 民生新闻热潮中的"尴尬"处境（指受到质

---

[1] 宋志标：《摇摆于民本与民主之间——简析两种民生新闻观的现状、嬗变及意义》，载《南方传媒研究》（第一辑），广州：南方日报出版社，2006 年，第 68 页。

疑、批评）为哪般？（7）"红旗"到底能够打多久？① 因此，澄清"民生新闻"的基本学理问题，给"民生新闻"一个科学的"说法"，仍是摆在我们面前的理论课题。本文将在吸取有关研究成果的基础上，从科学社会学的范式理论出发，对民生新闻的基本理论问题进行深入的分析与阐述，以期推进民生新闻研究的深化。

## 一、民生新闻：一种新的新闻传播范式

民生新闻是什么？这自然是相关研究首先面对的问题。从现有资料看，这个问题并未解决。或认为是一种"新闻类型"，如说民生新闻是"经济新闻、社会新闻两大板块中各划出一块来合并而成的"一类新闻②；或认为民生新闻是一种"新闻体裁"，如说"民生新闻的主要形态是以城市居民为传播对象，以频道主要覆盖城市为报道范围，以市民日常经济、社会生活息息相关的新闻事件为主要题材的一种电视新闻体裁"③；或认为是一种"节目形态"，如说"'电视民生新闻'是以民众生活为主体的新型电视新闻节目"④；或认为是一种"价值取向"，如说"'民生新闻'并不是一个关乎新闻体裁样式的专业性概念，它更多地体现为一种针对新闻媒介和新闻记者的实践活动的价值取向"⑤；或认为是一种报道风格，如说"民生新闻不应该再作为新闻题材的一种，也不单纯是一种固定的节目形态或新闻体裁，而应该是

---

① 陈立生：《电视"民生新闻"的七大待解之谜》，载《淮北煤炭师范学院学报》（哲学社会科学版）2005年第2期。
② 韩泽：《民生新闻小札》，载《视听界》2004年第1期。
③ 孟建、刘华宾：《对"电视民生新闻"现象的理论阐释》，载《中国广播电视学刊》2004年第7期。
④ 路璐：《解析电视民生新闻的资源优势》，载《传媒观察》2004年第6期。
⑤ 陆晔、苏菲：《地方电视新闻的新走向》，载《中国广播电视学刊》2004年第6期。

## 民生新闻：中国特色的新闻传播范式

一种风格追求与手法运用"[①]；或认为是一种"话语建构"，如说"'民生新闻'的提出是针对当前社会的'话语建构'，它只能成为社会发展的一个过渡产物"[②]。诸如此类，不一而足。

显然，上述不同说法之间存在着学理上的矛盾。这是因为，新闻类型、新闻体裁、节目形态、价值取向、报道风格、话语建构这些概念各自具有内在的规定性，分别以之作为民生新闻的属概念，也就把民生新闻纳入了各不相同的理论范畴，这就必然会让人产生"民生新闻"究竟是什么的疑问。已有学者注意到："民生新闻与新闻学领域里传统地按照单一标准划分的样式不同，是多个标准共同生效的划分结果。"从内容上看，民生新闻主要报道的是日常状态下平民百姓的衣食住行及其所想、所感；从表达上看，民生新闻的基调和具体的表现手法与西方新闻界的"软新闻"类似，多采用一些符合普通百姓接受心理与接受能力的"软性"表达；从宗旨和终极目标上看，民生新闻是以关切的目光关心民生疾苦，将硬新闻软处理，同时赋予软新闻以硬道理，在进行舆论监督的时候也立足于问题的解决而不是简单地批评了事。不过，"让多个分类标准共同生效，一方面帮助我们从内容、表达、受众定位三个方面理解民生新闻这一概念，同时也给我们带来困惑：在原有的新闻专业领域里我们无法找到与其对应的分类项。民生新闻就是这样充满悖论地存在着。"[③]

如何解决这个悖论，作者的办法是等待民生新闻的再实践与再认识："对于这样一个新的专有名词，没有必要急于给予其一个统一的界定。"因为"在民生新闻的概念认识系统内，多元观

---

[①] 程前、陈杭：《望诊电视民生新闻》，载《中国电视》2005 年第 2 期。

[②] 郑宇丹：《民生新闻——主流意识的话语建构》，载《南方传媒研究》（第一辑），广州：南方日报出版社，2006 年，第 58 页。

[③] 李舒、胡正荣《"民生新闻"现象探析》，载《中国广播电视学刊》2004 年第 6 期。

念的相互影响和讨论,客观上必然带来对民生新闻认识的逐渐清晰,甚至最终达成共识"①。诚然,对于新出现的理论问题,我们需要有一种开放的学术心态,容许多元观念的碰撞与交流。但是,这并不意味着我们应当放弃学术研究固有的探索性。因此,科学地回答民生新闻是什么,解决民生新闻充满的"悖论"——既是一个重要的新闻现象,却又无法在原有的新闻专业领域里找到与其对应的分类项,就是不能回避的问题。而要解决这个悖论,我们就不能停留在现有的理论架构或认识框架之内,而是需要引入科学社会学的"范式"概念及其理论模式。

1962年,托马斯·库恩出版《科学革命的结构》一书,创造性地提出了科学发展过程中的范式理论。在库恩看来,科学发展的模式是由一个常规科学传统转变到另一个常规科学传统,两个传统之间的变化就是范式(paradigm)的转换。不同范式之间具有不可通约性(incommensurable),即"两个范式之间找不到共同的基础来理性地比较高下"②;而同一范式则具有共享性,即范式是一套共同的科学习惯。1969年,库恩对范式作了进一步阐释:"一方面,它代表着一个特定共同体的成员所共有的信念、价值、技术等等构成的整体。另一方面,它指谓着整体的一个元素,即具体性谜题解答;把它们当作模型和范例,可以取代明确的规则作为科学中其他谜题解答的基础"③。在库恩看来,范式的构成包括以下四种要素:(1)符号概括,科学共同体共同使用的公式;(2)共同信念,包括形而上学的世界观或理论模型;(3)共有价值,科学共同体培养了科学家共同的鉴赏力;

---

① 李舒、胡正荣:《"民生新闻"现象探析》,载《中国广播电视学刊》2004年第6期。

② 王巍:《科学哲学问题研究》,北京:清华大学出版社,2004年。

③ [美]托马斯·库恩著,金吾伦、胡新和译:《科学革命的结构》,北京:北京大学出版社,2003年,第157页。

(4) 范例。① 1974 年，库恩又把范式的构成要素概括为"符号概括、模型、范例"② 三种。不论是四种还是三种，范例都是范式的典型体现，反过来说，"范式是共有的范例"③。因此，在简化的意义上，"一个范式就是一个公认的模型或模式"（pattern）④。

值得注意的是，库恩所谈的"范式"其实是科学共同体所遵循的"科学范式"。推而广之，任何"范式"都意味着由一定的概念或术语、一定的世界观（主要是信念与价值）、一定的范例所构成的实践模式或理论模式。这样看，中外新闻传播显然存在着多种多样的范式。比如，源自西方新闻界的客观报道、解释性报道、调查性报道、深度报道、新新闻主义，我国新闻界开创的典型报道、正面报道，就是不同的新闻传播范式。"民生新闻"的实践及其概念化，本质上是对我国当前一种新型的新闻传播范式的理论概括。换言之，如果要问民生新闻是什么，我们可以初步确定：民生新闻是一种新的新闻传播范式。2003 年初，江苏广播电视总台城市频道总监景志刚曾指出，《南京零距离》这一档电视新闻节目的追求是着意"打造中国电视新闻新模式"⑤，实际上已触及民生新闻是一种新的新闻传播范式之真义。

---

① ［美］托马斯·库恩著，金吾伦、胡新和译：《科学革命的结构》，版本同前，第 163～168 页。
② ［美］托马斯·库恩著，范岱年、纪树立等译：《必要的张力——科学的传统和变革论文选》，北京：北京大学出版社，2004 年，第 290 页。
③ ［美］托马斯·库恩著，金吾伦、胡新和译：《科学革命的结构》，版本同前，第 157 页。
④ ［美］托马斯·库恩著，金吾伦、胡新和译：《科学革命的结构》，版本同前，第 21 页。
⑤ 李幸、景志刚：《打造中国电视新闻新模式——关于〈南京零距离〉的谈话》，载《现代传播》2003 年第 2 期。

## 二、民生新闻传播范式的具体内涵

作为一种新闻传播范式,"民生新闻"是由多种独特内涵有机结合在一起而形成的新闻实践模式。前引李舒、胡正荣认为民生新闻是"多个标准共同生效的划分结果"之论说,其实已在一定程度上触及民生新闻传播范式的内在规定性。陆晔等人的论述更为明确:"'民生新闻'不仅仅概括了媒介对报道内容的选择标准,还体现着报道者的立场、态度和出发点,更蕴含了媒介对自身社会功能的认识。"[①] 遗憾的是,这些论说尽管把民生新闻作为一种新闻传播范式的多重内涵及其整合性较为充分地揭示出来,却并没有把民生新闻的本质明确地概括为新闻传播范式,可谓功亏一篑。

那么,民生新闻传播范式究竟包括了哪些具体内涵呢?应当说,以往对民生新闻内在规定性或本质特征的探讨,其实就是对民生新闻范式具体内涵的探讨。当然,关于民生新闻本质特征的认识还存在分歧。或认为"'民生新闻'的本质特征应该是"民生内容,平民视角,民主的价值取向"[②];或认为"平民视角、民生内容、人文叙事是其根本和核心"[③];或认为民生新闻的基本内涵是"民间立场、民众视角、民本取向"[④];或认为"民生新闻的基本定位是'民生内容、民众视角、民本取向'"[⑤];或认

---

① 陆晔、王硕、侯宇静:《突破从"民生新闻"开始》,载《现代传播》2004年第4期。

② 陆晔、苏菲:《地方电视新闻的新走向》,载《中国广播电视学刊》2004年第6期。

③ 赖浩锋:《解析电视民生新闻三内核》,载《山东视听》2005年第1期。

④ 易前良:《"民生新闻"的理论阐释》,载《河海大学学报》(哲学社会科学版)2005年第2期。

⑤ 朱寿桐:《论电视民生新闻理论的可能性》,载《中国电视》2005年第12期。

为"构成民生新闻要件的是新闻本位、舆论监督、人文关怀"①；此外，还有"本土化""大众话语""现场直播"等说法②。这些论说同异互见，可谓见仁见智。这里无意提出什么新说，只在众多说法中进行选择，从而进一步明确民生新闻传播范式的独特内涵。在我看来，作为一种新闻传播范式，民生新闻的独特内涵主要包括：

（一）题材选择上的民生内容

一般地说，民生新闻所聚焦的是平民百姓的生活、生计、生存、生命。在此意义上，"民生新闻"的题材选择十分广泛，"除了日常社会新闻外，可以涵盖于地方百姓最直接相关的政策服务资讯，有与时政新闻、社教新闻的交叉，还可涵盖一部分消费、经济信息"③。因此，就民生新闻的内容而言，可以说是"对最新的有关人民大众生计来源、生活质量、生存状态、生命安全及其相关心态的事实的报道"④。在这里，民生新闻在题材内容上已突破以往新闻学理论按题材内容进行的分类方式，以"民生"概念为核心对题材内容作了新的整合或聚合，形成了新的题材内容范畴。

（二）报道立场上的平民视角

多年来，传统的党报党刊或者电视新闻，往往过分注重自上而下的指导性，将受众看成是需要教育的对象，高高在上，存在着脱离群众的倾向。报道立场上的平民视角，就是贴近百姓生

---

① 陈龙：《新闻本位、舆论监督、人文关怀：民生新闻的公信力要件》，载《中国电视》2004年第6期。
② 陈立生：《电视"民生新闻"的七大待解之谜》，载《淮北煤炭师范学院学报》（哲学社会科学版）2005年第2期。
③ 朱天、程前、张金辉：《解读电视"民生新闻"现象》，载《传媒观察》2004年第8期。
④ 陈立生：《民生新闻的界定与实践》，载《新闻爱好者》2005年第9期。

活，站在百姓的立场上去关注民生问题，用"平视"而不是"俯视"的目光看待百姓，更多地聚焦平民百姓和弱势群体，更多地反映他们的生存状态。因此，平民视角意味着新闻工作者摒弃那种居高临下的心态，意味着新闻传播过程从以传播者为中心转变为以受众为中心，意味着记者站在与民众同呼吸共命运的立场上来审视民生新闻题材。

（三）价值取向上的民本意识

所谓民本，就是"以民为本"。在中国，民本思想源远流长。从《尚书·夏书·五子之歌》提出"民惟邦本，本固邦宁"的理念，到孟子力倡"民为贵，社稷次之，君为轻"的思想，一直到孙中山先生的"三民主义"，无不闪耀着民本思想的光辉。民生新闻在价值取向上的民本意识，就是把人民作为国家的根本，充分反映民众生活，关注民生疾苦，为民排忧解难，表达对普通民众的人文关怀。如果说平民视角是新闻传播的出发点，那么民本意识则是新闻传播的根本宗旨。

（四）报道方式上的民众话语

在这里，"民众话语"主要有两层含义：一是用老百姓喜闻乐见的语言形式来报道民生内容，如采用一些符合普通百姓接受心理与接受能力的"软性"表达，特别是在电视民生新闻中，主持人多采取"说新闻"的形式，使观众产生"拉家常"的亲切感和收视愉悦。二是让民众在新闻报道中发出自己的声音，表达自己对民生问题的看法和观点，再加上电话热线、短信平台等交流形式，使媒体成为民众言说公共事务的公共领域，较好地发挥传媒的舆论监督作用。

当然，民生新闻传播范式的这几个独特内涵是紧密联系在一起的，换句话说，正是这几个独特内涵的有机统一才构成了完整意义上的民生新闻。正如湖南经济电视台台长吕焕斌所说："何谓'民生新闻'？我的理解是：媒体站在人文关怀的立场，从最

**民生新闻：中国特色的新闻传播范式**

广大普通百姓的需求出发，用他们喜闻乐见的形式，播报、评说百姓关心的人和事，在反映百姓欲望、情感、意志的同时，积极为百姓排忧解难。"① 这就意味着："民生新闻不是一种具体的新闻体裁，也不是一种新的新闻类型"②，也不仅仅是一种新的价值取向，而是题材选择上的民生内容、报道立场上的平民视角、价值取向上的民本意识、报道方式上的民众话语的有机结合所构成的一种新型新闻传播范式。

需要说明的是，作为一种新闻传播范式，"民生新闻"中的"新闻"并非新闻文本意义上的"news"，而是新闻传播活动意义上的"journalism"。在英语中，"news"是指新闻、新消息（facts that are reported about a resent event or events），或者新闻报道（the news: a regular report of recent events broadcast on radio and television）；"journalism"是指新闻业、新闻工作（work of collecting, writing, editing and publishing material in newspapers and magazines or on television and radio）。两者的关联在于："journalism"所包括的新闻采访、写作、编辑、出版等各项工作，都是围绕"news"这个轴心而展开的。大体上，"news"是名词，对应汉语的新闻、消息；"journalism"是名词，对应汉语的新闻业、新闻工作，也即新闻传播活动。假如将"民生新闻"翻译成英文，准确的表述不是"news of the people's livelihood"，而是"journalism for the people's livelihood"。明确了这一点，就可以更好地理解为什么说民生新闻是一种新的新闻传播范式。

---

① 吕焕斌：《民生视角本色表达人文关怀整合营销——湖南经视〈都市—时间〉的探索》，载《中国广播电视学刊》2004 年第 6 期。
② 演讲人：《南京零距离》总制片人张建赓；来源：新浪网 http://ent.sina.com.cn/v/2004-07-26/2103455311.htm。

### 三、民生新闻传播范式的产生过程

民生新闻概念的提出,是与《南京零距离》这一档电视新闻节目联系在一起的。江苏广播电视总台城市频道总监景志刚曾明确指出:"在我们的节目中,既有社会新闻、也有舆论监督,还有生活资讯,甚至时政新闻,反映的都是平民百姓日常状态下的衣食住行,以至于用任何一种传统新闻分类概念来概括都是片面和不合适的。……我们需要新概念来概括并确认《南京零距离》这类已大量出现在我们新闻实践中的节目样态的内涵与价值。"他认为,对于将"实用资讯、生活投诉和社会新闻"这几个方面内容整合在一起的《南京零距离》及其同类节目,"用旧有的诸如'社会新闻''舆论监督'等概念来概括已严重词不达意。也许更适合使用的是'民生新闻'这一概念。因为,这一概念不仅字面上比较切题,而且内容上比较准确地概括了这类新闻的平民视角以及民主的价值取向这样一些本质性的内涵。"[①]

在这种观点得到广泛认可的同时,也有不少学者提出了不同的看法。时统宇把"民生新闻"与中央电视台 1993 年开播的《东方时空·生活空间》栏目联系起来,认为"'讲述老百姓自己的故事'通过对'民生'的个别反映,去表现'国计'的总体态势,包含了大智慧、大思路、大手笔。这句当年央视《东方时空》中'生活空间'的栏目语犹如石破天惊,给中国电视以永恒的亮色,生动形象地表明了中国电视传播的基本定位,在中国电视现代化的道路上具有里程碑的意义。平民意识和人间真情构成了'讲述老百姓自己的故事'的基本内涵和价值取向,芸芸众生的喜怒哀乐成为观众的新视点,普通人的生存状态和人生体验使

---

[①] 景志刚:《存在与确认:如何概括我们的新闻》,载《中国广播电视学刊》2003 年第 11 期。

得中国电视屏幕上洋溢着真诚和温馨。"① 后来有论者或把央视《生活空间》栏目看作"电视民生新闻节目的雏形"②,或将其认定为"'民生新闻'的真正开始"③。不过,正如有论者所指出的那样,"民生新闻在其刚刚'面市'时,并没有被如此命名,打出的是'都市新闻'或'晚报新闻'的旗号。"④ 被当作电视"民生新闻"节目范本的《南京零距离》,在其运作初期所打出的旗号,恰恰就是"打造南京人的电视晚报"⑤。于是,又有论者提出,"民生新闻的孕育和生成应该说是以平面媒体——报纸为依托,特别是都市报。"作者进而断定,"民生新闻孕育、生成的时间应该说是上世纪90年代初期"。⑥ 这样一来,民生新闻的产生就成为一个需要加以分析的问题。

值得注意的是,民生新闻的孕育与生成是两个不同的阶段,孕育阶段意味着民生新闻的某些构成要素开始出现,甚至形成雏形;生成阶段则是完整意义上的民生新闻的"真正开始"。在我看来,央视《生活空间》"讲述老百姓自己的故事"的确建构了电视节目的平民意识,体现出一种民本取向,但《生活空间》所讲述的老百姓故事只是具有一定新闻性的故事,并非严格意义的新闻,更非民生新闻。因此,"讲述老百姓自己的故事"至多只

---

① 时统宇:《从"讲述老百姓的故事"到"民生新闻"》,载《中国广播电视学刊》2004年第6期。

② 郑宇丹:《民生新闻——主流意识的话语建构》,载《南方传媒研究》(第一辑),广州:南方日报出版社,2006年,第58页。

③ 郑宇丹:《民生新闻——主流意识的话语建构》,来源同前。

④ 白小易:《在市场与传统的"角力"中发展——从〈法制现场〉的崛起看民生新闻的新趋向》,载《中国电视》2005年第2期。

⑤ 陈立生:《电视"民生新闻"的七大待解之谜》,载《淮北煤炭师范学院学报》(哲学社会科学)2005年第2期。

⑥ 李洋:《民生新闻:兴起与兴盛——兼论新闻的嬗变》,载《新闻界》2005年第5期。

能说是电视民生新闻的孕育。而在 1995 年诞生的都市报,从一开始就明确定位为"市民生活报"①,"全方位报道各个市民阶层关心的政治、经济、文化、社会、科技、体育等各方面的内容"②。当然,都市报最具特色的新闻报道还是"市民新闻"。对此,刘建明先生作过中肯的分析:"《华西都市报》在确定市民新闻的空间上作了精心的选择,在众多新闻印刷媒体中独领风骚。一是选择市民衣食住行、生老病死中发生的事件,尽量避免报道发生在机关、企业内部的事实;二是对政治活动、单位内部事件如需报道,力求选择与市民相关的角度展现新闻的都市空间;三是除重大事件和党与政府的重要活动,《华西都市报》不直接刊载或极少刊载经验性新闻,工作典型或会议新闻,或需报道,寻找同市民生活的结合点,把事实的内涵拉向市民的心理空间,或突出简要信息加以提示;四是为扩展市民新闻报道,每天开辟外省市新闻专版,精选各地发生的典型事件。"③ 当然,都市报的这种"市民新闻"在 20 世纪 80 年代后期至 90 年代前期崛起的新型晚报(如"晚报四小龙"即《扬子晚报》《钱江晚报》《深圳晚报》《武汉晚报》)中已得到较为充分的体现。随着报业竞争的加剧,90 年代中后期以来的传统晚报也在一定程度上吸取了这种"市民新闻"的做法。显然,都市报、晚报的这种"市民新闻"与后来的"民生新闻"在题材选择与价值取向上已具有一致性,已成为民生新闻的雏形。

与此同时,90 年代中后期的电视新闻已开始吸取都市报、

---

① 吴信训:《都市新闻传播学》,北京:中国社会科学出版社,2001 年,第 4～5 页。
② 席文举:《研究读者市场探索办报艺术》,载《报纸策划艺术》,北京:中国社会科学出版社,2000 年,第 102 页。
③ 王时瘳:《领导专家评说"都市报现象"》,收于《都市报现象研究》,北京:新华出版社,1998 年,第 16 页。

### 民生新闻：中国特色的新闻传播范式

晚报的"市民新闻"做法，成就了电视民生新闻的早期形态。李幸说得好，"1995年，在《北京特快》上，就已经有这种民生新闻的品质了。然后在1999年成都台有一个《今晚8：00》，也有这个品格了。"① 不过，严格地讲，民生新闻的真正产生还是新世纪初的事情。其显著标志有二：一是深圳报业集团的子报《晶报》在2001年8月1日创刊，明确提出"以民生新闻为特色"的办报方向；二是2002年1月1日江苏广播电视总台都市频道《南京零距离》的开播。特别是《南京零距离》，更是民生新闻的典型范本，是民生新闻真正形成的显著标志。之所以这样说，是有其内在理论依据的。从范式理论来看，此前都市报、晚报的"市民新闻"虽然在做民生内容，并且也具有民本意识的价值取向，但还没有产生民生新闻的典型范例，更没有进行自觉的理论概括。按库恩的范式理论，"范例"与"符号概括"都是构成范式必不可少的要素。人们之所以广泛认同《南京零距离》标志着民生新闻的真正开始，就在于这个节目不仅发扬光大了都市报、晚报的民生报道，而且将"实用资讯、生活投诉和社会新闻"这三个方面的内容整合在一起，形成了民生新闻的典型范例，进而产生了普遍的"示范"效应，使民生新闻在报刊与电视等媒体上得到广泛实践，形成了新世纪以来的民生新闻热潮。与此同时，新闻业界人士又十分明确地把这种新的新闻传播现象概括为"民生新闻"，完成了"符号概括"这一理论使命，从而使民生新闻作为一种新的新闻传播范式清晰地呈现出来。

当然，民生新闻传播范式还有待进一步完善与升华，特别是要处理好以下两个关键的问题。其一，科学对待民生新闻与社会新闻的关系，尤其是科学看待民生新闻实践中的各种问题。如前所述，民生新闻在题材内容上与社会新闻有相当大的交叉重合，

---

① 李幸：《十年来中国电视的第三次革命》，载《视听界》2004年第1期。

而那些在题材内容的意义上与民生新闻相同的"社会新闻"之所以成为民生新闻,关键在于"在传播的过程中又多了'一种加工的态度'——即'从民生的角度、从百姓的视角、从人民群众的根本利益出发',也就是说,一样的世界,但不一样的观点和解释的方式,使它的价值取向有所不同"①。然而,恰恰是在这一点上,新闻业界还把握得不够好,以致"在全国性的'民生新闻'的大潮里,泥沙俱下,鱼龙混杂,裹挟着社会新闻、新闻娱乐化等花样"。细加分析,不难发现当前的民生新闻大潮在品格上存在着明显的区别。应当说,"地方电视台做的这类新闻其实可以分为三种,即一般的、中间层的'市民新闻',往下走、俗一点的'市井新闻'以及往高里追求的'民生新闻'。"② 如何让民生新闻避免降格为低俗化的"市井新闻",同时让"市民新闻"提升为"民生新闻",这是必须在实践中不断探索和解决的问题。

其二,正确认识民生新闻传播范式与其他新闻传播范式的异同,特别是要弄清民生新闻与公共新闻的关系。民生新闻研究起步后的第二年即2004年,一些论者便针对通常被称为南京电视民生新闻节目之一的江苏卫视《1860新闻眼》的实践,特别是其"公推公选"的现场直播,提出了"公共新闻"的概念。一方面,一些学者认为公共新闻与民生新闻并不矛盾,如孙旭培将公共新闻的理念概括为四个方面,即"培育和营造公民社会,监督和构建公共领域,报道和指导公共事务,交流和引导公共意见",这些内涵与民生新闻显然具有某种关联度。另一方面,一些学者又认为公共新闻是民生新闻的一种提升,按陈昌凤的说法,"公共新闻突出一些民权的问题,突出公众的权益的问题,这个理念

---

① 陈青、韩意凝:《我们所理解的民生新闻》,载《中国广播电视学刊》2005年第1期。

② 李幸:《民生新闻≠社会新闻≠新闻娱乐化》,载《中国电视》2004年第11期。

## 民生新闻：中国特色的新闻传播范式

是对民生新闻的一种提升。"① 在后来的研究中，比较普遍的观点是把公共新闻看作民生新闻的提升之道。或认为从"民生新闻"到"公共新闻"是一种"价值理念的提升"②；或认为公共新闻是"民生新闻的品质提升与自我超越"③；或认为公共新闻是"民生新闻的成功突破"④ 等等。20 世纪 80 年代末 90 年代初美国公共新闻运动的倡导者罗森教授（Jay Rosen）认为，面对新闻业在商业化过程中遭到的社会批评和信任危机，"公共新闻"（public journalism，准确的汉译应是"公共新闻学"或"公共新闻主义"或"公共新闻事业"）所要倡导的理念与做法是："1) 视人民为市民、公共事务的潜在参与者，而非受害者或旁观者；2) 帮助政治性社群针对问题而行动，而非仅仅知晓问题；3) 改善公共讨论的环境，而非仅仅眼看着它被破坏；4) 帮助改善社会公共生活，使得它值得人们关注。"⑤ 由此可见，"公共新闻"与"民生新闻"的确具有一定的关联，但其区别也是显著的：公共新闻的本质理念是民主，民生新闻的本质理念是民生。民主与民生，是既相联系又有区别的两个概念。在我看来，"民生新闻"（journalism for the People's Livelihood）与"公共新闻"（public journalism）应当是具有本质区别而又相互联系的两种新闻传播范式，如何在实践上与理论上辩证地把握其异同，还需要不断探索与深入探讨。

---

① 张恩超：《从民生新闻到公共新闻》，载《南方周末》2004—11—04。
② 朱菁、江藜藜：《从"民生新闻"到"公共新闻"：价值理念的提升》，载《新闻实践》2005 年第 2 期。
③ 赵虎、王欣：《从"民生新闻"到"公共新闻"——论民生新闻的品质提升与自我超越》，载《新闻前哨》2005 年第 7 期。
④ 佚名：《民生新闻的成功突破——江苏卫视〈1860 新闻眼〉的实践及其启示》，来源：http://qnjz.dzwww.com/gdP.d/t20050523_1100442.htm。
⑤ 谢静：《建构权威·协商规范——美国新闻媒介批评解读》，上海：复旦大学出版社，2005 年，第 134 页。

## 四、民生新闻传播范式的价值体认

确认民生新闻是一种新的新闻传播范式,这是事实判断。科学研究在进行事实判断之后,还应进行价值判断。因此,接下来有必要追问:应当如何认识和评价民生新闻这一新的新闻传播范式?已往的研究存在着两个极端,批评者认为"民生新闻不是一个严格意义上具有独立内涵的新闻学概念","所有新闻都是为了民众和民众关心的,因此,应该都是民生新闻"。① 所谓"民生新闻","实际上也还是传统的'社会新闻'的花样翻新,这有点类似于家电业的概念游戏,只是为了听着更新鲜更招人耳目罢了。"② 而赞同者对民生新闻给予高度评价,或称为"中国电视的第三次革命"③,或称为"中国电视新闻改革的第三次浪潮"④。在我看来,前引论者对民生新闻的批评,如果不是故意曲解"民生新闻",就是根本没有认识到"民生新闻"的特定内涵,是经不起推敲的。那么,民生新闻是否就是"中国电视的第三次革命"或"中国电视新闻改革的第三次浪潮"呢?如果是,又是在什么意义而言的呢?这在学理上需要作进一步分析。

对民生新闻在整个中国新闻发展进程中的"改革"或"革命"意义,大多数论者都给予积极评价。或认为民生新闻是"中国新闻改革稳妥而有效的突破口"⑤;或认为"民生新闻"形成

---

① 陈龙:《新闻本位、舆论监督、人文关怀:民生新闻的公信力要件》,载《中国电视》2004 年第 6 期。
② 王立纲:《民生之后,电视何去何从?》,载《青年记者》2005 年第 6 期。
③ 李幸:《〈南京零距离〉与中国电视的三次革命》,载《广告大观》2004 年第 3 期。
④ 潘知常、邓天颖、彭海涛:《中国电视新闻的第二次革命》,中国新闻研究中心,http://www.cddc.net/shownews.asP.?newsid=7679。
⑤ 朱寿桐:《论电视民生新闻理论的可能性》,载《中国电视》2005 年第 12 期。

## 民生新闻：中国特色的新闻传播范式

了"具有中国本土特色的'大众化新闻'"①，从此，"中国才真正开始拥有了自己所谓的'本土化新闻'"②；或认为"民生新闻之所以能够成为中国电视传播的主流，关键在于它是新闻宣传贴近实际、贴近群众、贴近生活的'三贴近'方针的最直接、最形象、最生动的体现"③；或认为"民生新闻实现了一种话语权的转移，即从传统上以传播者为中心向以受众为中心的转移"④，等等。

应当说，这些评价都闪耀着论者的真知灼见，对认识民生新闻的价值很有启发意义。不过，从总体上看，这些评价往往是随意议论多而严谨分析少，缺乏深层次的理论概括，难免给人以一鳞半爪之感。究其原因，主要是在评价民生新闻时大多就事论事，没有把民生新闻作为一种新的新闻传播范式来进行本体性的观照。如果着眼于本体性层面，我们就不难发现民生新闻传播范式具有以下三个方面的独特价值。

首先，开拓了一个具有中国特色的新闻传播空间。作为一种新闻传播范式，"民生新闻"不仅包括题材选择上的民生内容，而且包括报道立场上的平民视角、价值取向上的民本意识、报道方式上的民众话语。因此，尽管民生新闻在题材内容上与社会新闻存在着相当大的交叉重叠，但它又具有完全不同于社会新闻的品质。可以这样说，"民生新闻缘于社会新闻，但它不同于社会新闻，主要体现在它一反社会新闻的泛娱乐化倾向，不以提供娱

---

① 白小易：《"民生新闻"：一种具有中国特色的大众新闻——兼论南京"民生新闻"大战》，载《中国电视》2004年第6期。
② 胡智锋、刘春：《会诊中国电视——关于中国电视现状及问题的对话》，载《现代传播》2004年第1期。
③ 张冬：《提升以人为本理念显示"三贴近"要求——试论民生新闻的品格》，载《山西煤炭管理干部学院学报》2005年第2期。
④ 陈青、韩意凝：《我们所理解的民生新闻》，载《中国广播电视学刊》2005年第1期。

乐、消遣、迎合人们猎奇心理为目的，而是以关注民生为立足点，以体现社会主义媒体'全心全意为人民服务'的宗旨，让普通人的喜怒哀乐成为版面的主角，表现出强烈的亲民色彩。"①因此，民生新闻所涉及的社会新闻，其实是"老百姓广泛关注的涉及公共利益和公共安全的社会新闻"②，而不是社会新闻的全部内容，没有谁会把社会新闻中的奇事趣闻当作民生新闻。同时，民生新闻还整合了社会新闻所不能涵盖的题材内容，因为"民生新闻也可以是时政、经济新闻的一种切入"，"也包括对一些涉及百姓利益的问题的探讨"③。事实上，民生新闻中的生活资讯和投诉就是完全为百姓服务、为民众撑腰的，而民众对这些内容的接受心理也是实用的、理性的、严肃的。这样，民生新闻就十分有力地建构了一个平民百姓的日常生活空间，它所蕴涵的意义与价值系统迥然有别于社会新闻。所以，民生新闻传播范式开拓出一个"通向民生的严肃和新闻的尊严"④的崭新天地，在纷繁复杂的新闻世界可谓别有洞天。

其次，找到了一条适合中国国情的新闻创新路径。在当代中国，新闻媒体是党和政府的喉舌，也是人民群众的喉舌。如何把新闻事业的党性和人民性有机地统一起来，如何把表现政府的立场与反映民众的呼声和谐地融合起来，如何把新闻传播实践同当下的社会历史进程密切地联系起来，无疑是新闻界面临的时代课题。江苏电视台《南京零距离》的"关注民生，直击热点"，南京电视台《直播60分》的"替政府分忧，为人民服务"，北京电

---

① 吉强：《民生新闻与党报创新》，载《当代传播》2005年第1期。
② 陈玉梅：《新民生新闻新电视》，载《南方传媒研究》（第一辑），广州：南方日报出版社，2006年，第22页。
③ 沈全梅：《民生新闻解读》，载《新闻大学》2003年夏。
④ 朱寿桐：《论电视民生新闻理论的可能性》，载《中国电视》2005年第12期。

## 民生新闻：中国特色的新闻传播范式

视台《第七日》的"心疼老百姓，为老百姓说话"，安徽卫视《第一时间》的"寻常巷陌新闻，绘声绘色讲述"，湖南经视《都市一时间》的"民生视角，本色表达"……诸如此类的民生新闻宗旨及其实践，不仅抓住了社会转型时期民生问题凸显的社会现实，彰显了平民百姓日常生活的新闻价值，而且敏锐地回应了"三个代表"重要思想和"立党为公，执政为民，以民为本"的新理念，生动地诠释了新闻宣传"贴近实际、贴近生活、贴近群众"的新原则。这样，尊重新闻传播自身的内在规律，契合现实政治的主流话语，反映人民群众的时代诉求，就自然而然地统一为有机的整体，形成民生新闻传播范式，从而找到了一条适合中国国情的新闻创新路径。

再次，建构了一种富有中国文化底蕴的新闻理论。在理论层面上，"民生新闻"概念的提出，就是一种理论概括或话语建构。问题在于如何进行理论概括或话语建构。我国的新闻传播学研究一直在借鉴西方的新闻传播学理论，尽管我们也进行了富有中国特色的理论建构，比如中国共产党领导的人民新闻事业创立了典型报道、正面宣传的新闻传播范式，但不得不承认的是，我国新闻传播学研究还是借鉴多而创新少，尤其是根据中国文化的精神来创新的理论更少。民生新闻传播范式的一个重要理论意义就在于，它建构了一种富有中国文化底蕴的新闻理论。民生新闻的"民生"二字，就是地地道道的中国话语。《左传·宣公十二年》即有"民生在勤，勤则不匮"的警策，还有"民生之不易"的论断。战国时代的大诗人屈原在《离骚》中那"长叹息以掩涕兮，哀民生之多艰"的咏叹，令人悄然动容。中唐大诗人白居易在倡导新乐府运动中那"惟歌生民病，愿得天子知"的追求，令人感佩。中国革命的伟大先行者孙中山，把"民生"问题提到与"民族""民权"问题同样重要的高度，创立了"三民主义"学说。在孙中山看来，"民生就是人民的生活——社会的生存，国民的生计，群众的生命便是。"① 其重要性在于：民生是经济活动的中心，政治活动的中心和一切历史活动的中心。当下的中国正处于社会转型期，民生问题仍然有其存在的社会语境，用"民生"一词来概括站在民众的立场反映民众生活和民生疾苦的新闻传播现象，正是基于中国文化精神的一种创造性理论建构。

可见，民生新闻实践及其理论概括寻求到了与中国社会制度、传统文化以及主流政治的导向性与受众收视欲望之间的平衡点与融合点，成为"在民本思想的基础上适应相宜的政治语境，对原有新闻观念在某种程度上寻求突破的理论结晶"②。而这个平衡点与融合点的基础即在于：既面对现实，又面向未来，着眼于民族、国家、社会的整体发展与民众的个人利益的全面推进来开展新闻传播工作。因此，民生新闻传播范式本质上是一种发展新闻学或发展传播学的模式。中国作为世界上最大的发展中国家，民生新闻传播范式的确立无疑具有十分重要的现实意义。进一步说，中国新闻界的这一本土化新闻传播创新，对世界上其他发展中国家的新闻传播事业也必定具有重要的借鉴价值与启发意义。因此，民生新闻传播范式的确立，不仅是中国的，也将是世界的。

充分认识民生新闻传播范式的重要价值与意义是十分必要的，但也不能将其地位和作用加以过分夸大。在整个中国新闻改革和发展的历史进程中，民生新闻的地位和作用主要体现在类型学的意义上，而不是方向性的意义上。诚然，相对此前的中国新闻传播实践，民生新闻的确具有相当大的变革性意义。不过，这种变革本身的价值主要在于为中国的新闻传播实践增添了一种新

---

① 孙中山：《孙中山选集》，北京：人民出版社，1981年，第802页。
② 朱寿桐：《论电视民生新闻理论的可能性》，载《中国电视》2005年第12期。

### 民生新闻：中国特色的新闻传播范式

的范式，从而丰富了中国新闻传播模式，使新闻界增加了一种如何做新闻的选择。但这并不意味中国新闻改革的方向就只能是民生新闻这一种做法，更不意味着所有的新闻传播都要"民生化"。无论如何，民生新闻都是无法取代时政新闻、经济新闻的。民生新闻相对于时政新闻、经济新闻的价值所在，也仅仅是借鉴和启发。如果把民生新闻传播范式夸大成中国新闻改革的唯一方向性选择，恐怕就要酿成真理再向前跨出一步而变成谬误的不幸结局。

［原载《西南民族大学学报》（人文社科版），2007年第6期］

# 从内容调整到制度创新：
# 中国新闻教育改革出路

吴廷俊　王大丽

当前，新闻教育改革是一个世界性的话题，在中国显得尤其突出。笔者多次讲过，中国新闻教育到了非改革不可的时候，主要是因为其存在两大问题，一是"两脱离"，二是"可取代性"。这篇文章主要针对第一个问题展开讨论。

## 一、对于新闻教育"两脱离"的检视

由于新时期中国发展新闻教育主客观条件的限制，也由于整个人类进入信息时代的原因，当下中国新闻教育存在严重的"两脱离"——脱离新闻实践，脱离信息时代。

脱离新闻实践的问题，主要表现在如下四个方面：（1）新闻专业教师缺乏新闻实践经历。当下，中国新闻专业教师队伍重学位轻实践的倾向十分严重。我们对中国人民大学、复旦大学、北京大学、清华大学、华中科技大学五所大学新闻学院新闻学[①]专业在职教师进行了简单的统计，在65位老师中，只有18位有新闻业务实践经验，仅占总体的27.97%，而在55位有学历介绍

---

[①] 主要信息来源于各学院师资力量介绍。除复旦大学、北京大学是根据网页明确划分的"新闻学专业"教师进行的统计外，对于其他几所学校，作者根据相关介绍对广告专业、公关专业及媒介管理专业的老师进行了排除。

的老师中，拥有博士学位的有 44 位，达到总数的 80%。（2）教学实验条件差。由于教学投入不足，绝大多数新闻专业的实验室规模过小，机器设备不仅数量少，而且陈旧失修，许多摄影器材已是十多年的"老存货"，性能已远远落后于当下新闻实践应用的设备，甚至不如学生自己购买的机器，远远不能满足新闻专业教学的需要，更谈不上与新闻媒体同步发展。（3）以上两点，导致教师教学往往局限于教室教学形式。甚至开设实践操作课时，也仅限于教室内进行，内容主要为理论，方式主要为灌输，忽视了对学生实际动手能力的培养和训练，导致许多学生虽然名义上学了 Photoshop、Primer、Cooledit、CorelDraw、方正飞腾等媒体编辑软件，却从来没有实际操作、应用过。显然，这种从理论到理论、从概念到概念的教学方法不适合新闻专业教学；（4）由于我国实行"党管媒体"的原则，学校不能办媒体，造成教学与实践在结构上的严重脱离。一方面，大学盲目扩招后，新闻专业的毕业生急速增加，从"中国新闻学与传播学学科发展论坛·香山峰会"（2011 年 12 月 10 日）得到的最新消息，截至 2011 年底，在教育部备案了的新闻传播学专业本科教学单位达到 975 个，在校学生人数近 20 万人。另一方面，新闻单位尤其是传统新闻媒体容纳不了为数众多的实习生。且即便容纳进去之后，也时常出现媒体记者因自身采访任务繁重而无暇顾及实习生的现象。在此情况下，新闻专业实习生的专业实践任务根本无法完成。

脱离信息时代，主要表现在以下四个方面：（1）媒介在融合，可是新闻专业却在细分。教育部 2011 年最新下发的《普通高等学校本科专业目录（修订一稿）》中，将新闻传播专业作为一级学科，下设新闻学、广播电视新闻学、广告学、传播学、编辑出版学、网络与新媒体①六个二级学科，这种划分形式依然沿袭着传统模式，将媒介形式作为划分依据，将不同媒介形式完全割裂开来，违背了当下媒介融合的大趋势；(2) 学科在融合，课程设置在细分。交叉、融合是学科发展的大趋势，新闻传播学与相关人文社科的交叉融合、甚至与理学、工学的交叉融合，这一点也非常明显。但是，新闻专业在具体课程设置上，却与此"南辕北辙"，尤其是业务性课程上更是如此。我们检索了国内一所教育部重点大学"新闻专业本科培养计划"（2011年版），发现在440个学时、27.5个学分的专业核心课②中几乎没有体现出融合的特征，主要集中于传统意义上的新闻采、写、编、评、摄影等；而448个学时、28个学分的专业基础课程③中，主要是概论类、基础类、理论类课程，与融合更是毫不相干；(3) 新闻学在发展、在重构（如新闻、受众概念等），新闻学的教材却还是以传统体例、内容、案例为主。如高教出版社2009年出版的一本重点教材《新闻学概论》，几乎都是上个世纪的话题，对新媒体时代的新闻理论问题基本没有涉及；有些新闻采访与写作教材，仍将大量的笔墨放在纸媒上，而未提及网络等新媒体的写作模式，多媒体融合条件下的新闻写作更是无从谈起。此外，陈旧的案例大量充斥于当代中国的新闻学教科书。如2003年1月新华出版社出版的《新闻采访写作编辑案例教程》，列举了有明确时

---

① 最新修订版中的网络与新媒体由以前的新媒体与信息网络与媒体创意合并更改而成。

② 主要包括：新闻采访写作（6）；新闻评论（2.5）；报纸编辑（3）；平面媒体编辑制作（2.5）；新闻摄影（4）；深度报道（2）；新闻报道策划（2）；马列新闻论著选读（2）；书刊编辑学（2）；西方新闻思想（1.5）。

③ 主要包括：新闻学概论（2.5）；中国新闻传播史（2.5）；传播学原理（2.5）；数字传播技术基础（3）；广播电视概论（2）；公共关系原理（3）；传播学研究方法（3）；外国新闻传播史（2.5）；新闻传播伦理与法制（2.5）；传媒经营管理（2.5）；新闻传播前沿讲座（2）；学术规范与论文写作（1）

间的案例277个，其中20世纪90年代的案例33个（1999年仅4个），80年代124个，70年代35个，60年代17个，50年代18个，30—40年代43个，19世纪6个，古希腊1个。① 技术创新，新媒体出现，新闻加工方式、内容表达方式都已发生了变化，而课堂上所教的却还是传统那一套。我们翻阅了某新闻学院《新闻评论案例教程》课程所用的课件（2010年），发现其完全搬用了教材上的内容，按照电视评论、广播评论、报纸评论等模式进行分章讲解，本是案例教学，案例却相当匮乏，且缺乏新意，远远跟不上时代的要求。

要想解决上述"两脱离"问题，必须对中国新闻教育进行改革。为了便于讨论改革问题，我们必须对新闻学和新闻教育的性质进行重新认识和全新界定。

**二、对新闻学和新闻教育性质的再认识**

新闻教育出现以上"两脱离"，有客观条件的限制，更有主观认识方面的原因。在客观条件（如新闻院系自办媒体、大幅度改善试验条件等）一时难以满足的情况下，我们认为应先从主观解决问题。所谓主观，是指办学者、教育者对新闻学、对新闻教育的认识。新闻教育是基于新闻学的教育。要搞好新闻教育，新闻教育的办学者、教育者必须对新闻学和新闻教育的性质有一个准确的认识。

（一）新闻学性质的再认识

要重新认识新闻学的性质，我们首先必须弄清楚新闻学的知识体系是什么？理论体系是什么？学科归宿在哪里？这一系列疑问又将话题引到了新闻学界一直未有定论的一个老问题上，即新

---

① 冯刚、朱光宝：《案例教学法——新闻学教育的当代发展趋向》，载《新闻界》2004年第3期，第4页。

闻有学还是无学，如果有学，是个什么学。

　　从理论上讲，新闻学作为一门学科在中国诞生的标志是1919年徐宝璜《新闻学》的出版。那么，我们要讨论新闻学产生的最初动力，理应到该书中去寻找些许端倪。在邵飘萍为该书一九一九年版作序谈及新闻学研究的目的和作用时称："余业新闻记者，窃叹我国新闻界人才之寥落，良由无人以新闻为一学科而研究之者。试观欧美及日本近年以来，新闻之学，与日俱进，专门著述，充栋汗牛，其新闻事业之发达，亦即学术进步之效果耳。"① 而徐宝璜在自序中也有大致相同的意愿："吾国之报纸，现多徘徊歧路，即已入迷途者，亦复不少。此书发刊之意，希望能导其正当之方向而行，为新闻界开一新生面。"② 从上述两位中国新闻学研究鼻祖的文字中，我们不难看出，新闻学在中国最初产生的动力便是"导其（新闻界——引者注）正当之方向而行"，即推动报业的健康发展。新闻学研究旨在遵从最新的新闻业发展动态，为其构建一套特色鲜明、具有较强指导意义的理论体系，从而推动其作为一种职业健康的发展。

　　主张新闻无学的人认为，尽管新闻学作为一门学科发展的初衷是好的，但是至今为止，新闻学的知识体系仍没有建构起来，没有自己独特的研究方法，更没有形成自己的理论体系，充其量只有些认识层面的原理和操作层面的技术。新闻学强调自己与政治的联系，意在于民主建设中发挥作用；强调自己与文学的联系，意在提高语言和文字表达能力；强调自己与艺术的联系，意在增强展现世界的技巧；强调与哲学的联系，意在提升新闻职业伦理；强调自己与历史的联系，意在增加表现的严肃性。任何一

---

①　徐宝璜：《徐宝璜新闻学论集》，北京：北京大学出版社，2008年，第44页。

②　徐宝璜：《徐宝璜新闻学论集》，版本同前，第44页。

## 从内容调整到制度创新：中国新闻教育改革出路

个成熟的学科都不肯接受新闻学为自己的成员，更不愿意它与自己平起平坐。所以，新闻学进入大学后，一直都处于"二等公民"的地位。到了20世纪40年代，由于战争的需要与推动，传播学的诞生为新闻学注入了若干学术血液，人们开始研究传者、受众、媒介、符号、效果等，新闻学又热闹了一番。但是从20世纪90年代中期，第四媒体的兴起和快速普及，崭新的新闻传播运作模式几乎要取代传统模式，于艰难中建构起来的一点点新闻传播学理论，又面临着挑战甚至被颠覆的危险。

主张新闻有学的人则认为新闻学是一门研究新闻业的学问，而新闻业是一种实践性和应用性极强的职业，其更大程度上是一种"术"而非单纯意义的"学"。术也有自己的知识体系和理论体系，术也应遵循某些特定的原则和规律，而研究术的原则和规律的便叫作"术理"。本研究将上述两种观点进行折中，认为新闻学的确没有深厚的、系统的学理，但是有一些自成体系的术理，即新闻学是以推动新闻职业的健康发展为主要研究动力和目标，以新闻业的发展规律为主要研究对象，以新闻产品的生产流程为主要研究内容，以主观经验总结和哲学思辨为主要研究方法的术理性研究。据此，本研究将新闻学认定为是一门实践性很强的应用科学。

（二）新闻教育性质的再认识

同新闻学的性质一直未有定论一样，关于新闻教育究竟是学术教育还是职业教育的争论也一直未有定论，国内国外概莫能外。我们认为，新闻教育是基于新闻学的教育，是随新闻业发展而发展、为其培养优秀从业人员的专业教育，新闻教育的最大特征在于实践性、应用性和职业性。

纵观中国新闻教育产生发展的历史，不论最早倡议成立"报业学堂"的全国报界促进会，还是第一个真正意义上的新闻教育机构北京大学新闻研究会，都无不提及创办新闻教育的目的在于培养新闻人才，改观不如人意的新闻业；不论是个人创办的民间新闻教育机构，还是国家、政党组织创办的新闻学校、新闻院系，核心办学宗旨都在于通过专业的、系统的教育，提高学生的职业素养和职业技能，从而更好地服务于发展中的新闻业。

有学者认为新闻教育应该同其他文科教育一样，将学术、学理教育放在第一位，重点培养学生的理论素养和思辨能力。本文认为，新闻业的职业特性决定新闻教育不同于一般文科教育。新闻业是一个随着时代的变迁而变迁的行业，是一个随着媒介技术变化而急速变化的行业，"新"和"做"是它的主要特征和制胜法宝。这就要求新闻教育随时跟上行业的发展步伐，让学生接触到最新的知识体系，并掌握最新的实践技能。这一要求使得新闻教育必然不同于中文教育对学生深厚文学素养的培养，哲学教育对学生优秀的哲学思辨能力的培养，社会学教育对学生加强社会调查能力的培养等等。如果新闻教育只要求学生单纯地学习新闻史论知识，进行一些纸上谈兵的业务学习，尤其是固守传统的教学内容、教学方法，忽视知识体系的更新，忽视培养学生的职业精神伦理、新闻发现能力和新闻实践能力，那么新闻教育培养出来的学生必定一毕业就落后于时代和新闻业本身，更谈不上适应与发展。

基于上述分析，我们认为新闻专业同医疗专业教学有着类似的特征，比如"到新闻现场去"与"到手术台上去"，结合随时发生的新闻事件与随时出现的疑难病例进行教学等，是一种强调实践性、应用性和职业性的学科专业。

### 三、中国新闻教育出路的再探讨

#### （一）新时期新闻教育改革的历史回顾

改革开放以来，尤其是加入国际贸易组织（WTO）以来，中国新闻教育进行了持续不断的调整与改革，总的来说，集中在

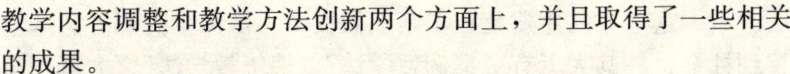
从内容调整到制度创新：中国新闻教育改革出路

教学内容调整和教学方法创新两个方面上，并且取得了一些相关的成果。

1. 教学内容调整

新闻教学内容的调整主要体现在以下三个方面：

其一，缘于时代的进步和学科的发展而增加教学内容。如传播学引进新闻教育后，开设多门与传播学相关的课程：如传播学概论、传播研究方法等，增加了新闻学的学术含量；再如，随着国家对国际新闻的重视和国民对经济新闻的急需，增加国际新闻、经济新闻等内容。另外，由于受到西方媒体时效性强、语言贴近受众的新闻文本样式和模式的影响，许多新闻院系进行了精简政治性课程，增加新闻本源性实务课程，如深度报道、新闻评论、专题报道等尝试。

其二，缘于媒体技术进步而调整和更新教学内容。很长一段时间以来，我国新闻教育的核心都集中于报业，新闻教育主要采用"报学教育"模式，采写编评等课程的内容都基于传统报业的需求而设置。随着媒体技术的日益进步，广播、电视，尤其是网络、手机等新兴媒体形式涌入到现有的媒介生态中，新闻教育的教学内容也因此做了幅度较大的调整，主要表现在：增加网络和新媒体方面的课程，一些院系根据媒介融合时代的要求对现有课程进行的整合与调整，以期培养掌握多种采编技能的复合型人才。

其三，一些新闻院系根据自己学校的学科特点调整教学内容。工科为主的学校，提出文工交叉，增加自然科学知识方面的课程；经济类学校的增加经济类课程；政法类大学增加法律类课程，体育类大学增开体育新闻类课程；综合性大学的新闻院系则增设文史哲的基础课程，旨在提高学生的综合素质。

2. 教学方法改革

改革开放以来，全国许多新闻院系开展了形式多样的教学方法改革。这些方法主要是在实践上做文章,从课堂到课外、从学校到社会,择其大者有"案例教学法""情境教学法""大篷车教学法""现场学习法"等。这些教学方法的改革受到学生欢迎,取得较为明显的效果。比如清华大学李希光教授使用的"大篷车教学法",把学生带到新闻旅行中,让学生在旅行过程中发现新闻,运用真实的采访工具采访真实的人和事,打破实验室、课堂模拟情境的限制,真正接触现实,让学生自己寻找故事,充分发挥其主观能动性。

毋宁置疑,以上改革有必要,有成效,但是由于多在微观层面进行,且许多改革仅仅是头痛医头,脚痛医脚,治标不治本,而没有实质上的突破。比如,尽管许多学院都对教学内容进行了适当的增减调整,但是教师素质却没有根本改变,仍是由原来的教师承担"新"课程,实际上"换汤不换药",在新标题下讲授旧内容;再如,有些学院积极响应媒介融合的呼声,名义上设置了许多交叉式的课程,但是在实际操作中仍然坚持传统的方式,使用传统的教材,运用传统的教学方法等等,收效甚微。同时有些做法太特殊,不宜推广,如李希光的新闻大篷车,因此,教育内容与教学方法的改革并不能从根本上解决新闻教育存在的"两脱离"问题。

为了使新闻教育有一个根本性的变化,我们认为,必须对新闻教育进行实质性的改革,从教学内容、教学方法层面进入到教育制度层面,改革招生制度,创新办学模式。

(二)中国新闻教育急需制度创新

1. 招生制度改革

当下这种从应届高中毕业生中招收学生的招生模式,对于新闻专业来讲,不是很合适,应该进行改革。因为新闻专业教育有很大的特殊性,它具有很强的应用性、大众性和职业性,进入新闻专业学习的学生,必须(1)有比较丰富的社会阅历,最好有

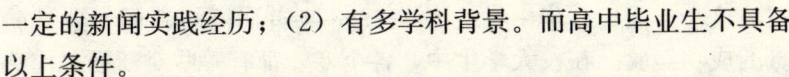
从内容调整到制度创新：中国新闻教育改革出路

一定的新闻实践经历；（2）有多学科背景。而高中毕业生不具备以上条件。

有人说，多学科背景可以在进校后通过选修课和双学位解决。此话没错。但是，一个学生在校四年，三年级下学期就开始考虑找工作，为考研做准备，学习时间本来就少，把精力放在双学位和选修课上，势必分散时间和精力；有些院系为扩大学生知识面，在课程设置上开出许多"概论性"的课，诸如"文学概论""社会学概论""政治学概论""管理学概论""自然科学概论"等等，蜻蜓点水，什么都学，什么都没学到位。有人说，新闻实践经历可以在大学专业实习时解决。在扩招前，这个问题似乎可以，但是现在不行了。正如前文所言，由于实习生太多，新闻单位无暇顾及，当下的新闻专业实习生的实习或多或少有些名实难副。

基于上述论述，在招生制度上，我们认为可以进行以下改革尝试：

第一，从新闻实务界中招收学生，以解决与实际脱离的问题。这个方面，有华中工学院新闻系办系之初几届招生的成功经验，有武汉大学新闻系办系之初招收插班生的成功经验，都是从新闻实务界招收学生，效果很好。当然，当时新闻界的实际情况是从业者多为专科生或高中生，所以招收进来是培养专科生或本科生。现在，新闻界的从业者基本上是本科以上的文化程度，但是，招收有实践经验的学生进校学习新闻专业的经验却是可以跨越时间和空间的，这种模式已经被国际先进国家新闻教育证明是行之有效的。根据当下的实际情况，我们可以从以下方面进行招生模式的试验：招收有5年以上实践经验的、有大学本科毕业文凭的新闻从业者，进校进行理论学习2年，授予研究生毕业证书和硕士学位。

第二，从在校学生中招收新闻专业学生，以解决学科融合问题。这个方面，有华中科技大学 1998 年首届网络新闻专业试验班的成功经验。在校大学生中，各个专业都有一些对新闻工作感兴趣的人，他们利用课余时间在学校新闻媒体干得不错，并且有的学生希望毕业后从事新闻工作——有生源；在校学生转专业只需要学校批准就行，不需要经过上级教育主管部门——有可行性。据此，可以进行以下招生模式的试验：从在校各专业大三学生中招生，进新闻专业学习 3 年（其中必须有 1 年进入新闻单位实习），毕业后授予研究生毕业证书和硕士学位。近年来，北京大学已经对此模式进行了有效探索，成功启动并实施了"跨学科拔尖人才培养计划"，即选拔校内其他专业中有志于从事新闻传播工作的大三学生，通过两年研究生阶段的学习，颁发新闻传播学硕士学位。参与这一计划的学生，同时拥有来自学院和业界的导师，其专业实践在国内外也均有安排。

2. 办学模式创新

全球新闻教育办学模式，有各种说法。马克·杜泽（Mark Deuze）在《全球新闻教育概述》一文根据新闻教育所有者将其归纳为五类。[1] 我们将分类的维度集中于新闻教育的内部运作上，将全球新闻教育的办学模式大致分为如下三类：第一类是与新闻实际融为一体的学院式，以美国为代表。这种模式的特点是

---

[1] Mark Deuze (2006): Global Jornalism Education, *Journalism Studies*, 7:1, 19—34. 马克·杜泽将全球新闻教育归纳为五类：第一类是大学新闻学院教育。主要有芬兰、西班牙、美国、加拿大、韩国、埃及、肯尼亚、阿根廷、海湾各州，渐渐的在英国和澳大利亚也开始兴起，这种模式逐渐成为占主导地位的模式。第二类是专门的新闻职业教育与大学学院教育相结合。主要国家有法国、德国、印度、印尼、中国、巴西、尼日利亚、土耳其、南非。第三类是专门的新闻职业教育。主要国家有荷兰、丹麦、意大利。第四类是新闻媒体自身的在职教育，比如学徒制等，主要国家有英国、澳大利亚和日本。第五类是上述全部，尤其包括大学里的一些商业项目和媒体集团、出版商、工会及其他个人或政府等的内部训练在内。主要在东欧、古巴、北非、中非和中东等国家和地区。

## 从内容调整到制度创新：中国新闻教育改革出路

办学与办媒体合二为一，理论与实践紧密结合；第二类是以新闻实务单位为主的学徒式，以20世纪90年代以前的英国为代表，这种模式的特点是偏重于实践。大学生毕业后，先到媒体就业，然后由媒体根据需要自己培训，主要在实务方面采用师傅带徒弟的方式进行；20世纪90年代后，虽然英国大学新闻教育大规模兴起，但是学徒制的痕迹、偏重实践的传统十分明显；第三类以日本为代表，即大学与媒体联合，直接面向媒体开设新闻课程或者进行短期培训。这三类办学模式目的非常明确，就是为新闻界培养合格从业者，实践证明，也确实能达此目的。正所谓"归元无二性，方便有多门"，这几种新闻教育模式培养的人才都能支撑起自己的新闻大国。

我们中国的新闻教育受美国模式影响较大，但是在大学扩招后，出现了前面所说的"两脱离"的现象，成了"与新闻实践脱离的学院式"。从新闻教育的角度而言，脱离实践总是不对的，是违反新闻教育规律的。为了解决新闻教育与新闻实践脱离的问题，从中国的实际出发，我们建议进行学校与新闻媒体联合办学的尝试。这种模式不同于上海市委宣传部委派复旦大学新闻学院院长，也不同于人民大学、北京大学、清华大学、厦门大学、暨南大学、重庆大学聘请退休的新闻界高官出任新闻学院院长，而是媒体与学校实质性的联合办学，包括——

（1）联合组建新闻学院的领导机构，如院务委员会、学术委员会、学位委员会等，共同制定教学计划、培养方案，以及职称评定、教学评价体系。

（2）组建起理论、实践两位一体的教师队伍，类似医学院的部分人员是医生的同时又是教师，这支教师队伍是两栖型的——既是新闻专业教师，又是编辑记者等。同时，在职称评定上，也可以效仿医学院的做法，实行高级记者和教授双职称。

（3）将人才培养过程与新闻产品的生产过程融为一体，使教学与实际密切结合。教师有双重身份，学生也有双重身份，既是学生，又是集团的见习员工，分配适当工作，提出适当要求，给予相应报酬。

这种办学模式不仅可以消除第一部分所说的新闻教育与新闻实践"脱离"的四种表现，更重要的是可以使教育界和实务界在新闻实践中进行磨合，逐渐缩小双方诉求上的差距。

当然，这种模式的探索实验，主要还要靠政府行政力量的推动，建议新闻主管部门制定相关政策，调动新闻媒体办学的积极性。比如在对省级以上的传媒集团工作进行验收时，增加一个新闻教育的项目，集团领导也必须有专人分管教育。

我们认为，上述招生模式和办学模式，既能解决中国新闻教育与实际脱离的问题，又能解决其与时代脱离的问题。这些举措既符合我国国情，又能为世界新闻教育开辟出一条新路子。

[原载《西南民族大学学报》（人文社会科学版），2012年第7期]

# 传媒新格局下的民族新闻教育

钟克勋　徐希平

在信息传播越来越重要的今天,大学的新闻教育对加快民族地区新闻事业的发展、提高民族地区信息交流的质量、增进民族地区人们对传播符码的解读,无疑肩负着重要的使命,尤其民族地区的高校和专门的民族院校,其新闻传播教育对繁荣少数民族新闻事业更是有着义不容辞的责任。然而,理想与现实总是有一定距离的,在传媒新格局下,民族新闻教育却遭遇着现实的认同之痒。

## 一、民族地区新闻人才的现状

我们无论从实地调查,还是从有关资料中都能看到,广阔的民族地区,其新闻传播的质量不甚理想,其中,虽然有地理条件的制约,但专业人才的缺乏无疑是重要的因素之一,而解决人才匮乏问题的最佳途径,应该是高等院校为其源源不断地输送该专业合格的毕业生,以提高队伍素质。但目前民族新闻教育与民族新闻事业之间尚未形成共存共荣的和谐局面。

按照国家新闻事业管理的有关政策,我国实行的是"三级"办报纸,即报纸可以办到国家、省、市级〔《关于进一步治理党政部门报刊散滥和利用职权发行,减轻基层和农民负担的通知》明确规定,党委机关报只限于中央、省(市)、地(市)三级,县(市)级机关报一律停办〕。"四级"办广播、电视。对办电视的级别,有人提出"从 2001 年中期开始,全国电视业启动了以'二级电视'(即中央一级,省、市二级)为基本框架的电视业改组,到 2002 年底已基本完成"。[①] 查有关文件,实际广播电视都可以办到县级,2006 年 9 月 20 日,国务院办公厅下发了《关于进一步做好新时期广播电视村村通工作的通知》(国办发〔2006〕79 号文),在这份文件中多次提到县级广电的问题,"省、市、县级政府分别负责解决转播本级广播电视节目的无线发射台(站)机房和设备的运行维护经费"。在这份国务院的文件里,确立了我国广播电视"四级办"的格局。

以四川省为例,根据国家的政策,该省 181 县(市、区)都可以办广播电视台。西部是少数民族最多、地域辽阔、人口很分散的地区,如四川的甘孜州有 18 个县,一个县级广播、电视台如果要正常运转,至少也得有 20 个以上的专业人员。据我们调查,四川省的县级广电部门一般局台都未分离,按这种组织结构,四川中东部地区,一个县级广电机构一般都有 150 左右的从业人员,其中属于局机关的政府管理人员 20 人左右。然而从我们对甘孜州的调查情况所知,这里的县级广电局一般 20 个人左右,局台合一,其中真正从事广电传播事业的管理、采编、技术等专业人员就 10 来人,有的人既当记者又做编辑,还要主持播音,质量根本无法保证。

就媒介的实际情况而言,一个县级广电机构如果要保证基本运转,起码需要 10 多个专业人才,照此推算,四川西部甘、阿、凉三州近 50 个县(市、区),仅广播电视尚需受过高等教育的新闻专业人才五六百人。此外,报纸、网络媒体、手机媒体、广告,以及政府和企事业的宣传部门也需要新闻专业的毕业生去充实。根据我们的学生寒暑假社会调查的情况所悉,云贵一些边远

---

① 李良荣:《三级办报,明智之举》,载《新闻记者》2003 年第 9 期。

地方的县与四川的情况也差不多。

如西部民族地区的报纸，无论是规模还是质量，都还有待于提升，因此也需要专业人才去充实。据调查所知，《西双版纳报》1957年3月24日创刊，历史也算较悠久，但到2009年底还是对开4版周三刊，员工只有三四十人，到2010年才改为日报。报纸的发展显然需要一定的专业人才去补充。

西部民族地区新闻队伍的人才结构有待改善。据调查，该地区市县两级广播电视从业人员，受过专业教育的不到10%，从业者大都是从各种渠道进入的非专业人士。四川西部的甘、阿、凉三州，州县新闻单位受过新闻专业教育的人占2%左右。2007年暑假期间，我们对甘孜州新闻传播的现状进行了调查，其中一些数据让我们非常吃惊。从有关部门提供的情况中显示，该州各级广播电视从业人员500多名，具有大专以上文化的仅60人，占总从业人数的13%，有本科学历的就更少了，而其中受过广播电视新闻专业教育的只有3人。中专（含高中）学历的221名，占总从业人数的49%，初中以下的164名，占总从业人数的38%，这样水平的专业队伍，怎么能高效地做好现代新闻传播事业呢？①

近两年大学生就业难，民族地区采取了一些措施吸引专业人才，现在相比前几年的人才结构有所改变，但也仅仅是略有变化，真正要达到中央对新时期新闻传播事业的要求，满足民族地区广大人民群众对广播电视的诉求，尚有相当的距离。

报纸的从业人员比广电少一些，西部民族地区一个市、州大都只有一份党报，有晚报的极少。其人才结构略好于广电部门，但报纸是文化水平要求较高的新闻媒介，更需要专业人才，而目

---

① 钟克勋：《民族地区广播电视的互补效应探析》，载《西南民族大学学报》2008年第5期。

前在这些报社里，真正学过新闻专业的人比例极小。四川凉山彝族自治州的凉山日报社共有 80 多名新闻工作者，其中只有三四人毕业于新闻专业，不到全报社从业者的 5％。此情况在其他一些民族市州也相差无几。党报是党和政府最权威的"喉舌"，要唱响民族地区的"主旋律"，其人才结构无疑亟得改善。

**二、民族新闻教育的尴尬与困惑**

对我国新闻教育的发展形势，有学者说："改革开放 30 年来，我国新闻传媒业蓬勃发展，新闻传播教育日益兴旺与繁荣。"① 据国家教育部有关方面披露，到 2008 年 9 月底，全国的新闻专业点已有 878 个，其中新闻学 268 个、广电 188 个、广告 323 个、传播 31 个、媒体创意学 4 个。四川的高校多数都兴办了各类新闻专业，新闻专业每年毕业两三千人。

如此之多的新闻专业毕业生进入社会，为何一些媒体还缺专业人才呢？这不能不说是新闻教育的尴尬，目前尤其民族新闻专业人才培养的问题更是让人困惑不已。此就新闻教育的局面可从三方面来解析：

（一）社会用人机制的制约

全国从上到下的各种新闻媒体并没有增加多少，而大部分媒介单位从业人员基本饱和，只有偏远的民族地区还有一定空间。多数新闻单位，尤其是党报、党刊等，不管是什么素质的人，一旦进入往往就会干到退休，因此，各新闻单位很少补充新生力量，绝大多数的新闻专业毕业生对新闻事业只能望梅止渴。

另外，一些新闻实体即使增补少量新人，往往被关系户捷足先登，新闻单位一个普遍现象，学新闻专业的从业者比例很小。

---

① 邱沛篁：《改革开放 30 年的四川高校新闻传播教育》，载《西南民族大学学报》2008 年第 6 期。

有的媒介即使真正招揽人才,从新闻专业大学生中选人,但又设置很多或明或暗的门槛,对所招收的新人限制在名校或"211"学校,或者有多少年工作经验等。我们不妨看一则招聘启事:2009年12月11日"腾讯财经诚聘编辑及财经产品经理",招聘内容有证券编辑、理财编辑、财经产品经理、Flash开发工程师、前端高级开发工程师、高级PHP开发工程师,这六个职业方向中,至少前三个职业新闻专业的学生是可以干的,但他们的招聘条件,都有2至3年以上工作经验条件限制,令应届大学毕业生可望而不可即。

这类限制应届大学毕业生的招聘启事可谓屡见不鲜。"各个行业对于人才需求急功近利……上班就要上岗,上岗就要出活儿,不出活儿对不起,马上走人。"① 现在的用人单位对新聘人员非常苛刻,像比较光鲜的新闻单位,除了明确打出限制条件,还有很多在招聘中没有明说的潜规则。由于多数新闻单位对应届新闻专业毕业生的限制,表面上新闻专业毕业生有那么多的就业平台,但实际上就业机会很少,即使西部缺专业人才的民族地区,新闻专业的毕业生想进也是难上难。比如在2009年11月初,一个少数民族县电视台需要10名记者和主持播音,我们有3个很优秀的同学联系他们并见了面,但是最后被以各种理由拒之门外,其真实理由只有一个,不是当地人,后来用人单位到底进了一些什么样的"人才",局外人不得而知。

由于这些复杂的因素,一般学校的新闻专业毕业生即使学得再好,也只能"望媒兴叹""望记兴叹"。

(二)高校新闻教育的痼疾

新闻专业大学生就业难虽然有很多社会因素,但也不排除新

---

① 李良荣:《长期影响新闻教育课程建设的四方面力量》,收录于李希光编《新闻教育未来之路》,北京:清华大学出版社,2010年,第3页。

闻教育自身存在的一些问题。

第一，理论与实践脱节，大学教育与媒介经营各弹各的琴。在新闻教学中，无论是哪门课程都要高调弹奏新闻真实性这个"曲子"，这是新闻区别于文学最根本的、最显著的特点，也是新闻报道的底线。但在实际的新闻媒介单位，这一底线已成"蝼蚁之穴"。因此，学生到了新闻单位自然要经历一番阵痛，媒体把关人当然也就不太愿意接收应届毕业生。这是新闻教育的问题还是媒介在践踏新闻的根本原则，各有各的道理，虽然很难说清谁是谁非，但其结果却苦了学生。

第二，课程运行僵化，跟不上媒介发展要求。新闻事业走在社会前沿，形式和内容都在不断变化，各专业的某些课程要根据社会的发展和媒介的需要随时适当调整，但在大学里要调整或增设一门课程非常艰难。一个年级的课，学生在4年学习中，课程不能变动，媒介发展变化中的新知识、新事物也就没法及时给学生系统传授，因而，新闻教育始终较媒介发展慢几拍。

第三，实习难直接影响到新闻教学中理论与实践的有机结合。以成都为例，每一届就有几千新闻专业毕业生，媒体根本没法容纳那么多实习生。于是新闻单位便采取一些不成文的措施，只接少数"211"学校的学生和关系户实习。一般二本学校的学生很难找到实习地方，大学四年除了在学校学理论知识外，几乎没有实践。目前一般学校的新闻专业毕业生就连实习都没地方，就更别说进新闻岗位了。

第四，教学实验设备落后于媒介的发展。很多学校对新闻人才培养的观念和实验设备跟不上新闻事业的步伐。传媒在新媒体的推动下，各类媒体正在逐渐走向融合，媒介经营人才和管理中的技术性人才所占比重越来越大，因此，现在新闻单位不缺传统的记者、编辑，但不少新闻教育机构实际上还在死守仅仅是培养记者的那点领地。

第五，对新闻传播的技术进步，不少教育单位总是有点"近视"。这是新闻教育脱离实际的根源，特别是民族地区的新闻教育因受某些环境的影响，更是落后于时代。比如电视、摄像机和编辑系统早已数字化了，但现在一些高校实验室还在花钱安装非线性编辑系统。国外一些教育机构为了适应新媒体格局下的新闻传播形势，已经将过去的新闻与传播学院改名为"媒介学院"，课程体系涵盖媒介的各环节，除了强化媒介内容，也突出媒介技术教育，以适应市场对新闻人才的要求。而国内有些新闻教育机构仍在走老路，眼睛只盯在媒介内容这个狭小的天地里，以这种培养目标教育出来的学生找工作难也就很自然了。

第六，民族院校新闻教育培养目标难以与各民族新闻事业的人才需求对接。我国 56 个民族，很多少数民族与汉族杂居，很难针对某个民族培养专门的新闻人才，有的地方即使兴办了民族语言的媒介，但人才的容量也是非常有限的。即使在少数民族聚居的地区，新闻人才的市场也是很狭窄的，如果学校专门培养某些民族新闻人才显然不现实。鉴于这种情况，民族地区高校的新闻教育也就只有随大流。

（三）学生就业观念的偏差

现在的大学毕业生都想蜗在大城市里，而不愿意到基层。很多新闻专业毕业生，都想在大城市里找工作，即使打小工很寒碜地生活，也不愿离开大城市，连一些较好的市州新闻单位都不愿去，更别说条件艰苦的民族地区了。结果，白白浪费大量的教育资源，大学新闻教育培养的不是人才，而是"白才"。

**三、新闻教育与新闻事业应相亲相爱**

目前，民族地区受过新闻教育的从业者很少，但新闻学子要进入媒介又很难，即使很优秀的毕业生也难以如愿进入新闻单位，这是一种很不和谐的关系。要解决人才培养和人才使用之间的矛盾，大学教育和新闻单位应协调配合，都要以党和国家的新闻事业为己任。

（一）新闻机构需建立良性的用人机制

新闻工作是党和国家工作的重要组成部分，做好正确的舆论导向，传播先进文化，鼓舞人民士气，凝聚民族力量，努力增强国家的"软实力"，为促进国家建设和民族复兴发挥重要的作用，这是我国新闻事业的主要内涵和基本责任。

现在很多新闻单位用人机制远远滞后于形势，特别是一些党报、党台，人事管理几乎还停留在过去计划经济时代，单位接收新成员，先解决关系户，一些真正的新闻人才被以种种借口拒绝在新闻大门之外。

新闻媒介不是某个小集团的利益载体，而是社会的"公器"、党和人民的"喉舌"，因此人才的使用至关重要。谁都知道，事业的发展在于人才，"媒介之间的竞争表面上是对受众、市场的竞争，实际上是对以媒体人才为支撑的媒介综合实力的竞争，从根本上说，就是对媒介人才的竞争。"①

随着社会的进步和媒介市场环境的变化，作为党和人民"喉舌"的新闻事业，在新媒体格局下，只有构建了良好的用人机制，敞开大门源源不断地吸收优秀的新闻人才，使自己拥有雄厚人力资源，才能把新闻事业经营得让党和政府满意、让人民满意。鉴于此，新闻单位应与高校友好合作，相亲相爱。作为一个负责任的新闻实体应以党和国家利益为重，对人才的选择应注重人品和能力，而那些高学历（硕士以上）、"211"学校等不应该是选人的绝对标准。媒体天天报道和监督别人，为什么不反思和调整一下自己的工作呢？

---

① 陆桂生、邱迎久：《媒介管理通论》，上海：复旦大学出版社，2008年，第59页。

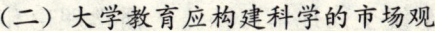

(二) 大学教育应构建科学的市场观

人才的培养,从商品的视角看,大学教育是在制造人才产品,产品进入市场是否有销路,当然要取决于产品的使用者。

在激烈的市场竞争中,新闻专业的毕业生很多不被社会认可,毕业生走出学校难以被市场接纳,鉴于这种矛盾冲突,教育自身也有很多问题值得研究,作为培养新闻人才的大学教育更应走在社会的前沿。目前新兴媒体迅猛发展,新闻教育机构有责任为新形势下的我国新闻事业培养合格的人才。2009年12月28日,中共中央政治局常委李长春出席中国网络电视台开播仪式时指出:"在信息传播技术高度发达的当今社会,主流媒体向互联网等新兴传播领域延伸是大势所趋,谁占领了新兴媒体阵地,谁的传播手段就更先进、传播能力就更强大。主流媒体在加强传播能力建设中,一定要增强向互联网延伸的紧迫感和主动性,积极开拓新兴媒体领域,不断扩大覆盖面、增强影响力。"民族地区,社会复杂,更应利用好新兴媒体,加快各方面的信息沟通和交流,这就需要有新人去充实民族地区的新闻队伍。

目前很多高校根本不管社会的需求特点,仍然按照其他传统专业的模式按部就班地教学。在2009年的一次全国新闻教育研讨会上,有学者振振有词地说,要把新闻学科做强,我们别管社会上新闻媒介的发展变化,别让媒体牵着鼻子走,自己要像某些学科那样关着门把理论知识做扎实。对这种观点居然还有不少人赞同。试想,我们的新闻教育这样搞下去,学生到哪里去找饭吃?其实我们经常听到新闻业界人士抱怨,想要的人才跑了好多学校招不到,不需要的人又多得很。

在实际的新闻教育中,有的力主把课讲得热闹、把理论知识灌输得扎实,甚至有的"把培养所谓学者型人才放在首位,或认为新闻传播系的学生要系统全面地学习西方传播学理论和传播史"。① 当然,学好理论知识是必要的,但新闻专业的应用性很强,涉及的知识面和技能非常广,新闻教育必须紧跟社会,紧跟新闻事业的实际,学校制造的产品(毕业生)才能适销对路。对民族地区新闻人才的培养,更是要有针对性,既要注意新闻发展的新形势对人才的要求,又要视其特殊性适时合理调整,这样培养出来的学生才能更好地服务于民族新闻事业。

(三)学生需建立良好的择业观

民族地区缺乏新闻人才,而新闻专业的毕业生又大量过剩,这与当今大学生的择业观有着很大的关系。

现在的大学毕业生都不愿意回家乡做贡献,别说来自民族地区的学生,就是家在经济条件较好地区的学生,毕业后都不愿意回去。然而大城市人满为患,新闻人才的需求更是有限。一些人读了大学待在大城市找不到工作,怨天、怨地、怨政府、怨生不逢时。但一些基层和民族地区的新闻单位需要人才却又不愿去,致使国家耗费那么多资源培养的人才大量浪费。

要使高校新闻教育与社会对人才的使用协调推进,新闻专业的学生要转变自身就业观念,到基层去,到西部去,到最需要人才的地方去发挥专业才能,这样新闻教育才能达到培养人才的实效。

## 四、民族新闻教育的对策

新闻在国家的各项事业中已占有相当重要的地位,民族地区的新闻事业要与国家发展大局相适应,首先要解决好新闻人才的培养和使用问题,笔者认为可采取以下一些对策。

---

① 李希光:《转型中的新闻学》,广州:南方日报出版社,2005年,第458页。

## （一）采取定向培养

少数民族人口分散，对专业人才的需求也相应分散，高校如果专门针对某民族办新闻专业显然不现实，而只能面向全社会培养人才，但这样的结果，民族地区需要的一些特色新闻传播人才就没法保障。鉴于此，新闻事业也可借鉴教育事业的做法，采取定向培养方式，西部民族地区与部分高校合作，有针对性地为民族地区培养新闻传播人才。

比如四川西部的彝族、藏族是人口较多的少数民族，如果民族院校办一个彝族或者藏族新闻专业班，显然专业出路太窄，虽然有特色，但学生的就业天地却受到极大地限制，所以定向培养较好。根据当地对特色新闻人才的需求，民族地区可与高校达成协议，每年高考后有意识地选择一些双语基础好的学生填报新闻专业，这些学生进大学后，学到新闻专业知识和技能，毕业后回到民族地区，自己既懂新闻传播，又会本民族的语言。这样，即可为民族地区培养用得上、懂新时期新闻传播的人才，同时，还可减少高校教学资源的浪费。比如，从藏区来的学生，他们本身懂藏语，到大学学了新闻，毕业后回到当地，专业对口，同时可以利用汉藏语言进行新闻传播，使藏区人民更好更多地了解先进的信息。

## （二）鼓励在职人员充电学习

民族地区的新闻事业虽然也在积极发展，但与中东部地区相比，无论是媒介数量还是质量都有一定的差距，究其原因还是人才的问题。前文已谈到，民族地区新闻从业人员受过专业培训的很少，文化水平整体偏低。但这些人又占着职业岗位，新人很难进入，队伍素质很难提高。为此，把民族地区新闻从业人员分期分批派往高校进修，提高专业水平，学习新的新闻传播理论和技能，改善从业队伍的整体素质，在新媒体形势下提高民族地区的新闻传播质量，这不失为一种"吹糠见米"的举措。

### (三)对民族地区的新闻事业采取政策扶持

民族地区因自然环境、经济条件等相对较差,人才的引入和留用远远不如中东部地区,"孔雀东南飞",人往条件好的地方流动是很自然的现象。多少年来,国家都大力鼓励大学生到西部去发展,但人都很现实,像新闻专业的毕业生,到西部民族地区去做贡献,总得有吸引他们的东西,否则谁去,去了干什么?现在即使民族地区出来的学生,大学毕业都不愿回去,就别说中东部的学生了。

要解决西部民族地区新闻人才队伍的建设问题,可采取以下对策。

第一,在新闻事业管理体制上与中东部有所区别。政府适当增加西部民族地区新闻单位事业编制,建立稳定的新闻人才队伍。比如现在新闻单位普遍实行招聘制,国家不可以一刀切,对一些条件较差的民族地区每年给一定的事业编制,指标给到民族院校,直接由学校分配优秀的大学生到西部民族地区的新闻单位,这样可避免用人单位拉关系而不用人才的弊病,从而提高民族地区新闻人才队伍的素质。

第二,给西部民族地区新闻事业适当的经费补贴。目前,我国的新闻事业普遍实行事业单位企业化管理,而正在转为企业,新闻单位的主要资金来源靠广告收入,经济基础越好的地区,广告收入越多,而西部民族地区经济普遍较弱,新闻单位的广告收入自然就很微薄,所以,同样的地市级新闻单位,西部民族地区的媒介,设备、员工工资等都与中东部相差甚远。这些地方本身地理环境差就难以吸引人才,再加上待遇较低,也就更没吸引力。因此这就需要政府财政给新闻从业者一定的补贴,让员工的收入达到全国新闻单位的中等水平,这样西部民族地区的新闻人才才能引得进,留得住。

总之,民族新闻教育与民族新闻事业人才的使用是一个有机的整体，只强调哪一方都是一种悖论。近些年来，随着国内环境、国际形势的变化，新闻事业已成为国家和地区十分重要的软实力，加快民族地区新闻事业的发展尤其重要。为此，政府对教育机构和新闻单位都应采取相应的措施，才能使民族新闻事业跟上时代发展的步伐。

［原载《西南民族大学学报》（人文社会科学版），2010年第7期］

"探索与创新"丛书
传媒与文化产业:媒介时代前瞻

# 论记者之"优"的道德评价标准

陈堂发

近两年来,国家新闻出版监管部门严招频出,治理新闻有偿与勒索敲诈。《新闻采编人员不良从业行为记录登记办法》规定自2011年5月开始,实行新闻采编人员不良从业行为记录登记制度;2011年4月15日至7月25日,新闻出版总署开展记者站专项治理"百日行动";2012年5月15日至8月15日,新闻出版总署、全国"扫黄打非"工作小组办公室、中央纪委驻新闻出版总署三部门联合开展打击"新闻敲诈"、治理有偿新闻专项行动。相关部门采取职业纪律、行政监管与法律惩治相结合的手段,足以说明新闻有偿现象已经从行业道德问题演化为一种社会问题。①

公众对于记者品行的期待决不仅仅满足于拒绝新闻有偿,或者说,为这个时代所需要的"优秀"记者应该有更高的职业操守、更丰富的伦理修养。2012年12月4日,澳大利亚某电台两名记者分别冒充英国女王和王储身份,致电凯特王妃所在的医院,套出凯特怀孕及在医院接受诊查的私密情况。值班护士信以为真,将电话转接凯特的护士,护士详细介绍了王妃身体情况和

---

① 2013年2月18日,央视《焦点访谈》曝光:持有《购物导报》有效记者证的李德勇借记者身份,本人或指派家人亲朋以采访名义向存在问题的企业或基层政府进行敲诈,少则一两千元,多则上万元。涉案人员目前已被警方控制,相关部门已介入调查。

治疗情况。电台加以直播。值班护士出于羞愧、自责与压力，3天后自杀身亡。电台方面辩解，记者行为并没有触犯法律。西方社会对记者"恶作剧"谴责的声浪，使得新闻从业者再次面临职业技巧、敬业精神与职业操守的底线问题。① 国内新闻从业者的非常采访行为也时常引发价值取舍的伦理问题争议。2012年7月29日"焦点访谈"播出《男科门诊的秘密》就引起了社会舆论对于职业手段正当性质疑：为揭露不法医院骗取病人钱财的内幕，记者谎称有男性病以"患者"名义先后对石家庄、沈阳、长春的男科医院进行暗访，用事先准备好的绿茶当作尿液检样，送医院化验窗口检查，茶水被检出有"炎症"。用茶水验医德的"钓鱼式"采访在2007年3月亦被浙江电视台一记者采用，部分舆论对记者"策划"新闻的行为予以谴责：缺乏行业的基本知识，用谎言去验证谎言，得到的一定是谎言。

关于优秀记者的道德评价标准问题，有论者归纳为6个方面，即"坚持新闻报道真实"，"坚持新闻报道客观"，"作为追求公平公正的力量"，"坚持中庸之德"，"坚持以人为本"，"以自尊、谦虚、智慧、勇敢为自身修养目标"。(《"优秀记者"之界定及其道德评价》，《国际新闻界》2010年第12期) 笔者认为，这种随机性列举使部分评价标准的内涵之间存在相互交叉，难以完全涵盖记者应然素养与理想人格构成的要素。若清晰地阐明记者之"优"，应经由高低不同层次范畴"法—道德""道德""道

---

① 2012年9月28日，美国福克斯电视台在报道一起警察追捕犯罪嫌疑人案件时，将犯罪嫌疑人突然开枪自杀的瞬间进行了直播，饮弹自尽的整个过程被记录，血腥的画面引发了民众强烈抨击。随后，新闻主持人向观众道歉。2012年12月3日，美国纽约时代广场地铁站内发生乘客因争执被推下地铁站台、跌落后被列车撞死的惨剧。现场的自由摄影师拍下受害人拼命挣扎、企图爬上站台的生死瞬间。《纽约邮报》4日头版刊登该组"生死绝照"，图片下方有醒目标题："没救了！"随即引发公众的强烈质疑和谴责：有时间拍照，为何不去救人！报纸是否应当和有必要采用头版大幅图片和大字号标题的方式处理这一悲剧事件，值得思考。

德—伦理"及"伦理"予以设定,优秀与否的判断尺度从是非标准比较清晰的较低层次的自制要求到强调职业价值社会共享的高层次的人性关爱与价值自审,越能恪守属"伦理"范畴而非"道德"范畴中的评价标准,才越接近"优秀"。评价标准体系应该辨明作为高层次范畴的伦理抉择、道义自律、准则恪守与作为合格记者应具备的底线道德品质在"优秀记者"内涵中占有的不同权重。

### 一、"法—道德"范畴的评价标准

"传播伦理常常遵循这样的模式——最后退到以法律作为唯一可靠的指导。"① 记者对其职业的承诺未必一定达到令人景仰的境界,但不可放弃底线要求——法的硬性规诫。就法律规范与道德规范的关系而言,法律规范所遵循的原则实际上也是道德规范的原则,法以道德原则为原则,法不再有超出道德原则之外的其他原则。"道德规范的最低限度要求、最具体要求,就构成法律规范内容。"② 这一层次的规则与指令具有明确性、统一性、强制性,记者被要求禁止的行为有成文的法律、行政法规、部门规章作为执行依据,记者对于相应义务的遵循是职业合法性的必要条件。

（一）法定禁止传播内容系"政治义务"与"社会责任"基本要求

记者角色应当严守不同位阶法律的明文规制,包括不得传播有违政权利益、社会主义意识形态、价值体系的思想内容,不得传播危害国家秘密利益、扰乱社会秩序的内容,不得传播淫秽色

---

① [美]克利福德·G. 克里斯蒂安等著,蔡文美译:《媒介公正》,北京:华夏出版社,2008年,第2页。
② [英]边沁著,时殷弘译:《道德与立法原理导论》,北京:商务印书馆,2002年。

情、暴力恐怖及迷信等不雅邪恶内容。

(二) 合理限度的注意义务要求避免过错行为侵权

无论作为一般民事关系，还是作为享有宪法权的政治关系，新闻报道都不得以言辞侮辱、失实或诽谤方式毁损他人名誉、商业声誉或违背他人意愿披露隐私。表达谴责意见、贬斥情绪与态度应避免人格侮辱与人身攻击；信守"客观"、防止失实应依据多方言辞呈现事实"尽可能状态"，尽可能寻求多种意见的平衡；慎重处理隐私事项，区别道德过错行为中的隐私与违法犯罪行为中的隐私。

(三) 以既有法律作为防线的道德底线不得僭越

"媒介机构创设的审批制使得媒体成为稀有资源，而市场体制为稀缺资源的交易提供了条件。"① 刑法设立的"损害商业信誉、商品信誉罪"及"敲诈勒索罪""受贿罪"适用记者身份的违法行为，"孟怀虎案"传递一种信号：法律对"有偿新闻"惩治当严则严。"孟怀虎案"最终以"受贿罪"而非"敲诈勒索罪"结案，孟怀虎被判 12 年。该案一审判孟怀虎犯"敲诈勒索罪"，处有期徒刑 7 年。检察机关对一审判决提起刑事抗诉。二审法院采纳检察院抗诉理由，认定孟的行为符合"受贿罪"构成要件，予以改判，惩处加重。② 此案之前，记者因有偿新闻交易数额较大的，均以"损害商业信誉、商品信誉罪"或"敲诈勒索罪"追究责任，以"受贿罪"论处，孟怀虎案属首例。"受贿罪"的量刑惩处在后果相同情况下重于"敲诈勒索罪"，这是加大"有偿新闻"治理力度的一种体现。

对于不得不采取的隐蔽采访录拍手段，涉及触犯法律的行为，如冒充法律授予的某些特定身份，以明显违法手段或侵害他

---

① 陈堂发：《授权与限权：新闻事业与法治》，北京：新华出版社，2001年。
② 杭州市上城区人民检察院刑事抗诉书 (2006) 杭上检刑抗 3 号。

人合法人格利益的手段促成事件发生或便利地获取视听素材,采用只适用特定类型刑事案件的诱侦手段或其他欺骗手段以引发或诱使对方违规违法与犯罪,上述行为均有相关部门法律法规予以禁止。2010年,广州两家媒体记者为揭发官员在非法出具虚假地质灾害报告单上存在金钱交易内幕,以暗访手段诱发对方在特定环境下实施职务犯罪以获取证据。针对此事件,有学者指出:"法律并没有赋予记者为了揭露真相而实施违法犯罪的特权。"①如果允许记者用制造违法犯罪的方式来制止违法犯罪,公权力或普通公民的效仿后果将非常严重。

### 二、"道德"范畴的评价标准

"道德"范畴与"法—道德"范畴的评价标准共同点在于,两者对行为是非的判断标准都是比较明确的,对与错、是与非的价值判断约定俗成,不同评价主体之间一般不存在争议。而两者的区别在于,前者强调记者应当遵守这些规诫,而后者则强调必须遵守这些准则。

(一)杜绝在可控制因素范围内的虚假失实报道

由记者自利动机出发,或由人为控制因素如地方政策、利益牵制,人为导演、主观追求不够真实的报道,或编写虚假新闻,或隐匿应公开的新闻事实,导致发表的新闻报道与事实严重不符。对未造成明确损害后果与受害对象的,应当由职业道德规戒调整。虽然新闻报道不能摆脱特定的"框架",记者用不同的"框架"手段选择、定义、评论各种事实信息,建构"拟态真实",与"客观真实"不可能完全一致,不能完全恢复到事实原貌状态,但记者对"真实"的判断应基于合理相信,记者经过采

---

① 黄秀丽:《记者暗访揭发官员,正义之举还是"钓鱼执法"》,载《南方周末》2010-03-11。

访、调查或亲身经历，能够使自己确立合理相信。当前，随着新媒介的辐射能力日益凸显，记者（尤其是地方报纸）职业道德精神的懈怠突出表现为过于依赖互联网信息，记者的"编辑"角色遮盖了"采访"角色，对网络来源信息的采用缺少必要的核实，不真实新闻或虚假新闻时有发生。

记者面对一时难以克服的外在影响因素，形成不够客观、真实的新闻，如意识形态调控、新闻事件主体"拟剧表演"、对真相把握受制于社会行为"索引性"特征、问题本身复杂性或发展阶段上的不明确性等，记者在摆脱"无知之幕"后，在可以控制的范围应该对事件真相有一个必要的弥补性的澄清。

（二）尊重被采访对象的特定处境、特殊身份与正当要求

新闻内容是否客观真实有时取决于消息来源的身份属性，对具备完全民事行为能力人的采访，采访对象清楚对自己的言论负责，而选择未成年人作为采访对象，必须谨慎对待"童言无忌"现象，应充分考虑到其认知能力、思维能力、表达能力局限，言词片面性、准确度不高、缺乏逻辑性、易受周围人影响等因素。对特定处境中的采访报道对象出于利益合理保护考虑而提出的正当要求，记者应当予以满足或配合，以免造成不必要的侵害。

### 三、"道德—伦理"范畴的评价标准

如果行为的道德评价在量的级差上可以表述为"正当""良好""高尚"，那么"道德—伦理"范畴的评价标准对应的则是"良好"，即这些行为规则旨在倡导一种显而易见的社会价值，但角色冲突的问题不是很突出，或者说，记者的职业行为选择还没有遇到价值效忠的困境问题。

（一）对行为公正的信守与追求

出于媒体作为社会公器的责任，记者应无所偏袒地报道具备社会共享价值的所有新闻以及事实真相的尽可能状态，特别是那

些处在被遮蔽状态的新闻事实。"对于寻求公正的媒体来说,衡量的标准是看它是否能够忠诚地对待那些最被疏远的人们。"①"道德问题关系到有抵触的声音能否被公平地表达出来的程度,报道需要能够明确反映那些受委屈的人们所持的观点,最低程度的公正也要求新闻报道反映事件本身所具有的复杂性。"②

信守行为公正就要求记者体现职业的"良心",它表现为三种基本态度,作为对自己自身的态度的真实,要求言行和内在意向相一致,不欺骗自己,不欺骗别人;作为对他人的态度的敬和爱,依赖和诚意;作为对社会的态度的责任感和正义感。实质上,公正与责任感是互为依存的,公正就是被自己的真实、被他人的诚意和信赖所证实的责任感。

(二)对作为公正价值观的坚守与理性引导

责任感在很大程度上体现为媒体对正确价值观的坚守与理性引导,而"公正"价值在一系列社会价值观中居于核心地位。面对纷繁复杂的社会生活和社会事件,记者应该对"公正"价值观有一个全面、准确地把握:"公正就是使人们所得的待遇合乎其享有的权利";③ 公正意味着"每个人都应该接受自己的本性和行为所带来的利益和痛苦,每个人都应该带走自己行为的后果","公正就是恒久不变地使各人得其应得";④ 公正要兼顾利益享有的"施惠弱者"原则,"先天条件最少者受惠","不平等将符合

---

① [美]克里福德·G. 克利斯蒂安著,蔡文美译:《媒体伦理学》,北京:华夏出版社,2000年。

② [美]罗恩·史密斯著,李青藜译:《新闻道德评价》,北京:新华出版社,2001年。

③ [美]罗纳德·德沃金著,张国青译:《原则问题》,南京:江苏人民出版社,2005年,第115页。

④ [美]迈克尔·J. 桑德尔著,万俊人译:《自由主义与正义的局限》,南京:译林出版社,2001年,第80页。

最少受惠者的最大利益";① 公正体现为"获益条件与机会均等";② "公正是最适度的爱,又是最低限度的爱","爱同公正是一回事,因为公正就是被分配了的爱"。③ 新闻舆论引导的要义之一体现在记者如何通过具体新闻事件鲜明地表达上述一系列社会价值主张,营造培育公正价值观的舆论氛围。

### 四、"伦理"范畴的评价标准

记者之"优"评价标准不是侧重于践行了"应当如此"的行为,而在于"如此行为"也未尝不可却放弃了"如此行为",选择了更可取的行为,亦即:选择这种行为而放弃那种行为,只是表明"这种行为"更合乎社会的价值期待,更合乎道德要求,更能避免价值冲突或公众争议,而不是说被放弃的"那种行为"不合乎道德要求。道德判断的"优"是在面对一种以上"价值忠诚"中作理性抉择显示出来的,选择一种价值忠诚而放弃了其他仍然有合理之处的价值忠诚,是考虑到新闻价值与新闻的价值应该尽可能地协调共存,而非新闻价值追求至上。从最典型的意义上说,"伦理"范畴的评价标准更多指向"高尚",即记者面对多元价值效忠时,追求高度社会责任,选择更优先的价值,特别关注角色冲突问题,以对人的尊重作为职业行为的最高取舍标准。

(一)以符合社会一般道德准则的手段获取已然性新闻事实

记者职业应该使新闻价值最大化实现,但在采取非常规手段(记者作为新闻事件介入、推动要素)上应服从与尊重社会一般

---

① [美] 约翰·罗尔斯著,何怀宏等译:《正义论》,北京:中国社会科学出版社,1988年,第2页。
② [美] 威廉·K.弗兰克纳著,黄伟合等译:《善的求索:道德哲学导论》,沈阳:辽宁人民出版社,1987年,第34页。
③ [美] 阿拉斯代尔·麦金太尔著,龚群译:《伦理学简史》,北京:商务印书馆,2004年,第328页。

的道德准则,新闻职业不应该有超出普适性的社会道德准则的特殊道德标准,"新闻伦理,即是生活中的伦理应用到新闻报道的实践中去"。面对阻挠事实真相的力量,记者表现出的机智应对不应涉及伦理价值上的争议。运用与社会公认道德法则明显相悖的手段(如冒充身份、伪饰采访动机、设置圈套)人为地促成新闻事件,无论手段本身性质如何,也无论被促成的事件是否导致违法或违德后果,均不符合"用正当、合法手段获取新闻"的基本原则。2007年、2012年两家媒体记者拿茶水充当尿液检样引起舆论争议的"茶水发炎"事件,虽有好的行为动机,但采取欺骗手段本身无论如何不能成为获取好新闻的通行证。

(二)"社会人"与"记者"冲突应服从"社会人"角色

归根结底,新闻报道服务于有生命、有人性的人,不尊重生命、无视人性,即使记者角色的扮演非常出色,也无益于新闻职业社会价值的实现,因为它背离了"人是目的,而非手段"。作为新闻资源的承载者,新闻事件中的人应该被记者聚焦,但如果记者所面对的新闻事件的主体正面临着某种至关重要的时刻(如生命或伤害危险、人生选择的十字路口、重大损失即将发生),放弃纪录现场而尽其所能地先行施以挽救或阻止,是善良记者优先的选择。

"从事媒介这种职业充满了模棱两可的情景和相互冲突的效忠对象",媒体从业者经常面临多元价值(一种价值主张与另一种价值主张都有其相对合理性)、多种效忠对象(如媒体与政府、公众或社会、报道对象、新闻源、广告商)之间的冲突。而且,"职责的德行取决于角色,道德词汇唯有在一种角色和职责得到明确界定的社会生活方式背景下,才具有连贯或前后一致的意义"。① 除非特定行为法授,"社会人"角色的德行标准都应该是评价所有职业行为是否道德的参照系。正如康德所言:"你的行动,要把人性,不管是你自己身上的人性,还是别人身上的人性,永远当作目的看待,决不仅仅当作手段使用。""你必须遵循那种你同时也立志要它成为普遍规则的准则而去行动。"

(三) 尊重、关怀报道对象优先于"岗位角色"

新闻价值的水准依赖于专业理念与技巧实现程度,而新闻的价值则有更高准则——人文关怀,新闻既是一种非常重要的价值载体,也是最有影响力的价值示范手段之一。记者开展媒体救助应充分考虑被救助者的承受能力,避免善意的尊严伤害,不要使被救助对象的人格尊严成为报道的牺牲品,也应避免关注视角的边缘化,放大事件中"趣味性"元素;尊重被采访对象的感受,力戒以不恰当的方式滥用被采访对象的信任;报道修辞与叙事方式注意避免对某些阶层或群体形象作刻板化描述,有意或无意地流露出身份或阶层的隐性歧视;对于灾难事故或灾害报道应体现同悲情怀与人性关爱,采访与报道方式应顾及和尊重当事人的心理感受,防止将被报道者置于工具地位。任何新闻事件中的个体都不只是记者在报道中作为艺术或思想表达的纯粹资源,更重要的是当作有生命尊严与情感体验的人。

[原载《西南民族大学学报》,(人文社会科学版) 2013 年 12 期]

---

① [英] C. D. 布劳德著,廖申白等译:《五种伦理学理论》,北京:中国社会科学出版社,2002 年,第 264 页。

# 论新闻发言人

邱沛篁

我国从 1983 年起，就试行新闻发言人制度。最先是在外交部设立了新闻发言人，定期对外发布新闻。后来，国务院许多部委及各省、市、区也逐步设立了新闻发言人。最近，尤其是在党的十六届三中全会后，新闻发言人进一步受到社会各界高度重视，不少部门、基层也设立了新闻发言人，中央和一些省、市先后开展了新闻发言人的培训活动，报纸、电视等新闻传媒也对新闻发言人进行了积极、广泛的宣传和评论。所有这些都表明，深入研究新闻发言人的制度建立的背景与作用，探讨新闻发言人的素质与技巧，具有重要的现实意义。

## 一、设立新闻发言人制度的意义与作用

首先，设立新闻发言人制度是改革开放的产物，是国内外大环境的需要。要改革，要开放，就需要公开、透明，就需要大量的信息传播与交流，而且信息传播得越快、越准确、越丰富，越好。这些都离不开新闻传媒与传播，而准确、及时、迅速的新闻传播，必须依靠新闻发言人。有了新闻发言人，就能够正确地指导新闻传播，以大量真实、准确的信息支撑新闻传播，从而有力地促进改革开放的深入发展。

其次，设立新闻发言人制度是建设社会主义物质文明、精神文明和政治文明的需要。要发展我国经济、全面建设小康社会、

迎头赶上世界强国，离不开信息传播，离不开新闻发言人；而要建设好社会主义的精神文明与政治文明，同样离不开信息传播与新闻发言人。党的十六届三中全会特别强调了政治民主、政治文明的重要性，这也包含了我们党执政为民、执政公开、执政让老百姓知道，并且动员老百姓积极参政、议政的意思。这也十分需要新闻发言人。旧社会讲什么"民可使由之，不可使知之"；新社会则完全相反。因为我们本身就是为人民谋利益，完全可以、而且必须"民可使知之"。只有让老百姓知道了，明确了办一件事情的意义和作用，才能更广泛地团结人民群众自觉地行动起来，为办好每一件事而共同奋斗。

第三，设立新闻发言人制度也是广大老百姓的迫切要求。人民是国家的主人，老百姓热爱国家、热爱家乡、热爱生活，也热爱和关心世界，渴望建设更加富强美好的生活，因此他们关心社会，关心周围发生的一切。换句话说，老百姓有很强的"新闻欲"。正如著名记者范长江所说："什么是新闻？新闻就是广大人民欲知、未知、应知的、重要的事实。"及时地、准确地、实事求是地把国家和社会发生的重要的事情报告给人民，正是我们新闻发言人的光荣使命；同时也是社会尊重人权、尊重人的最基本的知情权、知晓权和了解权的实际体现。

第四，设立新闻发言人制度，也是新闻工作改革和发展的需要。当前我国新闻传媒事业发展很快，公开发行的报纸已达2100多种，新闻传媒所传播的信息深入千家万户。要使我们的报纸、广播、电视和网络新闻，真正做到"三贴近"，克服趋同化、低俗化、虚假报道和有偿新闻等不良现象与作风，新闻发言人制度的建立与完善具有重要的积极作用。从中央到地方的多层次的新闻发言人，必将给各种新闻媒体提供新鲜、丰富、取之不尽的新闻线索，为新闻报道能让老百姓喜闻乐见提供了极好的条件。同时，新闻发言人的权威性，也为新闻舆论坚持正确的导向和确保新闻的真实性奠定了可靠基础。

## 二、新闻发言人的性质

新闻发言人，顾名思义就是向社会公开发布新闻的人。从性质上具体地讲，其内涵主要包含以下几点：

首先，我国新闻发言人是党和政府的代言人。例如，2003年11月7日，我外交部新闻发言人章启月就基里巴斯与台湾所谓"建交"发表谈话，明确指出这是对中基建交公报原则的公然违背，是对中国内政的粗暴干涉，强烈要求其政府立即纠正错误决定，否则一切严重后果必须全部承担。这就体现了新闻发言人作为党和政府代言人的性质，充分表达了我们党和国家维护祖国统一的一贯坚定立场。

其次，新闻发言人是有别于新闻媒体的、特殊的、最直接的政府喉舌。从广泛意义上讲，我们的新闻传媒也是党和政府以及人民的喉舌，它从根本意义上代表了我们国家、党、政府与人民的声音。而新闻发言人作为政府的喉舌，更直接、更迅速、更准确、更权威。一般来讲，新闻发言人本身就是政府的成员，担任政府重要职务。例如四川省人事厅的新闻发言人是副厅长、省计生委发言人是计生委副主任。因此，由他们直接出来发布新闻，显然速度最快、最准确、最具有权威性，其作为政府喉舌的性质也最明显。

第三，新闻发言人是党和政府、新闻传媒以及人民群众之间互相沟通的一座重要桥梁。我们的党和政府，经常保持着与新闻传媒以及广大群众之间的联系，这种联系有各种各样的方法、纽带与桥梁。而新闻发言人，正是其中一座很重要的桥梁、很有效的方法。通过这座桥梁，把党和政府的方针、政策、意图及时告诉给新闻传媒及人民群众；同时，也把新闻传媒及人民群众的反映及时报告给党和政府。这样，有利于上情下达和下情上通，极大地有利于党和政府的各项工作，有利于社会物质文明和精神文明的建设与发展。例如，公安部在 2004 年 1 月 2 日举行的新闻发布会上宣布，公安部和省、自治区公安厅将每一个月举行一次新闻发布会，直辖市、省会市、副省级市公安局每半月或每周举行一次新闻发布会，其目的在于及时主动向媒体和公众发布重要信息，切实推行警务公开、提高公安工作的透明度，并且主动自觉地接受舆论监督和社会监督。这就非常清楚地显示出，新闻发言人在党和政府联系新闻传媒与人民群众中的重要桥梁作用。

第四，新闻发言人是新闻记者的良师益友。新闻发言人代表党和政府与新闻记者打交道，他和记者之间应该是一种什么关系呢？我认为，二者不应该是对立的敌对关系，而应该是相互理解、相互支持的朋友关系。一方面，新闻发言人向记者提供新闻，说明应该报道什么，怎样报道最好；另一方面，记者也向新闻发言人反映人民群众的心声、愿望和渴求，让党和政府通过新闻发言人进一步体察民情、密切与群众的关系，解决人民群众迫切需要解决的问题。他们二者都是我们国家实现"三个代表"、全面建设小康社会的重要力量，是同志、是朋友、是一家人。从新闻发言人来讲，他从许多方面给新闻记者以巨大帮助，如提供新闻线索、讲述新闻事实真相、回答各种提问、创造深入采访的条件等等。一个合格的新闻发言人，应当成为记者的良师与益友。

### 三、新闻发言人的职责

新闻发言人的主要职责，都是与新闻工作有关。新闻工作无小事，新闻发言人也可谓事关大局、重任在肩。

（一）及时准确地宣传党和政府的方针、决定、计划，准确详尽地解释党和政府的政策与相关措施，定期通报所属单位、部门重要工作安排及进展情况。例如，成都市公安局新闻发言人在

2003年10月27日首次亮相,第一任发言人是市公安局调研室主任和政治部副主任。他们在首次新闻发布会上,详细介绍了成都市九月份治安状况,交通事故比去年同期下降47.3%,火灾事故下降6.2%,刑事立案7300件,破案1200件,破案数比上月上升30.9%,还介绍了新采取的一些治安及便民措施。新闻发言人的这种职责,充分体现了他作为党和政府与人民群众之间的重要纽带作用。

(二)在发生突发事件后,及时与党政主管部门交流情况、协商拟定报道口径,正确、准确、及时地向传媒单位和中外记者说明事实真相,纠正误传、澄清谣言,发挥安定民心、维护团结、稳定社会秩序、保障人民正常生活和经济发展的重要作用。例如,2003年春我国发生非典型性肺炎,国务院新闻办在4月20日举行新闻发布会,由高强代表卫生部发言。这之后,卫生部和北京市委、市政府相继举行了多次新闻发布会,由新闻发言人及时向公众宣布了党和政府的一系列重大决策,表达了党和政府团结全国人民战胜非典的坚强决心,并随时向社会通报非典疫情的变化情况。这样,有力地配合了党和政府的工作,正确指导了新闻传媒的舆论导向,对战胜非典发挥了有效的舆论宣传作用。

(三)解释人民群众中的一些疑惑问题,通过与新闻媒体交流、与人民群众对话,认真细致地做好解惑的思想工作,团结人民群众克服困难、增强信心,为实现党和政府制定的目标、努力建设全面小康社会而共同奋斗。例如,2004年1月23日广西隆安县发生禽流感后,农业部有关负责人立即就禽流感防治问题回答记者提问,详细说明了什么是禽流感、禽流感疫情如何确认、禽流感是不是可防可控可治的,广西隆安疫情发生后相关部门采取了哪些措施等,从而使老百姓了解了真相、消除了疑虑、安定了民心。这实际上,也就起到了新闻发言人在突发事件后保障社会安定团结的功能,是我们新闻发言人必须牢记的重要职责。

(四)接受中外记者采访,或者安排记者采访本部门、本地区、本单位的有关工作或人士。新闻发言人接受记者采访的方式较多,并不是固定不变的。有时是通过会议,比如召开新闻发布会接受采访;有时也可以是接受记者预约采访、电话采访、甚至登门采访。同时,当记者在新闻发布会或登门采访后还不满意,要求深入采访本部门、本地区、本单位的其他相关工作与人士时,新闻发言人也有责任尽可能提供帮助,安排记者进行这种采访。

(五)负责与本系统、本部门、本单位新闻事务相关的其他工作。例如,保持与新闻传媒单位的经常联系,陪同中外记者到基层采访,参与摄制介绍本系统、本部门、本单位全面情况与典型事件或人物的专题片,培训新闻报道人才等。

**四、新闻发言人与新闻发布会**

策划并主持召开新闻发布会,是新闻发言人的重要工作。新闻发布会,是展现新闻发言人才华、考验新闻发言人素质及能力的重要舞台。因此,新闻发言人必须高度重视并认真做好新闻发布会工作。

(一)新闻发布会的类型及策划

在我国,新闻发布会从其举办的时间来看,可分为日常的新闻发布会、突发事件发生后的新闻发布会等;从其举办者来看,可分为中共中央、国务院举办的新闻发布会,各省、直辖市、自治区、部一级举办的新闻发布会,地、市、县举办的新闻发布会等。

无论哪种类型的新闻发布会,都要认真策划、精心运作。策划的关键在于选准好的主题和时机。要根据党和政府工作的实际需要,根据发生新闻事件的具体情况,根据广大人民群众的关注焦点,来确定新闻发布会的主题及内容。一般应首先选择那些当前老百姓最为关注的事情作为话题,一段时间也应有所侧重,有所突出,而且一次新闻发布会要突出一个中心,不宜太分散,有的可以分两次新闻发布会去讲。例如,2004年1月上旬,国务院举行新闻发布会,专门就振兴东北问题请辽宁、吉林、黑龙江三省负责人回答记者提问。这个新闻发布会就抓住了东北甚至全国人民关注的热点,系统而详尽地宣传了中央关于振兴东北的一系列方针、政策和措施,主题十分集中,内容极其丰富,引起了国内外传媒的高度重视,起到了非常好的效果。作为省、区、市一级举行的新闻发布会,选题则应当是地方党政当前抓的重点工作、重大事情,也是当地人民群众最为关注的话题。这样,就能给新闻传媒提供最有价值的新闻线索,也最能受到老百姓的普遍重视和关注。

(二)新闻发言人在新闻发布会上的谈话艺术

1. 注意抓好开头,讲好"开场白"。

新闻发言人要注意把最精彩的东西,首先告诉给记者。因此,"开场白"一定要精炼,要突出要点,而不要讲那些千篇一律的"套话"。要尽快把那些最重要的信息和观点、最有新闻价值的事实、自己最希望媒体报道而记者又最感兴趣的东西首先讲出来。这样,就能抓住记者,吸引住记者的关注点,使新闻发布会一开始就有内容。

2. 要多讲生动的细节、讲数据,坚持用事实说服人、感染人。

新闻发言人在介绍情况的时候,要注意少用抽象的概念,多用生动的事实,尤其是用那些有情节的、感人的人和事来说明你的观点,并且要善于用对比的手法,用一些准确的最能说明问题的数据来证明你的观点。这样,一方面记者容易被感动,被征服;另一方面也能为记者提供最受人民群众喜闻乐见的新闻素材,使新闻发布会的目的易于实现。

3. 注意语言简练、明白、通俗易懂,尽量用生动活泼的、大众化的、人们易于接受的语言讲话。

新闻发言人讲话,一定要简洁、清晰,切忌冗长、啰唆、重复。要力求把丰富的内容、明确的观点、感人的事实,用短小精悍、鲜明活泼、字斟句酌的词语清晰地表达出来,给记者留下非常深刻的印象。当新闻发布的内容涉及一些专业行话,例如科技名词、金融用语、医学、生物等专业知识时,要认真加以解释,并举出实例,把专业行话尽量大众化,让人家容易理解和明白。

4. 要正确对待记者的各种提问,始终抱友好、合作、真诚的态度,冷静而沉着地回答各种问题。

新闻发言人在新闻发布会上,可能面对各种复杂的情况和刁钻的问题,自己必须始终抱冷静、沉着的态度,诚恳而巧妙地应对难题。

5. 要注意语言风格,适时运用幽默话语,力求使新闻发布会开得既庄重、严肃,又轻松、活跃、风趣。

新闻发言人的语言风格至关重要,应当以一种平等、朋友的语气讲话,切忌用教训人的口吻。既然是平等的、朋友式的,就要少用或不用"官"话,多用"家常话"。在谈话中要多举生动的实例,多用群众喜闻乐见的语言,并恰当地运用风趣和幽默,加深记者对所讲事实的印象。要坚持尊重记者、尊重社会习俗,坚持民族大团结,始终与记者在亲切、平等的对话和交流中,达到新闻发布会的预期效果。

### 五、新闻发言人基本素质要求

(一) 政治素质

由于新闻发言人工作的特殊性质,新闻发言人必须具备较高的政治素质。这首先表现在他应当具有较高的马克思主义理论修养,能够自觉地坚持以毛泽东思想、邓小平理论和"三个代表"重要思想作为指导自己言行的准则。同时,他应该非常熟悉党和国家的各项方针政策,了解政府的工作部署和策略,自觉地维护、宣传和执行党的方针、政策。另外,作为一位新闻发言人还必须政治上成熟,立场正确、坚定,始终坚持原则,坚持真理,坚持实事求是,决不在某些压力面前用原则做交易。只有这样,我们的新闻发布才能导向正确,才能对新闻传媒产生正确的指导作用,对社会产生积极的影响。

(二)业务素质

新闻发言人的业务素质要求也很高,他应当既是专家、又是杂家。他首先必须是对自己所负责的业务部门的工作非常精通和熟悉,算得上"专家",面对记者这方面的提问,回答起来运用自如、如数家珍。其次,他必须具备一定新闻理论修养和新闻业务知识,熟知什么是真正的新闻、什么事实最有新闻价值,坚持新闻必须真实的原则,了解新闻记者的工作特点,尤其是懂得记者爱用哪些方法提问,记者喜欢怎样写作新闻等。第三,他还应当尽量多和广地拥有一些关于人文社会科学和自然科学的基础知识,这样,面对记者的各种提问,才能充满信心、沉着应对。第四,他应当具有较高的语言、文字表达能力,善于讲话,善于写作,一般应熟练使用普通话表达。第五,他应当具有较强的组织活动的能力,有很好的人际关系,有随机应变的能力。从而与记者保持良好的密切联系,使新闻发布会收到最好的效果。

(三)心理素质

新闻发言人应当具有较好的心理素质。首先,他应当自信,对新闻发布工作有很高的自信心,相信自己一定能把这项工作做好。有了这种自信,才能很好地面对记者,才能在各种提问面前有好的发挥。其次,他应具有灵机应变的品质,冷静、沉着,不慌不忙,善于体察记者的心理特征与变化,善解人意,充分满足记者的合理要求，恰当地处理新闻发布工作中可能遇到的各种意外和问题。第三，他还应当具备宽容的品格，善待记者，不耍脾气，不摆官架子，不强词夺理。这样，才能真正成为记者的良师益友，受到记者尊重，进一步做好新闻发布工作。

（四）敬业奉献精神和不断勤奋学习的品质

新闻发言人的工作既光荣又艰苦，而且责任重大。这就要求新闻发言人必须十分热爱这项工作，有强烈的事业心和高度的责任感。只有这样，才能主动地开动脑筋，不怕困难，千方百计地把新闻发布工作做好。同时，新闻发言人的工作需要我们不断努力学习。要具备新闻发言人的较高素质，只有在不断反复的学习和实践中才能达到。

总之，新闻发言人和新闻发言人制度，是当前我们面临的一项崭新的工作。为了加速我国全面建设小康社会，我们一定要不断努力把新闻发言人的工作做好，使新闻发言人制度更加完善，从而为推动我国物质文明、精神文明和政治文明的建设做出更大的贡献！

［原载《西南民族大学学报》（人文社科版），2004年第3期］

"探索与创新"丛书
传媒与文化产业：媒介时代前瞻

# 多重理论视野中的新闻评论

赵振宇

随着网络媒体的迅速发展，随着中国加入世界贸易组织扩大与世界各国的交往，中国的新闻事业在蓬勃发展。与此同时，中国的新闻评论也在各种媒体上以繁荣兴旺之势铺开，人们普遍地认为中国的第三次时评高潮到来了。信息骤增，媒介迅速发展，对现代人提出了许多新的更高的要求，媒介素养就是其中之一。1992年美国媒介素养研究中心对媒介素养曾作过如下的定义："媒介素养是指人们面对各种信息时的选择能力、理解能力、质疑能力、评价能力、创造和制作能力以及思辨能力。"创造一个媒介素养的美国联盟。"2001年提出了媒介素养能使人们成为有批判意识的思考者，是一个广泛应用图像、语言和声音传递信息的有创造力的生产者。从广泛的意义上理解，媒介素养被看成是用多种形式，包括非印刷信息、系列信息能力的组成，包括接受、分析、评价和传播信息的能力。[①] 人们运用信息，借助于媒体载体认识和反映世界主要有两种方式，这就是描述和评论（本文主要研究新闻评论），这是当今时代现代公民需要普遍具备和提高的一种公民素质。

所谓新闻评论是传者借用大众传播工具或载体，对新近发生

---

[①] 张玲等：《媒介素养教育初探》，载北京广播学院（今中国传媒大学——编者注）广播电视研究中心主办《媒介研究》2004年第3期，第83页。

## 多重理论视野中的新闻评论

或发现的新闻事实、问题、现象直接表达自己意愿的一种有理性有思想有知识的论说形式。新闻评论在报纸、广播、电视和网络上有不同的表现方式，或文字，或声音，或音像结合，或图文并茂，在新闻传播中发挥着重要作用。① 这种作用主要表现在：新闻评论作为一种观点信息越来越受到人们的关注，自然也得到媒体的重视；新闻评论作为舆论环境建设的一个重要组成部分，在促进民主政治建设中越来越发挥着积极作用；新闻评论作为一种理性认识的表现形式，有助于人们更全面更科学地认识世界。

### 一、从新闻学视野解读新闻评论——新闻评论传播的是一种观点信息

在新闻传播中，新闻评论和消息报道一起，向受众提供最新最快最多的观点新闻。它的对象是传播受众，它的作用是满足对象获取观点信息的欲望。

新闻是"及时公开传播的新近事实的信息"。② 那么，新闻评论就是一种依赖于事实的观念信息。当今时代，在知识经济的大背景下，在传媒速度越来越快捷的形势下，读者已更加理智，深入了解事实成因及后果的欲求正在逐渐取代情绪宣泄和消遣的欲望。简单化报道和发表意见已难以激发人们的阅读欲，而视角独特、见解独到、说理透彻、思维方式新颖、富有知识张力的言论，才会受到读者青睐。

随着中央电视台"焦点访谈"栏目的开播与成功，报纸也不惜版面，开设了形式各样的评论栏目，有的更是开设了评论专版。这里既有党报系统开设的栏目，如《人民日报》的"今日

---

① 赵振宇：《现代新闻评论》，武汉：武汉大学出版社，2005年，第47页。
② 项德生、郑保卫：《新闻学概论》，武汉：武汉大学出版社，2000年，第43页。

谈"、《湖北日报的》"三楚放谈"、《长江日报》的"长江论坛",也有晚报都市报开设的专栏,如《新民晚报》的"今日论语"、《齐鲁晚报》的"新闻时评"、《北京青年报》的"今日社评"等。还有一些报纸开设的评论专版,如《中国青年报》的"青年话题"、《工人日报》的"评论"、《南方日报》的"观点"、《新京报》的"社论"和"来论"等。还有《检察日报》等报纸推出的由"关注""法辩""时评"和"百姓"四个版面组成的法治评论专刊。有的报纸不仅开设有时评专版,几乎所有版面都开设了评论栏目,如《中国青年报》除开设有"青年话题"专版外,"综合新闻"版开设有"求实篇"栏目,"经济"版开设有"经济时评"栏目,"国际"版开设有"观察"栏目,"法治"版开设有"法眼"栏目,"教育"版开设有"教育视点"栏目及"快评"栏目,体育版开设有"就事论事"栏目,共青城版开设有"青年时评"栏目,"汽车周刊"开设有"车市快评"栏目,"创业周刊"开设有"创业主张"栏目等等。到 2005 年止,四届中国新闻名专栏共产生了 134 个名专栏,其中评论专栏就有 73 个,占名专栏总数的 54%。此外,中央电视台新闻频道首推以"央视"命名的"央视论坛",各地电台、电视台纷纷效仿,也开设了各具特色的评论专栏。

华中科技大学新闻评论团曾通过对我国入世后全国主要媒体的新闻评论的调查发现:我国新闻媒体的新闻评论近年来呈现出如下几大趋势,即新闻评论的分量更突出;新闻评论的时效性更强;新闻评论的论题更广泛;新闻评论的指向多元化;新闻评论监督的异地化;新闻评论形式的多样化;新闻评论队伍的专业化和学者化。

从 20 世纪 90 年代后半期开始,中国媒体的竞争,已从信息量竞争阶段进入了"观点竞争"阶段。这其中很重要的一个原因就是,"观点""思想"等已成为了新闻本身。新闻已不仅仅是最近发生的"事实",还包括人们最近提出的"观点",人们最近产生的"思想",以及被人们最近发现的新思想和新观念。尽管有人称,将事实让位于观点是坏新闻的一种表现,①但是,我更同意这样的看法:"不光是从理论上,从现实发展来说,媒介竞争已经到了资讯的解释、资讯的解读、资讯的整合的层面上,因此像社评、时评这样的题材,在现代报纸竞争当中,实际地位越来越提升。"②

为什么近年来评论呈现繁荣昌盛的局面呢?主要原因有三:

第一,从经济上看,是增强媒体竞争力的一种考虑。截至2005年7月,全国共出版报纸1926种。其中,中央级报纸218种,占我国报纸总量的11.3%;省级报纸806种,占总量的41.8%;地市级报纸848种,占总量的44%;县市级报纸54种,占总量的2.8%。③由于信息传播技术的运用,媒介层次变得含糊起来,大家都有获得独家新闻的权利和方便;同时,由于传播手段和更新使得采访地域相对缩小,于是,发现独家新闻也越来越困难了。开办评论专栏或专版,从某种意义上来说,弥补了这种不便,同时也节约了记者外出采访的经费。对于电视台来说,更是有利可图。有人做过这样的计算,如果把一个小时的新闻报道节目变成一个新闻谈论节目,可以使节目制作成本大大降低。一条新闻报道通常需要编导、摄像、灯光、录音师和两名以上的记者外出,他们的采访、差旅、工资、翻译、器材等费用要一两万元。如果一个小时要播60条新闻,一小时的成本就要

---

① 李希光:《转型中的新闻学》,广州:南方日报出版社,2005年,第113页。
② 喻国明:《今日社评:以平民理解解读当日新闻》,载《北京青年报》2002-07-15。
③ 王美玉:《2005中国报业:在稳定中寻求突破》,载《中华新闻报》2005-08-10。

100万元左右。而给一个谈家一年100万元那是很高很高的支出了。①

第二，从管理体制上看，是满足公民自我实现需要的必然趋势。在传统计划经济体制下，媒体是事业单位，经费来源主要是政府行政拨款，附属于政府。因此，它不是表达社会意见的公共平台，而是一条单向的信息传播渠道，它所承担的主要功能就是宣传党和政府的方针政策，动员人民团结一致同心同德完成上级下达的任务和指标。在市场经济体制下，随着1987年以来事业单位企业化管理的体制被广泛推行，媒体有了一定程度的市场运作自主权，而这就为评论的兴起提供了必要的条件；同时，随着社会的发展和民主法制建设的完善，公民个人的生态开始发生变化，他们不再以"单位人"的面目出现。他们个体参与社会的领域在扩大，程度在逐渐加深，并对不断变化的社会暴露出来的矛盾有了发表自己观点的欲望。这种自我表达和自我实现的需要，是评论得以繁荣的内在原因。

第三，从传播效果上看，是扩大媒体知名度和美誉度的有效途径。随着现代科学技术的进步、科学知识的普及，特别是互联网技术的广泛运用，加快了传者与受众的交流，同时也加快了传者与传者的交流。谁是英雄谁好汉，再也不是单凭行政级别来划分了谁在信息市场占领的份额大，谁就是自然的意见领袖。在新闻报道特别是有关政策文件的发布，重大国际交往和重大突发事件的披露这一块，目前还保留着中央媒体和上一级媒体的权威性，地方媒体、一般媒体是无法替代和超越的。但是，在思想、观念、建议、方法等有形意见的发布上，却没有严格意义上的等级划分——谁最先发表意见，谁提出的观点最新最深，经过实践的检验谁最正确最有效，这样的媒体必然会受到广大受众的喜好

---

① 李希光：《转型中的新闻学》，版本同前，第114页。

和信赖,同时也会受到媒体同仁的尊重和佩服。天长日久,这样的媒体的知名度、美誉度自然而然就扩大了,由此带来的广告和发行量(收听、收视率)自然会大幅提升。在媒介市场,谁有了话语权,谁就有了力量。而新闻评论的强度和水平是增强这一力量的重要因素。

## 二、从社会发展视野研究新闻评论——新闻评论在民主化进程中发挥积极作用

在社会发展中,新闻评论是公民表达自己意愿的一种直接方式,它有利于促进社会进步特别是有利于促进社会的民主进程。它的对象是社会公民,它的作用是培养和提高公民的参与意识,促使他们更好更有效地参与管理国家和社会事务。

### 1. 提供讲坛,保障公民的言论自由权利

早在 1789 年,法国《人权宣言》第 11 条就规定:"自由传达思想和意见是人类最宝贵的权利之一;因此,各个公民都有言论、著述和出版的自由,但在法律所规定的情况下,应对滥用此项自由负担责任。"① 20 世纪 80 年代,联合国教科文组织曾指出,社会成员是社会生活和社会实践的主体,他们有权将自己的经验、体会、思想、观点和认识通过言论、创作、著述等活动表达出来,并有权通过一切合法手段和渠道加以传播。凡是用恐吓或惩罚等方式使他们保持沉默,或剥夺他们利用传播渠道的机会,就是侵犯了这项权利。② 2004 年 3 月 14 日,经第十届全国人民代表大会第二次会议通过,"国家尊重和保障人权"9 个字正式写入《中华人民共和国宪法》。言论自由作为一项基本人权,

---

① 转引自胡兴荣:《新闻哲学》,北京:新华出版社,2004 年,第 318 页。
② 联合国教科文组织:《多种声音,一个世界》,中国对外翻译出版公司,1981 年,第 155 页。

是每个中国公民应该享有的权利。随着现代科学技术的飞速发展，广播、电影、电视、网络、手机等表达思想的媒介日益增多，言论自由的范畴逐渐扩大，宪法保障人们充分运用各种传播工具和手段表达自己思想和意愿而不受压抑。

列宁说过，"宪法是一张写着人民权利的纸"，人权被列入中国宪法之后，宪法在中国更是"一张写着人权的纸"。《中华人民共和国宪法》赋予人民比较充分的言论自由权，人民有权行使自己的言论自由，人民有权管理、监督、批评政府的行为，并对政府或者社会上的各种侵犯公民利益的事件提出有效的解决办法或建议。

利用新闻媒体发表自己的有形意见，是扩大公民有序的政治参与，保证人民依法实行民主管理和民主监督的重要形式，是保障公民人权的重要内容。现在，不少媒体除了开辟社论、本报评论员、本报编辑部文章等栏目外，大都开辟了有群众广泛参与的评论栏目。这些栏目的开设，使群众有机会对发生在自己身边的事，或自己经历的事，或自己接触的事进行评论，发表意见。这对于提高公民的参与意识是大有好处的。

改革是一个破旧立新的过程，在这个过程中，新旧碰撞，是非伴生，各种思潮相互激荡，各种矛盾与问题错综复杂。对难点、热点问题释疑解惑，为新生事物鸣锣开道，就成为言论的重要任务。

随着网络媒体的迅速发展，随着我国加入世界贸易组织与各国人民的交往增多，人们看问题的视野将会越来越广阔，人们思考问题的角度也会越来越丰富，人们发表意见的形式也会越来越多样，人们认识问题的层次也会越来越深刻。这一切都将有力地推动我们的社会进步，同时，也对新闻传媒开设新闻评论栏目提出了新的更高的要求：既要满足人民群众参政议政的需要，又要对参与者予以正确引导，保证公民在有序参与的轨道上充分行使自己的权利。

2. 提供平台,为建构公共领域创造条件

德国著名哲学家哈贝马斯在 1998 年访问中国时说:"公共领域首先是我们社会生活中的一个领域,它原则上向所有人开放。在这个领域中作为私人的人们来到一起,他们在理性辩论的基础上就普遍利益问题达成共识,从而对国家活动进行民主的控制"。① 今天,在我们媒体评论的平台上,我们可以看到有更多的人在发言,更多的人在更广泛的领域参与,使得时评在今天可能成为一种普遍表达的形式。在普通的岗位上,在普通的生活角色包括教师、基层公务员、学生,以及工人、农民中,一批善于表达,敏于判断的人正在积极参与到时评写作的队伍中来,这正是一个公民时代所需要的。② 只有短短几年,时评写作在中国就以令人吃惊的速度繁荣起来。更具有本质意义的是,时评作者的来源如此广泛,使之具有了明显的"公民写作"和"公民表达"的显著特征。这正是中国迈向"公民社会"的划时代先声。公民社会必将伴随着"公共领域"在中国的出现而形成。时评理所当然地成为中国"公共领域"的缔造者和推动者。

公民的积极参与体现了很强的正义感和生命力。正是成千上万的评论作者和网友的愤怒声讨和激情声援,汇成一股汹涌澎湃的正义洪流,廓清了人们的模糊认识、普及了公民常识并且冲毁了不合理的制度堤防。如前段时期发生的邮政汇款留言收取"附言费"、个性化车牌等问题以及进入银行不得戴墨镜等事件,都是在时评介入以后,才使得这类问题明朗化,也才使得一些不合理规定被立马"叫停"。

---

① [德]哈贝马斯著,梁光严译:《关于公共领域问题的答问》,载《社会学研究》1999 年第 3 期。

② 赵牧:《公民写作,一个时代的先声》,来源:搜狐星空,2003—12—01。

另外,在中国官方最权威的人民网的时评论坛里,我们经常可以看到诸如:《大盖帽泛滥与权力滥用》(2004年02月03日00:10);《做官要常修为政之德》(2004年02月16日00:45);《假如历史上没有毛泽东》(2003年12月26日00:39);《法院无权"封杀"记者》(2003年12月18日00:39)等这样敢于拷问政府施政,质问国家权力机关,甚至对于已故领导人的评说的时评文章。这样的文章在当今的时评界屡见不鲜,我们已经见怪不怪了,这种现状一方面反映了国家舆论政策的宽容,另一方面也反映了评论和评论所营造的"公共领域"干预社会的犀利,影响国家政策的强悍,显示了其强大的生命力。[①]

### 3. 构建良好舆论环境,促进和谐社会构建

舆论环境,是指在大致相对集中的时空内,不同的群体、不同的层次、不同的类别的众多具体舆论组成的有机联系体,它影响和制约着各种具体舆论的形成和发展,同时也调适不同的个人、群体和社会组织间的相互关系。在民主政治的进程中,它是一项重要的基础建设。

新闻评论在构建良好舆论环境中发挥重要作用。民主的舆论环境使民众的言语与心愿得到畅通地表达与实现,人民内部矛盾和其他社会矛盾得到正确处理,社会公平和正义得到切实维护和实现。非民主的舆论环境则使群众的积怨不能得到排解,造成矛盾激化而使群众上访,甚至出现过激行为。由此,民主政治就会遭到践踏,法治和人权也会遭到践踏,安定团结的社会局面就会遭到破坏。加强舆论环境建设,保障公民有序参与管理国家事务,是建设和谐社会的一项重要内容,也是我国民主政治建设中一项重要任务。

---

① 赵振宇、张强:《时评的复兴与公共领域的建构》,载《新闻爱好者》2004年第4期。

新闻评论相对于新闻报道，它能够通过编辑部或公众发言的形式，对新近发生或发现的新闻事实、问题、现象等进行摆事实、讲道理地发表议论，能迅速、及时、直接、广泛地反映党和人民群众的意志和愿望，引导社会舆论，促进社会进步，对民众、对社会起着安定团结的作用。首先，新闻评论能够设置议题，配合中心工作，发挥舆论导向作用。其次，能够广泛干预社会生活，激浊扬清，从道德上引导舆论。第三，能够针砭时弊，引导舆论，发挥好监督作用，促进社会进步。

我们相信，随着我国政治文明建设步伐的加快，新闻评论在民主进程中的作用将会更好更有力地发挥出来。

**三、从认识论视野阐释新闻评论——在感性认识的基础上提升为理性认识**

在人们认识的过程中，新闻评论是人们对客观世界理性认识的一种反映，它与感性认识结伴而行。它的对象是普通意义上的人，它的作用是在感性认识的基础上以理性的深刻把握世界，处理好主体人与客观世界（包括人、自然、社会）的关系。

从认识论的高度来阐释新闻评论，能更好地把握新闻评论的本质。

1. 新闻评论源于感性认识

新闻评论，是对新近发生或发现的新闻事实、问题、现象直接表达自己意愿的一种有理性有思想有知识的论说形式。

马克思主义哲学将实践的观点和唯物辩证的原则运用到考察人类的认识现象，认为认识本质上是一种能动的反映活动。从思维机制上看，人对客观世界的能动反映，实际上是主体以特定的方式对来自客体的信息进行有目的的选择和有组织的加工、改造和整合的过程。具体在新闻评论的活动中，就是认识主体——评论作者，对来自客体的信息——新闻事实进行再加工的过程。

人们反映客观世界有两种方式：描述和评论。评论不是新闻人特有的，它是人们的一种意见表达，人人都有，是公民的一种媒介传播素质。描述属于形象思维，而评论属于逻辑思维。评论的本位定位为我们提供了一种特殊的思维模式和思考问题的方式。在运用感性思维和形象思维描述事实的基础上，培养了运用理性思维、逻辑思维和抽象思维的评论本性，能够比较全面比较正确地把握客观事物在感性上对自己的刺激，从而得出科学的结论。

新闻评论不可能孤立存在，评论中所涉及的事实具有新闻性，这些事实主要是新闻事件或新闻人物。新闻是评论的基础和依据，对新闻事件、新闻人物发表评论，是新闻评论的主要特征。先有事实，后有评论，新闻评论源于新闻事实，在感性认识的基础上，形成理性认识。

2. 新闻评论高于感性认识

一方面，新闻评论必须关注新近发生的新闻事件、新闻人物，关注媒体上发布的新闻，这样的评论才有了针对性；另一方面，新闻评论作为一种有形意见的表达，要提出观点、发表看法，它必须高于事实而不能简单重复新闻事实。

新闻评论不是简单复述新闻事实本身蕴含的观点和认识，而是经过作者的再加工后成为的理论产品。在新闻评论的写作或制作过程中，评论不仅与新闻融合，而且是一个从感性到理性认识的螺旋式的上升飞跃过程。

新闻报道依赖于事实，虽然报道中也含有作者的观点，但是这些观点都是通过作者对有关场景、细节的描述而告知受众；新闻评论也依赖于事实，但是它需要作者对新闻事实进行"去粗取精、去伪存真、由此及彼、由表及里"的加工，揭示事实里面所蕴含的本质和规律性的东西，由此上升到理性认识，从而形成自己的意见公开发布出去。

## 多重理论视野中的新闻评论

在目前改革开放的形势下,媒体通过有效的新闻评论,阐述党的方针、政策,帮助人们把分散的、个别人的议论,化为系统的、集中的、科学的意见;把人们创造的改革形式上升到理性的高度去认识、执行和推广,从而形成一种能联系和调动全体人民奋发向上的社会舆论,为人们的改革实践提供科学的理论指导,创造良好的社会环境。只有这样才能真正地动员群众,团结群众,扫清一切阻碍人们前进的思路障碍,提高人们对改革的心理承受力和投身改革的自觉性、积极性,使改革得以顺利推进。

我们说新闻评论重要,并不完全是因为它代表传媒的立场和态度。不可否认,这些文章中一部分是代表传媒,甚至是一个国家、地区、部门的立场和态度的,但是,也不可否认有不少文章只是作者个人的意见(当然是得到传媒认可的)。新闻评论重要,其根本原因在于它是根据现实中反映出来的问题,运用一定的理论知识,采取论理、分析的方法来反映作者的有形意见(即通过对事实的分析、说明、论证,揭示事物的本质,解决现实所提出的问题,直接表达作者的思想观点,提出希望、意见和要求),达到明辨是非,释疑解惑,相互交流,为受众服务之目的。而消息报道,则是依靠事实,运用感性、叙述的方法,来反映作者的无形意见(思想观点包含在事实的叙述之中)。相比之下,新闻评论的理论性和深刻性要强于一般的消息报道。有的新闻评论虽然没有列出改革发展的具体措施,但是却告诉了人们一种认识问题、处理问题的思想方法。评论虽然没有解决某地某单位的"这一个"问题,但是,它却给了人们解决广泛的地区和单位"一般"问题的思路。

3. 新闻评论要经得起历史的检验

新闻评论的论说要符合历史唯物主义和辩证唯物主义的观点,在论述时遵守论说的一般规律;其次,它的论说要有理论根据,而这种理论也是经过历史的检验,是科学的。新闻记者特别是评论作者，不能人云亦云，随风摇摆，今天说是东，明天说是西，总是你有理。我们常说，实践是检验真理的唯一标准。谁的理论正确，谁的理论错误，不由谁说了算，社会实践是最好的检验官，一检验，一对照就清楚了。但是，我以为还要加上一句话，这就是：时间是检验真理的最终标准。世界的历史，中国的历史，都有这样的情况，一些当时看起来很正确的东西，时间一长，就发现不是那么回事了，有毛病了，不妥当了，甚至完全是错误的了。18世纪英国的散文家哈兹里特说过这样一句话："重复别人说过的话，再说一千次也平凡无奇。"一个思想者，要在自己思想成熟后敢于及时发出自己的第一声，这是十分重要的。但是，评论特别是时评，应该不仅为当时的形势服务，更要经得起历史的检验。自然，这也是一个不断学习和实践的过程，如果错了，改了就行。评论者要养成这样一种习惯，时常翻阅一下自己的作品，不时地检查和反思一下，过去的东西有多少在今天看来还是正确的还是有生命力或很强的生命力。一个评论作者，争取多写一些经得起历史检验的有生命力的好评论。这是一个理论基础问题，同时也是一个做人的道德修养问题，需要引起评论作者的注意。作为一个成熟的媒体，也应高度重视这一问题。

[原载《西南民族大学学报》（人文社科版），2006年第9期]

# 媒体评论的危机与转型

刘学义

经过20世纪90年代末期以来井喷式繁荣以后,媒体时评发展进入了平台期,进一步突破的路径窄化。作为近年来媒体评论繁荣的标志,时评目前的处境是传统媒体评论总体发展徘徊不前的缩影。在媒体公信力建设有进一步突破,传媒与社会的论域明显改善之前,媒体评论很难有大的发展。适逢以UGC(用户生产内容)为特征的社交网络大发展,传统媒体评论面临市场化、专业化与新媒体转向的多重挑战,转型之路将更为艰难。

## 一、真相稀缺限制时评发展

时评以议论时事为主,新闻事实是基础和主体,时评的立论、判断主要围绕相关新闻事实展开。因为在大部分情况下,时评所讨论的问题,不外是真伪、是非、利害或善恶的问题。一事当前,通常都是先问真假,再断是非和利害。与时评立论相关的最主要的判断类型之中,对事实真相的事实判断,对事实与主客观原因之间内在联系的因果判断,是基础性判断类型,对事实的价值、意义、影响的价值判断,对事实的发展趋势与可能产生的结果的趋势判断,要建立在前两者判断的基础之上。

社会信息系统的缺陷,导致时评发展面临瓶颈。由于多方面原因,目前我国真正具备公信力的媒体十分缺乏。良莠不齐的新闻工作者队伍,使得媒体人的报道,可信度较低。有些即便是以当事人身份发出来的信息,刻意制造新闻、意在炒作的案例也不在少数。真实信息在这个社会依然稀缺。这样的信源生态,导致很多时评作者在写作相关评论,尤其是群体事件、敏感事件评论时,觉得难以下手。不是脑子里没有东西了,而是不信任相关媒体的报道,网络信息更是真假难辨。基础性新闻事实的稀缺性与冲突性,让相关时评只能是隔靴搔痒,甚至是空中楼阁,误导公众。

造成目前的信源生态,首先是政治发展的限制,权威信息来源可信度缺失。

现在人们经常以"塔西佗陷阱"喻指当前政府的困境,指公权力遭遇公信力危机时,无论说真话还是假话,做好事还是坏事,都会被认为是说假话、做坏事。比较典型的例子是2012年的"周克华案"和哈尔滨"高架桥倾覆事故"。抢劫杀人凶犯周克华被击毙,却引来一片质疑的声音。在这些质疑中,有相当一部分是怀疑被击毙的究竟是不是周克华。各种版本的演绎也随之而出。与之类似,2012年9月20日,哈尔滨市发布"8·24"高架桥倾覆事故调查结果:"事故性质为由于车辆严重超载而导致匝道倾覆、车辆翻落地面。"这个公众千呼万唤等来的调查结论,却引发了更大的质疑。这些现象说明,政府公信力已经到了一个多么脆弱不堪的地步,因为无论现在政府出来说什么,人们的第一反应是不相信。因为政府作为最权威信息来源可信度的缺失,类似"事实的真相很可能会永远成为一个烂尾工程"[①]。这里所说的烂尾工程,不是说事情弄不清楚,或者要刻意隐瞒真相,而是说政府认定的真相要想得到社会的广泛认同,已经很难做到了。

其次,缺少有公信力、有共识性的多方调查。

---

① 孙立平:《重建公信力关键在机制》,载《经济观察报》2012—08—27(7)。

在我国媒体公信力普遍缺乏，且独立性存疑，具有说服力的第三方组织又缺位的情况下，导致争议性舆论事件发生之后，常常没有一个能被各方认可的共识性事实和鉴定结论。加上媒介竞争催生新闻"标题党"横行，一个事实真相经过媒体和网站多次加工修改之后常常面目全非，根本不知道新闻背后的真相是怎样的。

而对于新闻评论来说，事实是第一位的，"皮之不存，毛将焉附"？以此等事实所撰之评论，即使形式完备，辞藻华丽，苟于其中缺乏事实基础，则毫无价值，不能使读者有所教益。"譬诸雕饰无灵魂之偶像，非不庄严威赫而终不得谓之人也。"①

前辈新闻人徐宝璜早在其《新闻学》中即指出："社论须有透辟之批评，否则纵有所论之事实为现时众所注意者，亦无甚价值。"徐宝璜同时指出报纸评论的三个"不可"：既不可畏首畏尾，以模棱两可之言来敷衍，亦不可以胡诌几句不关痛痒之话来搪塞。至徒发愤激之言，悲观之语，或仅求文字之工而实毫无主张者，亦均在"不可"之列也。当然徐宝璜此言主要针对编辑品格而言，对于现下时评来讲，事实前提的缺乏也会导致同样"不可"的情形。因为新闻评论的写作，标题、语言、结构等技术层面的东西只是末，非技术层面的事实判断和价值分析才是本，是衡量评论质量高低的决定性因素。

## 二、民众主体性彰显与媒体评论范式转换

新华社前总编南振中 2002 年即提出：在现实生活中实际存在着两个"舆论场"，一个是老百姓的"口头舆论场"，一个是新

---

① 张友渔：《张友渔学术论著自选集》，北京：北京师范大学出版社，1992 年，第 302 页。

闻媒体的"舆论场"①。老百姓从自身感受出发,每时每刻都会关注一些共同的领域、共同的问题,在口口相授之中形成民间的口头舆论场。如今,微博、微信等社交网络则使得后者具有新的形式,有人把因媒体而形成的舆论场称为第一舆论场,把因UGC(user generated content,用户生产内容)而形成的舆论场称为第二舆论场。

两个舆论场之间的相互关系,虽然偶有互动,但经常莫衷一是,各说各话,成为几近割裂的双重话语空间。所以会有"看半天微博,要看七天新闻联播才能治愈"的调侃。

作为传统主流媒体代表的党报党刊,在社会中的影响和作用已今非昔比,在双重话语空间博弈中,更明显处于劣势。其与民众的关系,自然也与过去大为不同。某些官媒存在脱离民众,成为独立媒介体系的危险。

双重话语空间的形成,是传播技术突破带来的结果,更和我国的媒介体制有关。网络政治的过度参与,是现实制度性参与渠道不畅的一种反弹。

当然,微博等社交网络用户体量巨大,并不能简单等同于民间舆论场,但如果对之作结构化分析,其与官方媒体为代表的传统媒体言论场的差异,还是十分明显,两个舆论场共存格局已成事实。

与网络言论影响力大幅上升形成对比,传统主流媒体中的官媒言论在媒体言论场中地位进一步下滑,表现在:受众群大量流失,影响人群萎缩;传统思想理论对社会生活的解释力下降,意识形态"占有群众"的能力弱化;从舆论领袖的位置跌落,对社会舆论的议程设置能力和建构能力弱化。

言论生态变化的背后,是话语权在不同主体之间发生转移。

---

① 南振中:《"三个代表"与新闻业务改革》,载《中国记者》2002年第5期。

媒体评论的危机与转型

个人和社会某些群体开始享受话语权带来的表达收益；而官媒评论影响力的衰减，则表明政治权威言论话语权的减弱。

有人认为，两个舆论场的隔阂，警示社会管理体制的僵滞，特别是文宣制度的颟顸和孱弱，在一定程度上失去了自我反省和纠错的能力。① 两个舆论场的背离，实质是公众对传统主流媒体角色认同出现危机。究其根源，在许多重要新闻事件、公共议题中常常"缺席""失声"，或者"王顾左右而言他"的言不及义，是许多传统主流媒体逐渐被公众疏离的重要原因。有些事假装看不见的"鸵鸟战术"，固然有时情非所愿，但累积效应下难免自损公信力，将话语权和主导权拱手让人。

双重话语空间存在的现实，既是媒介形态结构转型的现实表现，也是传统社会治理方式出现问题的严重信号。不过，具有公信力的高质量中坚媒体缺席，单纯依赖网络舆论问政，这样的社会话语系统存在明显结构性缺陷。健康的社会治理永远需要政府与公众之间的良性互动。了解民意，获得民众认同，是民主政治的应有之义。在政府与公众的共识构建中，媒体无疑是重要桥梁，"那些重要的新闻传播机构，应该把自己看成是公众讨论的公共传输者"，只有这样，"媒介才能接触所有的群体，民众也才能通过大众媒介达到相互理解"。② 未来谁能担负起并圆满完成时代赋予的社会职责，谁即是主流媒体，无论它是传统媒体还是新媒体。

网络时代之于媒体评论，就是靠评论质量说话，由公众检验。靠外力保证评论影响力，已经不再有效，很少有媒体可以靠政治权威而获得媒介市场的真正成功了，这里可以将网络勃兴导致传

---

① 祝华新：《两个舆论场的融通之道》，来源：http://www.nfmedia.com/cmzj/cmyj/jdzt/zt1/201212/t20121204_358647.htm[EB/OL]，2012-12-12

② 黄旦：《传者图像：新闻专业主义的建构与消解》，上海：复旦大学出版社，2005年，第143页。

统官媒运作方式失效的当下称之为"后党报时代"。后党报时代的本质是新闻事业趋向民主化和市场化——也就是"去垄断化"。当公众有了充分的信息来源和表达渠道选择，信息来源之间也有了较充分的竞争，没有谁可以躺在"功劳簿"上高枕无忧。

以前，媒介稀缺加上特殊的社会管理方式，公众对媒体别无选择，而那些靠政治权威支撑的媒体也有一种高高在上的感觉。目前，传播扩散技术与话语权垄断控制格局改变，"人人都有麦克风"的自媒体传播改变了传者系统"中心化"主体结构，社会心理已经变化，社会理性已经复苏，众声喧哗之中要想脱颖而出，传统媒体需要重新价值定位和传播策略规划。现在，媒体和公众至少变得平等，甚至媒体要极力讨好和研究用户的心理。当传播的权力不在少数人手里，而在分散在大众当中时，大家都会去尊重专业规律和社会规律。在后党报时代，背景不再重要，那些最终被承认而获得影响力的成功媒体，都是真正有实绩、有作为的媒体，能经得住时间和公众的检验。

从功能主义视角，媒介是社会系统信息沟通的工具，其生存合法性及发展空间皆视其与社会的关系而定，那些能更好满足公众当下信息需求的媒体，会成为当然的王者，否则，则会被无情抛弃。

### 三、深度调研型评论的发展机遇

抛开官媒言论的"制度化身份"限制，在与 UGC 为代表的网络言论的竞争中，传统媒体并非只有消亡一条路。相比 UGC，其实传统媒体真正应该惧怕的是垂直化运营的新媒体，因为媒体和行业服务的专业度是立命之本。现在基于 UGC 的社交媒体或者基于海量信息的门户与搜索，与传统媒体的竞争，实际上只是不对称领域的竞争，并未对传统媒体的专业竞争力构成实质挑战。现在有些传统媒体之所以早早败下阵来，只是因为其提供的媒介产品并不具备真正的专业水准。

2012年，美国知名新闻学者克里斯·安德森、克莱·舍基等发布了一份题为《后工业时代的新闻业：适应现实》的研究报告，对于被新媒体冲击之下苦寻思路的传统媒体提供了许多发展思路。

该报告承认，在网络冲击之下，新闻业重构是一个势不可挡的趋势。但同时强调，UGC很火，却并非可取代专业新闻人，因为媒体为代表的新闻业的众多特征，比如专业、民主、品牌等，难以被目前的网络传播形态全部取代，优秀的新闻业永远具有市场，只是随着传播形式的变化，提供优质新闻的新业务模式将发生变化，未来的新闻机构及其工作人员将不得不利用数字媒介提供的新的工作方法与程序等等。

在谈到网络非专业报道者与媒体专业新闻人各自优势时，报告认为，新技术正在打破传统记者事实垄断者的角色，并鼓励出现更多影响公共利益的新闻业；公民记者与专业记者的作用将会重叠，而非互相取代。报告认为，调查性和解释性的工作，专业性新闻记者比社交网络及机器做得更好。

上述结论从我国情况也可以得到印证。以微博为例，但凡有公众参与的新闻事件，微博集纳事实碎片从而还原事实真相的能力，确实有胜过传统媒体之处。在有公开数据可寻的公共议题上，集思广益的群体智慧也显示威力。但另一方面，微博新闻与评论也存在明显结构性缺陷，第一，精英的专门智慧相比群体智慧依然存在竞争优势；第二，受制于公众、公开等因素，微博信息存在盲区，比如需要专业加工的信息、政府信息、敏感信息等，通过UGC并不能完全解决，现实中很多在网络中喧嚣一时的评论，由于前提事实的残缺或被证伪，而成为网络浮云，就是例证。所有这些，都给专业媒体留出了发展空间。当然，这一空间是留给能够适应公众信息需求从而提供权威准确深入全面信息优势的未来媒体，这些未来媒体可能由觉醒的传统媒体成功转型而来，也可能是做得更好的新媒体。

《后工业时代的新闻业》认为，从这一要求出发，媒体记者将转向编辑链条的高端，从一线观察的生产者转向核实、解释的角色，赋予大众生产的文本、音频、照片、视频等数据流以意义，因此对专门知识的要求也将日益迫切。专家型的记者、评论员将来可能更有发展前景。

从目前情况来看，无论传统媒体还是新媒体在事实和意见的提供上均有很大不足，从传统媒体来说，主要是上述新闻报道不充分的问题，及某些媒体及评论人员的倾向性问题。相比之下，网络虽然众说纷纭，但意见偏于碎片化、情绪化，主观理念很强，对事情的认识常常是以所看见的表象作为判断标准。而且相关信息泥沙俱下，真假难辨。由于公众对最基本事实和专业解析的需求依然没有得到必要满足，可以预见，未来深度调研与专业解析相结合的评论形式存在很大的发展机会。因为任何社会都需要重要事件的事实提供及意见领袖的观点提供，作为整个社会系统健康、稳定运行的基础。

未来，某些重头评论（如社论）可以向深度调研型评论发展，走深度报道加深度分析的融合模式，即在深度还原事实的基础上进行专业、有针对性的鲜活的深度评论。还原事实指完整、准确、深入的讲清事实的真相、事件发展的脉络、新闻事实的起因、影响、相关事实等。深度评论指"价值为干"，综合深度分析、趋势判断和服务功能，并提出有价值的信息协助用户做出指向性判断的信息。这里的专业化包括评论内容与范围的专业化，评论主体的专业化，与评论方式的专业化等方面。

评论，应向深度调研转型，这就是所谓解释性评论与评论性评论的区别，对于具有较高判断力的读者而言，已经不满足单纯的结论以及为此服务的逻辑推理，读者需要的是事实依据：现场调研的事实或者历史背景事实。读者需要评论作者提供足够量的事实依据，而非仅仅观点本身。

其具体操作，首先是搜索采集材料，其次考证及整理材料，最后连缀成文。其中，第一步工夫，须有长时间调研，否则事实材料因陋就简，草草成文，也就无佳文可言。

就像国内一些媒体评论，由于受制于新闻报道提供的资料，分析判断常常被束缚住手脚，难以有确定性的结论，因此模棱两可、含混抽象、宏大议论也就在所难免。因为在相关事实真相进一步澄清之前，有些结论往往难以做出。而真当事实大白于天下之时，往往又是其理自明，没什么好说的了。

**四、评论的异化与评论的生命力**

在新的传播生态中，传统主流媒体言论要重塑传播力和影响力，需要重新价值定位，找到适合自身发展的方向和空间。

正如两个舆论场存在裂缝的现实一样，媒体评论必须基于民间舆论的现实进行分析、评论，如果媒体评论焦点摆错了方向，和社会现实对抗，或不理会真实生活里的是非与善恶，不正面谴责那些制造痛苦的个人与制度，也不坚持底线的价值伦理原则，只顾着对社会现实的肯定、顺从和赞颂，评论便告异化，它的内容自然就遭掏空，变成空洞、虚伪的自说自唱，变成了徒具躯壳的约束与装饰，同时沦为控制社会的工具。媒体与民众丧失了共同利益意识交集，人们自然也就不会相信这些媒体的报道与评论，它们在民众的心目中就会被边缘化，也就不再能建构民众的舆论，两个舆论场的出现也就是自然而然的事情。

鉴于此，传统媒体要想在无法逆转的社会发展中确保自身地位，重回社会思想的中心，必须通过各种途径和方式改变边缘化的被动形势。如何才能克服评论的异化？对症下药，要恢复评论的生命力，评论必须回到它的本质，即对新闻事实的独立、专业的解释、批判和指引。首要之务是关怀民众、帮助弱者，坚持公平正义，在价值上、操作中展现出新闻的社会责任和专业水准，展现出新闻评论理性的认识力量。

当然，这是对新闻评论功能的应然性吁求，媒介现实并非如此。在近现代以来的新闻史上，服务于现实需要的舆论工具是新闻评论的主要功能。新中国建立以来，国家机器对大众媒介的控制，更使新闻评论成为建立和巩固"精神和道德"或者说文化领导权的政治话语或权力话语，成为意识形态国家机器的重要组成部分，这种媒介现实决定了长久以来媒体评论的价值取向。目前，大众传播媒介的社会角色虽然发生很大变化，但政策宣传和意识形态统治的路径依赖，决定了未来新闻业包括媒体言论出现的任何变化，离不开政治权力的推动作用。在今后相当长时间内，政治治理方式的变化，政治权力如何处理与媒体之间的关系，都将直接影响到新闻业包括媒体言论变革的方向和进程。

因为我国的新闻传播制度并未给媒体相对独立于政治权力的地位，在这种制度架构之中，媒体言论对公共事务的批判姿态、批判程度都受到政治权力的影响，前景充满不确定性。当然，随着社会大环境的变换，政治本身也在发展，政治权力对于媒体言论的影响方式也在与时俱进，日益讲究新闻舆论引导的艺术。

近年来，主要由于网络等新型传播技术对传统媒介管制的突破，加上媒介市场化发展的自然逻辑，导致整个新闻及舆论传播格局发生重大变化。得益于网络及部分市场化媒体的前导效应，传统媒体的社会角色也发生了很大变化。从主要服务于政治权威的舆论工具，转变为进一步强化以信息服务为主要职能的传播机构和不同声音与诉求的展示平台。尽管政治权力的绝对传播权威依然存在，但是，即使是国家主导型意识形态宣传在传统媒体内容中不可或缺，以前僵化的认识出现突破，尊重新闻和言论传播规律，接受受众检验和认可的观念也逐步被媒体接受，并成为共识。

新闻传播理念的变化直接影响到媒体言论话语观念的变化。在媒体评论的价值取向上，既坚持政治性，又注重民众的需求与

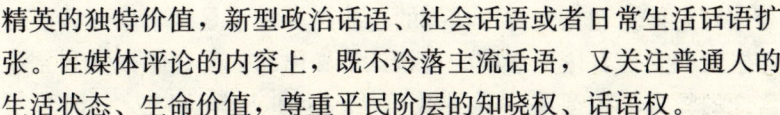

精英的独特价值,新型政治话语、社会话语或者日常生活话语扩张。在媒体评论的内容上,既不冷落主流话语,又关注普通人的生活状态、生命价值,尊重平民阶层的知晓权、话语权。

近些年来,传统主流媒体围绕中心工作,积极筹划,精心组织,发表了不少言论佳作,催生了一些名牌言论栏目,发挥了很好的社会作用。但从现实看,在一个开放、多样化的社会中,传统媒体言论离现实要求还有不小差距。

就传统媒体言论而言,由于其特殊的角色规定性,犹如一个处于体制和公众之间的夹心之中,要想有所作为,只能靠强化媒介自身的职业意识,成为独立的具有明确事业责任感的公共服务机构。即在坚持"基因"不变的情况下,对言论角色、功能、内容、形式、语言和文风进行重新认识和界定。

具体来说,其主要功能应该体现在它作为党和政府权威阐释者功能、高水平意见性信息提供者功能、舆论监督示范者功能、主流价值观传播者功能以及社会进步推动者功能上。这五项功能的目的有两个,一是实现其作为喉舌和"代言人"的历史使命;二是确立作为主流媒体的言论品格。

其中,党和政府权威阐释者功能应该继续加强,这是党报党刊党台言论合法性的基础,也是其言论重塑权威的主要资源。在后四项功能中,党报党刊党台在宣传主流价值观以及推动社会进步方面做得是比较好的,以后要进一步加强其言论在重大新闻解读、言论舆论监督方面的力度,力争做到重大新闻事件发生时,总有党报党刊党台言论的声音。这里的解读,不仅仅是从党和政府工作的角度,也指"在高度理论和专业知识基础上,面向社会,深入发掘时代特征及问题的发言"。①

---

① [日]山崎正和:《为日本言论和论坛的衰退忧虑》,载《国外社会科学》2002年第1期。

对党报党刊党台言论功能的这些新界定，是基于新形势下对党报党刊党台言论受众群的重新认识做出的。现在党报党刊党台言论的受众群主要集中在党政机关、企事业单位以及科研院所等，人员构成上多为政府、企业和社会管理人员、各级知识分子等等。目标读者的身份构成基本能够反映他们接触党报党刊党台言论的动机。

**五、结语：不是零和游戏**

正如《后工业时代的新闻业》所言，传统新闻业及让这一切成为可能的新闻生态已经一去不复返，但并非传统媒体消亡论，而是包含更多玩家的生态论。新闻机构已经不再掌控新闻，相应的，公民、商业机构、社会群体网络的话语权上升，媒体必须适应这种改变。

网络信息的及时、免费及海量化，要求传统媒体不能再单纯从事低端的原始信息生产，而应该与网络信息传播形式实行差异化共存。从言论工作来说，传统媒体既要密切关注网络舆论动态，及时回应公众关注，更要提供有价值的思想和独立、专业的判断与分析。《经济学人》集团原总裁海伦·亚历山大曾说，富于洞见的时事评论加上敏锐的市场定位，仍然能够给传统媒体带来巨大收益。这不仅是在说《经济学人》杂志，也是在说所有媒体。在"用户生产内容"（user generated content，UGC）时代，传统媒体的比较优势在于专业主义，以"优化内容为王"，走信息提供的专业化、深加工路线，"大而全""小而全"式简单、粗放提供信息的新闻工作思维应该终止。

［原载《西南民族大学学报》（人文社会科学版），2013年第9期］

# 媒介融合，报业发展新支点
## ——从报纸消亡论说起

石 磊

已有400多年历史的报纸近年来坏消息不断，发行下降，收入下滑，读者老化。

英国《独立报》1990年发行量超过40万份，从1995年起发行量开始下滑，到2003年9月只剩下20万份。同一时期，英、法、德等国的多数大报（发行30万份以上）每年减少1~2万份的销量。美国发行量审计局2005年5月2日公布的一项统计数字表明，在截至3月31日的6个月中，全美最大的前20家报纸的发行量平均下降1.9%。① 2005年9月，美国《纽约时报》等多家报纸媒体宣布减员。

在我国，2004年广告经营额总体增长16%，而四大传统媒体的平均增长仅为5%，这是中国传统媒体的广告经营自1981年以来第一次下降到个位数增长，而报纸广告经营额破天荒地呈现出负增长。一向被业界公认广告收入身居国内巅峰的《北京青年报》，2005年上半年净利润仅为17万元，较上年同期的6630.9万元大降99.7%。② 2006年中国传媒蓝皮书称，报纸广告在2005年出现低增长，增幅退居第六位。

---

① 刘建明：《关于报纸消亡的对话》，载《新闻界》2006年第1期。
② 喻国明：《"拐点"的到来意味着什么》，载《中国编辑》2006年第1期。

在这样的背景下,一些学者惊呼,"报业寒冬"来了,甚至出现了"报纸消亡论"。美国北卡莱罗纳州立大学的教授菲利普·迈尔,在他的著作《正在消失的报纸:在信息时代拯救记者》中提出,"如果现在报纸读者的发展趋势持续不明朗,到2044年,确切地说是2044年10月,最后一位日报读者将结账走人。"[1] 中国学者刘建明也认为,"在30年后,报纸将无可救药"。[2]

### 一、谁动了报业的奶酪

谁动了报业的奶酪?一般的回答是,互联网、手机、楼宇电视、移动电视等新媒体。在以互联网为代表的新兴媒体冲击下,传统媒体的生态环境和基本格局正在发生重大变化,在新的媒体结构中,报纸的生存空间受到挤压,传统的强势地位开始动摇。

有数据为证。互联网出现以来,全球每年使用网络获取信息的人约增加1.6亿~1.8亿,世界已有14亿居民正在使用互联网,我国使用互联网的人已达1.03亿。[3] 一项针对2600位网络使用者进行的媒体消费行为调查显示,60.9%的受访者表示他们比起前一年花在网络上的时间更多了,而减少看报纸的人有30.3%。北京综合性报纸读者的平均年龄超过41岁,到2004年,35岁以下的年轻读者已经有11.6%的人由过去的经常阅读报纸转变为现在的几乎不读报纸。[4]

与2004年我国报业广告的负增长形成强烈反差的是,网络

---

[1] 吴海民:《中国媒体大变局——报业的未来走势和京华时报的战略选择》,载《今传媒》2005年第12期。

[2] 刘建明:《关于报纸消亡的对话》,载《新闻界》2006年第1期。

[3] 刘建明:《关于报纸消亡的对话》,来源同前。

[4] 吴海民:《中国媒体大变局——报业的未来走势和京华时报的战略选择》,来源同前。

## 媒介融合，报业发展新支点

广告市场规模较 2003 年增长 75.9%。在美国，1994 年报纸广告的支出占全国总广告支出的 22.4%，到 2004 年，这一比例降至 17.7%，网络分食了报纸的蛋糕。① 中国目前手机用户达 3.4 亿，2004 年，中国移动、中国联通等运营商的手机短信收入接近 600 亿元，而我国报纸、广播、电视、杂志等传统媒体发展了 28 年，广告总收入才达到 600 亿元左右的规模。②

这些数据能说明报业的消亡吗？在互联网等新媒体的冲击下，报业真的束手无策吗？回答是否定的。国内著名的传媒经济学专家喻国明认为，"互联网平台的包容力很强，不是谁消灭谁，不是简单的新兴的代替旧有的，而是各种媒体形式相互包容、彼此共存在人类的传媒生活圈中，各有各的空间。"③

"报纸其实并不是那么脆弱的东西。人们总是不经意地忘记'网络'不过只是工具这一点。如果没有人把信息输入进去的话，网络只不过是一个箱子而已。"④ 如果将朝日亚洲新闻联合会会长中马清福的这话进行延伸，可以得出两点结论：一是网络作为工具，报业同样可以使用；二是在与网站等新媒体的竞争中，报业的核心竞争力在于内容生产。新媒体需要传统媒体的内容支撑，传统媒体需要新媒体作为平台和载体。

广播没有消灭报纸，电视没有消灭广播和报纸，网络也不可能消灭原有的媒介形态。从欧美国家大型传媒集团的发展历史看，大多是在从报纸到电台、从电台到电视、从电视到网络等新

---

① 吴海民：《中国媒体大变局——报业的未来走势和京华时报的战略选择》，来源同前。
② 喻国明：《"拐点"的到来意味着什么》，载《中国编辑》2006 年第 1 期。
③ 喻国明：《重压之下，报业经营如何解困？》，载《新闻与传播》2006 年第 5 期。
④ ［日］中马清福著，崔保国、艾勤径、高扬译：《报业的活路》，北京：清华大学出版社，2005 年，第 85~86 页。

媒体的发展进程中，迅速介入、实现新的融合，催生出占据主流市场的新媒体。在互联网显示出媒体的特质后，一些传媒公司迅速介入，抢占网络制高点，实行传统媒体与网络媒体的大融合。

媒介融合有两种主要形式，一是媒体之间的整合与并购，力图在传媒业中以规模出效益。二是不同媒体之间的交融与互动，这主要指在不同媒体之间，传播方式和内容的相互借用，共同发展。美国马萨诸塞州理工大学教授 I. 浦尔认为媒介融合就是各种媒介呈现出一体化多功能的发展趋势。①

传播媒介只是信息的载体或工具，信息本身才是传播活动的主体和灵魂。与互联网站相比，报社具有训练有素的庞大采编队伍，具有长期积累起来的品牌和受众的信任度，传播的新闻信息具有准确性和权威性。而互联网站基本上没有自己的新闻采写队伍，甚至没有新闻发布权，严重依赖报纸等传统媒体的新闻内容。那么，报业为什么受到互联网等新媒体的严重冲击呢？

根本的原因在于报业在媒介融合上步伐滞后，没有适应数字技术和新媒体催生出来的新的商业模式。默多克在分析报纸经营全球性衰退的原因时，认为自己新闻集团旗下的175家报纸，在该如何适应互联网的问题上犯有"不求上进"的错误。

由此可见，与其说是以互联网为代表的新媒体动了报业的奶酪，不如说是报业没有跟上信息时代的步伐，是自己动了自己的奶酪。

### 二、媒介竞争的背后是商业模式的竞争

报纸与网络的竞争表面上是新技术与旧技术的竞争，实际上是报纸的传统商业模式与新媒体的新商业模式的竞争。在这方

---

① 王娟，《媒介的融合与分众化的努力》，来源：传媒学术网，http://academic.mediachina.et/academic_xsjd_view.jsp?id=4794.

面，报纸明显处于劣势。以往报纸与报纸的单一竞争，有些问题并不突出，现在把报纸放在多媒体竞争的大环境，报业的弱点和弊病就凸显出来。

第一，从体制上看，报社没有成为真正意义上的市场竞争主体。大多数报社是事业单位，不是企业法人，没有建立治理结构完善的现代企业制度。按照文化体制改革的要求，报业分为公益性文化事业和经营性文化产业。作为我国报业的主体，40家报业集团主要是党报集团，这些党报集团从总体上说是事业单位，尽管下属有经营性的子报和公司。由于不是完全的市场主体，再加上报业鲜明的宣传属性，报业的市场运作受到种种限制。被称为内地传媒海外上市第一股的北青传媒2004年底在香港上市的时候，就有学者指出，北青报社作为北青传媒的控股股东，自身并不是一个企业，也没有得到国有资产经营授权，北青传媒和北青报社之间有关联交易。报业长期以来的事业性质，使得从事内容生产的编辑记者队伍强大，而经营人才缺乏，懂新闻、会经营、善管理的复合型人才更少。

商业网站尤其是门户商业网站，是完全的市场主体，具有完善的公司治理结构和以国际惯例为准则的企业化运作。许多商业网站属于上市公司，能够筹集到大量资金。这些网站的"操盘手"大都是经营高手。报纸与商业网站的竞争，不仅是技术的竞争，也是体制、资本、人才的竞争。

第二，从赢利模式上看，报业经营方式粗放，集约化程度不高。目前报业基本上是单一的报纸，各家报社对应于行政区划，地域分割，条块分割。经营模式基本上是依赖广告而发行亏损。广告增长总有极限，即所谓的"透明天花板"。同时，广告市场波动，报纸没有别的经济支撑点，难以应付。报纸数量多，规模小，基本上是同质化竞争。许多报纸高投入，低产出，人均利润很低。

而网站对于广告的依赖就比较低。以搜狐和新浪这两大门户网站为例，2002—2005年间，二者广告收入占总收入的比例分别为36.3%和50.1%。另一门户网站网易，专注于在线游戏服务市场，广告运营已退居次位。凭借竞价排名博得投资人青睐的百度，2005年网络营销收入达到3810万美元，增幅187.6%。灵通网、空中网、携程等其他中国概念股，其专业性更强，广告收入占其总收入的比例更低。[①]

网络媒体没有地域的限制，一出生就是全球化的。在内容上，大量依靠报纸等传统媒体和网民的创作，采编成本低。报纸内容被门户网站、搜索引擎等新兴媒体转发、整合、再开发，报纸在某种程度上沦为身处网络传播链条最低端的分散内容提供商。一张综合性报纸的采编经费一年需要几千万元，但全部新闻信息交给门户网站，得到的报酬不过象征性的区区几万元。

第三，从终端服务来看，报纸难以满足受众的个性化需求。报纸传播是"点对面"的单向线性传播，而网络传播是交互式传播。网络媒体是多媒体展示，传统报纸渠道单一；网络媒体是即时传播，报纸是定时出版；网络媒体的内容空间宽广无际，报纸的容量则受到版面限制；网络媒体可以做到个性化服务，报纸则是大众化覆盖。

尽管报业的商业模式比起新媒体的商业模式有劣势，但报业以媒介融合为契机，全面提升自己的商业模式的时机并没有失去。其原因有三：一是传统媒体目前仍然是社会大众新闻信息消费的主要载体，大众的注意力主要在传统媒体上，报纸并没有丧失演进的机会。二是新媒体的发展还没有完全成熟，没有形成一

---

① 崔保国、卢金珠、李峰：《转型与创新——2006中国传媒产业发展总报告》，载人民网传媒视线第115期，http://media.people.com.cn/GB/40699/4297428.htm.。

种均衡的态势,这给报纸留下了市场空间。三是由于传统媒体和新兴网络媒体并存,还没有形成完全网络化生存的大众生活模式和在此基础上的商业模式,对重构网络化生存状态下的商业模式,传统纸媒仍然占有相当大的优势。①

### 三、报业媒介融合的路径选择

互联网等新媒体在对报业造成冲击的同时,也为报业的发展带来机遇——媒介融合。媒介融合是报业发展的新支点,在融合中创新自己的商业模式,变革组织方式、运作流程、运作模式等,利用时代产生出来的新媒体发挥报业的强项。

第一,媒介拓展,打造跨媒体跨地域传媒集团,实现数字化生存。

对报业来说,媒介融合肇始于报网互动,即报刊与网络的融合——创办电子报刊,这是报纸平稳过渡到网络平台的最佳选择。1992年,美国《圣何塞信使新闻报》创办了全球第一份电子网络版报纸,中国最先进行电子化尝试的报纸是《杭州日报》。1993年12月6日,《杭州日报·下午版》通过杭州市的联机服务网络进行传输。2002年3月7日北京开办了一个传统媒体协作网站"千龙网",千龙网几乎包括了北京最有实力的几大传媒,首次以产业的形式实现了电视、报纸、广播和网络的融合。紧接着上海九家单位联合成立的"东方网"和广东以报业集团与广播电视、出版单位联合打造的"南方网",都成功地实现了跨媒介的融合。

报纸与互联网的融合有三个阶段。第一阶段是报纸上网阶段,创办报纸网络版;第二阶段是网络交互版阶段,即通过改造传统媒介网络版,适应互联网互动性的特点来满足上网用户的需

---

① 朱夏炎:《让报纸与网络双赢》,载《新闻战线》2006年第3期。

要；第三阶段，多媒体阶段，即传统媒介与互联网高度融合，网上的内容远远超出"母体"媒介报纸的容量，形成一个跨地域的综合信息（新闻）平台，为用户提供即时、互动式的信息服务。在特殊软件的支持下，电子报纸还可以保持"纸质报纸"的阅读感觉，可以像纸一样轻薄柔软，任意折叠。以美国马萨诸塞州剑桥为基地的 E－Ink 公司，发明了使用电子墨的 0.3 毫米薄的电子显示屏，德国的某家企业认为这就是一种"报纸"。新技术为报纸与网络的融合提供了无限前景。

仅有报网互动是不够的，报业媒介融合的目标是跨媒体跨地域的传媒集团，其含义有三：一是跨媒体，包含报刊、出版、广播、电视、网络、流媒体等；二是跨地域，不局限于行政区划，形成全国性的市场，并逐步迈向跨国传媒集团；三是充分运用先进的管理手段和信息技术，搭建数字化平台。世界上最早出现的传媒集团是19世纪末在美国出现的报业集团，随着广播、电视和互联网的出现，这些报业集团纷纷迈向跨媒体的传媒集团。美国 1996 年电信法的颁布，掀起了传媒业与电信业、娱乐业的融合。传媒集团扩张的基本手段是大规模并购，美国的甘乃特集团，横跨欧美的新闻集团的扩张都是如此。在中国，传媒并购的时代也会随之到来。如果报业集团不主动的向其他媒体渗透，必然会被动地接受其他新兴媒体对报纸的渗透。

第二，内容拓展，整合新闻资源，提升创意核心竞争力。

传媒业作为文化创意产业，内容生产显得尤为重要。以传统和信用为基础竭尽全力收集的信息是报纸最大的财富。但是，单一的报业内容生产造成大量的浪费和生产成本的居高不下。只有通过多种媒体，报纸的内容资源才能在复合性使用中不断增值。我们经常看到一个新闻事件发生后，报业集团内的多家报纸甚至一家报纸的不同部门同时采访一个新闻事件的情况，新闻资源整合乏力。而西方许多大的传媒集团设有超越各个媒体的统一的新闻采编部。比如，拥有《芝加哥论坛报》、多家电台、电视台和新闻网站的美国论坛公司，组建了多媒体新闻编辑部门，把不同媒介的内容产品的生产拿到一个技术平台上去策划、组织和生产，然后再由下属不同的媒介去传播。

报纸具有地域性，网络具有全球性，报纸和网络的融合，可以实现本土新闻的国际化，提升报纸的影响力。同时，可以借助网络平台，发现新闻线索，让报纸直接而迅速地捕捉民意。过去，我们是以民意调查、开座谈会、读者来信、热线电话等方式进行编读互动，现在，手机短信、网络论坛、博客等新媒体新技术为引进民意提供了新的接口。"传统媒体用自己的公信力、权威性、职业操守和专业技术，正好弥补博客等网络传播的匿名性、不确定性的弱点，提高对新闻的发现力和控制力，也就是增加了新闻'首发'的概率。"①

融合媒介产生了融合新闻。可以根据不同受众对新闻内容和形式的偏好，制成不同类型的产品供他们选择。如同一新闻事件，可以先用最快的速度和最简洁的语言从互联网或无线短信中发出，以满足生活节奏快而只需了解事实梗概的年轻人和上班族；然后将载有对新闻事件及相关背景详细介绍的报道见诸报端，这也许是时间较为充裕而对事件的经过有浓厚兴趣的中老年读者的最好选择；而制成生动直观的电视节目向观众娓娓道来，可能是家庭妇女和孩子们的所爱。

第三，经营拓展，开展立体经营，延长产业链。

媒介融合的过程同时也是延长产业链条，进行经营拓展的过程，传统的单一经营模式将被立体经营所取代，形成"上游开发、中游拓展、下游延伸"的产业链条。例如，报纸可以充分引

---

① 樊一彪：《站在新媒体的肩膀上——从哈尔滨停水事件看传统媒体的报道创新》，载《新闻实践》2006年第1期。

进更多的数字化手段，通过分类查询和读者查询过程中的交互性，改进报纸广告投放在网络上的二次推送精准度。瑞士有一款软件通过设立关键词购买、平面广告投放商续增15％的平面广告投放款即可获得企业广告在报纸网络版上需求者查询时的定向推送，从而将自己的采编特长发挥得更加充分，并增加自身的二次广告开发投入。①

立体经营的模式可以分为水平型跨媒介经营和垂直型跨媒介经营，也就是将报业的产业链进行横向和纵向延伸。横向延伸就是从报纸向其他媒体形态延伸，还可以涉足金融、房地产、旅游等其他领域，做大规模经济。纵向延伸就是将原材料供应、销售渠道、资本运营等价值行为整合成一条完整的产业链，降低交易成本。传媒行业的产品成本结构中，内容制作是成本结构中最大的一项成本之一，其物质生产的变动成本随着规模的增加而急剧下降。

内容资源是传媒产业竞争新的制高点，而娱乐与传媒的结合则是发展方向。在传媒内容产业中，20％的产值在新闻，80％的产值在娱乐。相对于娱乐传媒业，全世界的新闻业在整体上惨淡经营。新闻集团的收入40％来自新闻业，60％来自娱乐业，其中新闻部分主要来自大众报纸，新闻的娱乐化倾向严重。② 报业在媒介融合中进军娱乐业是我国报业未来发展的理性选择。

[原载《西南民族大学学报》（人文社科版），2006年第7期]

---

① 赵志立：《互联网——媒介与新闻融合正当时》，载《网络传播》2006年第1期。

② 王国平、刘黎：《国际传媒产业的资本运营观察与研究》，载《江西社会科学》2006年第1期。

# 媒介融合发展与新闻资源开发

蔡 雯

数字技术的广泛运用与网络传播的迅猛发展，促使新闻媒介融合发展的步伐进一步加快。在西方新闻传播学界，一批学者正致力于研究两个新课题："融合媒介"（convergence media）、"融合新闻"（convergence journalism），并已经获得了第一批成果。美国密苏里新闻学院从 2005 年开始还新设了融合新闻专业，致力于新型新闻传播人才的培养。在我国，这方面的研究限于实践发展的进程相对落后尚未充分展开，还有待探索和突破。

## 一、"融合媒介"与"融合新闻"的实践价值

"融合媒介"，在西方学者的研究视野中，首先受到关注的是各种不同类型的大众媒介如何从各自独立经营转向多种媒介联合运作，尤其是在新闻信息采集发布上联合行动，以最大限度地减少人力、资金和设备的投入，降低新闻生产成本。"融合媒介"基础上的新闻传播实践与传统的单一媒介的新闻传播活动有着巨大差异，构成了崭新的新闻传播模式——"融合新闻"，也被称之为"多样化新闻"（multiple-journalism）。"融合新闻"的主要特点就是将多种媒介的新闻传播活动整合进行，采用多媒体、多渠道的方式传播新闻。这方面的尝试在美国开始于 21 世纪初，最早做这项实验的是论坛公司（The Tribune Company）和媒介综合集团（Media General Inc.）。这两家公司都以自己所拥有的

并且同在一个地区的报社、电视台和网站作为基础,构造了不同类型的"融合新闻"的平台,并取得引人瞩目的成果。在澳大利亚、新加坡等国家,"融合新闻"也同样有所收获。

新闻媒介走向融合发展的实践价值,在于不同类型媒介的联合运作,能够对已经占有的媒介市场起保护作用。比如报纸因为电视、网络媒介等竞争对手的出现市场不断被侵袭,发行萎缩和广告销量下降在所难免,产品单一、单独运营的报社很难应付市场变化。但在集中和融合的媒介集团中,不同的媒体可以通过生产流程的设计与控制实现资源重整,利用不同类型媒介的介质差异,在新闻信息传播上实现资源共享而又产品各异,化竞争为合作,结果就能联手做大区域市场,并且在这一市场上占据垄断地位。因此,美国新闻学会媒介研究中心主任安德鲁·纳齐森(Andrew Nachison)将"融合媒介"定义为:"印刷的、音频的、视频的、互动性数字媒体组织之间的战略的、操作的、文化的联盟"①,他强调"融合媒介"最值得关注的并不是集中了各种媒介的操作平台,而是媒介之间的合作模式。这一观点不无道理。

更值得我们注意的是,"融合媒介"还有一层含义,那就是在数字技术与网络传播推动下,各类型媒介通过新介质真正实现汇聚和融合。据英国《自然》杂志报道,一种可折叠的电子纸已经研制成功。像电子纸这类新介质,甚至今天我们还难以想象的更新一代的媒体,能将报纸、收音机、电视机、电脑、手机等等信息终端的功能和特点汇聚于一体,通过无线传输,成为未来人们获取新闻信息的接收终端。对于这样的新媒体而言,"融合新

---

① Andrew Nachison: Good Businessor Good Journalism? Lessons From the Bleeding Edge, A Presentation to the World Editors, *Forum*, HongKong, June 5, 2001.

闻"必将超越"媒体组织之间的战略的、操作的、文化的联盟"这一界定，不只是"媒介之间的合作模式"，而演变成一种独立运行、流程完整、操作规范的新闻生产模式。虽然今天我们还难以预言"融合新闻"的最终形态，但可以确定的是，现在我们已经面对的所有媒介上的新闻，从传统的报刊新闻、广播新闻、电视新闻，到被视为新媒体成果的网站新闻、手机短信新闻、手机报纸新闻、电子报纸新闻、电子杂志新闻，以及基于 RSS 的聚合新闻、基于 WEB 2.0 技术的博客新闻等等，都是孕育培养"融合新闻"的土壤。

虽然我国在媒介融合发展方面相对落后于美国等西方国家，但是，这种发展趋势是不容否认的。在我国现阶段的新闻传播中，各类型媒介的共同参与和互动为推进"融合新闻"准备了条件。一方面，新媒介在不断加盟新闻传播阵营，从商业门户网站到功能强大的搜索引擎，纷纷借助于传统媒体的新闻生产力，通过汇聚新闻信息，在新闻传播中扮演着重要角色。此外，手机短信近年来在政府公共信息发布和新闻传播中的功能越来越引人注意；个人媒体如博客等在新闻传播中的作用同样不容忽视。

另一方面，传统媒介在新闻传播活动中对新媒介的借助和运用已成习惯，如用计算机辅助新闻报道、通过手机短信获取新闻线索、利用手机和网站搭建受众参与直播节目的平台、将博客内容转载（播）到传统媒介上等等。更进一步，传统媒介通过数字化技术和网络传播途径，直接衍生出了新媒体，如电子报纸、手机报纸、电子杂志、网络广播、网络电视等。这些新媒体本身已经是"融合媒介"的成果。

可以说，随着宽带网的普及，"融合新闻"必将成为新闻传播的主流，传统新闻媒介走向网络化生存是大势所趋。但令人忧虑的是，"融合媒介"目前在我国还面临着行业壁垒和规制障碍。如网络电视兼容了电信网络和广电内容，其发展受到来自电信、广电、文化部三部委的共同监管,当电信运营商进入广电领域,行业之间的利益纷争便成为这一新媒体发展的绊脚石,去冬今春在福建、浙江出现的阻击网络电视的风波就是一个典型例证[①]。此外,我国传媒集团跨地区、跨行业的发展同样面临着因行政区划、行业分割等因素而起的困扰。因此,要真正盘活我国媒介资源,推进"融合媒介"和"融合新闻",做强做大我国的媒介集团,加大体制改革力度迫在眉睫。

## 二、媒介融合发展对新闻资源开发的影响

"融合新闻",无论是作为媒介组织间的合作,还是作为未来新媒介的新闻生产模式,都是对传统新闻传播范式的整合与重构。这种变革对于各类型传媒实现新闻资源的深度开发具有重要作用。

所谓"新闻资源",是指新闻媒介从事新闻传播活动的社会资源,具体包括:1. 新闻信息资源——新闻媒介所拥有的新闻信息渠道及其产品,包括新闻提供者、新闻合作者、新闻线索、新闻稿件、新闻资料等;2. 新闻环境资源——新闻媒介所依存的社会环境为新闻传播活动所提供的资源,具体包括政策环境资源、经济环境资源、文化环境资源等;3. 新闻媒介资源——新闻媒介自身所拥有的新闻传播资源,具体包括资金、人才、设备、技术、载体、品牌、社会关系等;4. 新闻受众资源——新闻媒介的受众对象,包括显在与潜在的媒介消费者,但对新闻传播活动最有价值的主要是事实上已经作为读者、听众、观众存在的社会公众,媒介的社会影响力、广告吸引力依此存在。值得注意的是,所有这些资源都是不以人的主观意志为转移的客观存在,而且它们具有变动的特点、相互联系的特点和可以相互转化

---

① 杨莹:《网络电视搅动电视产业利益链》,载《传媒观察》2006年第3期。

的特点。对新闻资源的开发利用直接关系到媒介的产品竞争力。

新闻资源开发是新闻传播活动以及新闻媒介产业发展的核心内容,是由新闻媒介主体(媒介管理者、新闻传播者、媒介经营者等)自主设计和运行的一项系统工程。对新闻资源的开发利用主要包括这些方面:一是新闻资源的发现,这是资源开发的前提与起点;二是对新闻资源的鉴别,这是资源开发的战略决策基础;三是新闻资源的转换,这是资源开发的必要中转环节;四是新闻资源的整合,这是资源开发的统筹与优化策略;五是新闻资源的展示,这是资源开发的成果表现策略;六是新闻资源的增值,这是资源开发的价值提升策略。①

新闻媒介融合发展,新闻传播走向"融合新闻",促使上述开发新闻资源的诸多重要环节发生深刻变化,客观上推动了新闻资源的深度开发。

第一,在"融合媒介"时代,新闻信源结构与新闻传播主体发生的变化拓展了新闻信息资源发现的渠道。在传统大众媒介垄断新闻传播的时代,为新闻媒介提供信息的主要是政府机构、社会团体和企业组织,承担采集与发布新闻信息的主要是职业新闻工作者及作为"准新闻工作者"的新闻通讯员。虽然不少媒介开设了热线电话,或通过来信来访渠道获取来自民间的信息,但这类信源在数量上远不能与前者相比,采用率也较低。新媒介的出现,使普通公民获得了从未有过的参与新闻传播的能力,他们借助手机、博客、播客、BBS等,发布新闻表达观点。在全世界范围内,"草根记者"在重大突发事件现场发布的新闻一次次产生了全球性的轰动效应,从东南亚海啸到英国伦敦地铁爆炸事件,第一时间发出的现场新闻报道都出自普通民众而非职业记者。虽然专业媒介组织在新闻传播中依然占据主导地位,但不能

---

① 蔡雯:《论新闻资源开发》,载《新闻战线》2003年第3期。

否认的是，新媒介正在改变大众传播的面貌，个人对个人、个人对多人、多人对多人的传播网络已经形成，传者受众一体化将成为新闻传播的主体特征。

目前，我国博客已经突破 4000 万，平均每天有 30.5 万篇博客文章被上传到网上[①]，这一巨大的新闻信息源已成为传统媒体开发利用的对象，如杭州的《都市快报》在对哈尔滨停水事件的报道中就连载了东北市民的博客日志[②]。手机媒体也同样催生出新的新闻信息源，《北京青年报》等地方报纸开设了彩信新闻栏目，广泛征集读者用手机拍摄的新闻现场照片。凡此种种，说明新闻传播主体在由职业新闻工作者独家垄断转变为职业人员与社会公众共同分享，新闻信源也随之发生了结构性的变化，博客越来越多地从由个人化媒体走入大众传媒，来自普通民众的新闻和言论在新闻传播中占据越来越大的比重。值得我们注意的是，这种改变也使得新闻传播效果具有越来越大的不确定性，新闻媒介组织对新闻传播的控制也越来越难。

新闻信源的改变，特别是普通公众参与传播过程，还会影响新闻信息资源鉴别标准与鉴别方式，传统媒介的新闻编辑主要根据个人的专业经验对新闻内容加以分析与选择，而随着互动传播的普及，这种选择将越来越多地受到社会公众的影响，资源鉴别将更多地依赖公众的反应和要求。

第二，新闻媒介组织结构与工作流程发生的变化推进了新闻资源的整合和优化。新闻资源的整合是媒介主体根据多种或多项新闻资源之间的内在联系，进行统筹利用的一种行为，其目的是使这些资源发挥整体效果大于部分之和系统效应。新闻资源的整

---

① 姚志锋：《博客——互联网的新经济时代》，载《中华新闻报》2006－03－29。

② 樊一彪：《站在新媒体的肩膀上——从哈尔滨停水事件看传统媒体的报道创新》，载《新闻实践》2006 年第 1 期。

合可以在多种层面上运行,包括在新闻报道活动范畴中的资源整合、在新闻媒介整体经营层面上的资源整合、在媒介集团化发展层面上的资源整合。这三个层面是由局部到整体、由微观到宏观的。媒介融合发展为三个层面上的资源整合以及对资源的统筹优化起到了积极的推动作用。因为"融合新闻"在 21 世纪初出现,首先是以媒介之间的合作以及媒介组织结构与工作流程的改变为前提的。如美国媒介综合集团 2000 年投资四千万美金在佛州坦帕市建造了一座传媒大厦,取名"坦帕新闻中心"(Tampas' News Center),将属下的坦帕论坛报及其网站(Tampa Bay Online)、电视台(WFLA-TV),还有集团网站(TMO.com)的编辑部门集中起来运行。集团设立"多媒体新闻总编辑",统管三类媒介的新闻报道,使三类媒介在新闻采编方面实现了联动。①

在我国,这样的尝试也已经开始,如河南报业集团进行了报网互动的尝试,《河南日报》与河南报业网共同主办《焦点网谈》栏目,每周二、四在报纸上刊登两个整版;报社的总编和记者们协助网站开设《总编在线》《记者连线》栏目,网站则为报纸提供征稿园地②。浙江日报报业集团与浙江移动、浙江在线合作开通《浙江手机报》,推出全国首家数字报纸,并与北大方正合作开发了"数字报刊与跨媒体出版系统",实现传统报纸、数字报纸、光盘出版以及全文数据库产品一体化生产和多元化出版。实践证明,报网互动能为区域性报纸打破传播的地域限制提供渠道和平台,直接带动媒介影响力的增强和经济效益的增长。这些事实都说明,新闻资源能够因为媒介组织结构与工作流程的变革得

---

① 蔡雯:《新闻传播的变化融合了什么?——从美国新闻传播的变化谈起》,载《中国记者》2005 年第 9 期。

② 朱夏炎:《让报纸与网络共赢》,载《新闻战线》2006 年第 3 期。

到更深入的开发利用。

　　第三，新闻载体性能与新闻传播方式的变化使新闻资源的展示与增值得以更好地实现。新闻资源的展示是资源的价值与使用价值获得实现的一个必经阶段，也是媒介主体对新闻资源的价值认识、类型转换与整合运用的外在呈现。对新闻资源的展示通常有两个层面上的操作：一是作为新闻传播内容的展示，二是作为媒介自身优势的展示。新闻资源的增值则是对新闻资源的潜在价值进行进一步的挖掘，从而使价值获得提升的开发策略。新闻资源的增值中最引人注意的是新闻信息资源的增值，大体上有两种方式：一是以"产品链"模式使新闻资源获得增值；二是以"共享"模式使新闻资源获得增值。媒介融合发展，显然为新闻资源的展示和增值提供了更广阔的空间。

　　需要指出的是，与报纸、广播、电视这些传统的大众传媒相比，通过互联网传播的新一代媒介实现了载体性能的根本改变，普通民众能够通过发送手机短信、撰写博客日志、发起网络群聊，在任何时间任何地点对任何人进行传播，因此，从整个社会范围来看，新闻传播方式从传统媒介主导的单向式变为专业媒介组织与普通公民共同参与的分享式、互动式，大众传播与人际传播更加紧密地结合与汇流。这种新格局一方面造成新闻信息供给过剩，另一方面也促成人们对专业媒体组织整合、诠释信息的更多依赖。相对于新媒体而言，在专业人才、传播经验和社会公信力等方面具有优势的传统媒体，更具备诠释新闻的资格和能力。但如果不注意通过与新媒介的融合扩充信息容量、改变新闻传播方式，传统媒体整合加工新闻信息的水平将很难提高。

　　随着技术发展，网络媒体的融合功能仍在不断增强，接受与发布新闻的手段和方法也越来越多样化，新闻信息传播将普遍采用多媒体方式，最终在新的终端介质上实现听、读、看、写、说、录等等手段的自由选择和组合，新闻传播体现出更加自由、更加人性化和更加方便快捷的特点，这为新闻资源的展示与增值提供了更好的基础，但值得重视的是，随着传播手段和方法的改变，对新闻传播内容整合加工的难度也越来越大，如何对内容精准定位、对表现方式适当选择、对传播流程有效地进行控制与管理，成为所有新闻媒介面临的新问题。

［原载《西南民族大学学报》（人文社科版），2008年第7期］

"探索与创新"丛书
传媒与文化产业:媒介时代前瞻

# 新媒体背景下突发事件报道的机制创新

——以 CNN 的《我报道》为例

韩 鸿

　　2006 年 9 月 19 日泰国当地时间 22:30,正在直播纽约联大会议布什发言的 CNN 国际频道,在第一时间以"Breaking News"(突发事件)的形式插播泰国政变的口播新闻,几分钟后,主持人与其驻曼谷记者电话连线报道当地局势,由于事发突然,连线中只插播了一些总理差信过去的影像资料。22:45 分左右,泰国街头军队的简短镜头在 CNN 播出。随后,一条"I-Report"(《我报道》)的广告推出,鼓励观众为"I-Report"提供泰国政变的最新进展情况。当地时间 20 日 00:30,一个泰国人大卫·哲罗德(David Jerauld)报道,当地人对政变普遍表示理解而不是愤怒,但是人们不希望军方介入。1:20,曼谷居民盖瑞·墨瑞(Gary Murray)报道说,军队仍然在行动中,主道路的灯光已经关闭,警方正在要求所有的商店关门。1:23,一个刚从曼谷市区回家的美国人说,街面平静而和平,军队已经在各个要地驻扎,除一家当地电视台在仍在播放国王的纪录片外,所有有线电视台已经关闭。随后,一名叫马克·克里奇(Marc Kriech)的曼谷居民将 27 秒政变军队在街面巡逻驻扎的镜头传了过来,打上"我报道"的字幕在新闻中播出。上述报道都可以在 CNN 网站的"I-Report"中直接在线观看。在这次突发事件报道中,CNN 在最短时间内,分别从驻地记者、美联社、曼谷居民三个新闻渠道提供了迅速、全面的消息,其快速反应能力、娴熟的新闻处理能力和丰富的现场报道展示了其作为世界大台的实力和风范。相形之下,CCTV 新闻频道只有一条简短的正点口播新闻和电话连线,时效性、丰富性要差得多。

所谓突发事件,是指突然发生的,对社会生活发生重大影响和震撼的事件,包括政治事件、灾害事件、社会事件等。由于突发事件突如其来,来势凶猛,猝不及防,无法预知,给受众心理带来极大冲击和震撼,容易激发公众的信息饥渴,迅速成为社会关注的热点、焦点,产生巨大的震撼力和影响力,因此突发事件的报道往往成为媒体必争的战场,也是检验新闻媒体实力的标志。而如何增强对突发事件的应对能力,树立自身在重大突发新闻报道中的权威性和话语权,就成为新闻机构间竞争的重点。近年,随着新闻改革的深入和对民众知情权的重视,从我驻南联盟使馆被炸、非典(SARS)事件、伊拉克战争中,我们一直在反思和构建我们的突发事件报道机制,对突发事件的报道也逐渐积累了一些成功经验和办法,但是仍然没有突破传统的思维范式和新闻生产范式。在全球新闻竞争时代,如何加强我们快速反应和危机新闻处理能力,不是光喊几句口号,提几个概念就能解决,更需要新闻观念上的革命和实质意义上的平台支撑。CNN 的"I-Report"平台的推出,对于我们来说无疑具有诸多启示。

一、"I-Report" 的价值分析

"I-Report"的运作方式颠覆了传统的新闻生产理念,其与众不同的新闻视角和对新闻价值的深度开掘为突发事件报道拓展了新的维度,让人眼前一亮:

(一)第一时间

突发事件发生时,受众的认知平衡被打破,出现强烈信息饥渴,时间越短,信息的报偿度越高。由于事件突如其来,常规报道有一个反应时滞,在这个信息真空期,新闻当事人第一时间的信息传递(即所谓"元信息")就弥足珍贵。2005年7月7日伦敦地铁爆炸事件中,电视画面上许多昏暗、摇晃的第一手影像资料就是遭袭者在废墟中用手机摄录向外发送的,正是这次事件让公民报道彰显了自己的力量。在泰国政变后几小时内,大量街面手机照片、数码影像和民众报道立即出现在"I-Report"中,使CNN能迅速掌握泰国事态,并在突发新闻中结合驻曼谷记者的采访予以综合报道。这些现场报道几乎与新闻事件同步发生,并且与事件发展同步跟进,其时效性堪比现场直播。

(二)真实现场

新闻真实是指新闻报道与所反映的客观现实的相符程度,真实性是一种终极追求,也是媒体公信力的基础。新闻事实经过记者、编辑的中介,从事件真实变成媒介真实。但是,记者的视角是有限的。贝尔纳·瓦耶纳(B. Veyenne, 1986)说过,谁也不能说自己掌握了全部新闻,但是通过每个人所掌握的分散的、不完整的片段,却可以最终合成一个协调的整体。[①] 来自事件亲历者各种视角的信息汇总,将可能在细节真实、局部真实的基础上最大程度还原事实真相,形成一种"马赛克式"的真实,并最终组成总体真实。此外,来自多个渠道的信息通过相互印证,可以避免由于信息不对称而产生的新闻失实,为新闻的真实性和客观性提供技术保证。再加之,"I-Report"的报道者往往就是新闻事件的第一当事人和直接目击者,具有与生俱来的现场感。

(三)全面报道

新闻传播的全面性,即要求提供各方面的事实、情况、意见,不片面报道和隐匿事实。全面报道的基础是充分的、多面向

---

① [法]贝尔纳·瓦耶纳(B. Veyenne)著,丁雪英、连燕堂译:《当代新闻学》,北京:新华出版社,1986年,第37页。

的新闻来源,这既有赖于多元的信息渠道,还取决于信息源多维的观察角度。记者麦克拉伊认为,新闻当事者是"从内部而不是从外部来了解事物,因此人们就得到了一个完全不同的视角。在很多情况下,人们还可以从亲身经历事件的人那里得到现场照片和视频。这和专业摄像师从外部得到的画面是完全不一样的。"①这种来自民众的信息类似文化人类学的内部(insider)认知。这种平民视角和草根特征,组成了新闻事实的多种面向,与专业的记者报道和官方的正面渠道信息相结合,无疑会增添新闻视角的多样性和内容的丰富性。如在泰国政变后,当地居民为 CNN 提供了各方面的事实、情况和意见,一位名叫苏柏冈(Supakorn B)的人说,"泰国人已经等待军方介入好长时间了,我们满心欢喜。"一位名叫赛斯苏旺(Sethisuwan)的人写道,"我们看到人民给军队送花,当地人在坦克面前照相就像这些坦克是停在博物馆里一样。"另一位叫乔·维苏萨(Jo Visutha)的泰国公民说,"军队已经控制了所有的泰国电视台,我真的不知道谁对谁错。只希望事情能够尽快地和平结束。"这些报道能够让我们能全面地了解事实真相和直接反映泰国人民的真实思想和看法,正如 CNN 的编辑所言,"他们的观点并非民意测验,但是他们的确描述了当地一些人对于政变的感受"。②

(四) 动态跟踪

伴随突发事件的发生发展,新闻报道也须随时跟进常变常新。有学者将突发事件发生、发展、结束三阶段的新闻报道特点

---

① 《公民新闻——民主化媒体形式》,来源: http://home.donews.com/donews/article/8/82985.html.。

② Thais: Tourists Give Their Views of Post-coup World, See your I-Reports, from: cnn.com, Sep. 21, 2006.

总结为信息传播的突发性、信息传播的扩张性和信息传播的整合性。① 在后两个阶段的连续报道和深度开发，也是"I-Report"大有作为的领域。在泰国政变后的第二天，"I-Report"在网站头条下方的醒目位置给观众留言："泰国军队已经在一场不流血的政变中赶走了总理差信，并在国家实施了紧急状态，你在泰国吗？你或者你知道的人被这次政变所影响吗？告诉我们你的故事，给我们发送你的照片，录像和反应。"于是我们在"I-Report"的报道栏中看到民众发送了大量照片，展示政变后军民相安无事，街面平静，局面逐渐恢复的状况。公众的反馈源源不断，新闻内容也就不断更新，保持了丰富的新闻流量。这种对新闻的持续跟踪能力和民间舆论的动态展示也是其他媒介不可比拟的。

**二、"I-Report"诞生的新闻学背景**

"I-Report"于 2006 年 8 月 1 日在 CNN 正式推出，刚一亮相，即在业内外造成了不小的震动。因为这是一个主流新闻机构历史上首次让它的观众看到公众和记者的混合报道。在它的背后，则隐然可见一个新闻学新范式——公民共享新闻的勃兴。

公民共享新闻（citizen participatory journalism）也简称为公民新闻（citizen journalism），指来自公民的非专业新闻报道。他们或者是现场的目击证人，通过手机、DV、网络等现代科技，把自己所见、所闻、所感直接传送给大众媒体；或者自己创办小众媒介（网站、报纸、广播、电视台等），实现在一定范围内的新闻生产与传播。按照《我们媒介》（We Media）一书的定义，公民共享新闻报道就是"公民个体或群体搜集、报道、分析和散

---

① Daniel Carty：Poll：Obama, BP Should be Doing More on Gulf Spill, from：CBS. com, June 4, 2010, 7：00 AM.

布新闻或信息的行为,旨在提供一个民主社会需要的独立、可信、准确、广泛及其他相关信息。"① 公民共享新闻有多种实践模式(美国学者 Steve Outing 列举了 11 种之多),② 其中公民参与、公民报道、公民媒介、公民传播、公民共享是公民共享新闻的几个关键词。从韩国的"Ohmynews"网站到美国前副总统戈尔发起的名为"潮流"(Current)的公民参与电视新闻计划,公民新闻在全球方兴未艾。有人声称:"伦敦爆炸案中公民共享新闻报道的本质,在于消除了新闻消费者与新闻报道者之间的差别。在一个数字化武装起来的个人通讯的时代,我们都是记者。"③ 随着一系列的公民新闻实践的蓬勃兴起,其对传统新闻生产范式的冲击也是巨大的。在新闻机构的新闻生产理念发生动摇的同时,关于公民记者的身份问题,新闻的客观性、真实性、权威性等问题也引发了种种怀疑和争论。④

当对公民新闻的各种争论莫衷一是的时候,CNN 率先迈出了第一步,I-Report 的推出被认为是"CNN 作为全球新闻领导者引领新闻创新的又一个标志"。有人评价,在随时随地发生的新闻面前,CNN 这个新闻巨人已经承认它的全球记者大军并非无所不能,因此颠覆了它的新闻权力与公民分享。⑤ CNN 官网的高级副总裁兼执行制作人米奇·吉尔曼(Mitch Gelman)认

---

① 申凡、谭志红:《突发新闻传播的时段性分析》,载《国际新闻界》2003 年第 5 期。

② Steve Outing: The 11 Layers of Citizen Journalism, from: http://www.poynter.org/content/content_view [DB/OL].asp?id=83126.

③ London Bombings: The Unread Newspaper, posted by Tim Porter at July 7, 2005, from: http://www.timporter.com/firstdraft/archives/000468.html.

④ 韩鸿:《论新媒体背景下的公民共享新闻学》,载《新闻与传播研究》2006 年第 4 期。

⑤ CNN puts citizen journalists on the Web, from: http://www.freelanceuk.com/news/1831.shtml.

为,在全球新闻竞争的时代,"未来受众制作的内容将有望在新闻业中起到关键性作用,"① 实际上在"I-Report"之前,一种被称为"合众媒体"(republic media)的媒介形态已经隐然浮现。美国国内一些地方报纸如《达拉斯晨报》(The Dallas Morning News)、《落基山新闻》(Rocky Mountain News)等开始每周尝试印刷一个公民新闻版,或者单独印刷一个公民新闻周刊向当地居民免费散发,实现报纸与网络公民新闻的融合,其稿件来源于民众在网上提交的公民新闻,上述这种走向让CNN敏锐地嗅到其领先全球新闻市场的一大先机。美国CNN新闻的副主管苏珊•邦达(Susan Bunda)说,在任何时间任何地点发生的新闻,通过我们的观众搜集的内容,我们可以给突发新闻和其他报道提供不一样的和更深入的视点。②

### 三、I-Report 的运作方式

(一)通过常设窗口和栏目,培养观众参与习惯

"I-Report"置放在CNN官网的"Exchange"平台上,在CNN主页的醒目位置即可链接。观众可以通过"Send Your I-Report"链接来发送材料,或者直接通过电子邮件向"ireport@cnn.com"发送报道,通过CNN编辑的审查之后,即可以在网上或者节目中播出。同时也允许用户直接针对报道进行互动评论及投票。③ 栏目宣传广告每隔半小时即在CNN电视节目中播出,

---

① Jennifer Martin: CNN.com Showcases Power of Citizen Journalism with 'CNN Exchange, from: http://www.timewarner.com/corp/newsroom/pr/0,20812,1221643,00.html.

② CNN and CNN.com Showcases Power of Citizen Journalism, from: http://www.mediainfo.hu/hirek/article.php?id=7668.

③ CNN and CNN.com Showcases Power of Citizen Journalism, from: http://www.mediainfo.hu/hirek/article.php?id=7668.

### 新媒体背景下突发事件报道的机制创新

凭借 CNN 的全球影响,该栏目在短期内即产生了较广的全球认知。I-Report 的广告词颇具煽动性:"新闻正在你的面前发生吗,拿出你的摄像机为 CNN 做'我报道',为'ireport@cnn.com'发送录像和照片。"在泰国政变中,在包括 CNN 在内的所有电视被全部关闭的情况下,很多泰国公民就是根据平时的认知和习惯在网上为 CNN "I-Report"发送信息。

(二)规范的协议条款,保证法律纠纷的免责

为尊重信息提交者的权利,同时保证新闻的严肃性和自我免责,用户在发送信息之前须首先点击使用条款,同意部分影像、图片和录音可能被 CNN 官网、CNN 电视节目或其他 CNN 服务所使用;信息提供者事前允许 CNN 具有非独家、永久、全球范围内编辑、播放、重播或与其他新闻机构共享该资源的权利;新闻提供者对所提供材料拥有完全合法版权,并承诺不违反公民隐私权,及有关中伤或诽谤的法律,同时 CNN 也尊重发送者的隐私权,其发送的信息将受隐私政策保护。CNN 对信息提供者不提供任何报酬,CNN 员工的直系亲属、家庭成员及 CNN 相关机构人员均不能使用该服务。此外,18 岁以下投稿者须有父母或监护人的书面允许,并且随所提供信息一同上传。通过事前告知协议,CNN 在突发信息的使用上把握了主动权,拥有较大的自主空间。

(三)完善的技能培训,保证节目质量

观众参与节目的最大问题,在于观众缺乏视觉素养和新闻常识,造成所提供大量无法使用的垃圾材料,同时也浪费了媒体大量的人力物力。为此,CNN 专门为参加者提供了一个工具包(I-Report TOOLKIT),提供基础知识和上传操作指导。如摄影构图的三分之一原则(即黄金分割原则),摄像机操作的基本技巧(如多用三脚架,多运用全景,保持镜头稳定,少用运动镜头等),要求参与者尽量提交详述的背景材料。引人注意的是,在

新闻的五个"W"中，CNN 仅对"谁、什么、何时、何地"等四个要素提出具体要求。而对于"Why"则不做要求，表明 CNN 并不希望公民个人对新闻事实进行主观性的个人阐释，表现了 CNN 在新闻客观性原则下新闻专业主义对公民新闻的审慎态度。

（四）详细的投稿指南，减少参与难度

公众参与的重要前提是降低难度并增加信息透明度。CNN 为此做了一个详细指南，包括如何运用电脑上网发送，如何利用手机多媒体短信服务（Multimedia Messaging Service，MMS）向"ireport@cnn.com"传送附件，还要求投稿者写上标题（如地震或火灾等）来让编辑尽快发现有价值的信息。CNN 甚至对上传资料的尺寸、格式、最大容量也做出了具体要求（录音一般用 MP3，AIFF or WAV 格式，照片用 JPG 或 GIF 格式，照片、录音最大 1MB，录像不超过 30 分钟）。

（五）及时的观众反馈，建立激励机制

每隔两小时，CNN 将观众投稿编辑后放在 CNN 官网的"See your I-Reports"（看你的'我报道'）或"Gallery"（图片库）中，投稿者既可以看到自己发送的报道，也可以看到编辑整理后的关于新闻图片的介绍，及时的信息反馈满足了观众的成就感和价值报偿，并渴望产生自我激励和重复参与行为，使栏目具有较大亲和力，保证了观众参与热情的持续性。

**四、国内媒体在突发事件报道中的缺陷**

近年来，在一次次突发事件报道中，国内新闻单位开始总结经验，从指挥协调机制、应急队伍建设、媒介联动、后勤保障系统等方面着手，构建了具有一定专业水准和可操作性的突发事件报道机制，但是其局限也是明显的：

## 新媒体背景下突发事件报道的机制创新

### (一) 传统新闻生产范式难以应对突发事件的不可预测性

所谓突发事件报道机制,是指新闻媒体在突发事件发生时迅速启动的一套应急措施和保障系统。应该看到,我们现有的突发事件报道机制仍是局限在传统新闻生产的思维范式内进行的内部力量整合。虽然有媒体已经在一定程度上意识到民间力量的存在,但并未将其纳入应急机制建设的整体考虑中,因此难以进行机制创新。

实际上我国新闻机构在突发事件报道中曾有过得意之笔。2003年3月3日凌晨,伊拉克人贾迈勒·艾哈迈德通过海事卫星电话向新华社中东分社报告了伊拉克战争爆发的消息,这条快讯只有9个字"巴格达响起空袭警报",正是这9个字,使新华社以10秒领先全球媒体,贾迈勒因此被授予新华社最高奖励——"社长总编辑奖"。但是这件有意义的事件并未进入我们突发事件报道的常态机制中。近年为加大突发事件报道力度,不少国内新闻机构在热点地区设记者站,增加驻外记者数量,加强媒体协作(如东方卫视《环球新闻站》与新华社的合作),以求延伸新闻触角,最大限度将突发新闻纳入可控性。不少新闻节目尤其是地方新闻也日渐注重受众参与,开设了新闻热线,发展新闻线人,民生新闻《南京零距离》甚至组建了自己的百姓通讯员队伍。但是也应该看到,在突发事件的不可预测性面前,尤其对于全国性媒体来说,这种微薄的力量是鞭长莫及的。突发事件报道机制应是开放而非封闭的信息交换和保障系统。正如《国际先驱论坛报》的记者安德鲁(Andreas Tzortzis)所说:"以前读者在街上看到突发事件然后拨打新闻热线的时代已经改变了。"[1] CNN作为拥有庞大记者队伍和全球媒体合作资源的新闻巨擘,

---

[1] Andreas Tzortzis: Readers are the New Paparazzi, *International Herald Tribune*: August 13, 2006.

在猝不及防无所不在的突发新闻面前,已经放下新闻专业主义的架子,开门延纳公民记者的力量。当影像、声音、网络、手机等信息生产工具的普及使公民成为无处不在的眼睛的时候,这种资源却被我们有意无意地忽视了,这种遗忘无疑是不应有的。

(二) 现有信息平台无法支撑观众的多样化参与

国内不少新闻媒体都有自己的网站,但这些网站大多是主媒体的辅助宣传展示窗口,或观众意见反馈平台,在以我为主的议程设置下观众参与空间就打了折扣。以CCTV官网为例,其"网评天下论坛""新闻互动区"主要是对本台播出节目和时事发表意见,即"聚焦央视新闻,荟萃真知灼见,倾听百姓心声"。央视论坛系统虽提供看帖、发帖及网友与版主私下沟通的短消息系统服务,但这种互动性仅限于观点发布和意见交流。在央视新闻频道网页设有一个"欢迎提供新闻线索"的窗口,但"新闻线索"的概念过于宽泛,既没有特定的栏目对象和信息诉求,也没有专门的信息处理和反馈窗口,一旦有突发事件发生,也缺乏多媒体信息特别是声音、视频信号的上传通道。这种犹如石沉大海的信息投递方式缺乏观众信任和新闻效率,难以激发和形成与观众的稳定参与和合作关系。许多突发新闻素材都是热心观众亲自上门或者邮寄到有关新闻栏目的,不少资料因此过了时效,失去了新闻价值。

(三) 忽视对观众参与意识、参与技能的激发和培育

突发事件往往是需要全社会共同面对的问题。一个完善的突发事件预警和报道机制离不开公众的参与,而公众参与意识的培养和媒介素养的提升则离不开媒体的力量。正如著名的哈钦斯委员会所言,"大众传播机构对公众负有同教育机构类似的责任,

有责任帮助公众利用大众传播机构所使用的工具"。① 而国内媒体在构建设突发事件报道机制时，并没有自觉将加强公众参与意识、提高参与技能纳入机制构建中。在 CNN 节目中，每隔半小时就播放不同版本的"I-Report"广告词，其中激动人心的一句是："成为我们团队的一员，你能帮 CNN 把新闻告诉全世界！"这种宣传在潜移默化中往往能产生无可估量的力量。由于 CNN 对公众参与进行了周密的系统设计，并对公民写作、拍摄、传输技能进行长期的网上培训，当新闻发生时，有意识、有素养的公民才可能提供高质量的新闻素材。这种对突发事件报道外部机制的构建无疑极具启发意义。

实际上，国内媒体并非漠视新闻报道的民间力量，但传统的阶段性主题策划参与方式难以形成观众参与的持续性。早在 1997 年，北京电视台《百姓家园》、央视二套《生活》栏目就向社会征集百姓自拍节目。之后，2002 年央视《东方时空》春节特辑、2003 年《经济半小时》"3·15 特别节目"都曾面向全国观众征稿。2004 年《新闻 60 分》的"DV 看世界"向海外华侨华人、留学生征集 DV 新闻作品，《新闻社区》也向全国征集百姓 DV。但这种阶段性的主题策划和具有特定内容指向的内容征集，不能形成节目制播常态和整体合力，时过境迁之后便改弦更张，难以吸引观众的持续参与。因此有必要借鉴 CNN 的做法建立新闻参与的常态机制，并加强观众参与意识、参与技能的培育。

## 五、"I-Report"的启示

在媒体突发事件报道机制的构建中，一个经常提及的理由就

---

① [美]新闻自由委员会编，展江、王征、王涛译：《一个自由而负责的新闻界》，北京：中国人民大学出版社，2003 年，第 59 页。

是对公民知晓权的尊重。但是当我们在尊重公众知情权的同时，却忘却了民主参与理论中另一个重要方面——公众的媒介使用权（the right of access to the media），即公民利用大众媒体传递自己声音的权利。按照民主参与理论，任何公民都应该拥有信息的知晓权、传播权、对大众媒介的使用权和接近权。而实际上，媒介使用权既是一种权利，更是一种资源，"I-Report"正是巧妙地利用了这一点。

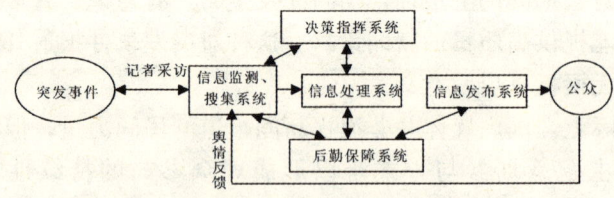

**现行突发事件报道机制**

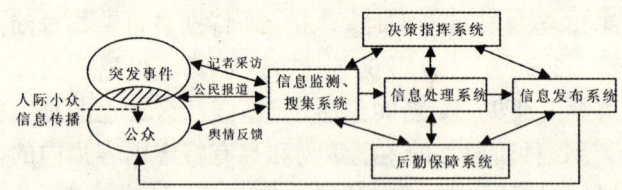

**改进后的突发事件报道机制（阴影部分为突发事件的当事人）**

《中共中央关于加强党的执政能力建设的决定》特别指出：要"完善重大突发事件新闻报道快速反应机制"。在这里，"与时俱进"就有了新的内涵。在科技和资讯空前发达的今天，在新的新闻生产范式面前，有关"宣传第一"还是"新闻第一"，"堵"还是"疏"，"快"还是"慢"的简单逻辑已经落伍了。从上图两种报道机制的比较中我们可以看到，公民报道的引入是在系统前端和终端环节的创新，而报道机制的核心环节即新闻的决策、把关、控制和发布系统仍然牢牢地掌握在媒体自己手中。在突发事件面前，全面、真实、及时的信息掌握和汇总分析，是主流媒体快速反应、坚持正确舆论导向的前提和基础。这对于降低社会恐慌，化解公众心理危机，维护党和人民的利益有更重要的意义。因此在我们突发事件报道机制的构建中，可以考虑引入和建立媒介使用机制，搭建一个畅通的信息传递平台，进行长期有效的宣传和运作，培育观众的参与技能、参与意识和参与习惯，以求实效而不是走过场。

国内媒体只有在突发事件的报道中，探索公众广泛参与的突发事件报道的新形式、新手段、新途径，才有可能在国内突发事件报道中先发制人、先声夺人，在激烈的国际传媒竞争中充分显示中国的声音，提升中国媒体的公信度和社会影响力。从这个意义上说，"I-Report"的推出和成功运作，对我们无疑有诸多启示。

[原载《西南民族大学学报》（人文社科版），2007年第4期]

# 环境新闻中媒体舆论归责的形成、消退与再生
## ——剖析2010年全球主流媒体环境灾难报道

王积龙

2010年是个在全球范围内生态灾难频发的年份：美国发生了其建国以来最大的生态灾难——墨西哥湾原油泄漏事故；俄罗斯发生了130年来最严重的森林火灾；中国出现了大连输油管爆炸与紫金矿业的环境污染事件，如此等等。中西方媒体在灾难报道上有相同的地方：一旦灾难发生，多数媒体越来越否认"天灾"，而把它归为"人祸"，以揭露事实为手段，从而形成媒介舆论的归责机制。有别于法庭的问责，媒体以舆论导向来形成压力以促使问题的解决，这是媒体监督最基本的职能。然而不幸的事，舆论形成以后，往往并未按照解决生态灾难本身的规律发展，媒介往往会找到适当的台阶退出公共舆论空间，从而使得媒介舆论压力随着时间的推移逐渐退出公众视野，最终让媒体自身脱离责任，也使媒体问责得以消逝[①]。其结果是很多生态灾难年

---

① "媒体问责"（media accountability）这个概念在新闻传播领域的出现与"责任"（responsibility）相连（McQuail, 1997, 2005）。在诸多讨论媒介问责的文献中，英国传播学者麦奎尔（McQuail）受到英国文化协会（The British Council）与NHK之邀请，1997年3月18日于东京"广电伦理"研讨会上做了"媒体对社会的问责：原理与方法"（"Accountability of Media to Society: Principles and Means"）的主题演讲，探讨了媒介问责的原理与方法，在后来研究中经常被引述。

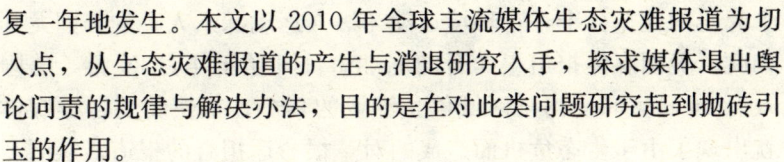
## 环境新闻中媒体舆论归责的形成、消退与再生

复一年地发生。本文以 2010 年全球主流媒体生态灾难报道为切入点,从生态灾难报道的产生与消退研究入手,探求媒体退出舆论问责的规律与解决办法,目的是在对此类问题研究起到抛砖引玉的作用。

### 一、生态灾难报道中风险归责之形成原因

除了传统意义上的新闻价值要素以外,生态灾难的媒体舆论归责之所以能够形成,很重要的原因在于其引起的生态危机,然后又形成社会危机,最后铸成政治危机。这三重危机相互联系又波及媒介三个生存层面,从而形成了巨大的压力,导致媒体为了生存与竞争不得不形成媒体在舆论上的生态灾难之归责。

(一)生态危机与草根阶层——媒介的道德压力

生态危机是指生态环境被严重破坏,使人类的生存与发展受到威胁的现象,起源于人类造成的风险。乌尔里希·贝克(Ulrich Beck)认为,"我所说的风险,也就是生产力发展的先进阶段所制造出来的,首先是指完全逃脱人类感知能力的放射性、空气、水和食物中的毒素与污染物,以及相伴随的短期和长期的对植物、动物和人影响的后果。它们所导致的、常常是不可逆转的伤害"①。现代工业社会的利润生产主宰着风险生产,而风险最终的承担者是生态物种。然而,贝克所说的这个"人"是经济上处于被支配地位的草根阶层,如环境种族主义所说的黑人或其他有色人种,却非制造风险而获利的工业主。如果说墨西哥湾石油泄漏造成大量海生物死亡,如果对依靠海生物为生的渔民视而不见,媒体在道德上也将面临巨大的压力。

生态危机的爆发与草根命运结合在一起,媒体如实反映是一

---

① Ulrich Beck: *Risk Society: Towards a New Modernity*, SAGE Publications Inc. 1986, 13.

个起码的道德标准,在环境运动与黑人运动深入人心的美国尤其如此。美国媒体报道墨西哥湾漏油事件开始于 4 月 20 日,美国政府 26 日宣布受污染区域停止渔业的禁令;很快美国各类媒体就出现了由于生态危机而造成的对草根命运担心的报道,从而开始了媒介对于事故责任的认知与探索。如《纽约时报》的坎贝尔·罗伯森(Campbell Robertson)就是该报报道这场生态灾难中沿岸渔民生活变迁的记者,其代表作品是路易斯安那州沿岸渔民联合状告 BP 公司的新闻[1]。美国资深环境记者麦克尔·弗洛姆(Michael Frome)肯定道德伦理在环境报道中的作用:"对于环境新闻记者的专业性技术的学习与职业(训练)来说,我认为哲学、伦理学是其基础。每个环境记者为环境所做的每一份报道,都来自于人类心灵和精神的无形价值理念。"

(二)社会危机与草根新闻——媒介的舆论压力

社会危机是指在社会系统或子系统中,两个或两个以上的社会力量因为目标和利益不一致而导致的一种社会紧张状态。在生态危机出现以后,大众传媒就面临着内部利益保护与外部舆论不一致的冲突与对抗。大众传媒主要依靠广告生存,像 BP 这样的公司无疑是媒体巨大的广告主,不能轻易对其批评。然而,因为以互联网为代表的新媒体的兴起打破了传统媒体的渠道霸权,使得与生态环境亲密接触的草根阶层重新找到发出声音的机会。大众媒体也因应草根需要而产生了草根新闻,其核心特点在于"展示草根阶层只要不再相互孤立、只要团结起来为共同利益而斗争,他们就有机会提高自己的生活境况";草根新闻是地方性的新闻,与草根阶层的命运相关,"草根民主在主流媒体被排除着,因为报纸、广播与电视公司的大媒体主的利润来自于不民主的体

---

[1] Campbell Robertson: Safety Fears Halt Fishing in Areas Affected by Spill, *New York Times*, May 2, 2010.

制,大媒体所有者希望其持续不变;因此草根新闻记者在寻求独立的新闻出口"①。

现实生活中,这样独立的出口在网络上随处可见,一些大媒体如纽约时报网、华盛顿邮报网均设有博客,而且成为新闻线索的重要来源,传媒生态发生了很大变化,草根新闻无处不在,从而形成了"无影灯"的效果。如"亚拉巴马地方新闻网"(www.al.com)在漏油当天就开设了"墨西哥湾石油泄漏"(GULF OF MEXICO OIL SPILL)的专题报道,专栏有"第××天""最新消息""您的报道"(专题博客)、"拯救墨西哥湾"等。亚拉巴马州南岸直面墨西哥湾,是原油泄露的受害者,"亚拉巴马地方新闻网"又是地方性媒体,所受大广告利益干扰小,而必须为当地草根说话,故报道较为迅速而又全面。而全国性大报,如纽约时报网在5月2日才有风险归责政府的报道:"美国政府错过堵住漏油的最好时机"。也就是说,当地方新闻媒体、博客与网络社区等草根新闻纷纷在舆论上探究责任之时,大媒体面临着巨大的舆论压力,不得不开始对生态危机的原因进行归责,从而使得归责走向主流媒体,顺应了因舆论压力而造成的社会危机之大势,形成共振。

(三) 政治危机与媒体归责——公意与市场选票的压力

由生态危机造成的道德压力、由社会危机而形成的舆论压力进一步促成了草根阶层或其他公众对政府的执政理念与能力的信任危机,这就上升为政治危机。故当今世界多数国家领导人都很重视亲民与关注草根。如在美国,奥巴马是一个被草根阶层抬出来的黑人总统,社会中下层是其执政的民意基础。政治危机的核心是"公意"对抗政府之道德基础,而媒体表达这种"公意"的

---

① Eesha Williams: *Grassroots Journalism*, Boston: Dollars and Sense, 2007, 4~5.

量化标准是民调。墨西哥湾石油泄漏事件发生的4个多月时间里,美国各大媒体有各种形式的民调新闻发布,以站在这种政治危机"公意"的立场加以归责。往往一个民调被多家媒体联合署名来评论,如美联社6月4日发布的民调被CBS做评论并联合署名以刊出。民调目的在于归责,认为63%的受调者认为奥巴马政府在遏制原油污染上应该做得更多;70%的人认为BP公司应该做得更多,并认为奥巴马政府遇到"政治危机"①。

大媒体之所以通过谨慎的形式——民调发起归责,其主要在于为了获得市场的"公意",即市场选票,量化形式为发行量、收视率与点击率等。美国报业市场环境江河日下,如2008年总收入下降16.6%,为378.5亿美元,一年内减少75亿美元;2010年第一季度报纸广告收入依然下降10%。其他除互联网以外的媒体均面临缩水的压力。故此,大媒体亟待获取公众信心,而生态灾难与广大的草根命运直接相连,市场选票的压力促使其更快地向生态灾难的当事方发起舆论归责。

## 二、媒体生态灾难归责的消退途径

媒体之生态灾难归责形成以后,就变成了公众事件,需要职能部门出面解决,从而达到治病救人的目的。然而,媒体对生态灾难的归责有着更复杂的社会与思想根源,媒介舆论归责多数都未达到此一目标,往往会先行逃离舆论场。客观上,由于媒体舆论的先行逃离,很多生态灾难的归责并没有真正解决,故此本文称之为"消退"。以下是媒介生态灾难归责的几种常见的消退方法:

---

① Daniel Carty: Poll: Obama, BP Should be Doing More on Gulf Spill, from: CBS. com, June 4, 2010, 7:00 am.

## 环境新闻中媒体舆论归责的形成、消退与再生

### (一) 人之本性式消退

今年世界生态灾难频发,大国耀武扬威,限制核武扩散谈判毫无进展,这不仅引起世界媒体的关注,也引发科学家与思想家的担心与忧虑。媒体企图通过事实报道以在舆论上引导各类生态灾难的问题根源。如 2010 年 8 月 9 日,英国《每日邮报》刊载了对斯蒂芬·霍金的采访。作为当代最伟大的天体物理学家,霍金对生态灾难有着足够的重视,霍金警告人类正在进入"越来越危险的时期",人口和资源的矛盾将愈发突出;日益发展的科技对环境来说也是一把双刃剑;从古巴导弹危机到目前的核武危险乃至环境灾难,都是源于人类的自私本性。如果人类不能在下两个世纪进行太空移民,人类将会毁灭[①]。霍金的话语一出,立即被世界范围内的媒体转载,甚至用来分析当前的生态灾难与生存危机之原因。霍金的判断没有阶级区别、地域特征、政治形态差异,而是把当代的生态问题统统归责于人的自私本性。媒体只要在舆论上归咎责任,人之本性使然就是一条普遍的原因。

当然,如果真的归咎于人的本性,那无疑相似于归责于天灾,因为江山易改本性难移,这是一种悲观主义的结论。当代的生态保护主义强调人的积极性与可变性在生态灾难面前的能动作用,从这个角度来讲,环境保护主义者多是乐观主义者,他们假设的前提是在人类末日到来之前,通过顺应生态规律来挽救荒野以挽救人类自己。如果媒体把责任都归咎于人的本性,反倒束缚了人的积极性与创造性,无疑又把问题推给了老天爷从而坐以待毙。

### (二) 赔偿式消退

从中国来看,2010 年最大的生态灾难莫过于 7 月开始被曝

---

① Wesley J. Smith: Stephen Hawking Believes in Saving Exceptional Humans Through Space Colonization", from: firstthing. com, August 9, 2010, 11: 12am.

光的紫金矿业污染。除了央视、《中国青年报》《南方周末·绿版》等传统主流媒体之外，新浪、网易、腾讯等门户网站也都开辟专栏对此一事件进行事实的呈现，以达到舆论空间的风险归责。以新浪为例，该网以"紫金矿业污染福建汀江"[①]为标题开辟专题网页进行报道。从 7 月 13 日到 10 月底，进行不间断地滚动报道，共出版最新新闻百余条。该网 13 日以"紫金矿业铜矿污染福建汀江 9 天后方披露"为题，称"此次污染事件发生在 7 月 3 日，但紫金矿业一直未对此做出公告"，在舆论上予以归责，明确而清晰；但该网在 8 月 26 日以"福建检查组称紫金矿业污染源隐患已消除"为标题而峰回路转，并最终以"紫金矿业因污染福建汀江事件被罚款 956 万元"（10 月 7 日报道）作为结束，后来逐渐退出公共舆论空间。

这是国内媒体对此一事件较为典型的报道方式。美国生态伦理学家利奥波德（Aldo Leopold）认为："大地共同体中的大部分成员都不具有经济价值"；"在威斯康星，当地所有 2.2 万种较高级的植物和动物中，是否有 5％可以被出售、食用或者可做其他的经济用途，都是令人怀疑的"[②]；也就是说，利奥波德认为生态圈中有 95％以上的物种不具有经济价值，无法以经济来计算。生态灾难的成本评估往往只考虑了 5％具有经济价值的要素，而没有计算 95％以上生物的生态价值，从而再一次完成了下一次风险的再生产。其实，此次事件中经福建省环境监察总队现场调查，直接的经济损失为 3187.7 万元，并未估算生态成本，故此对于紫金矿业来说，这是大灾难小成本。媒体通过这种赔偿式报道而退出舆论引导的归责，并非风险社会媒体职责的全部。

---

① http://news.sina.com.cn/z/zjkywr/index.shtml.
② Aldo Leopold: *A Sand County Almanac With the Essays on Conservation*, New York: Oxford University Press, 2001, 177.

环境新闻中媒体舆论归责的形成、消退与再生

此后紫金矿业股票之一路狂涨，实属对媒体先行逃离舆论场的嘲弄。

（三）推诿式消退

墨西哥湾原油泄漏事件发生以后，英美两国媒体都以极大的热情紧密关注此事。纽约时报网在"科学"专栏里开辟了"墨西哥湾原油泄漏"①专题；华盛顿邮报网与泰晤士报网、独立报网也都开设了专题网页全面观察与报道。但是，同一个事情却表现出不同的认知。美国媒体多把批判的矛头指向"英国"BP，先后详细报道美国会对 BP 的 CEO 托尼·海沃德长达 6 个多小时的"拷问"；深度分析在 5 至 6 月奥巴马在各种场合特别强调责任在于"英国"石油公司；甚至在 6 月 8 日，奥巴马总统接受 NBC 电视采访要求追究事件的责任时，用了"我想知道该踢谁的屁股"这样粗鲁的语言，矛头直指"英国"石油公司。相比于美国，英国媒体的舆论归责却大相径庭。《每日邮报》6 月 19 日发表的一篇题为"奥巴马对英国的仇视源自其祖父曾在狱中遭英兵虐待"，否认 BP 负有责任；《每日电讯报》更以"奥巴马正在谋杀我们的养老金"为标题，指责奥巴马狮子大开口、要求 BP 全额埋单，将吞噬大批 BP 股民的养老金；《金融时报》也认为，奥巴马的言辞中充满了一种"原始的民粹主义"和"仇外情绪"；路透社则认为 BP 有 39% 的股权掌握在美国人手里，在美雇佣 2.28 万人，为美国提供 58 亿美元的税收②。双方的媒体舆论归责完全相反，随着时间的推移在相互推诿中逐渐退出舆论场。

究其原因，在于工业社会生产财富时也生产了风险，工业社会的国家是一个利益的实体，财富被人分配，风险问责却无人认

---

① http://topics.nytimes.com/top/reference/timestopics/subjects/o/oil_spills/gulf_of_mexico_2010.

② John Collines Rudolf: Just How British Is BP? from: blogs.independent.co.uk, June 11, 2010.

领。贝克认为,当社会生产财富时,也系统性地把社会对风险的生产带了进来;如此,这个匮乏社会的分配问题与分配冲突,也转变为开发现代社会里风险分配的逻辑过程;因此,贝克推论反思现代化社会里,全球化和风险的动态发展将削弱工业化民族国家现代性及其基础。媒体是这个利益实体里的一个子系统,自然就会把责任推向相关的其他民族国家实体,墨西哥湾原油泄漏事故就在英美两国之间演绎了财富——风险生产与分配的不同逻辑。

### (四) 转移式消退

国内媒体甚为关注的另一个生态灾难是大连输油管爆炸事件,如同紫金矿业污染,为了吸引受众注意力,各大媒体都跟踪报道此事。据"财网"之"大连油罐爆炸谁之责任"专题报道,2010年7月16日晚的一次泄露约有1500吨原油入海;海上漂游分布约为183平方公里;灭火过程又有500吨泡沫入海。这一污染对周围的大气、海水、生物、养殖、航运、旅游都带来了巨大的灾难。以号称中国第一大新媒体门户网站的腾讯网为例,事故发生后该网就以"大连输油管道爆炸起火"[①]为标题开辟专题,在"最新消息"中从事故当天到8月10日,有百余条新闻陆续出版,并有意引导舆论发现事故责任。8月3日至4日以"中石油通报大连火灾原因系生产安全责任事故"为标题揭露事实;后以"大连爆炸承包商难觅踪迹据称中石油负次责"为标题开始退出舆论场。媒体显然不能以"承包商难觅踪迹"之由脱离舆论引导,而是采用了转移话题的方式逐步淡出舆论归责。8月1日以"大连全民总动员出海清污""上万市民海边清污保卫大连各地市民快递头发"为题描绘人民战争;8月10日以"大连石化承认曾召开表彰大会称为鼓励士气"为题结束整个专题报

---

① http://news.qq.com/zt2010/dlyouguan/.

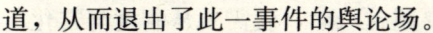

道,从而退出了此一事件的舆论场。

舆论归责的转移式消退没有触及问题的根源,从而使得造成灾难的元凶逃脱了惩罚,而下一次的风险又被生产出来。究其根本,是因为媒体缺少反思的现代化精神,无法追根求源地顺着责任探究下去,过早退出舆论场,也就避免了各种麻烦。正是从这个角度,德国社会学家贝克(Ulrich Beck)认为,工业社会的财富生产与风险生产是连续与休止之间的缠绵交织,其中,"财富生产的逻辑主宰着风险生产的逻辑"。因此,在现代化过程的反思当中,生产力和与之相伴的生产关系已经不再是无辜的了[①]。然而,动摇这种关系远非媒体所能企及。

### 三、风险社会里的媒介问责之理论框架与实践

舆论以事实为依据在公共空间形成风险归责是促使问题解决,也是媒体的职责。从东西方媒体的实践来看,媒体都有先行逃离舆论场的情况,故而这不是意识形态、政治制度抑或政党理念优越与否的问题,而是后工业社会普遍存在的风险问题。对于生态灾难报道的最终目的是为了让公众认知原因、解决问题以避免此类事件的再度发生,而多数媒介目前的归责与消退显然不是按照这一方向发展。

(一)风险与超越——西方媒介问责的理论探讨

生态灾难之所以频繁发生,在德国社会学家贝克看来是这个社会财富生产的逻辑主宰了风险生产的逻辑,技术经济"进步"所取得的权利会越来越笼罩在风险的生产阴影之下。故此,生产力已经不再是无辜的了。问题的核心在于,现代化的风险及其恶果转移到了植物、动物、人类生命等有形与无形的生态物上,形

---

① [德]乌尔里希·贝克著,汪浩译:《风险社会——通往另一个现代化的路上》,台北:巨流图书公司,2004年。

成无法逆转的危险。因此,要超越风险,就需要从制度与文化上改变工业社会以来的运行逻辑。因此,贝克探求从生产力到生产关系重组风险社会的现代化模型[①]。但贝克的理论重在解构,而没有具体的实施办法,虽然他也一直在强调"超越",像一位砸碎所有陈旧之家居摆设的孩子一样惊惶不定。

媒体问责是西方媒介社会责任理论在风险社会里一种专业领域的理论探讨。英国学者丹尼斯·麦克奎尔(Denis McQuail)认为媒介逃离社会责任的根源在于商业利益关系。他认为应该通过四种媒介问责的框架加以解决,分别是法规框架(legal-regulatory)、市场框架(financial market)、公众信任框架(public trust)和政府控制框架(government control)[②]。事实上,这些媒介问责的框架都有局限性,从贝克的理论来看,当工业社会中生产力与生产关系是建立在有组织地、不负责任地"合谋"上,这些政府框架、法律框架均是为财富生产之逻辑而设立的,而有"远见卓识的国家"并未出现;其市场框架与公众信任框架则建立在公共道德基础之上,而美国前副总统戈尔与伦敦大学古德史密斯学院的斯科特·拉什(Scott Lash)教授极力否认在工业社会中普遍存在这种道德基础,因为生活在消费文化中的大众尽显"煮蛙效应"。那么,媒介揭示生态灾难风险的力量只能存在于相对较小的具有后工业风险意识的社会知识阶层,也只能从这里开始超越风险社会的尝试。

(二)解决的出路——西方媒体的专业主义尝试

媒体之所以不愿意继续在舆论上引导并探究风险之责任,重

---

[①] Ulrich Beck: Risk Society Revisited: Theory, Politics and Reserch Programmes, in (eds) Barbara Adam, Ulrich Beck: *The Risk Society and Beyond*, *Critical Issues for Social Theory*, SAGE. 2000, 211~229.

[②] Denis McQuail: Accountability of Media to Society: Principles and Means, *European Journal of Communication*, No. 12, 1997, 511~528.

## 环境新闻中媒体舆论归责的形成、消退与再生

要原因之一就是经济利益。摆脱财富生产逻辑对风险生产逻辑主宰的现状一直是贝克风险社会理论的核心。媒介的求真与舆论监督是传统新闻专业主义的领域，是令人引以为傲的"第四权力"，可以被剥离出来，然后重新进行非市场化运作，从而需要第三只手的介入。美国网络媒体在此方面已经有较为成功的实践。随着环境恶化与传统媒体的难以为继，公众健康问题受到更大的威胁。为此，2002年在弗吉尼亚州创建了一个为公众利益而服务的网络媒体"公众健康新闻网"（Environmental Health News）。该网秉承新闻专业主义精神，以保护环境与公众环境健康为使命，以调查性的科学新闻为主要形式。在2010年BP石油公司墨西哥湾原油泄漏事件中它是少有地表现出不屈不挠的精神，为公众揭露真相。该网媒主要人员多是传统媒体里的精兵强将，如现在的编辑马拉·科恩（Marla Cone）曾经在《洛杉矶时报》做过18年的环境记者，获得过包括两次"Howard Meeman"奖在内的多个著名奖项。目前该网媒获得包括"Jenifer Altman""NY Community Trust""Kendeda"等在内的15家基金的资助。因此，它摆脱了经济上的困窘，使"超越"风险在形式上成为可能。

其实，美国公众相当期待并高度评价这一秉承传统媒体专业主义精神的媒体运作形式。2010年获得第一个普利策新闻奖的网络媒体"Propublica"也是一个保护环境的非盈利网站，它获得"Sandler"基金的支持，以公共利益为目标。美国学界早就指出过大报网络版的这种趋势。2009年10月19日《华盛顿邮报》刊载了一篇"找到新闻报道的新模式"一文，作者是哥伦比亚大学新闻传播学院的迈克尔·舒德林教授与亚利桑那州立大学新闻学教授小伦纳德·唐尼。他们认为哥伦比亚大学新闻学院委托撰写的《重建美国新闻事业》中的新闻报道模式应该得到公众支持。该报道认为，建立新型的"新闻生态系统"需要全社会的

支持，通过慈善基金、补贴和政策扶持等多种形式，让媒体拥有可靠的财力保障和多样的新闻来源，使得传统的新闻形式与专业精神适应多媒体与数字通信系统的互动能力，更重要的是亦可坚持新闻报道的独立、原创与可信。

［原载《西南民族大学学报》（人文社会科学版），2011年第5期］

# 试论人际传播

陈力丹

人生命之始本能的传播是人际传播，孩子与母亲之间的嗅觉、触觉和视觉传播是最早的，也是最原始的人际传播形态。从会说话起，人才可能存在自身传播（思维），因为思维与语言同轨迹。当人际传播从本能转向自身控制的有意识的传播时，这种传播越发变得莫测了，人与人之间，目光相对，言谈话语，丰富而复杂的各种心理因素油然而生，而人的内心是最难探测的。

关于人际传播的研究成果十分丰富，但比起研究大众传播来，这方面的研究成果很难取得轰动效应，原因在于人际传播涉及人的内心世界，无论怎样深入研究，得出的结论都很难完全而有效地覆盖人际传播，得到全社会的认可；人际传播具有相对的私下性，这方面的研究成果较难直接服务于政治、商业，因而使得学术观点的传播力度有限。然而，这个领域的研究又常常使人感同身受，对研究结论的理解与自身的体验很容易融合。除了睡觉，谁能摆脱人际传播呢？它随时陪伴着我们，甚至可以说，它就是生活的不可分割的一部分。

## 一、他人是认识自己的镜子

古希腊的神殿上刻着"认识你自己"的铭文，它反映了文明之初人类对认识自身的探求，也是人来到这个世界上首先要确定的问题。通过什么来确定呢？不是与大自然交流，而是与人交流,来认识自己。当我们与对面走来的人打招呼的时候,其实说什么是次要的,重要的是通过这个行为确认自己的存在,并通过与他的联系确认自己是谁:我是他的同事、同学、邻居等等。人际传播的第一个目的便是确认自己的身份,以及自己在群体中的位置。

马克思曾注意到这个问题,他写道:"人起初是以别人来反映自己的。名叫彼得的人把自己当作人,只是由于他把名叫保罗的人看作是和自己相同的。""他自己的感性,只有通过另一个人,才对他本身说来是人的感性。"[①]

其实我们每个人都有这种体验:最初,"我"通过与母亲的交流,确认母亲,也就确认自己是母亲的子女。来到学校,认识了老师,也就确认了自己学生的身份。长大成人后,每个人更要通过每时每刻的人际传播来确认自己是谁,这种确认是不断变化和更新的。人时常把他人给予的评价,把从他人那里看到、听到的"自我",看作是对自己某种身份、成就的确认。通过知人而知己,这是一种伴随人一生的、必需的,却又是有意无意地人际传播。因为人无法离开这面他人提供的"传播之镜"来认识自己,并通过人际传播展示我与他人的不同。在这个意义上,人不可能与他人分离。否则,他不知道自己是谁,从哪里来,到哪里去;一旦断绝了人际传播,那么他只能知道自己以前是谁,永远停留在过去与他人交往的时态,难以知道现在是谁,以后向何处去。

### 二、"我-他"的传播研究

如果就人际传播的研究进程看,早期的人际传播关注个人功效、工具性价值研究,现在开始关注传播如何造就人与人的个

---

[①] 《马克思恩格斯全集》(第23卷),北京:人民出版社,1975年,第67页。

性、互动、合作、协商、对话机制等等。申农、拉斯韦尔的传播模式，后来被经常用于说明大众传播，其实它们是较早的关于人际传播的直线性模式。人的传播当然不是直线性的，于是第一个纠偏模式便是"奥古斯特－施拉姆循环模式"，它把申农的传播模式的两头，即传播者和接受者变成了两个交谈的人。首先发出讯息的人是"编码者"，接受讯息的人是"译码者"，"讯息"可以是言语，也可以是非言语（眼神、手势、出示图画等等）。如果译码者在理解发出的讯息，他就变成了"释码者"，尽管"释码"在多数情况下仅是一瞬间的事情。理解了以后，接受讯息者一般情况下得到回应，于是他又作为编码者发出回应讯息，对方作为译码者接受讯息、理解讯息，谈话得以进行下去。这种过程循环往复，直到谈话结束。显然，这个模式比申农的模式要人性化些。

但是，这个传播模式太机械了，人际传播是生动的思想交流，哪能是这样简单地循环呀，经过一个又一个循环，似乎还是回到原来的出发点。于是又出现了"丹斯螺旋模式"。丹斯用螺旋上升和一个表示方向的箭头，试图说明：人际传播经过一轮又一轮的讯息交流，随着时间的推移和交往的累进，扩大了传播双方的认知或达成某种协议、获得更多的交流话题等等。这个模式需要较多的图形以外的解释，它要强调的是：人际传播的性质是动态的，人在传播中是主动的，富有创造性。前一个模式，则把人际传播模拟成机器与机器的对话。

不管怎样，以上几个模式至少给出了人际传播的大体结构和发展模型。它们关注的重点是讯息的传递和内容的分享，而人际传播的开放性和复杂性说明，人们在交往中经常偏离这种简单传播模式，生出许多意料以外的情形。例如交往突然中断或演变成暴力冲突等等。"人际需求论"从心理层面对这种传播给予了解释。

这种论点认为，人际传播出于三种需求。首先是情感需求，包括爱、敬仰、恨、渴望等等。它主要表现为倾诉和倾听。第二种需求是归属需求，希望通过与他人交往建立某种联系，摆脱心灵的孤独状态，获得"我们"这种心理安全感。第三种是控制需求，每个人在不同的问题上或多或少都有影响（关注、支配等等）他人的需求，不论以"爱"的名义还是"恨"的名义，或是出于某种"兴趣"。

　　还有一种关于人际传播的"社会交换理论"。它的特点是借助经济学的概念，将其扩大到人际传播领域，认为人际传播所以发生，取决于传播双方或多方所能获得的报偿与付出的交往代价大小的互换。于是就有了这样关于人际传播的定义："人际传播是处于一个关系之中的甲乙双方借以相互提供资源或协商交换资源的符号传递过程。"① 这里谈到两方面的内涵，一是把交往中提供的信息看作是一种商品，从而得到他人的爱、地位、顺从等等；一是把传播不仅看作是一种目的，而且也是一种达到目的的手段，因为通过人际传播能够确定对方的交易期望，也能够向对方提供我方交易目标的讯息。这种交换理论强调人际传播是为了从他人处获取回报，与他人交流要符合自我利益。

　　人际传播的目的，其实有多种动机的选择。但是当一个人富有吸引力的外界关系越来越多时，他的人际关系的不稳定性便容易暴露出来。人的精力和时间是有限的，这时通常需要权衡利弊，进行选择，追求传播报偿的考虑会增多。当代信息社会中，这种情形会越来越多地显现出来。难道人际传播天生需要这样算计得失回报吗？

　　社会交换理论揭示了人际传播中追求回报或报偿的显在的或没有意识到的动机。交换论者认为，正是这种交往的动力，推动

---

① ［美］罗洛夫：《人际传播社会交换论》，上海：上海译文出版社，1997年。

了人与人之间建立关系,并为持续交往提供了充分的价值依据。这种理论不无道理,但把所有的人际传播归纳为类似商品交换的行为,也就把人的行为商品化了。不能把人视为纯粹的"经济动物",人性具有任何其他动物所不具有的神圣性,因为人有高贵的思想,而思想是无价的和多彩无限的。

以上各种关于人际传播的理论,均忽略了人际传播的不同品质,因而主要关注的是"我－他"之间的传播。这类传播中,"他"多少是陌生的,因而"我－他"传播的功利性就会强些;而"我－你"之间的传播,就显得亲近了许多,因为"你"已经以"相识"作为无形的前提了。

### 三、"我－你"的传播研究

如果从人的特性角度考察人际传播,美国学者约翰·斯图尔特(John Stewart)在他的人际传播专著《桥,不是墙》(1999年版)中谈到人作为传播者的五个特性值得重视。

首先,人具有经验的独特性。人的经验可以通过符号的编码与传播来同他人分享,但是这种交流永远是有限的,因为人的经验的独特性难以完全交换,例如对某些人生经历的体验。第二,人的精神世界的不可测量性。经验－功能学派经常采用抽样调查和量化分析的方法研究传播现象,但是这种测量无法对人的情感、灵魂、精神等等给出数据。第三,传播中的人通常会有回应,而且能够经过选择以后来回应,这种回应与那种无生命事物的"反应",性质完全不同。第四,传播中的人具有反思的能力,这不仅指感知周围环境,而且还指反观这种感知。第五,人的传播是言说的,可以为事物诉说、命名。如果人不称呼事物,它便什么都不是。我国研究者王怡红补充了第六点,即人在传播中具有创造性，人可以建造个性化的交往。①

斯图尔特还以"人格"作为一种区分人际传播品质的标准，将人际传播划分为三类。第一类是人格（personal）关系的传播。这种传播中交流者相互注视，认识个性的差异，充分表现出自我属性。在这种关系中，人的差异不是你我之间的交往的鸿沟，而是作为个人的魅力，不断吸引对方，从而不断创造着"我－你"性质的传播关系。

第二类是准人格（quasi-personal）关系的传播。这种传播中交流者主要由于不同的社会角色而相遇，除了角色需要的传播外，常依交流各方的信仰、人品在某一方面的接近，例如宗教、政治、做人的准则等方面的接近，或者诚信、真诚、性格等方面的接近，从而建立接近于人格关系的人际传播关系。

第三类是非人格（impersonal）关系的传播。这是一种工具性或物性的传播关系，人与人相遇完全由于需要把对方作为利用的工具，对方亦然。这种传播中免不了想要拿来使用或期待得到好处的目光，因而交往经常表现为周旋和应酬。

当代关于人际传播的研究，从人、人格角度切入开始成为主流。于是，较早关注这个问题的犹太哲学家马丁·布伯（Martin Buber, 1878—1965）的著作《我与你》（1923年版），得到不少追随者的青睐，研究和阐发他的观点的著作很多。布伯鼓励人们跳出主体与客体相互对立的"我－它"传播关系，转向具有人格特点的"我－你"传播关系。其方法是，用"对话"的方式改善人际传播。不因意见分歧而拒绝交流，把显示个体的独特存在放在传播关系的第一位。

1957年4月18日晚上，79岁高龄的布伯在他的学生弗雷德曼（Friedman）的协助下从以色列到美国，与当时美国最有影

---

① 王怡红：《人与人相遇》，北京：人民出版社，2003年，第52~53页。

响的心理治疗学专家卡尔·罗杰斯（K. Rogers）进行了一次公开对话，主题是"人际传播的相互性"。他们关于心理治疗的学术观点本来有较大差异，然而通过这次对话，至少在五个问题上达成较为一致的看法：

首先，在对话时，治疗者显得更为积极一些，他创造对话的环境和条件。

第二，对话是主动地请他人进入我的思想中来，或者双方发生相互邀请。

第三，对话的相互性是在一种不完全平等的关系中发展的，因为在社会生活中，人与人之间不可能有绝对公平的关系。

第四，对话中的"相互性"是短暂的现象，对话双方只有瞬间接通的思想，瞬间体验到这种相互性的共同关系。当瞬间发生时，人特别容易改变自己。

第五，当双方体验到对话的相互性以后，都会愿意更多地经历这种瞬间的相遇。①

这里虽然谈到的是心理治疗时的谈话情形，其实在日常的人际传播中，这种现象屡见不鲜。即使在较为熟悉的、地位平等的人之间，谈话中总有一方在某个时段或话题上居主导，显得更积极些，不会是绝对平等的；思想的交换中，真正达成一致的时刻表现为茅塞顿开的一瞬间，而这个瞬间正是人际传播的最有意义之处。

人际传播到底应该从哪个角度来认识，见仁见智。但是每一种模式、理论都在某一个层面揭示了这种传播的特点。从早期关注人际传播的个人功效、工具性价值，到现在从人性、人格角度切入进行研究，这是人际传播研究的发展趋势。

---

① 王怡红：《人与人相遇》，版本同前，第295～296页。

### 三、社会关系影响人际传播

电视剧《DA师》中有一个场景:一位电视剧女制片人与一位前来制止军队参加拍摄的林姓中校女军官谈话。女军官递给制片人用一次性纸杯盛的矿泉水;制片人推开,从包里拿出一个高级的杯子说,这是军区肖部长送的,接着又从包里拿出一本书说,这是军区田政委送的,然后拿出香烟说,这是香港大腕明星华仔送的,然后打开照相簿,指给人家看她与中央某领导人的合影,最后转入正式的话题,强调军区田政委指示部队参加拍摄。这位女军官以其人之道还治其人之身,马上说:那好吧,我打个手机解决这个问题。于是,她当着制片人的面拨了一个电话(其实打给她的部下),对着手机说:"阿姨,首长在家吗?啊,不在?到中南海开会去了?那么请麻烦您等他回来后给田政委打个招呼……"女制片人一听慌了,连忙问:这位首长是谁啊?女军官回答:他是我父亲的老部下,田政委是他的老部下。制片人的口气顿时改变了:林小姐,林大队长,您怎么看都有做明星的前途,我给您在剧中安排一个角色……

电视剧的情节当然是编的,但是它来自生活,这种人际传播在实际生活中太常见了。传播中双方或各方显示或暗示的身份和地位(人际关系),相当程度上决定了人际传播的内容和方向。一位人际传播学者写道:人际传播的"第一个特征是,人际传播发生于有关系存在的环境里。事实上,通常给关系和人际传播所下的定义是一致的。……我们知道某人所以与他人发生关系,是因为他们极有可能彼此交流。而他们进行交流的方式是由关系的约束所决定的。……关系还受到彼此怎样看待对方的约束。有些关系被人们认为着重于彼此扮演的角色。关系双方的相互行为既

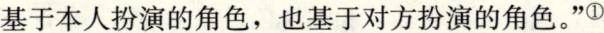
试论人际传播

基于本人扮演的角色,也基于对方扮演的角色。"①

我们的生活经验也是这样。在你开始人际传播的时候,心里已经有了一种"传播理论"在指导行动,它来自你的文化背景、社会认知、传播实践和对经验的亲证。只要交往发生,交往者都在有意无意地发送两种讯息,一种是实在的、可以感知的内容讯息,一种是"关系的讯息"。关系的讯息通常没有显在的形态,是一种暗示或环顾左右而言他,需要由接受者来揣摩。例如上面谈到的那位制片人,她强调手中的杯子、书、烟、照片与其他人的关系,实际上想要表达的,是她与强势人物有特殊关系,以无形的"势"首先把人际传播中的对方压倒。这种情形下,传播的内容通常会受到"关系"的支配。

在实际的人际传播中,关系的讯息不仅通过话语,也通过声调、陈述的节奏、眼神等非语言符号显示出来,还会通过接受者的心理感受更间接地来体会,诸如对方总体上给接受方留下的期待、追究、爱慕、怀疑、忧愁、绝望、躲闪、奚落、犹豫等等的心理感受。甚至传播的时间、空间也是一种无声的关系的讯息,例如你在宴会前一天从主人那里接到宴会邀请,如果事先知道别人一星期前接到邀请,这种时间上的差异可能无形中传递出了一种"关系的讯息",据此你可能产生各种联想:被忽视、主人较为勉强、缺少诚意、本人无关紧要等等。由这类关系的讯息带来诸多的猜测,也很容易生出对关系的误解,成为传播的障碍。

人总是生活在具体的文化氛围中的,因而人际传播中会有一种无形的"文化契约",决定着人际关系,并影响传播的内容、情感的表露,尽管传播双方或多方并没有实际签订什么契约,规则却是潜在的。2500多年前的孔子就深谙这一套,根据《论语·乡党》篇记载,孔子在朝廷上,当国君不在场时,同下大夫

---

① [美]罗洛夫:《人际传播社会交换论》,版本同前。

说话，理直气壮；同上大夫说话，和颜悦色。君主来了，恭敬而又不安，非常小心谨慎。鲁君让孔子接待宾客，他的脸色立刻庄重起来，脚步也快起来。他出使别国，在赠送礼物的仪式中，显得和颜悦色，私下会见时，满脸堆笑。他为什么会看人说话和表现出不同的非语言体态符号？因为他惯于用周礼的等级和尊卑观念看人，同时也强烈地意识到自己所处的等级，因而在不同的空间习惯性地采用相应的交流方式，人的本相被严密地遮盖起来。现在，我们的生活仍然不能完全摆脱这种多少有些虚伪的人际传播的套路，而且一定时候这套还很管用，因为谁也不可能完全摆脱无形的"文化契约"而生活在真空里。

### 四、传播能力

提出这个问题似乎没有必要。凡是正常的人，天生地会说话和表现自己。如果说话和表现面对其他人，特别是面对一个或几个人，在很小的场合，双方以一定的关系相联结，这就构成了一种人际传播。人际传播与自言自语不同，传播的目的是希望对方接受，对方依据你的言语和表现决定是否继续这种传播的关系，因而，面对他人说话和表现，需要知识和技巧。

当代社会的变迁很快，因而要求人们不断适应新的环境，包括适应不断增添新内容和新关系的人际传播。目前的数据不好找，但以前的数据也能说明一些问题。1978年，有人在美国对7500名成年人的调查显示，五分之一的人缺少传播能力。1981年，一项针对美国大学生的调查表明，11％的学生不会提问题；33％的学生不能很好地概括自己的思想；35％的学生不能适当地表述和为自己的观点辩护；10％的学生不会区分事实与意见；49％的学生不能描述与他们意见不同的人的意见。[①] 看来，提升

---

① 王怡红：《人与人相遇》，版本同前，第252页。

人们在当代社会中的传播能力,已经是一个较为普遍的亟待解决的问题了。

什么是传播能力?美国学者特伦霍姆和延森所下的定义是:"一个人以有效而得体相宜的方式进行传播的能力。"① 有效,是指传播者知道在行动时自己要做什么,对眼前的事物有能力辨别和判断,预测后果,妥善处理问题。得体,是指以适当的方式传播,符合一般的社会行为规范,懂得人心之道。

另一位美国学者帕克斯(Parks)在宏观一些的层次上,提出关于传播能力的三个主题:1. 控制。两个以上的人在交流中,控制自己的言谈和控制整个谈话局面,使之达到预期的目的,这是一种能力,需要锻炼和经验。2. 适应。动态的传播中,根据对方的态度不断地调整自己的传播方式和内容,以适应新情况,这也是一种能力,它要求思维敏捷。3. 合作。传播能力不仅表现为个人的力量,也要在传播中体现与他人共同建构自我的能力,人际传播中会有很多协商和妥协。②

**五、学会说话和用词**

人际传播中,能够直接感知的是传播者的说话能力。日常生活中我们都有体验,说话时要随时根据所面对的人的情况,选择能够让人领悟的言语或非语言符号。因此,说话能力的第一个标准就是准确传递讯息。第二个标准是使用适当词汇的能力。会说话的人,说的话特别贴心或十分煽情,让人感觉舒畅或激情澎湃。当然,这里的"用词"也包括非语言符号,当交往中出现"失语"时,就需要非语言传播来救场。第三个标准是对事物

---

① S. Trenholm, A. Jenson: *Interpersonal Communication*, Wadsworth Publishing Company, 1996, 11.
② 王怡红:《人与人相遇》,版本同前,第 255~256 页。

"命名"的能力。这是一种对互动中信息进行及时处理的能力,交往中会出现许多需要给予意义或冠名的谈论对象,谁能够在这样的问题上居主导,谁就赢得这场人际传播。

关于"命名",还可以多说几句。人是通过语言建构世界的,而且在交往中不断地建构新的世界。当使用一种言语界定某一事物或人物时,本来没有实在东西的符号通过传播就有可能具备巨大的能量,在一定条件下,足以使我们曾经发出的诸如"说你行你就行,不行也行""说你不行就不行,行也不行"的牢骚,变成现实。如果人际间都认为某人是一个什么样的人,即使这个人不是这样的人,在如此"命名"的包围下,他也只能是人们所想象的人。交往中的言语不仅有一种无形的力量,而且也可能构成圈套,因为言语莫测的转化、替代、隐喻,会让人不知不觉地落入陷阱,有意无意地对接受者造成伤害。

在不同的情境下,为了达到和谐相处的目的,要学会在交往中正确使用语言,避免造成伤害。为了保持人际传播的和谐,要尽可能避免发出伤害性信息。在不同的人际关系下,以下10种表达方式中容易出现伤害性信息:指责、评论、命令、提意见、表达愿望、发布信息、提问、威胁、开玩笑、说谎。人际传播的心理因素很微妙,据斯图尔特的调查,伤害性信息中64.8%被认为是"非故意伤害"。这要具体观察:谁说的、对谁说的、何时何地说的、说了什么等等。亲密关系下,伤害性信息有时带有反语性质(打是亲,骂是爱),但在陌生的或敏感的人际关系下,伤害性信息的杀伤力很大,可能会毁了关系本身。

伤害性信息中,较为复杂的情形是"说谎"。根据美国学者奥哈尔(D. O. Hair)和柯迪(M. Cody)的研究,说谎的动机有六种:1. 为个人摆脱窘境或不丢面子而说谎。2. 为了不伤害他人、为朋友保密而说谎。3. 为了加强或修复关系,借用谎言避免导致冲突。4. 通过说谎,利用他人达到某种目的。5. 以谎言有意伤害他人。6. 关系破裂后的报复性说谎。①

尽管从道理上讲,谎言是最伤害人际关系的讯息,但在实际的人际传播中,几乎人人都参与过说谎,都有过欺骗和被欺骗的经验。这种复杂的社会现象使得人们对说谎报以的理解,有时甚至会超过对一般伤害性信息的理解。奥哈尔、柯迪二位开列的六种说谎动机中,前三种通常被人们理解为善意的、对关系没有太大伤害的说谎;后三种则被认为是令人气愤的、用心不良的说谎。不过,从道德的角度我们应当谨记:谎言的传播首先构成了自我欺骗;纸包不住火,谎言从来都是灼人的火焰。

### 六、你的身体、你的时间和空间都会说话

在人际传播中,语言符号的表达其实只占传播者所表达意思的一半,另一半是由非语言符号完成的,我们经常无意识地忽略了非言语符号在传播中的作用,因为它太自然了,以致觉察不到。特别在情感表达方面,93%来自非语言传播。因而,对于非言语符号,也要用同样的篇幅来谈谈。以下所谈,涉及9个方面:

1. 面部表情。每个人说话时,很少同时注意到自己的面部表情对传播的影响,而听者会注意。因而,如何在说话时借助面部表达情感,对传播效果来说十分重要。一般说来,面部可以表达人类七种主要情感:喜悦、幸福、惊奇、悲伤、气愤、恐惧、恶心。

2. 目光接触与注视。人际传播中,首先是目光的接触,然后才可能开始言语。人的眼睛能够不同程度地表达除了恶心以外的几乎所有情感。交往中的视而不见会给人留下"不感兴趣""缺少自信"的感觉。交往中不能直视对方,常被理解为掩饰什么或不真诚。彼此目光的注视可以强化人的某种判断,或增强对方的信心。也可以从眼神的坚定或回避中,得出肯定或否定的信息。

---

① John Stewart: *Bridges Not Walls*, McGraw-Hil, 1999, 281.

3. 人际空间距离。空间距离是人际传播中的无形符号，保持多大的空间距离，主要取决于人际关系的亲密程度，还有一些社会因素，例如个性、年龄、男女、地位、文化传统等等，多少也会影响到传播距离的选择。一般来说，零到1步半属于亲密交谈的距离范围，挤公共汽车的情形除外。一般交往场合的谈话距离为1步半到4步之间，这个距离可以清晰地看清对方的脸和眼睛；对于他人来说，这个距离不易形成"威胁"感，又是回应的适当距离。在社会场合，4步至12步之间，诸如推销商与顾客、路上与人打招呼等等。在公共场合，一个人或少数人对公众讲话（这已经不是严格意义的人际传播了），12步至25步或更远，例如演讲、上课等等，讲话者需要放大声音说话，必要的时候还需要辅助于扩音器。

4. 身体接触。例如亲吻、拥抱、拉手、搭肩、拍拍肩膀、击打前胸或背部、胳肢、踢，等等。这类接触是否得当，需要考察具体的文化环境，不同民族之间差异较大。除了表示亲密关系的接触外，一般在人际交往中，直接的身体接触被称为"控制性触摸"，目的是引起注意，例如拍拍肩膀的同时说"待在这儿""注意看我"等等。

"握手"这种接触需要单独说明。由于最近一二百年来已经从西方普及到全球，现在仅是见面时的一种近距离招呼性礼节，一般情况下没有什么特别的传播含义。当然，也有专门研究"握手"的，结合不同的场景和当事人的风度，握手的轻重、时间长短等等微妙的差别，可能隐含不同的意义，这里无法展开。

5. 动作举止。人在说话时，时常不自觉地附带一些动作、手势，或摆出某种姿势等等。这些动作举止如果适当，能够加强说话的内容，如果不适当，反而会减弱传播者本来的意图。而听者也会以某种动作回应，例如鼓掌、点头、握拳振臂高呼、搓手、哈欠等等。

6. 外表。人际传播中当事人的外表着装，以及自然的外形，也是一种非语言符号，特别在初次见面时，会产生首因效应。人的着装可以事先准备，但需要与言谈结合，如果着装文雅，开口粗鲁，着装的传播效应可能会相反。人的自然外形也是首因效应的重要因素，但同样只是言谈的辅助性信息。一位美丽、高雅的女士会赢得男士的青睐，但如若她缺少知识，谈吐低俗，恐怕会使一些文雅之士退避三舍的。外表的作用，取决于人际传播当事人的审美观，不一而足。

7. 时间。人际传播中时间的把握无形中也传递着信息。例如，一对恋人约定时间会面，如果一方不守时，往往被看作信用不佳的表现。交流中没有时间概念，说话不简练，侵占了别人的时间，也会给对方留下这个人不珍惜别人的时间、责任感不强的印象。爱德华·霍尔（E. Hall）就交往中的"时间"写道："时间会说话。它说得比言语浅显，它传达的信息响亮而清晰。人们通常不是那么有意识地控制它，所以比起口头语言，它表达的意思受扭曲较少。言语撒谎之处，它却能讲出真情。"①

8. 空间。在何处进行交谈，地点本身也透露着信息。外在的传播环境关乎参与传播者的心情，也表现出主动者的身份和动机，从而构成传播效果的一个重要因素。在一个街头小馆交谈和在五星级宾馆的会客厅交谈，即使谈的内容相同，人的感觉却不会相同。就此，霍尔说："空间的变化会赋予交流某种格调，对其加以强调，有时甚至会否定言词信息所表达的内容。"②

9. 嗓音。每个人说话的声调、节奏、音速、强度都会不同。这种情况决定了人的嗓音是一种特殊的与语言符号不可分割的非

---

① ［美］爱德华·霍尔：《无声的语言》，北京：中国对外翻译出版公司，1995年，第1页。

② ［美］爱德华·霍尔：《无声的语言》，版本同前，第161页。

语言符号，带有鲜明的个性特征。只要有过几次言谈，对方的嗓音便成为一种判别人的独特的标志，能够即刻区分陌生与熟悉。嗓音也是判断传播者年龄、情感的独特渠道。

现在可以总结一下非语言符号在人际传播中的特点了：（1）这种符号的传播通常是自然流露的、多渠道的和持续发出的，只要人在他人面前活动，便存在非语言传播。（2）这种传播是空间化的、立体的，无形中强化着语言符号的功效。例如一个人意识到自己出了错，在承认出错的同时，狠劲拍打自己的脑袋，其含义是在强化对做错事的悔过，以期别人谅解。（3）这种传播带有较强的文化规定性。非语言符号需要依据文化背景来理解，不同的文化背景下，同样的符号显示的含义差异很大，甚至相反。

### 七、"倾听"与"回应"

以上谈的都是作为传播一方的"我"如何说话和表达，而人际传播至少存在两方，是一种互动行为，因此还要从人际传播的整体互动谈谈这种传播。

我们都有人际传播的这种经验：当别人与你说话时，出于尊重对方，至少要表现出倾听的样子，而且应当回应。"倾听"和"回应"是人际传播的两个非常重要的环节，没有了听，说也就没有意义了，传播关系难以为继。你的"听"和"回应"，是我的"说"的动力和源泉。据研究，"听"在人类传播中所占的时间为42%，比说（32%）、读（15%）、写（11%）都高。日常生活中，听占的时间在60%~75%之间。[①]

若要推进传播关系，就要"倾听"。当然，这不是一边倒式的听，可以划分为七类"倾听"：1. 积极地倾听，即参与式的倾听，包括当场反馈和提问。2. 开放地倾听，即为接纳不同意见

---

① Ralph, Leona, Stevens: *Are You Listening?* New York, 1957, 6~81.

而听。3. 理解地倾听，即在听的过程中认真思考问题。4. 记忆地倾听，指以记忆为目的的听。5. 辨认地倾听，即对所听内容以某种标准进行衡量。6. 移情地倾听，指以体验他人经验为目的的听。7. 欣赏地倾听，指以愉悦为目的的听，例如听音乐。

"回应"对听者来说，意味着对传播关系的维系愿意承担责任。一个对他人的呼唤不做回应的人，不能称为独立的个体。但回应作为传播螺旋循环过程的一个环节，为了达到交流的目的，需要智慧。回应可以分为两种主要的方式，一种是支持式回应（support-response），一种是变换式回应（shift-response）。支持式回应是对言者的顺向回应，有利于将正在谈的话题深入下去；而变换式回应是在不知不觉中偷换了言者的话题，将谈话的主题转换到回应者一方，半路带出一个新话题。例如下面的两组对话：

A：我今晚要看电影。
B：什么片子？（支持式回应）

A：我今晚要看电影《十面埋伏》。
B：我越来越烦看张艺谋导的片子。（变换式回应）

A：明天龙潭湖庙会开张。
B：上午几点卖票啊？（支持式回应）

A：龙潭湖公园的庙会可热闹了。
B：公园里的袁崇焕祠开门吗？（变换式回应）

这里无所谓好坏评价，而是在说明人际传播中的回应现象。如果想把话题转到自己需要的地方，可以通过变换式回应，自然而然地达到转换的目的。

[原载《西南民族大学学报》（人文社科版），2006年第10期］

"探索与创新"丛书
传媒与文化产业：媒介时代前瞻

# 论网络传播学的理论构建

赵志立

## 一、互联网与网络传播学的兴起

20世纪末21世纪初是人类传播科技飞速发展的时期，其中一个最重要的成果就是互联网的诞生。今天，互联网就像一张无时不在、无处不有的大网覆盖着地球的每一个角落。据最新统计，全世界已有近10亿网民，中国已有2.1亿网民，很快就要超过美国，成为世界上网民人数最多的国家。网络传播的横空出世，不仅打破和撼动了整个人类传播的格局，给传播领域带来了一场深刻的革命；而且作为一种新的工作方式、生活方式、甚至生存方式渗透到社会生活的方方面面，给社会的政治、经济、文化带来深刻的影响。

任何理论都是实践经验的概括和总结，传播学理论也是人类在探索传播活动的特性和本质中对传播规律所做的科学总结。作为一个新的传播媒介和一种新的传播现象，网络传播理所当然地成了传播学关注和研究的对象，并被置于传播学研究领域的高地和前沿。虽然要严格地追溯网络传播研究的历史是一件很困难的事情，但我们从早期传播学大家的著述中已经能够看到他们对新媒介激动人心的展望。如传播学的奠基人威尔伯·施拉姆在他的《人、讯息和媒介——人类传播一瞥》的修订本（中译本为《传播学概论》）中，专门补写了《信息革命》一章，对人类传播发展的趋势作出预测，他说："我们正在进入一个信息时代"，"我们现在应当了解的是我们所谈到的过去的一切,只不过是一个新时代的序曲。我们可以确信,在这个新时代里,人类传播的基本性质不会改变,但传播本身的社会体系,很可能同我们已知的各个时期大不相同。……因此我们正面对着世界上的某种新事物,我们猜想可能会把我们带到一个新的和不同的时代。"① 另一著名传播学家、媒介理论创造者马歇尔·麦克卢汉,对人类传播媒介未来的发展趋势也作了展望,虽然他在世时没有来得及把注意力转移到诞生不久的互联网上,但他的大量著述,如《理解媒介:人的延伸》(1964)、《媒介即信息》(1969)、《地球村》(1980)等为我们描绘了一幅未来人类传播的生动、丰富的图景,至今对网络传播研究仍具有启发意义。

20世纪90年代初,随着万维网和网络浏览器的推出,网络传播发展出现了一日千里之势,首先吸引了对新媒介天生敏感的新闻传媒和新闻记者的眼球。1993年11月,美国佛罗里达大学新闻传播学院建立了世界第一个新闻网站;1994年,加利福尼亚的《帕洛阿图周刊》(Palo Alto Weekly)成了第一份定期在万维网上出版的报纸,紧接着,美国一大批报纸跑马圈地,在网上开辟了在线服务业务。网络媒介的出现,使传统的传播理论和传统的大众传媒一起受到了前所未有的挑战。一方面,旧的传播理论需要适应传播科技的发展和传播形态的变化,另一方面,新的传播实践也需要传播理论的创新和发展,这就对传播学研究提出了许多前所未有的新课题。对网络新闻的研究最先切入网络传播研究的领域,一批冠以"网络新闻学"的专著,如罗兰·德沃尔克的《网络新闻导论》、帕布洛·波茨考夫斯基的《新闻数码化:网络新闻报纸创新》、文森特·坎贝尔的《信息时代的新

---

① [美]威尔伯·施拉姆、威廉·波特:《传播学概论》,北京:新华出版社,1984年,第293页。

闻学》等相继出版。与此同时，运用各种研究范式观照网络媒介的形态、结构、传播特性的学术专著也不断问世，如特克的《虚拟化身》、罗杰·菲德勒的《媒介形态变化：认识媒介》（2000）、莱文森·B 的《数字麦克卢汉：信息化新纪元》（2001）、《软边缘：信息革命的历史与未来》等。另外，国际上许多著名的综合性传播学期刊，如"Human Communication Research""Journal of Communication"等，几乎每期都有网络传播研究的论文发表。网络媒介和网络传播正表现为一个动态变化的领域，需要不断的探索和开拓，在我们已看到的国外大量新媒介研究的成果中，大多数只是较一些具体的、个别的问题进行深入、仔细地分析，虽然并不那么"全面""宏观""热门"，但其中却不乏闪光的东西，但很少有人急着去建构一个完整的网络传播学理论体系。

在中国，新媒介的采纳和推广几乎与欧美发达国家同步，在网络传播理论研究方面也几乎与欧美发达国家同时起步。在上个世纪 90 年代末，已有不少有关新媒介和网络传播的具有启蒙作用的著作，如尼古拉·尼葛洛庞帝的《数字化生存》、约翰·布洛克曼的《未来英雄》等从国外介绍到国内。1999 年 4 月，中国社会科学院新闻与传播研究所成立了网络与数字传媒研究室；1999 年 5 月，复旦大学新闻学院与解放日报社、清华紫光集团建成了中国大陆第一家电子采编实验室；2000 年 4 月，清华大学国际传播学院成立了新媒体研究中心；同年 6 月，由清华大学国际传播研究中心主编的国内第一部探讨网络新闻的论文集纳性著作《网络记者》出版。与此同时，国内许多新闻传播学者开始把学术兴趣和研究重点转向了对新媒介和网络传播的研究。至 21 世纪初，国内网络传播研究的论文和专著已成勃发之势。从论文发表的整体数量来看，据统计，从 2000 年至 2006 年一直处于一个上升通道（除 2002—2003 年有一个短暂的平台整理期外），到2006年整体文献数量已达1753篇；① 而出版的专著每年也有10种以上。学术研究的领域涉及网络传播的方方面面，有些方面已处于学科研究的前沿。但总的说来，与欧美发达国家相比，在研究的水平和质量上尚存在着较大差距，主要表现在科学研究的方法欠缺，理论和规范相对匮乏，深度仍显不足，不少论文表现出肤浅化、空泛化的倾向。与欧美发达国家相比，一个有意思的现象的是中国学者更喜欢在"大而全"上做文章，动辄就想构建一套完整的理论框架或学术体系。如近几年来，国内以《网络传播概论》为名出版的专著不下10种，有的一看就是东拼西凑，大而无当，流于空泛。我国的学者要克服这种急功近利、贪大求全的作风，做更多细致、扎实的研究工作，大胆探索，小心求证，透过现象去认识本质，从而总结出网络传播的一般性规律。

## 二、网络传播学的研究对象和任务

网络传播学研究什么？换句话说，网络传播学的学科定位和研究方向是什么？南京大学网络传播研究中心（CMCRC）负责人，国内最早从事网络传播研究的学者之一杜骏飞教授，曾以《我们研究了什么？》为题对1994至2006年中国大陆网络传播领域学术进展与趋势进行了分析。杜教授运用文献计量学、传播学、知识社会学的理论和方法对国内10多年有关成果的内容、种类、数量、热点等作了描述和阐释，向我们展示出目前国内网络传播学研究的疆域。他把网络传播研究的领域分为17个大类，它们分别是网络传播、网络新闻、网络媒体、网络信息管理、网络广告、网络伦理道德、网络社会社区、网络心理、网络政治、

---

① 杜骏飞：《我们研究了什么？》，载《中国网络传播研究》（总第一卷第一辑），上海：复旦大学出版社，2007年。

网络教育、网络语言艺术、网络游戏、博客、WEB2.0、手机媒体、网络调查、网络法制法规。他按照各领域学术成果数量所处的范围将其分为三个方阵：第一方阵为网络新闻、网络教育等传统研究领域，这两个维度起步早、成果多，处于领跑地位；第二方阵为网络信息管理、网络广告、网络语言艺术、网络游戏、博客、WEB2.0等，它们的数量和与基础研究的关系都"较为中性"；第三方阵为作为宏观研究的网络传播、网络政治、网络心理、网络伦理道德、网络法制法规等，这些领域属于较为纯粹的学术研究领域，既是学界研究的热点，也是业界关注的焦点。[①]应当说杜骏飞的研究为网络传播学的理论构建提供了丰富的材料，但它并不是网络传播学学科内容的本身，就像你虽然备齐了所有的建筑材料，但并不意味着就一定能盖出高楼，从逻辑上说，它只是网络传播学的外延而非内涵。

任何理论都是在前人已有研究成果基础上的继承、补充、丰富、完善和创新，网络传播学也不例外。网络传播学是在传播学经典理论的大树上发出的一个"新枝"，它理所当然地要充分吸收、借鉴和利用以往传播学研究的理论和方法；同样，传统的传播学理论也要充分吸收网络传播研究的营养才能与时俱进、充满生机和活力。最早出现的完整的传播学理论体系是由传播学家威尔伯·施拉姆所建构的，他于1949年编撰的《大众传播学》一书被称为"传播学之集大成者"，为传播学的研究提供了一个较为完整的框架，其内容包括传播史、媒介史；传播的结构与功能；传播的控制与支持；传播的过程与模式；传播的内容；传播的受众；传播的效果；传播伦理、制度。另一早期的传播学家哈罗德·拉斯韦尔提出了著名的"5W"，把传播过程分为"Who""What""Who""What channel""What effect"，也直接导致了

---

① 杜骏飞：《我们研究了什么？》，出处同前。

传播学五个研究方向的产生：控制分析、内容分析、媒介分析、受众分析和效果分析。作为第一个完整的传播学理论体系，施拉姆所划定的框架为后来者公认，作为传播学的一个子领域，网络传播的研究体系将在很大程度上借鉴甚至脱胎于传播学的理论体系。在网络传播学的理论体系中就应该出现：网络媒介的技术特征以及网络媒介工具史；网络传播的基本原理和特性；网络传播的控制分析（网络传播与传播制度、政治经济、伦理道德、法制建设等的关系）；网络传播的工具分析（网络媒介的社会功能和作用）；网络传播的受众分析；网络传播的效果分析。传播学中许多经典的实证研究的成果，如"把关人"理论、"议程设置"理论、"使用与满足"理论、"两级传播"理论、"沉默的螺旋"理论都可能在新的传播条件下被重新验证和诠释。值得注意的是，经典的传播学理论体系从本质上讲是关于大众传播学的体系，大众传播学仅属于传播学的一个子类，网络传播涵盖大众传播、个人传播、组织传播和群体传播，因此网络传播的研究必须突破大众传播研究的窠臼，而不能照搬照抄大众传播的模式。

任何学术研究都由"学"和"术"组成，"学"一般指的是基本概念、基本原理、基本规律，"术"一般指的是基本技能、基本方法、基本应用，在学科理论体系中又称之为基础理论和应用理论或基础研究和应用研究，两者的关系是一种并行不悖、互为依存、互为支撑、互为作用的关系。传播学的研究依然包含着这两个方面。李特约翰在关于传播理论的著作中，把基础理论定义为"所有关于某一具体现象的，经过组织的一系列概念和阐释"。传播学的基础理论"能为我们勾勒出学科或研究的疆域，在描述种种现象之外也提出抽象的概念，并试图揭示现象之间的关系，成为我们研究的基础和工具"。[①] 上面所说的经典的传播

---

[①] 熊澄宇、何威：《论新媒介研究理论体系的建构》，出处同前。

学理论大多属此列。但同时传播学又是一个应用性很强的学科，传统的传播学研究是以实证研究发端的，研究的目的则是为了服务于传播的实践，是典型的应用研究。推而广之，一切指导传播实践的方法和技能如新闻传播业务、媒体经营管理、广告业务、公共关系等都属于传播学的应用理论或应用研究的范畴。同样，在网络传播的研究中也要正确处理"学"和"术"的关系，把基础研究和应用研究有机地结合起来。如网络新闻业务、网页设计制作、网络媒介的经营、网络媒介的管理、网络的伦理道德建设、网络的法律法规建设等等都属于应用理论的范畴，用于以指导网络传播的实践，推动网络传播健康、有序的发展。

论及网络传播学的研究对象，还有一个不可回避的问题，就是网络传播学与网络新闻学的关系。传播学与新闻学是两个具有深厚学术渊源的学科，其中不乏许多交叉、重叠、融合的部分，形成你中有我、我中有你、相互包容的密切联系。但传播学与新闻学又是两个不同的学科，有着各自的学科疆域、理论体系、研究方法和范式。正因为它们"走得太拢"，使一部分学者为其各自的学科地位和学术边界争论不休，至今没有结论。在今天网络传播学与网络新闻学的研究中会不会重续以往的争论？如前所述，新闻学界对网络传播的研究比对传播学要早得多，在互联网还没有问世的上个世纪的 50 年代，美国的一些新闻院校中就把"计算机辅助新闻学"（Computer-assisted Journalism）纳入了所开设的新闻学课程，而万维网发明后的第一批研究成果，也被纳入"网络新闻学"的范畴，而至今鲜有"网络传播学"的说法。国内的情况亦大致如此，从已发表的相关论文看，至今"网络新闻"远远高于"网络传播"。但实事求是地说，作为学术研究的领域，网络传播要比网络新闻大得多。且不说从传播方式来看，网络新闻只是大众传播中的一种，而网络传播却涵盖了大众传播以外的个人传播、组织传播、群体传播；就从用户上网的目的

## 论网络传播学的理论构建

看,历年"中国互联网络发展统计报告"表明,虽然"获取信息"是用户上网最主要的目的,但始终没有超过包括通讯、交友、学习、娱乐、购物、个人博客在内的其他用途,何况信息并不完全等同于新闻。可见网络新闻研究只是网络传播研究中的一部分而不是全部。

### 三、网络传播学的学科性质

作为一门相对独立的学科,除了要有相对独立的研究对象外,还应该概括出该学科的本质特征,显示出它与相关学科的联系和区别,为学习和研究这门学科的人提供一个准确的路径。

网络传播学有哪些基本的特性呢?首先,网络传播学是一门正处于一个形成和发展过程中的新兴学科,具有创新性。我们知道,网络传播是以互联网的诞生为标志的,而互联网进入我们的生活不到30年时间,这30年内,人类的传播科技的发展可以用一日千里来形容。当被称为"第四媒介"的互联网才刚刚"飞入寻常百姓家"时,被称为"第五媒介"的无线上网已"乱花渐欲迷人眼";当以博客、播客、Tog、SNS、RSS等为代表的WEB2.0余热未退,而更加个性化的WEB3.0又成为新的热点。所谓的"新媒介"永远是一个相对的概念,新媒介成了这个时代新的技术、新的思想、新的观念、新的理论最集中的领域,而任何新的技术成果和研究成果都随时可能被"刷新"和"升级",这正应了我们熟悉的摇滚歌星崔健的一句歌词:"不是我们不明白,是这个世界变化快。"新媒介的出现和普及,对社会以及人的行为产生的冲击和影响是巨大的,如传播过程的交互性大大改善了受众在大众传播过程中的被动地位,改变了话语权被少数人垄断的局面;多媒体技术为人们进行信息的收集、处理和传输提供了空前便利的条件,将有助于提高传播活动的质量和效率;传播活动的个性化为更多的社会成员提供方便、快捷的信息服务,促进人的全面发展;传播的全球化则把人类的传播范围扩展到整个世界,使人们的认知、判断和行为受到更多变量的影响。同时新媒介的出现和普及对传统媒体和传播理论提出了前所未有的挑战,我们不难发现那些产生在旧的传播时代的传播理论已经不适应新的传播时代的传播实践,有的需要修正、有的需要革新、有的甚至需要颠覆和批判。面对新媒介研究这个日新月异的领域,创新成了网络传播研究的必然选择,也成了网络传播学的本质特征。网络传播研究要与时俱进,站在传播科技的前沿,去认识新情况、研究新问题,在理论和方法上不断创新,而不是躺在前人已有的研究成果上因循守旧,抱残守缺,守着一堆过时的概念和教条不变,这是网络传播学能够真正成为一门独立的学科的首要条件和基本前提。

其次,网络传播学是一个交叉性、横断性很强的边缘学科。以互联网为代表的新媒介呈现给人类的不仅仅是一个新的传播工具,而是一个新的工作方式和生活方式,一个无所不包、无处不及的虚拟社会;它不仅改变了人类传播活动的面目,也改变了整个人类社会的秩序和文化,甚至改变着人类自身。正因为这样,新媒介的研究越来越得到涵盖自然科学和人文社会科学的众多学科的关注,使之成了当今极富活力的跨学科研究领域。正如清华大学新媒体研究中心主任熊澄宇教授所言:"新媒介是艺术、技术、科学、人文的交叉与融合。新媒介形态和产品的设计、生产与艺术范畴相关;研究发展出设计、生产新媒介所需的硬件、软件,以及传输方式和渠道,需要技术领域的努力;对新媒介形态和产品特征、本质、生产、消费的研究,在科学层面上展开;而其对社会和人类的影响,价值或危害的判断,意义与内涵的解读,则有赖于人文范畴的思想。"[①] 网络传播研究与相关社会科

---

① 熊澄宇、何威:《论新媒介研究理论体系的建构》,出处同前。

学的交叉与融合,产生了网络哲学、网络政治学、网络社会学、网络心理学、网络伦理学、网络法学、网络文化学、网络经济学、网络管理学等边缘学科。交叉和错综本身就是一种现代科学的研究方法,它不仅为网络传播学的建构和发展提供了丰富的营养,而且不断地形成新的学术增长点,由此而建构的理论体系既是多学科交叉融合的产物,又继续和其他学科保持交叉融合,这就是我们的《教程》中常常出现"网络传播与××××"的原因。网络传播研究的交叉性也容易使这个领域出现纷繁芜杂、边际模糊的局面,这就需要我们把多种理论整合在网络传播学的理论体系之中,并在不同理论之间划分出层次,使理论体系的版图更为清晰。李特约翰曾就传播理论体系提出了"核心理论""超理论""一般理论"的概念,对我们分辨网络传播的理论层次是有帮助的。所谓"核心理论"是指对网络传播的总体概念和过程的"总体性阐释",所谓"超理论"是指那些"有关试图描述、解释不同理论之间的相同点和不同点的领域",而"一般理论"则是指对网络传播中特定的层面,如媒介、受众、效果的阐释。至于什么理论进入什么层面,则视具体情况进行取舍、组织和建构。但无论作何取舍,有一点是无疑的,网络传播学首先是传播学的一个子学科,它是研究网络中介传播(以网络为媒介的传播活动的总称)的系统学科。

再次,网络传播学又是一个实用性、应用性很强的学科。一方面,网络传播理论是对网络传播实践经验的概括和总结,丰富的网络传播的实践成了网络传播理论研究的取之不尽、用之不竭的动力和源泉;另一方面,网络传播理论也需要拿到网络传播的实践中去检验,并指导网络传播的实践,推动网络传播的发展。有句老话:"理论总是灰色的,生命之树常青",经典的传播学理论具有很强的实践性和应用性,很多理论都来自对传播实践的实证研究,同时立足于社会现实生活,解决实际问题,其中一部分子学科,如广告学、公共关系学等更是应用性学科。网络传播研究要继承经典传播学的传统,不能满足于那种经院式的"纯学术"研究,使研究工作停留在对一些晦涩难懂的范式、模式、概念的阐释上,而要深深扎根于网络传播实践的土壤,面向实践、面向社会、面向现实;网络传播研究也不能只是少数专家学者自娱自乐的领地,而应该成为广大网民共同的家园和指导网民科学上网、文明上网的工具。

**四、网络传播学的研究方法**

明确了网络传播学的研究对象和学科性质,需要进一步明确研究的方法,就像要过河必须首先解决船和桥的问题。正如法国科学家贝尔纳所说:"良好的方法能使我们更好地发挥运用天赋的才能,而拙劣的方法则可能阻拦才能的发挥。因此科学中难能可贵的创造性才华,由于方法拙劣可能被削弱,甚至初步扼杀。而良好的方法则会增长、促进这种才华。"[①] 对于网络传播学这种纷繁复杂且处于动态变化的新兴学科,解决研究方法问题尤为重要。

经典的传播学在其发展过程中形成了两大主要的学派:经验学派(empirical school)和批判学派(critical school),并由此形成了两种不同的研究传统或范式。经验学派,顾名思义就是主张从经验事实出发、运用经验性方法研究传播现象的学派,主要产生于美国。所谓经验性方法,是一种运用可观察、测定和量化的经验材料来对社会现象或社会行为进行实证考察的方法,它出现于 19 世纪后期,在传播学研究中得到广泛的应用。经验学派主要运用定量研究和实证研究的方法,其关注的焦点集中在内容分析和效果分析。经典传播学的大多数研究成果,如电影对儿童

---

[①] 阵衡:《科学研究的方法论》,北京:科学出版社。

的影响,"使用与满足"理论,"创新—扩散"理论,"议程设置"理论,"培养"理论等都是经验性方法研究的产物。在今天网络传播的研究中,定量和实证的方法仍是最主要的方法,包括量化研究的内容分析、调查和实验研究等、使用统计分析解读研究数据等方法,以及质化研究的焦点小组、个案研究、实地观察(田野调查)、深度访谈等。不同的是随着数学模型、计算机技术和网络工具等现代科技引入了社会科学研究,传播学传统的研究范式,被基于网络的内容分析和效果分析所代替,使人们对传播现象的认识和描述更加精确。近几年来在国内,基于网络的内容分析被越来越多的学者所采用,如中国传媒大学调查统计研究所(SSI)所长柯惠新教授就利用网络计量学的方法对互联网使用与青少年创造力间的关系进行了实证研究。

经典传播学的另一大主流学派是批判学派,批判学派无论在学术立场和方法论上与经验学派都有很大的差别,批判学派在传播学研究方法上奉行的是一种阐释与批判的传统或范式。与经验学派把研究兴趣集中在传播与人的行为上不同,批判学派更关注传播的社会结构和功能、传播制度与社会制度的关系、传播的社会发展与变迁等。在研究方法上,批判学派以思辨为主,反对实证主义,注重使用定性分析而不是定量分析,广泛运用马克思主义、政治经济学、社会文化学、现象学、符号学、精神分析理论等对传播现象进行阐释和解读。这些理论和方法在今天新媒介的研究中同样被接纳。如丹·席勒的《数字资本主义》,就是运用政治经济学的方法分析了新媒介的所有权以及内容产品的商品属性和媒介的体制;马克·波斯特的《第二媒介时代》《信息方式》,则是运用后现代主义分析媒介与主体的互动关系;哈贝马斯的"公共领域"常常被用于讨论虚拟社区、公共话语权的问题;而安东尼·吉登斯等人的符号建构理论被广泛应用于电脑中介传播(CMC)的研究范畴。值得注意的是,上述两种不同的研究传统或范式在今天的网络传播研究中,并不是绝对的泾渭分明,反而是相互交叉与融合,在实证研究的范式里面采纳了批判理论的框架,而在批判的范式里面出现了量化研究的方法,呈现出一种多元化的视角和多种方法并重的局面。这对网络传播研究而言,应该说是一件好事,毕竟两种研究范式的交叉、融合、互补为网络传播理论研究拓宽了更大的空间,实证研究的范式告诉了我们世界"现实是什么",而批判的范式告诉了我们世界"应该是什么",海纳百川本身就是互联网的基本特性。

  在人类科学认识的长河中,科学方法本身在不断地完善,作用也在不断地增长,作为科学认识的手段,科学方法在现代科学发展中占有越来越重要的地位。20世纪以来创立的新学科是人类科学史上是最令人眼花缭乱的一段,无论从理论和实践上都带有开拓性和突破性,它们既是一门新学科又是一种新的科学方法论,而其中对传播学的发展最具有启迪作用的莫过于系统论、信息论和控制论了。系统论、信息论和控制论本身就是在传播学肥沃的土壤里成长起来的,如信息论的始作俑者C·香农、控制论的发明者诺伯特·维纳都对传播学的发展作出了杰出的贡献。系统论是研究系统模式、原则和规律并对其功能进行描述的科学,它把传播活动看成一个完整的系统,同时它又是属于各种复杂的大系统(包括社会系统)中的子系统,系统与系统之间具有关联性、动态性、交互性和层次性,运用系统的理论和方法有助于我们认识传播活动内部和外部的复杂关系。用信息论的角度来考察传播,人类的传播活动本身就是一个从信源到信宿的过程,信息论的方法不仅是研究传播的复杂性、系统性和整体性所不可缺少的手段,也为传播学的研究的程序、思考步骤和操作方法提供了可靠的依据。而控制论和系统论、信息论一样,都是新兴学科,并且相互紧密联系。控制论也研究系统和信息,但着重研究信息的内容和变换及其在系统调节、反馈、控制上的意义,研究系统与系统之间的关系并如何进行系统沟通、调节和控制。"三论"在新媒介研究中的输入和移植,能够帮助我们在纷繁复杂的网络世界中透过现象去认识本质,进而掌握网络传播的一般规律。近几年来,还有一些学者把一些更新的理论,如耗散结构、模糊理论、博弈论、协同论、数学的仿真模型(SD)等引入新媒介研究的领域,不断地为网络传播学的研究注入新鲜空气。当然,借鉴这些现代科学方法不能只是去赶"时髦"、图"新鲜",生搬硬套,而是要认真消化,学以致用,为建构网络传播学自己的体系而服务。

[原载《西南民族大学学报》(人文社科版),2008年第6期]

# 大众传播学的议程设置理论与框架理论关系探讨

张洪忠

1972 年，麦库姆斯（McCombs）和肖（Shaw）在《民意季刊》上发表了《大众传媒的议程设置功能》一文，证实了此前科恩（Cohen）等人提出的议程设置猜想的成立。议程设置理论的主要含义是：大众媒介加大对某些问题的报道量或突出报道某些问题，能影响受众对这些问题重要性的认知。在随后的 30 年中，作为大众传播学经验主义研究的一个重要命题，这一理论得到了很大的发展。随着研究的深入，麦库姆斯等学者在最近几年开始思考：究竟是谁影响了媒介议程的设置？这一关注重心的转移，就把这一理论放到了社会大环境中，而这已超出了经验主义研究的方法范围。于是，议程设置研究的学者们开始寻求新的外延拓展点——框架理论。

在议程设置理论得到证实的稍后时间，高夫曼（Goffman，1974）因出版了《框架分析》一书而广受重视，一些社会学者也以此来进行大众传媒的研究。对于大众传媒来说，框架就是一种意义的建构活动，在社会系统中新闻框架是消息来源、社会情境、新闻工作人员等因素互动的结果。在近 10 年，框架论开始为传播学者所运用。

目前，对于议程设置理论与框架理论的关系，学者们基本有两种观点：一种认为框架理论是议程设置理论的延伸；另一种认

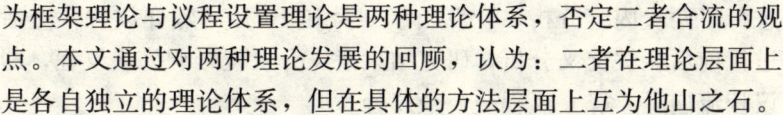

## 大众传播学的议程设置理论与框架理论关系探讨

为框架理论与议程设置理论是两种理论体系，否定二者合流的观点。本文通过对两种理论发展的回顾，认为：二者在理论层面上是各自独立的理论体系，但在具体的方法层面上互为他山之石。

### 一、两种理论发展的回顾

**议程设置理论**　科恩（Cohen，1963）认为：报纸或评论不能让读者怎样想，但在让读者想什么上很有效果。这是议程设置理论的最直接来源。这一假设的内涵有两个方面：一是媒介议程影响受众议程；其次，又从有限效果论回到强效果论，但与早期"魔弹论"等强效果论强调的态度的转变不同，这一假设强调的是对认知的影响。对于经验主义学者来说，科恩的这一假设有了方法层面的意义，即可以进行媒介内容分析与受众认知的调查，检验二者是否有因果关系，就可以确定假设是否成立。

在内涵的发展上，首先是要证实媒介议程与公众议程相关。

1968年，麦库姆斯和肖以美国总统大选为题进行了早期的量化研究。研究分两部分，一部分对新闻媒介（5家报纸、2家新闻杂志、2家电视台的晚间新闻）进行内容分析，把选举主题分为三大类，看哪一类比例最高。另一部分是问卷调查法，抽样询问当地未决定投票意向的选民，调查他们认为最重要的选举主题。最后，把内容分析与问卷调查的结果对比，发现媒介议题与选民议题非常一致。

以上的研究有一个缺憾，即因果方向问题。虽然证实了媒介议程与公众议程相关，但不能确定是谁影响谁。如果是公众议程影响媒介议程，则假设就不成立。

麦库姆斯和肖也发现了这一问题，在1972年美国的大选期间，在卡洛特（Charlotte）进行了一次小样本的追踪访问，他们分别在当年的6月和10月访问选民，调查他们认为最重要的议题。在同一时间，对当地报纸和ABC、NBC电视的晚间新闻进行了两次内容分析，计算出了 6 月和 10 月的媒介议程，然后进行前后相关交叉分析，研究结果是媒介议程影响公众议程，即议程流向是：媒介议程→公众议程。

接着，学者们对媒介议程→公众议程这一范式中的中介因素进行了许多深入的研究。如肖（1977）和温特（Winter, 1981）都把议程设置过程中影响效果的因素分为两部分：媒介和受众。在媒介方面有：媒介的类型、新闻工作人员的价值观、报道时间的长短等；在受众方面有：受众本人的兴趣、爱好、人际交流等因素。许多研究者针对这些影响因素，具体地进行了研究。如，波姆格林等（Palmgreen & Charke, 1977）发现全国议题比地方议题较具议程设置效果，麦库姆斯和肖（1977）发现人际交流的增多，会减低议程设置的效果等。这一范式中还有一个重要的时程问题，即从媒介议程→公众议程需要花多长时间。

对这一问题，不同的研究有不同的结果。如麦库姆斯等（1981）的研究显示 2 到 6 个月，温特和艾亚尔（Eyal, 1980）的研究认为 4 到 6 个月的时间是最适宜的效果时程。另外，在内涵上的研究还有议程建立步骤、定向需求等。

在外延发展上，研究又回到命题本身：是谁设置了媒介议程，并对媒介议程与公众议程的因果关系再作思考。魏斯理（Westley）认为：压力团体或特别利益团体能促使一个问题成为媒介议程，冯克豪斯提出了受传媒注意力多少的五种运作方式，还有媒介议程之间的比较研究等。

**框架理论** 框架的概念源自贝特森（Bateson, 1955），由高夫曼（Goffman, 1974）将这个概念引入文化社会学后来再被引入到大众传播研究中，成了定性研究中的一个重要观点。高夫曼是戏剧主义理论中的符号相互作用理论家，他用戏剧性的比喻来分析人的行为（斯蒂文·小约翰, 1999）。高夫曼认为对一个人来说，真实的东西就是他或她对情景的定义。这种定义可分为

## 大众传播学的议程设置理论与框架理论关系探讨

条和框架。条是指活动的顺序,框架是指用来界定条的组织类型。对于信息传播活动的研究,高夫曼也是放在框架分析的背景中进行的。

高夫曼认为框架是人们将社会真实转换为主观思想的重要凭据,也就是人们或组织对事件的主观解释与思考结构。那么框架是如何来的呢?高夫曼认为一方面是源自过去的经验,另一方面经常受到社会文化意识的影响。

加姆桑(Gammson)进一步认为框架定义可分为两类,一类指界限,也就包含了取舍的意思,代表了取材的范围;另一类是架构——人们以此来解释外在世界。这里可以把框架概念理解为一个名词和动词的复合体。作为动词,是界限外部事实,和心理再造真实的框架过程;作为名词,就是形成了的框架(藏国仁,1999)。对于作为动词的框架,学者们对于它的具体机制作了许多的研究,并且有不同的说法,如基特林(Gitlim, 1980)认为是选择、强调和排除,恩特曼(Eentman)指出是选择与凸显,台湾的钟蔚文与藏国仁认为是选择与重组等。

对于新闻媒体的框架研究,学者们基本上是袭用高夫曼的思想。坦克德(Tankard, 1991)认为框架是新闻的中心思想。恩特曼认为框架包含了选择和凸显两个作用,框架一件事,就是把认为需要的部分挑选出来,在报道中特别处理,以体现意义解释、归因推论,道德评估及处理方式的建议。在对新闻框架形成因素的研究中,伍(Woo, 1994)等认为,框架是新闻工作人员、消息来源、受众、社会情境之间的互动的结果。

### 二、两种独立的理论体系

**两种观点** 从前面理论发展的回顾可知,议程设置理论内涵上的发展在定量研究上达到了一个很精致的地步,对各个方面都给予一种可测量的形式。但媒介和受众环境是错综复杂的,不是完全可控制的。所以，发展到后来，却又从终点回到起点：重新审视媒介议程与公众议程的关系，更进一步，从更大范围来看是谁设置了媒介议程，以及媒介议程是如何设置的。这一外延的拓展，研究的对象就处于一种多因素互动的系统之中。经验主义的量化方法多是对某一时刻的关系的测定，显然有局限性。而框架理论认为新闻是符号系统内符号间互动的结果，相应的研究方法无疑正好是议程设置研究者的目光所寻求的。所以，他们认为框架理论是议程设置理论的延伸。

麦库姆斯（1996）就认为框架理论是议程设置理论的"新理论领域"，他认为议程设置理论包含有两种框架内涵：第一面是媒介强调的议题与公众对此议题重要性的认知显著相关；第二面是媒介强调的议题的属性（或思考角度）影响受众的选择。一些研究发现，将议题以特殊的角度来报道，对受众的设置效果较强。戈莱姆（Ghanem，1997）认为，新闻是以故事的形式出现，对故事怎么报道，这就涉及框架，框架的功能就在于为受众提供思考这些新闻故事的特殊角度。

而框架研究的学者却不同意这种合流的观点，他们更多地从两种理论的方法论所对应的研究范围探讨来区别。如潘（Pan，1997）等认为框架不应被视为是议程设置论中的次领域或新项目。框架着重的是语言结构的互相影响，是言说活动概念，而议程设置强调的是效果。凯普勒（Cappella，1997）等认为，议程设置着重研究的是议程被媒体处理的频数，而框架研究所关心的是议题如何被处理。

**两种理论的区别**　以上的两种观点，由于各自切入的角度和层面不一样，很难有一个明确的判断。认为框架理论是议程设置理论延伸的学者，其实只是把框架论的具体方法运用到对媒介议程的研究；而反对合流的观点，是在具体研究的侧重点上讨论。要探讨这两种理论的关系，我们应从理论的层面来进行探讨。下

## 大众传播学的议程设置理论与框架理论关系探讨

面从理论来源,方法论、理论焦点等方面来进行对比分析。

第一,在理论来源上,议程设置的基本思想来自美国的政论家李普曼(Lippman,1922),他在《民意》一书中说:"新闻媒介影响-我们头脑中的图像",这是他在研究民主政治的过程中所提出的。与议程设置论研究最有直接关系的是科恩(1963)在《新闻与外交政策》一书中所提出观点(如前述)。后来麦库姆斯等的实证研究多是选举主题。我们可发现这些研究的重心在于政治学。这种特别选择政治问题并通过相应的实践结果去解释问题的方法,与美国的实用主义哲学的方法原则是一致的。可见议程设置论的最初来源是实用政治学的研究。

高夫曼的框架理论源自人类学家贝特森,贝特森认为心理框架是一组讯息或具有意义的行动,高夫曼引用过来认为框架代表了个人组织事件的心理原则与主观过程;其次,高夫曼也借用了贝特森的心理情境的说法,认为框架乃是在特定心理情境中,由一群语言符号讯息所发展出来的经验,人们借此建立了观察事物的基础架构,用来处理和分析外在世界层出不穷的社会事件(臧国仁,1999)。框架概念经历了从贝特森的人类学到高夫曼的符号互动理论,再到传播学的历程。

第二,在方法论上,把两者的方法论放到技术或操作层面来进行对比分析,从定量研究与定性研究最为根本的五个方面进行区别如下(卜卫,1997):

| 理论 | 议程设置论 | 框架论 |
| --- | --- | --- |
| 方法论 | 定量研究 | 定性研究 |
| 研究观点 | 客观 | 当事人的视角 |
| 研究环境 | 人工控制环境 | 自然环境 |

续表

| 理论 | 议程设置论 | 框架论 |
|---|---|---|
| 研究策略 | 以假设演绎为主,如麦库姆斯和肖对库恩假设的验证等 | 以归纳分析为主,如高夫曼对情景的研究 |
| 研究类型 | 非体验式调查、实验 参见前面研究回顾中所提的研究 | 体验式观察设置,较多使用的是参与观察法、田野法等 |
| 研究者与被研究者的关系 | 排除二者互动 | 接受二者互动,如魏斯曼的参与记者工作来观察 |

第三,从理论焦点上看,议程设置理论在于效果研究,正如麦库姆斯所言:议程设置理论的中心是社会公众是怎样形成舆论的。新闻媒介对形成公众意见的焦点施加的影响就是大众传播的议程设置功能(麦库姆斯,1996,顾晓方译,1997)。而框架理论在于意义的建构。即新闻是如何建构的,这进一步涉及影响新闻建构的各种关系,以及他们之间的互动关系的研究。如新闻媒体、消息来源或社会情境对新闻建构的影响及它们之间的互动等。

**合流问题** 以上三点区分了议程设置理论与框架理论。但还未触及问题的关键:两种理论的合流问题。议程设置理论中对媒介议程的研究可分为两部分:对媒介议程成因的研究和对文本结构的研究。这与框架理论研究的范围一样,又引用了框架分析方法,那么它们除了合流外,还会有什么区别呢?

首先,虽然议程设置理论引用了框架方法,但它是在议程设置理论基础上生长的,它是带着经验主义的世界观来研究问题的。而这种哲学层面的世界观不可能因为引用了别的研究方法,就与另一种世界观融合在一起。

# 大众传播学的议程设置理论与框架理论关系探讨

其次,在方法论上,议程设置理论是定量研究,框架理论是定性研究。这两种方法论在哲学层面上有不同的世界观与价值观,从上表可知,在操作层面上有着根本的区别。显然不可能合流。

第三,所谓的合流,只是在方法上的互相引用,不涉及理论层面。它们是在互相的碰撞中,发现自身的不足,从而自我丰富与发展,引用的方法都纳入了自己原来的体系中。

因此,议程设置理论与框条理论是两种理论体系,有各自的发展脉络。

### 三、互为他山之石

虽然议程设置理论与框架理论在方法论上有各自的体系,在此层面上无法结合,但在具体的方法上却可以互相引用。

在文本分析中,议程设置的研究可以引用框架研究中所用的语言学、符号学等方法。前面提到的麦库姆斯等学者认为的框架理论是议程设置理论的"新理论领域",其实就是这种方法的引用,这无疑很大地加深了议程设置的研究,尤其有助于对媒介议程的层次分析。

对于媒介如何设置议程,学者们提出了议程框架化。即一方面用框架的方法去挑选新闻,使内容与框架一致,进一步按框架的方式去架构新闻,具体到一个议题,架构时突出与框架一致的面向或属性。

在议程设置研究中除了引用框架方法研究媒介议程的架构外,学者们已开始探讨这种层次的媒介议程对受众认知程度的影响。如在对政治议题的研究中,弗凯尔德森(Ferkildsen, 1998)认为媒介的议程框架会影响大众对相关政策议题的认知程度。这种议程框架包含两个方面:内容的着眼点和再现形式。他是从语言的角度来说的,其实也就是对框架方法的引用。在这之中,因果框架在议程设置的效果研究中运用较多。这是指媒介的议程框架不仅是设置一个中心议题，而且设置了归因关系，即议题的责任问题。如莱恩加（Lyengar，1991）认为电视新闻框架可分为片段式或主题式，片段式框架针对的是具体事件，主题式框架针对一般及抽象概念。研究结果显示，如用主题式框架，观众易将问题归因于一般的社会因素，采用片段式，观众则将责任归因于个人或团体。香港学者陈家华（1994）通过对环保新闻的议程设置研究来探讨因果框架的受众效果，他得出了受议程影响的被访者比不受议程影响的被访者更渴望解释原因，这说明对媒介议程有更深层次的需求。并且他的研究显示媒介议程必先达致一程度，始能产生框架效应。这个研究为我们今后对此问题的探讨提供了一个很好参考。

对受众研究，议程设置有许多地方可引用框架理论的方法与成果。如议程设置怎么样才能发生效果？当显著性的问题经传媒送给个人的头脑后，发生什么作用？是不是有些暗示比其他暗示在暗示显著性上更重要？或者是经过一段时间暗示累积为一重要因素，而不管是采用什么暗示？人的头脑中是否有一评分表，以评定问题重要性的分数等等，这些是麦库姆斯（1981）提出的疑问。议程设置的受众研究，一直比较注重于受众的外化行为效果研究。而对于内在的心理机制研究较少。框架研究则可以对这些问题展开深入研究。

议程设置理论在外延上的发展是探讨媒介议程的成因，即谁在设置媒介议程？是新闻工作者、利益（控制）集团、政党、大众还是消息来源等？是单一因素还是多重因素？作用的方式？这些问题其实与新闻框架的研究范围一致。还有媒介议程对现实事件或议题的报道，是放大了还是缩小，还是成比例的？媒介议程的社会责任问题等等。对于这些问题，在议程设置的传统的内涵研究中都不能求解答，而这些问题恰恰是框架理论所研究的内容。可以引用框架理论在此方面的研究成果和研究手段。

框架理论的研究虽然在方法论上是定性研究，但在具体研究上也适当采用量化方法。如甘斯对报纸的观察，得出了：报纸多半告诉人们已经知道的东西，而不是他们不知道的东西的理论。就是在观察和访谈中多以量化的方法来进行的。

塔奇曼（Tuchman）是一个框架研究学者，但他把效果放到了一个中心的地位，放到了新闻过程之中。他认为在整个新闻过程中，最重要的部分是如何强迫受众接受新闻框架。受众就像记者和编辑，对新闻框架有接纳和排斥，他们也参与了新闻的产生过程，并且对于框架的形成，还发挥着反制作用。这种观点与议程设置理论有着某种相似之处，在具体研究手段和研究文献上，其实也可以引用议程设置在此方面的成果。

［原载《西南民族学院学报》（哲学社会科学版），2001年10期］

# 风险社会中的环境污染问题及舆论风险

张涛甫

环境污染问题，已经成为当今社会人们心中刺骨的痛。它不是一个局部性问题，而是一个全局性问题；它在中国这样的发展中国家存在，在西方发达国家也存在；在今天的后工业时代存在，在几百年前的工业时代乃至前工业时代也存在。解决环境污染问题已经迫在眉睫。如何认识当下中国日益严重的环境污染问题？本文在这里把环境污染问题放在风险社会的框架之下进行讨论，讨论的侧重点集中在由环境污染事件引起的舆论风险上。笔者认为，环境污染事件本身固然值得关注，而由它所引发的舆论风险更不可小觑。

## 一、风险社会中的环境污染问题

所谓风险，就是对某一问题的有害影响进行衡量，即评估和告知某一特定过程所带来的益处同伴随的危险的对比关系。[①] 对于人类社会而言，风险是与生俱来的。人类发展的过程，也是认识风险和控制风险的过程。但自从人类进入现代社会以来，人们对自然和社会的驾驭和改造的冲动愈加强烈，人类社会所面对的风险也逐步升级，特别是进入后工业时代，全球化把区域性的风

---

[①] [法]迈可尔·雷吉斯特、朱蒂·拉尔金：《风险问题和危机管理》，北京：北京大学出版社，2005年。

险扩大为全球性风险。随着媒介技术的不断更新,对风险的传播能力空前提高,就有可能将一个本属于地区性的风险扩大为全球性的舆论风暴。因此,今天的风险就跟工业时代乃至前工业时代的风险存在极大差异。

著名学者乌尔里希·贝克就敏锐且深刻地意识到这种变化。他认为,当下人类社会已经进入了"风险社会"。他认为,如今人类社会所面对的风险与前现代面临的风险存在极大不同。19世纪乃至20世纪上半期以前的风险,其风险机理和内在逻辑相对而言是可以感知、可以控制的。对于这个时期的风险他有过这样生动的描述:"在19世纪,掉到泰晤士河里的水手并不是溺水而死,而是因吸进这条伦敦的下水道恶臭和有毒的水窒息而死的。走过一条中世纪城市的狭窄街道,就像让鼻子遭受夹道的鞭挞。街道上,收税栏杆边,马车旁,到处都是成堆的粪便……巴黎房屋的表面被小便泡软了……社会上有组织的便秘使整个巴黎有陷入一种溃烂过程的危险。"这些问题,显然是现代工业惹的祸,环境污染是由工业生产造成的,是一种现代病,它给现代社会带来了新的风险。但是贝克认为,这种风险"是可以被感受到的危险是明确的"。意思是说,人类对这种风险还是有能力控制,而且这种风险是区域性的,影响范围和效果还是比较明确的。

随着人类社会进入后工业时代,风险的表现形式和内在机理变得特别复杂。环境问题即是一个显著的例证。"在今天,文明的风险一般是不被感知的,并且只出现在物理和化学的方程式中(比如食物中的毒素或核威胁)。"[①] 乌尔里希·贝克对这种环境下的风险做了新的界定:首先是指完全逃脱人类感知能力的放射性、空气、水和食物中的毒素和污染物,以及相伴随的短期和长

---

① [德] 乌尔里希·贝克:《风险社会》,南京:译林出版社,2004年,第18页。

期的对植物、动物和人的影响。它们引致系统的、常常是不可逆转的伤害,而且这些伤害一般是不可见的。[①] 这种风险表现为植物、动物和人类生命的不可抗拒的遭到威胁。它们不像19世纪和20世纪上半期和工厂相联系的或职业性的危险,它们不再局限于特定的地域或团体,而是呈现出一种全球化的趋势,这种全球化跨越了生产和再生产,跨越了国家界线。在这个意义上,危险成为超国界的存在,成为带有一种新型的社会和政治动力的非阶级化的全球性危险。这种风险社会是世界性的风险社会。

乌尔里希·贝克对风险社会的界定和判断富有洞见。但他的观点是站在西方中心主义的立场上的。他关于全球范围内无一幸免地进入风险社会的论断在相当程度上是准确的,问题是在全球范围内的风险社会里,不同国家和地区在面对全球范围内的共同风险问题的同时,在具体语境下,各自所面临的风险问题又不尽相同,表现在发达国家和发展中国家之间的风险差异就很大。对于发展中国家而言,他们除了要面对自己发展中遭遇的问题,还得过多地承担全球化的代价,为全球化埋单,比如在环境问题上,发展中国家不得不忍受高污染、高能耗的困境。发达国家把高污染的工业转移到发展中国家来,让发展中国家承担了双倍的代价。因此,在贝克所认为的风险社会中,发展中国家实际上面临着双重的风险:一是世界范围内的共同风险,如今的环境问题越来越成为一个世界性问题,比如说大气污染问题,就成为一个日益严峻的全球性问题。二是发展中国家还得承担自身范围内的风险问题。发展中国家,在急切的发展需求之下,往往顾不上环境的治理。同时,还得承受发达国家的转移性污染,发达国家把他们的高能耗、高污染的产业转移到发展中国家,把本来发生在自己身上的环境问题转嫁给了发展中国家,这样就更加重了发展

---

① [德] 乌尔里希·贝克:《风险社会》,版本同前,第20页。

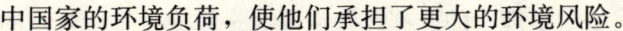

中国家的环境负荷,使他们承担了更大的环境风险。

## 二、中国特色的环境问题以及风险

把中国当前所面临的环境污染问题放在上述的双重风险框架下进行考察,有助于揭示问题的症结。在这里所将讨论的中国环境问题,既不讨论中国环境的先天禀赋问题,也不讨论过去历史旧账,而是考察近30年来中国发展对中国的环境所产生的影响。中国当下的环境污染问题是与这个时期的发展战略存在很大关联的。

在近30的发展进程中,中国的发展战略从初期的"发展是硬道理",再到后来的"可持续发展",再到近年的"科学发展",三个阶段的发展战略是决策者在一定约束条件下所做出的战略选择。"发展是硬道理"的发展战略对于当代中国发展的影响是巨大的。从当时的国内政治和国际政治的大背景来看,这样的发展战略选择是极富智慧的决断。从国内政治来讲,过去"以阶级斗争为纲"的方针把国家推到崩溃的边缘,民生凋敝,百废待兴,而发展经济无疑是最迫切的问题,经济问题就成为中国所有问题的"牛鼻子"。动员整个国家的力量来发展经济,这无疑是一个英明的决断。从国际政治的角度看,对外开放,中国又一次进入世界秩序,参与国际竞争,经济实力是一个国家"硬实力"的重要体现,在经济上"短腿",就很难在国际舞台上发言。因此,发展经济就成为中国赶超发达国家的必经之路。中国作为发展中国家,在赶超过程中面临着巨大的困难,表现在:一方面要补课,需要加速度的发展才有可能接近先进者;另一方面,在发展过程中,还得承担由于在国际分工所处的劣势地位而造成的代价和风险。

"发展是硬道理"在比较长的时间内被理解成"发展经济是硬道理"。发展经济是"硬道理",这在一定时期也是理所当然的，但不能代表"道理"的全部。经济发展一旦成为整个国家的主导性思维定式，就会影响对其他问题的起码关注。环境问题即是如此。有学者认为，中国环境问题与经济至上主义存在很大的关系。① 由于中国把发展的重心几乎全押在了经济上面，环境问题就被作为次要的问题了。人们往往乐观地认为，环境问题是一个次要问题。可以先发展，后治理。问题是这种延滞性的策略，就把环境问题一直"后"下去，环境问题被搁置的时间越久，欠账就越多，这样问题就变得越来越严重。

后来，中国提出了"可持续发展"的发展战略，试图纠正经济至上主义所产生的发展偏向，但经济至上主义所产生的影响根深蒂固。在经济至上主义发展战略的主导之下，政府的激励、评价和制约机制已经成型。这些刚性的东西一旦成型，就会产生巨大的制度惯性。经济至上主义之所以很难改变，关键是制度性力量所致。已经定型的制度所产生的路径依赖，短时间内是难以改变的。

讨论中国的环境问题只有考虑到上述背景，才有可能触摸到问题的根本。由经济优先发展所造成的环境问题，已经成为当下中国的重要风险之一。目前，是中国发展的关键时期，也是中国环境的高风险时期。近年接连出现的环境污染问题，比如像长江、黄河被严重污染、淮河告急、太湖污染、滇池变黑等等，这些现象对于我们而言已见惯不怪。在急迫的发展需求面前，破坏环境的代价一度被认为是可以忽略不计的，但环境承受能力一旦超过极限之后，就以极端的方式加以报复。近年的无锡太湖蓝藻污染、哈尔滨停水事件、厦门 PX 项目事件等，即是典型的例证。这些事件的发生乃至反复发生，让我们不得不重新思考当下

---

① 郑易生：《论中国环境与经济至上主义》，载《二十一世纪》（网络版）2005年第 9 期。

的环境风险问题。

太湖蓝藻污染事件、厦门PX项目事件在一定程度上反映了中国环境污染问题的特点。太湖蓝藻事件比较典型地反映了经济发展主义的后遗症。中国经济发展模式是中央政府分权激励下的地方经济发展发展模式。在发展经济的巨大冲动面前,地方的自利诉求与中央政策的宏观导向激励了地方经济力量的崛起,经济指标渐渐变成一个刚性的评价指标。"发展主义既是政治统治的价值理性,同时也是政府治理的工具理性"。 在这样的发展逻辑之下,地方发展经济的动力就远远压倒环境污染的压力,在强势的经济发展"硬道理"面前,地方政府的环境治理就可能成为一个软约束,在得不到制度刚性约束的情况下,环境问题就成为地方政府眼里的次要问题了。在发展经济过程中,以地方为单位的利益主体争相掠夺公共水资源,环境保护问题就被抛置脑后了。这是典型的"公共草场"的悲剧,此乃太湖污染问题的症结所在。处在太湖地区的各个利益主体疯狂争夺资源,多取少予,太湖就成了大的垃圾场。太湖难以承受污染之重,一旦超过了它所能够承受的极限,环境问题就会产生总爆发。太湖环境危机只不过是个时间问题。

厦门PX项目事件从另一方面反映了经济发展主义的问题。中国经济发展的一个重要助推器就是外资。当初,决策者考虑到中国内资不足的问题,同时考虑到中国经济必须进入国际体系,大胆地提出了利用外资来发展经济的构想,这无疑是一个十分智慧的决断。这样,外来资本就成为中国经济发展中的一个重要力量,而且还内化成一种制度性的力量。它的力量体现在跟地方经济形成联盟,成为地方政府业绩的重要评价指标。但是外来资本

---

① 谢岳:《市场转型、精英政治化与地方政治秩序》,载《二十一世纪》(网络版) 2004年第4期。

进入中国，带来的一个不可忽视的问题，就是中国加入国际分工之后，在被动选择的比较优势背后，承担了比较大的环境代价和能源压力。外来资本就把那些高能耗、高污染的产业转移到发展中国家和地区。厦门 PX 项目工程就是一个例证。厦门上马 PX 项目，也是 GDP 冲动的结果。在这个项目运作的背后，是地方政府强烈经济冲动推动的结果。为了追求经济发展，获得高 GDP 回报，地方政府表现出极高的热情，完全是一副大干快上、只争朝夕的大跃进势头。政府一味地追求经济发展，在发展经济的硬性要求面前，环境问题就变得弱不禁风了。即便专家对 PX 项目提出质疑，地方政府仍然不予理会。一意孤行之下，造成危机的总爆发。

前面提到，中国在风险社会中面临着双重风险：一是属于内部发展带来的风险及风险隐患；再则是全球化语境下的新风险。这双重风险会给中国今后的发展带来一定的不确定性。不过，最大的风险可能是没有意识到这些风险的存在和严重性。决策层已经意识到这些，并决心重拳治理环境污染问题，但地方政府对这些风险及其严重性的认识还不够，而且在制度建设上缺乏科学、统一的安排。有的地方即便有行动，往往是补药和泻药一起吃，其效果可想而知。

### 三、风险社会中的舆论风险

风险社会中的风险影响往往超越了地缘政治的范畴。这类风险具有极大的不确定性，其影响范围很难预测，即便在科学和理性非常发达的今天，也很难准确把握这些风险。这倒不是什么悲观的论调，而是因为风险社会中的风险已经超越了科学理性的可及范围。科学理性声称能够客观地把握这种风险，但是这种自信往往是脆弱的。科学的可及范围毕竟是有限的。虽然如今的科学已经高度发达，但在更加复杂的世界面前，科学的可控力还是很小的。正如安东尼·吉登斯所说:"这个世界看起来或者感觉起来并不像我们预测的那样。它并没有越来越受到我们的控制,而似乎是不受我们的控制,成了一个失控的世界"。而且,"有些被认为是将使我们的生活更加确定和可预测的影响,如科学和技术的进步,却经常带来完全相反的结果"。"科学和技术不可避免地会致力于防止那种危险,但是首先它们也有助于产生这些危险"。① 科学是一把双刃剑,它一方面加强了对风险的控制,但是另一方面又客观促成了风险的产生乃至加剧。贝克认为,风险的界定是基于数学的概率和社会的利益,特别当它们是带着技术可靠性被提出的时候。为了处理文明风险的问题,科学总是要放弃它们的实验逻辑的根基,而与商业、政治和伦理建立一夫多妻制的联系——或者更确切地说,结成一种"没有证书的永久婚姻"②,科学理性和社会理性往往是分裂的,它们同时保持着互相交织、互相依赖的复杂关系。严格地说,即使是这种划分也变得越来越不可能了。对工业发展风险的科学关怀事实上依赖于社会期望和价值判断,就像对风险社会的社会讨论和感知依赖于科学的论证。③ 由于有太多的社会因素,尤其人的因素介入其中,更增加了风险的变数。全球化带来的信息和资源的频繁流动,使得人与人之间的关系越来越复杂,造成了社会交往的复杂化。而处于风险社会中的风险又是瞬息万变的,各种各样的非自然因素加剧了风险变化的可能性,这给科学预测和化解风险带来了极大挑战。

更重要的问题是由风险而引起的舆论风险。贝克没有意识到这一点,显然这是他风险理论的盲点。在风险社会中,许多风险

---

① [英]安东尼·吉登斯:《失控的世界》,南昌:江西人民出版社,2001年,第3页。
② [德]乌尔里希·贝克:《风险社会》,版本同前,第29页。
③ [德]乌尔里希·贝克:《风险社会》,版本同前,第20、30页。

恰恰由于成为舆论风险才具有极大的威胁能量的。在风险社会中，媒体的环境监测功能得到了前所未有的强调。不过，因媒体监测的范围过于宽泛，这影响了媒体的监测功能的精准发挥。能够在第一时间进入事件现场的媒体毕竟是少数，多数参与报道的媒体往往在舆论漩流的外围"帮腔"扩大影响，以获得受众的关注。我们经常看到这样的现象，媒体在报道一个舆论事件时，时常会发生共振、扎堆现象，在激烈的媒体竞争中，就难免会出现一些非理性的现象。比如像在伊拉克战争问题上，向来标榜新闻自由的美国媒体，在报道伊拉克战争时，实际上充当了布什政府的喇叭，直至今天，媒体才发现中了布什政府的战争圈套，开始反思自己当初的非理性冲动。美国媒体这样出尔反尔的现象并不是孤例了。在"越战"问题上，美国媒体已重重地扇了自己的耳光。为什么它们如此健忘，又一次重蹈覆辙了呢？这需要从舆论的生发机理上寻找原因。对于处在舆论场中的单个媒体而言，其报道行为可能是理性的，可是一群媒体聚集在一起，就很难用科学理性和数理统计的方法进行计算了。各种不确定性聚集在一起，更加剧了舆论的无序性和不可测性。

  处在风险情境中的人们，很容易失去理性，特别是在面对无法把握的不可抗逆的危机时，就会无所适从。对于多数人来说，由于信息不对称，他们就得依赖外来信息对自己所处的环境作出判断，从而决定自己的选择和行为。媒体在这个时期就成为危机情境中人们的相对可靠的信源，但媒体的无序和非理性，容易引起公众的恐慌。在媒体生产机制的作用之下，媒体往往会高估一些耸人听闻的风险，比如说空难或感染克雅氏病，同时也会低估一些看似寻常的风险，例如车祸或夜间从胡同里抄近路。① 媒体总是按照自己的逻辑选择报道对象，当它把聚光灯打到某些目标

---

① 张涛甫：《媒介化社会语境下的舆论表达》，载《现代传播》2006年第5期。

## 风险社会中的环境污染问题及舆论风险

上,就会把公众分散的注意力集中到这些焦点上,因此风险的效果就被空前加大了。

在网络媒体和手机媒体高度发达的今天,信息传播的渠道更加多元化,使得风险传播具有更大的不可测性。在传统媒体时代,受众仅仅是一个被动的、有限的信息接受者,其信息接受和传播范围比较有限。而在网络媒体时代,传统媒体传播和网络传播、手机传播多头并进,形成了三维一体的传播立交桥。在这种传播语境下,信息主体就拥有了更多的信息选择,这就更增加了风险传播的变数。在太湖蓝藻污染事件和厦门 PX 项目事件中,网络媒体和手机媒体就扮演了非常活跃的角色。风险社会与新媒体的双重因素加剧了舆论的震荡,大大增加了舆论控制的难度。有时候,风险并不十分可怕,可怕的往往是被舆论风险放大或者扭曲的风险。

**四、中国语境下的舆论风险**

(一)舆论风险之根在于社会风险

舆论风险的根源在于社会本身。中国所面临的双重风险,是与中国所选择的发展战略有关。由于中国把发展经济放在了优先位置,在一定程度上造成了风险后移问题。地方政府对发展经济表现出持续的、强烈的热情,他们往往把环境污染问题抛在脑后。在强烈的经济冲动面前,环境问题就成为次要问题。即便政府也会意识到潜在的危机,但在现有的政绩观的支配下,地方政府顾不得花太多时间和财力治理污染。这样,环境风险就成为一种隐患一点点地累积起来,逼近一定的临界点,就会出现连锁反应,出现连续爆发的现象。目前中国就出现了这种问题。眼前的环境危机问题是此前延滞下来的问题不断积累的结果。这些风险一旦爆发,所引发的舆论风险就十分巨大。

## (二)舆论风险成为当下中国的严峻挑战

舆论风险成为当下中国所面对的主要风险之一。如今流行这样一句话:"不怕举报,就怕见报。"可见舆论风险在当今社会中的威慑力。在此前的发展过程中,由于发展经济成为压倒一切的硬性任务,舆论必须为经济建设营造一个良好的舆论环境,往往过多强调舆论的正向效应,忽视了舆论的逆性反应,造成了舆论表达的部分扭曲。控制舆论可以在一定阶段发挥作用,但当社会风险累积到一定程度的时候便爆发了,也就逼近舆论风险的活跃期。而且,如今的媒体高度发达,致使媒体发现风险、反映风险的机会空前增多。在这种情况下,中国就进入舆论风险的高敏感期。中央政府对待风险及舆论风险的态度是务实开放的。这从近年来的新闻发言人制度推进及公共危机处理机制的建设可以充分反映出来。

## (三)风险处理过程中的政府双重行为:社会动员与舆论控制

政府在处理风险过程中的表现是很独特的,表现在地方政府身上更加突出。比如,在太湖蓝藻污染事件、厦门PX项目事件等危机事件中,地方政府的表现是令人喜忧参半的。一方面,政府在危机处理过程中,表现出强大的社会动员能力。这种超强的社会动员能力有助于有效地控制危机。但另一方面,政府又对危机时刻的舆论持有敌意和畏惧心理。政府习惯性地选择控制信息、控制舆论,而没有采取开放、有效的途径引导舆论走向安定和理性。厦门政府甚至要求电信部门屏蔽手机信息传播,造成了十分恶劣的负面影响。政府的强行控制并不能解决民意危机,相反更激起了民众的极度愤怒。可见,舆论风险并不可怕,可怕的是逆风而上的控制舆论的方式。

## (四)新媒体所释放的超级能量

新媒体的介入改写了传统传播秩序,更增加了舆论风险的不确定性。这在厦门 PX 事件中表现得尤其充分。由于地方政府的舆论恐惧症,他们对媒体的风险传播进行了严格的控制,不仅对传统媒体如此,对新媒体也是如此。姑且不论控制的难度,实际上,这控制本身是劳而无功的。现在的媒体格局往往是"三三制":本地媒体、异地媒体、中央媒体;传统媒体、网络媒体、手机,形成了纵横交错的传播交叉网络。在这样的格局中,地方政府唯一能够控制的就是本地媒体,而且是其中的传统媒体。如果地方政府花费了极大成本控制媒体,其结果只能够是本地传统媒体的沉默,而其他媒体则众声喧哗。在这种情况下,政府一厢情愿的舆论控制的效果是可想而知的。在这场根本无法获胜的较量中,舆论控制者可能是最后的输家。

### 五、结 论

环境风险问题已经引起人们的重视,但由环境风险引发的舆论风险还没有引起应有的关注,或者说,还没有给予恰当的重视。对于环境污染引发的舆论风险问题,我们的理解和关切尚停留在初级水平,在思想意识和制度设计上还没有太大的突破,在实践层面,才蹒跚起步,急需补课。

[原载《西南民族学院学报》(哲学社会科学版),2001 年第 10 期]

# 涌现与互动

## ——网络传播表现与动力机制的研究

彭 虹

传播,一直与技术变革紧密相连,一直与人类文明进程息息相关。每一次传播技术的更新,无不带来传播活动的巨大变革。"Internet"自诞生至今不过 36 年,而其真正实现商用并成为人们工作与生活不可或缺的工具才 10 年。其间,"Internet"给人类传播活动带来了可谓颠覆性的变化,而这种颠覆性,使"Internet"在一定程度上部分实现了并还将进一步去实现人类亘古以来的交流渴望与传播追求。

### 一、网络传播的界定

"20 世纪以及近 400 年来的科学研究,研究方法是'还原论'(Reductionism),其思想是:认识整体必先认识局部,从而约简(reduce)到研究个体。"[①] 在"Internet"出现之前,传播研究范式一直习惯于将传播割裂为媒体、传者、受者、符号、意义等,主要研究进路有二:一是将传播看作一种过程;一是将传播看作意义的协商和交换。以此为前提的各种理论与范式都源于:人是符号的动物、人的行为是理性的等基本的观念性假设,

---

① 张嗣瀛:《复杂性科学,整体规律与定性研究》,载《复杂系统与复杂性科学》2005 年 1 月第 2 卷第 1 期,第 72 页。

在这些理论里无不反映出这一系列观念性假设的鲜明与顽强。

自1988年联合国教科文组织把"Internet"定义为第四媒体后,传播学界迅速掀起了针对"Internet"的研究热潮。仔细推敲"第四媒体",似乎觉得其既不够准确也不够科学。虽然"Internet"表现出媒体的特征,但它绝不是与报刊、广播、电视相提并论的大众传播媒体。它是既能承载大众传播、组织传播,又能承载人际传播的全新的传播平台(媒体)。回到网络本身与网络传播本身,将媒体、传者、受者、符号、意义等概念嵌入网络传播的全过程,将网络传播嵌入网络这个复杂系统,才是网络传播研究突破之关键。

本乎此,笔者以为,"Internet"是一个完全以简单的技术"规则"建立起来的复杂系统,是无数单个的人相互连接、任意链接、深度互动的复杂系统,是一个完全融入当下社会的复杂系统,是一个颠覆文化经典、生产冗余文献、虚拟生活现实的复杂系统,是一个"座架"(Ge-stell)——它使世界以信息的方式被展现。网络传播,是网络这个复杂系统在现实与虚拟之间一次又一次的互动,是人们一直深藏于心的交流渴望催生与迸发出的一系列生生不息的信息涌现[①]。

---

[①] "在复杂性理论中,涌现是用以描述复杂系统层级结构间整体宏观动态现象的概念。涌现性是指那些高层次具有而还原到低层次就不复存在的属性、特征、行为和功能。也就是说,涌现是在复杂系统中的行为主体根据各自行为规则进行相互作用所产生的、没有事先计划但实际却发生了的一种行为模式。即整体行为模式不能根据其个体行为规则进行预测,或整体模式不能还原为其个体行为。涌现即新质或整体质的产生,是整体有而部分无的特性。"([美]约翰·H. 霍兰,陈禹等译:《涌现:从混沌到有序》,上海:上海科学出版社,2006年。)

复杂适应系统乃是霍兰在展开涌现性研究时对免疫系统、生态系统、神经网络系统、经济系统、社会系统、"Internet"系统等的共同冠名。在霍兰看来,复杂适应系统的涌现正是一个从混沌到有序的过程。"这些系统在相互作用、不断变化的过程中显示出协调运作性,并能够发挥出大于部分之和的特性,使体系持续生存和正常运行。"([美]约翰·H. 霍兰,周晓牧、韩晖译:《隐秩序:适应性造就复杂性》,上海:上海科技教育出版社,2000年,第2~3页。)

"Internet"乃是技术支撑下的人的大脑的延伸,作为人脑之延伸便必然要承载人性之敞开的历史性任务,而人性的敞开又必然是人的理性与非理性的全面敞开。传统媒体,在很大程度上只是人性之理性的部分敞开。网络,作为一种传播平台(媒体),使原本便是人类人性之不可或缺的部分且同样具有传播欲求的非理性在传播上首次获得了与理性同等的地位。正是在这个意义上,结合网络的非线性和超文本化,我们才可以说,网络绝不是传统意义上的媒体,它是一个高度复杂化、虚拟化的社会系统,是以群体互动为动力机制的信息涌现场,是人的理性与非理性错综交织的"角斗场"。

**二、理性、非理性与媒介行为**

从哲学意义上讲,理性概念的明确提出始于古希腊。这一概念源于希腊文"Nous",本义是指人或事物的心灵,是一种精细的、能动的、物质的东西,是事物运动的推动力量。理性,与人的认识活动相联系衍生为人所特有的认识能力——能够洞察事物本质和规律的高级认识形式。人,凭借理性的力量并依照理性的约束来生活,从而获得了超越一切其他动物的能力,成为人与其他动物区别的根本标志。

非理性,是相对理性而言的,与理性具有相反、相对的意义。从人类认识史来看,人类对于理性的理解比对非理性的理解要早得多、深刻得多,也偏爱和重视得多。因为人类自我认识的升华和主体性的发展主要得益于人类理性精神的张扬,人类对非理性的全面认识也只有在理性精神达到相当高的程度时才有可能实现。因此,不论从历史上还是逻辑上来讲,要理解非理性这个概念,都必须以对理性的认识和理解为前提。其实,非理性就是与理性相对的不属于理性的(包括反理性)的人的一切心理和观念的总和。从较为宽泛的意义上讲,非理性大致有两层含义——

首先，非理性是指与自觉的理性意识相对的，应该受理性指导的，与理性相互补充，相互作用的因素，如潜意识、本能欲求、情绪、情感、习惯性心理意志、信念、信仰、兴趣、好奇心等；其次，非理性还包括反理性的因素，即与人、社会的发展相违背的思想和价值观念。

从根本上讲，人的理性与非理性皆属于社会意识的范畴，也是社会存在的反映。理性和非理性统一在实践中、观念里，又彼此区别。需要强调的是，在人的观念和行为中，理性和非理性因素总是交织在一起且互为表里、相互转化。马克斯·韦伯曾言明："从一种观点看是理性的东西，从另一观点来看，完全有可能是非理性的。"① 历史地看，许多哲学家对非理性之于理性的动力作用都有足够认识——如果我们把人的贪婪、自私及恶的冲动均视为人的非理性的外在表现的话，这一点便尤为明确。康德曾说："让我们感谢大自然之有这种不合群性，有这种贪得无厌的占有欲和统治欲吧！没有这些东西，人道之中的全部优越的自然禀赋就会永远沉睡而得不到发展。"② 与康德的观点相近，黑格尔也把人的自私和贪欲视为驱动人类行为最强有力的一个因素，"全然不顾法律和道德加在它们上面的种种限制，而且这种自然的冲动，比起维护秩序和自制，法律和道德的人为的讨厌的纪律训练，对于人们有一种更直接的影响"。③ 对黑格尔的这一说法，恩格斯给予了充分肯定："在黑格尔那里，恶是历史发展的动力的表现形式。……自从阶级产生以来，正是人的恶劣的情

---

① ［德］马克斯·韦伯著，于晓、陈维纲等译：《新教伦理与资本主义精神》，上海：三联书店，1998年，第15页。
② ［德］康德著，何兆武译：《历史理性批判》，北京：商务印书馆，1991年，第8页。
③ ［德］黑格尔著，王造时译：《历史哲学》，上海：世纪出版集团，2004年，第59页。

欲——贪欲和权势成了历史发展的杠杆,关于这方面,例如封建制度的和资产阶级的历史就是一个独一无二的持续不断的证明。"①

当然,哲学家们的这些关于理性与非理性之关系的论断乃是放眼整个人类文明的演进史而得出的。今天,如果把漫长的人类文明史转化一个无边的信息场,并把漫布于悠长的人类文明史的这些非理性对理性的推动、理性对非理性的约束,从网络传播的角度在时间和空间两个维度加以浓缩,那将呈现怎样的状况呢?

作为人脑之延伸的网络乃是人的理性与非理性的全面敞开。这也就意味着,人之以网络为媒介完成的传播行为在理性与非理性共在的角度便可以简单地分为理性传播、理性与非理性交织的传播以及非理性传播。一直以来,此三者之中的后两者在传统传播的研究视野中基本处于被忽视甚至被忽略的状态。然而,正是后两者的存在,才真正凸显出网络传播在信息承载上的特质,又正是这样的特质,才可能在群体互动的动力漩涡中使网络成为名副其实的信息涌现场。

**三、网络传播的涌现现象**

传统的以传播介质、传播内容、信息形态(文字、声音、影像)、传受关系等为单重或多重标准而划分的传播形态已全然无法表征网络传播的形态,但我们如果据此而将网络传播与之前的传播形态完全对立同样也不是明智之举。因为网络系统的复杂化,网络传播平台(媒体)的多媒体化以及与网络其他平台(商务、教育、科研、娱乐等)的深度融合化,使得网络传播呈现出对传统传播形态的传承与变异。无论怎样,网络传播的传承与变异仍未摆脱人性的基本框架——理性与非理性的分离抑或交织。

---

① 《马克思恩格斯选集》(第 4 卷),北京:人民出版社,1995 年,第 237 页。

基于这样的框架，可以把网络传播的形态简要划分为三类：一是完全传承传统大众传播形态（理性传播），但引入了强烈的互动机制，如"人民网""新华网"等官方或半官方网站；二是部分传承大众传播与人际传播，同时又有适度变异的传播形态（理性与非理性交织的传播），此类网站在人人皆可成为传者、诚信监控、把关人、互动机制等方面有明显的变异，如"阿里巴巴"电子商务平台；三是在大众传播与人际传播基础上完全变异的传播形态（非理性传播），这种传播形态在形式上尽管与传统的大众传播与人际传播有相似之处，但在传播力、把关人、互动机制等方面都有重大变异。尤以连绵不断的传播内容的信息涌现，形成网络传播领域里绚烂多姿的样态，进而影响网络传播中那些完全传承大众传播的"主流"传播形态，如"猫扑""天涯"的部分栏目等。网络传播传承与变异的主要特征如下表：

| | 人际传播 | 大众传播 | 网络传播 |
|---|---|---|---|
| 数理特征 | 非线性传播 | 线性传播 | 非线性传播 |
| 传播方向 | 点对点多向传播，强反馈 | 由上而下，由点到面单向传播，弱反馈 | 点对点多向传播（高速），强反馈 |
| 信息方式 | 随机 | 严格的时空顺序 | 超文本，链接，时空跳跃 |
| 传播结构 | 多个中心 | 一个中心，金字塔结构 | 多个中心，多个节点，网状结构 |
| 传受关系 | 传受关系不固定，存在意见领袖 | 传受关系固定 | 传受关系不固定，互为传受主体 |
| 可控性 | 较弱，易散布谣言 | 强，严格的媒体把关与议程设置 | 弱，把关人与议程设置被消解 |

续表

| 人际传播 | 大众传播 | 网络传播 | |
|---|---|---|---|
| 传播力 | 范围有限,传播缓慢,时空受限 | 范围广,速度快,影响力强 | 范围更广,速度更快,影响力更强 |

其实,无论在大众传播时代,还是在以人际传播为主导的时代,都曾无数次出现过具有涌现特征的传播事件,只是这些传播事件未能被当时或事后的研究者重视。为了深入研究网络传播的信息涌现现象,兹特将网络传播置于历时的维度,考察举几个典型的具备信息涌现现象特征的案例。

**案例一:叫魂——妖术大恐慌**[①]

发生时间:1768年(清朝乾隆年间)

发生地点:中国浙江德清县

传播速度与波及范围:几个月的时间,由浙江开始,波及至江苏、福建、山东、河南,最后波及北京,一时间大半个中国都笼罩在"叫魂"巫术的阴影之下。

主要传播形态:人际传播(口语)、文字传播(纸质媒体)

事件内容:一名农夫为了置仇人于死地,委托浙江德清县造桥石匠造桥时将写有仇人名字的纸片贴在木桩顶部用大锤撞击。当时的人认为,这样能够给打桩时增添某种精神力量,同时纸片上写有名字的人便会因为被窃去精气而生病或死亡。受托的石匠为避免麻烦将农夫带上衙门,谁知,这一事件一经公开便在当地产生了广泛影响。人们把外来的流浪汉、道士、和尚都当成会使巫术的"叫魂者"抓到衙门。事件的迅速恶化引起了乾隆皇帝的高度重视,急令各地政府严格控制社会舆论并加紧对造谣者的抓

---

① [美]孔飞力著,陈兼、刘昶译:《叫魂——1768年中国妖术大恐慌》,上海:三联书店,1999年。

捕。这些措施并未有效控制叫魂的传播,人们对于叫魂者的恐慌很快蔓延开来。

**案例二:美国"火星人危机"**[①]

发生时间:1938 年 10 月 30 日

发生地点:美国

传播速度及波及范围:迅速波及美国大部分地区

主要传播形态:人际传播(口语)、大众传播(广播媒体)

事件内容:美国哥伦比亚广播公司广播了科学幻想广播剧《火星人进攻地球》,成千上万的听众信以为真。他们纷纷打电话给美国警察局或政府部门,询问火星人是否首先在美国东海岸着陆,并正在进攻地球。不少人奔走相告,一些人甚至收拾行装,乘车逃往西海岸。这起空前绝后的传播事件极大地强化了大众传播"威力无比"的神话。

**案例三:芙蓉姐姐**[②]

发生时间:2005 年 5 月

发生地点:中国

传播速度及波及范围:从 2005 年 5 月"芙蓉姐姐"在天涯发帖,并在博客中公开设个人空间开始,几乎每天至少有 5000 人在论坛上等待芙蓉姐姐的新图片出现,她的个人博客短时间内就达到 10 万次的点击率,其影响力波及整个中国"Internet"。

主要传播形态:人际传播(口语)、大众传播(报纸、电视媒体等)、网络传播。

事件内容:一名自称气质非凡、容貌出众、冰清玉洁的女生不断将自己挺胸提臀的照片发布到网络上,并讲述自己的各种人

---

[①] 董天策:《传播学导论》,成都:四川大学出版社,2002 年,第 312 页。

[②] 相关数据参考自:http://www.nettx.com.cn/CulNews/t/2005-07-06/1142136003.html

生经历(如多次考研不放弃、高考前发生车祸、骨折后仍醉心于舞蹈等)。因其自称"清水出芙蓉",好事者便呼之曰"芙蓉姐姐"。人们对她的行为纷纷发表评论,有人认为她过于自恋,有人认为是自信,而绝大多数人以一种"凑热闹"的娱乐态度参与其中。"芙蓉姐姐"迅速成为网络红人,追随者特地为其成立了"芙蓉教",还编写了《芙蓉姐姐扫盲手册》。各种传媒组织不断邀请她出席各种社交场合和演出活动,在现实生活中也造成了强烈反响。

### 案例四:"铜须门"事件①

发生时间:2006年4月13日

发生地点:中国,"猫扑网"旗下"魔兽世界中国"论坛

传播速度及波及范围:数天时间便传遍了整个网络游戏世界,之后更迅速延伸至现实生活,引起国内主流媒体和海外媒体的关注

主要传播形态:人际传播(口语)、大众传播(报纸、电视媒体等)、网络传播

事件内容:一位悲情丈夫声称自己的妻子"幽月儿"有了外遇,并且公布了妻子和情人长达五千字的QQ对话,慷慨痛斥与妻子有染的小人物"铜须"。随后,数百人在未经事实验证的情况下轻率加入网络攻击战团,其中有人建议"以键盘为武器砍下奸夫的头,献给那位丈夫做祭品"。天涯网站也贴出《江湖追杀令》,发布"铜须"的照片和视频,呼吁广大相关机构和单位,对"铜须"及其同伴甚至所在大学进行抵制。不招聘、不录用、不接纳、不认可、不承认、不理睬、不合作。在他做出彻底的、令大众可信的悔改行为之前,不能对他表示认同。短短数天之

---

① 《海外媒体关注铜须门事件,抨击中国网民是暴民》,来源:新浪网,http://tech.sina.com.cn/i/2006-06-08/0849980285.shtml。

内,这支"哄客游击队"发展到了数万人之多。人们搜出"铜须"的真实身份和地址,用各种方式羞辱其尊严,把他逼出大学校园,甚至迫使其家人不敢出门和接听电话,令当事人身心受到严重伤害。为了平息事端,"铜须"用长达六分钟的视频来否认桃色事件,而那位"受害者"丈夫,也承认对其妻红杏出墙的说法多有不实之处,从而请求网民取消追杀,但还是无法平息这场惊天动地的网络骚乱。央视也对这一事件作出了反应,批评网民的行为是"网络暴力",但避免就第三者事件本身做出道德评价。而网民则在"天涯"组织起了新一轮的反击运动,抨击央视"支持骗奸人家老婆","如此贯彻八荣八耻教育,央视颜面何存"等,为众人在"铜须"事件中采取的围猎方式辩护。随后,海外媒体表达了高度关注。《纽约时报》《国际先驱论坛报》和《南德意志报》等欧美报纸,相继刊发报道,指责中国网民的做法是对个人权利(隐私权、情感和生活方式选择权等)的严重侵犯。《国际先驱论坛报》以"以键盘为武器的中国暴民"为题,激烈抨击中国网民的"暴民现象"。在西方人看来,这场虚拟事件正在演变成大规模群体性暴力,并已成为人类文明进程中的不和谐音符。

　　上述传播事件皆具有涌现的特征,即:无明显的事发征兆,现实中某个事件或网络上某个信息的诱导,快速扩散,快速消失。而网络传播的涌现现象还具有显著的变异特征——事件更具多样性,事件发生更加频繁,事件迸发的力度更具强烈,事件扩张的范围更加广阔,网络与现实之间的互动更加深入。从2001年开始出现真正意义上的网络传播涌现现象以来,雪村的《东北人都是活雷锋》,木子美的《遗情书》,竹影青瞳、流氓燕以及仍在绽放的天仙妹妹,《2002年的第一场雪》《丁香花》《老鼠爱大米》《两只蝴蝶》,"带头大哥777"的股票博客等等,一系列网络传播事件在网络上骤然兴起、蓬勃汹涌、戛然陨灭。在今天,依然是前赴后继、连绵不绝。

以涌现现象为标志[①]的网络传播将人类传播进程中的那些偶然的、常隐于心灵深处的非理性的传播渴望以及群体间通过虚拟方式相互依赖的互动及其影响力放大到前所未有的状态。网络在时间维度上将传统传播环境中的涌现之兴衰周期压缩至最小化，在空间维度上将涉及范围扩大至最大化。同时，网络使存在已久的涌现现象一改以往那种自生自灭、不被重视的格局，以"显象"的身份登上传播研究论域的"舞台"，迫使我们认真审视其起落的规律与动因。可以说，"涌现"就是网络传播的典型与普遍现象，在复杂科学的语境下，"涌现"更是一种全新的思维方式，是对传统的"还原论"的超越——而不是简单的反叛。信息的这种整体涌现性现象，要求我们走出简化范式所遵循的普遍原则、还原原则和分离原则的局限，进行复杂性的探索。在传播学的视野中，任何信息涌现事件都是多种因素相互作用的结果，但对于网络传播的涌现现象而言我们完全可以将这些因素相互作用的"过程"作为研究的对象，即将群体的"互动"作为信息涌现的动力机制。

### 四、互动——网络传播涌现现象的动力之源

"互动"作为传播研究论域中的题域本不新鲜，但之前的研究在基础层面上几乎都是以大众传播或者人际传播为潜语境的。因此，我们才有理由认为以往的许多成熟概念和说法其实并不适合网络传播。"当今的传播学者一般是从互动行为过程而不是概念上对'互动'的内涵加以理解，认为传播互动的行为本身是一种媒介与受众的相互作用的流程，大众传播所进行的信息传递活

---

[①] 有时，网络传播研究会采用"病毒式"传播这个概念去指代"涌现"，这是复杂系统"涌现"概念以生物学为语境的一种"隐喻"。

动,以传播者搜索、制作、传输信息内容开始,以受众接触、接受信息并做出反应或反馈而结束,在这个过程中传播者成为信息的'过滤者''守门人',受众则被称之为'信宿''目的地'。大众传播在运作过程中促成并显现了两者的相互关系。这种解释较为客观地反映了大众传播的特征,是对大众传播流程中的互动方式所做出的简要的说明。而随着对传播理解的加深,人们也越来越认识到大众传播不仅不是媒介的单向发射,相反,其中的许多问题,如编码、释码、译码的差距,对媒介的某种选择,不同态度的形成……都植根于传收互动之中,是这种关系的显在表象,因而需要给予更多关照。"① 正如保罗·萨福等学者所说:"'同其他人发生联系'——进行跨越时空的互动交往,是网络传播方式的本质特征。"② "具体地说,网络互动是指处在信息传递两端的行为主体(个人或组织)、借助于网络符号及其意义实现的、相互联系、相互影响、相互作用的动态信息交流过程和方式。"③

综观人类传播发展的进程,技术一直是推动传播形态发展的重要力量,尽管"技术"本身被深深地烙上了"理性"的印记,但技术的发明、发展同样是以人的"非理性"作为其原动力的。

---

① 孟威:《网络互动:意义诠释与规则探讨》,中国社会科学院研究生院博士论文,2005年,第13页。
② 胡泳、范海燕:《网络为王》,海口:海南出版社,1997年,第219页。
③ 孟威:《网络互动:意义诠释与规则探讨》,版本同前,第17页。

"Internet"的重要奠基者英国人伯纳斯·李[①]在1980年编写"Enquire"的信息处理工具时一定没有想到后来它带给人类的巨大影响,那些出于兴趣、梦想的执着、热情与无私的"非理性"行为在与"理性"的互动中孕育了"Internet"。理性的技术可以产生简单的规则,而简单的规则是构成复杂系统的必要条件,这是涌现的物质基础。对技术的发明者而言,内心非理性冲动与技术理性之互动产生的行为,以及这项技术本身与全体应用这项技术的人的内心需求之间最大限度的互动,是"Internet"日趋完善、影响渐深的动力源之一。从窄带到宽带到移动,从Web1.0到Web2.0,从文字搜索到语意搜索等,人类传播史没有一种传播形态像网络传播这样如此依赖技术的进步和变化。

网络作为传播形态,其构成的充要条件是虚拟群体间的互动。个人不再以之前大众传播中的传者、受者、把关者等相对明

---

① 1980年,在加入日内瓦的CERN(欧洲粒子物理研究所)后他开始研究"Internet"。作为一名软件工程顾问,他编写了一个名为"Enquire"的信息处理工具,它就是WWW的最初概念。经过一番努力,1989年,伯纳斯·李在"Enquire"的基础上提出了利用"Hypertext"(超文本)重新构造信息系统的设想,并设计出在网络中供多人同时管理信息的超文本文件系统。1990年,他在当时的NextStep网络系统上开发出了世界上第一个网络服务器(Web Server)Http和第一个客户端浏览编辑程序World Wide Web(WWW)。同年12月,CERN首次启动了万维网并成立了全球第一个WWW网站info.cern.ch(至今仍是CERN的官方网站),第二年万维网开始得到广泛应用。在此之后,又相继制定了互联网的URIs、HTTP、HTML等技术规范,并在美国麻省理工学院成立了非盈利性互联网组织W3C,一直致力于互联网技术的研究。

2004年4月15日,在芬兰的埃斯波市,芬兰技术奖基金会将全球最大的技术类奖"千年技术奖"授予了现年49岁的英国物理学家蒂姆·伯纳斯·李(Tim Berners-Lee)。这位万维网(World Wide Web)的发明人在成为世界上首位"千年技术奖"得主的同时,也获得了生平最大的一笔100万欧元的奖金。当人们每天打开电脑,感叹着互联网强大的同时,很少有人想到这一切竟是由一人之力创造的。然而,比他的发明更伟大的是,伯纳斯·李并没有像其他人那样为"WWW"申请专利或限制它的使用,而是无偿地向全世界开放。

确而又单一的角色参与网络传播,而是动态地、非线性地、能动地且角色多重地参与网络传播。在由"Internet"构建的海量信息里,所有个人的媒介行为都是其理性与非理性相互交织、冲突、权衡、博弈的结果。这种媒介行为的内在缘由,可以从既往的把人作为研究之理性主体的那些形而上的理论中获得部分解释。而另外的部分,则要从那些常常是偶然的、无法测度的非理性行为中去找寻。网络传播中的虚拟群体媒介行为乃是参与信息传播的每个人在理性与非理性的交织中多向度互动而产生的结果。其中,尤其是那些非理性的个体行为在经过参与者之间的多向度、多层级而又多次数的互动之后变得愈加复杂。也正是这种复杂性,才使得网络传播的信息涌现现象层出不穷而又不可捉摸。"铜须门"事件中"受害者"丈夫先披露、后澄清的行为,广大网民对其不依不饶的疯狂,无不证实个人非理性媒介行为的复杂,以及群体互动中每个人非理性媒介行为经过互动"裂变"后的能量。

每个人,首先是现实社会的人,然后才是"网络社会"的"人"。所以"Internet"无法摆脱与现实社会的互动。网络传播之涌现,其诱因既可以来自现实社会的事件和信息,也可以直接在网络上以信息的方式臆造和滋生。虽然,所有信息涌现现象的诱因都可归为网络系统与社会系统的互动,但是,网络系统与社会系统之非理性的媒介行为的互动愈广泛、愈深入,则其作为信息涌现所产生的威力便愈猛烈。事实上,网络中的"人"依托交流而形成虚拟群体——就是以网络为沟通媒介,以各种虚拟社区为平台,以相同或相似的兴趣、价值观、思想为纽带而形成的"数字化人"的群体。虚拟群体具有传统意义上的人际群体的一般共性,同时又具有网络环境下的新特征。虚拟群体的真实主体就是人际群体,虚拟群体的所有行为无法摆脱人际群体的心理特征和行为模式。人际群体总是会在某种条件之下、某种环境之中、某种语境之内,出现集体无意识、相互暗示感染、情绪化、从众随大流、角色扮演与自我表现、责任感弱化、群体归属感等表现与行为(这些,已成为当下部分研究网络传播涌现现象的主要论据之一)。

网络传播平台(媒体)乃是互动的平台,而基于网络的互动绝不是一般意义上的互动——基于网络的、传播意义上的互动乃是虚拟群体间的互动,而且这些虚拟群体是由一个个匿名的、潜在的且互为传者和受者的个体相互连接而成的。这也就意味着,虚拟群体中的每一个个体都有可能是脱离了他者监控的、最容易暂时性脱离日常理性化的"行为主体"。传播心理学的有关理论告诉我们,互动的频度和密度与传播行为的非理性化有一定的正相关性。当人际群体置身于网络这个巨大的互动平台之中时,其"表现与行为"在网络交流的匿名化、多样化、充分自由化、平等化、弱规范化等因素的"催化"与"搅拌"下,那些既是传者又是受者的虚拟群体中的个体,在其传播过程中所表现出的非理性现象与行为则成为必然。

一旦个体的这种非理性的传播行为通过虚拟群体间的相互影响而蔓延,便会很快引起群体效应,引发巨大的爆发力。这种个体之间、群体之间非理性的相互激发便会"聚变"出个体内在的冲动(或"暴力",这亦是目前许多讨论网络传播现象的文化、社会、政治的习惯说辞),个体和群体间联合起来的"冲动"往往具有排山倒海的壮阔气势,于是,基于互动且主要是非理性传播之互动的群体动力便这样产生了,一个根本无法度量其时空范围的信息涌现场也因此而形成了。

一直以来,大众传播中的媒介充当着传播国家意识形态、引导社会舆论、普度众生的角色,同时也坚持以理性的媒介行为影响大众的观念与行为。即便是美国"火星人危机"中的美国哥伦比亚广播公司广播科学幻想广播剧《火星人进攻地球》时所抱定的动机也仍然是理性的。至于由此引发的涌现现象，则是受众群体非理性的响应。网络时代，传统大众媒体和网络上那些以传统大众媒体姿态或秉承传统大众媒体宗旨的媒体，在遭遇网络传播之涌现现象时，无一例外地会卷入其中，会与那些早已变异于传统大众媒体的网络媒体进行自愿或违心的互动。尽管其动机与做派完全是理性的，但在网络群体非理性媒介行为的裹挟之下亦无法控制或引导涌现现象的起伏和动向，有时甚至会成为涌现现象继续扩展的新诱因。比如"铜须门"事件"央视"的反应与作为，在该涌现现象中的结果就显现出这样的端倪。

在传统传播研究论域中，意义是重要的研究范畴，符号是解读意义的绿色通道。但在"Internet"中只有信息可以连接信号与符号，进而打通信号与意义的阻隔。信息可以实现定量与定性的转换（可以通过样本的实证研究间接度量涌现兴衰的"曲线"）；实现技术与人文之间的跨越；实现观念与现实的映射。网络传播的核心要素是信息而不是符号，但人作为符号的动物其观念的世界亦无法脱离符号的"统治"。可以将现实世界、网络世界、观念世界"链接"起来的唯一法宝仍然是"互动"。

非理性创造热情与理性技术之互动形成的简单规则架构了复杂的网络系统；虚拟群体与人际群体之互动划定了人之存在的要义以及对历史的延续；网络传播与传统传播的互动使本来已经复杂的过程愈加有利于涌现的滋生；网络传播形态与传播内容的互动、符号与意义的互动促成了"信息"作为涌现的基本要素。各种形态与不同层级的互动最终奠定并驱使在网络这个复杂系统上，类型繁杂、数量巨大、连绵不断的网络传播涌现现象的迅速兴衰。

总之，网络传播涌现现象的研究已经表明："我们确实是进入了一个由存在到演化、由绝对到相对、由解决单一层次问题到面临跨层次问题挑战的时代，一个传统意义上的确定性终结的时代,一个由永恒向暂时性转型的时代,一个由一元性向多元性嬗变的时代,更是一个我们必须学会在演化中把握存在、在存在中应对演化的时代,一个在不确定性中理解确定性,在确定性中应对不确定性的时代,一个在暂时性中寻求永恒的时代,一个强调多元却又不是消解一切本质的时代。"① 网络传播的涌现现象与互动,应该进入网络传播的学科视野并作为基本观点,其合理性、必然性与合法性已日渐明晰。针对涌现现象兴利除弊的讨论与文化层面的攀附固然重要,但其内在规律与动力机制的研究却不容忽视与怠慢。

[原载《西南民族大学学报》(人文社科版),2007 年第 8 期]

---

① 刘劲杨:《穿越复杂性丛林》,载《中国人民大学学报》2004 年第 5 期,第 23 页。

# 媒介生态与和谐准则

蒋晓丽　杨琴

在信息时代，媒体收集传播信息并推动社会发展的功能日益显著，媒体逐渐掌握了对信息的控制权，使媒体成为"社会中枢"。然而正因为媒体地位的特殊，导致了传媒业的某些过度、过分、失衡、失控和畸轻畸重的现象出现，从而影响了媒体的健康发展，带来了人们对媒介（主要指新闻媒介）生态环境的忧思。

## 一、媒介生态

"媒介生态"指在一定社会环境中媒介各个构成要素、媒介之间、媒介与其外部环境之间相互良性制约而达到的一种相对平衡的结构。是实现受众—媒介—政府—社会这一复合生态系统整体协调而达到一种稳定有序状态的动态过程。然而，在市场利益和商业逻辑的驱动下，某些媒体日益商业化，它们为追求巨额利润置社会责任于不顾，最终导致媒介行为的异化，使整个媒介生态出现了失衡、失准的恶化倾向：传媒预警职能的缺位而致政府声音的误读、受众知情权的损害；媒介结构的不合理、媒介定位的雷同而致新闻报道内容的相似、恶性竞争的出现；追逐商业利益而致新闻自由的滥用、虚假新闻和庸俗新闻的出现等等。而媒介生态所出现的这些失控或失衡的现象将对整个社会的协调发展产生很大的负面影响，对已经形成的生态平衡关系造成严重破坏。因此,媒介迫切需要一个平衡有序的媒介生态环境。这就要求必须遵循和谐准则,对媒介生态系统"人为地施加有益的影响,调节生态系统的结构和功能,达到系统最优结构和最高功能"。"从而使整个媒介实现和谐发展、共生共荣的良好生态效应。"①

**二、和谐准则及对媒介生态的意义**

"和谐"(harmony),是一种相互依存与共同发展的客观状态,强调的是不同主体配合适当、匀称。和谐是中外传统文化的精髓,是人类智慧的结晶。如《国语·郑语》中的"夫和实生物,同则不继。";荀子的"万物各得其和以生"(《荀子·天论》);《中庸》的"致中和,天地位焉,万物育焉";孔子的"君子和而不同,小人同而不和"(《论语·子路》)。毕达哥拉斯提出"音乐是对立因素的和谐的统一,把杂多导致统一,把不协调导致协调";赫拉克利特认为"互相排斥的东西结合在一起,不同的音调造成最美的和谐";亚里士多德把"平衡和谐之道"看作是精神美德,"精神美德就是在两个极端之间的正确位置"等等。这些观点都体现了中外著名思想家关于自然生态和社会生态需要平衡和谐的高度一致的认识。强调"和"是宇宙万物存在的本质以及天地万物演化的基础,无论是自然还是社会,无论是整个传媒业还是某个传媒,只有包含其中的不同成分和因素遵循共同的和谐准则,既正视斗争和冲突,更追求和谐与统一,即在对立冲突的基础上努力去实现真正意义上的和谐与统一,才能健康发展。而和谐准则具体包括为:

1. 整体准则。和谐强调整体性,既承认一分为二,也注重

---

① 孙彦泉、蒋洪华:《生态文明的生态科学基础》,载《山东农业大学学报》1999年第4期。

合二为一。个体是整体的个体,整体是个体的整体。个体与整体是相互渗透,互为因果的。整体不是简单地产生于多种元素之间的平等相加,而是产生于多种元素之间的有机构成。一般综合的效果不是理想的整体效果,只有生态的综合效果才是理想的整体效果。

和谐的整体准则不仅主张充分考虑各因素复杂的有机联系,而且强调重视各种要素和资源共同构成的整体关系。也就是说,它强调的是一个有机的相互联系、相互依赖的整体生态系统。对媒介生态而言,这种任何事物都是互相联系的整体准则,要求我们不论遇到什么问题都要从媒介与环境的整体特点和全局关系出发来考虑对策,而不只是局限于单个问题的局部利益或矛盾本身。对于信息传播的许多问题和矛盾来说,若割断它与其他要素、资源和社会环境的复杂联系而孤立地加以分析和处理,通常是不能从根本上解决问题的,因为被割断联系的、游离整体的、孤立的要素或问题是无法认识、把握和支配的。例如有的媒介忙于向外拓展,而忽视本地资源的开发;有的媒介急于多角发展,而误了新闻传播的主业;有的主管部门随意组合媒介集团,结果貌合神离、形不成一个拳头;有的媒介缺乏主见、见异思迁,结果顾此失彼,收效甚微。这些都是缺乏媒介生态整体和谐观念的表现。因而应将媒介、资源与环境看作是一个相辅相成、密不可分的整体系统,而后对各种要素和资源加以科学协调、合理配置,最终才能形成有机融合的媒介整体战略的"金三角"。[①]

2. 适度性原则。和谐的最高境界是"中和",要达到"中和",中西方都认为应采取"中庸之道"。但中庸不是折中主义,不是平均,不是天平的正中央,不是十个苹果,两人各五个。"中"需要"权衡"。所谓"权衡"就是一种对"度"的把握,就

---

① 邵培仁:《论媒介生态的五大观念》,载《新闻大学》,2001年(冬)。

是要求适度,在不平衡中求得平衡。亚里士多德就强调适度或节制。他说:"凡取得恰当,都是指它是过度与不及之间的中道。""过度与不及都有损于优点,唯守中道可以成功。"在媒介生态中,媒介的生存与发展,必然要与外部环境的诸种因素保持一种相互联系和相互依赖的适度互动关系。如果其中任何一项因素的性质或含量"过"或"不及",超出媒介的生态耐力界限外,就会对它的生存与发展构成致命的损害,如过度忽略受众知情权导致受众对媒体的怀疑损害媒体公信力等。因此对"度"的把握,应对矛盾双方各个方面的内外因素综合考虑,从而找到"恰好"的正确之点。正如孔子的"乐而不淫,哀而不伤""从心所欲不逾矩"的美学思想,正是对这种恰好适度的最好诠释;希腊人对雕塑中的美学对称,投标枪时中间点是离底部五分之四的位置,钉钉子时是十分之九的原则一样,也是对恰好适度的一种量化表述。媒介生态强调各因素间均衡适度的相互联系,相互依赖和相互作用的整体性,注重互相的网状的非线性关系和良性循环运动。比如各种传媒的类别比例、各种传媒的数量比例,各类报道的量以及每一报道的质等都应遵循适度的原则才可能避免同质传媒恶性竞争、某类报道泛滥成灾的现象出现。

3. 差异原则。和谐,并不是求大同。"和实生物,同则不继",和是指不同性质的东西相掺和,它反映的是一种有差异的平衡或杂多的统一;同则指相同事物的堆积,它反映的是无差异的同一或抽象简单的同一。我们追求的是"和谐"而不是"相同"。只有让不同事物有一定的空间,容许它保持各自的差异性,"和而不同",才有生命,才有发展。从生态学来看,差异对立并不会导致双方消失和灭亡,反而,异己者的存在才构成了一切存在的前提,即对立才有统一。生态和谐论提示我们,对立不一定是敌对,世界万物尽管相互之间有各种差异对立和区别,但正是这种不同才满足了生态的需要。如媒介本身的多元化、媒体内容的多样性都促进了传媒的发展,如果消除这种差异对立和区别,生态将无法保持,也就从根本上违背了生态自身规律。媒体中的雅与俗便是一个绝好的例子。因此"和而不同"保持差异,是达到和保持媒介运动中平衡发展,是在竞争中和谐相处的一条重要规律,也是人们处世行事应该遵循的准则,是人类各种文明协调发展的真谛。

4. 互动原则。互动是指相互联系、相互理解、相互促进。具体表现在营造一个流畅的沟通环境。这里的沟通有两层内涵:一是各种意见要被陈述出来,二是各种意见之间要进行交锋和论争,实现充分了解和交流。对媒介生态而言,就是构建一个政府、媒介、受众三者相依共存、携手前进、协调发展、双赢共荣的传播系统,在其中,政府畅通渠道、信息公开,媒介舆论引导"上情下传、下情上达",受众积极解读与反馈,媒介之间分工互助;从而实现社会效益、经济效益的可持续发展,增加传播安全性能,促进传播良性发展。

平衡和谐准则是健康的媒介生态环境的基本要求,充分体现了媒介生态环境应有的状态,强调媒介生态中不同主体的配合互动而不是对抗,又在哲学范畴"度"的问题上强调适当,而不能"过火"或"不及"。在这样一种环境下,媒介运作进入有条不紊的自动调节、合理控制的轨道,各种媒介的数量比例、运行模式、功能结构、资源配置和能量交换等都处于相对稳定的状态,媒介发展潜能与环境阻力恰到好处地被置于动态的平衡之中,从而真正实现媒介生态各因素的平衡和谐。

**三、媒介生态对和谐准则的运用**

施拉姆认为大众传播事业的责任问题,"乃是媒体、政府与大众三种力量之间的微妙平衡关系。完成传播方面所必须完成的主要责任在于媒体,基本义务则属于公众。"① 因此要达到媒介生态的平衡和谐发展,政府、媒体和受众要担起各自的责任来。通过对和谐准则的运用,来维护并保持和谐的媒介生态。

1. 政府与媒介的良性互动

新闻媒介是政府管理部门发布信息的渠道,政府部门是新闻媒介可靠的信息来源。在我国,媒介在经营和管理上受到政府一定的控制,从动机上来说,政策影响控制媒介的目的是建立和谐发展的媒介生态圈,使媒介间形成一种有序结构的积极状态,以符合社会发展的需要。但政府对传媒的管理,应遵循和谐准则,注意适度、差异和互动。在现代市场经济社会,传媒和其它行业一样,也是一个独立的市场主体,因此政府在制定政策的时候应特别慎重,不能代行市场功能,不能挫伤媒体创新的积极性。同样在具体实施过程中,也不能靠简单的行政命令,而应建立良好的互动关系。增加透明度,畅通渠道,充分发挥媒介在信息收集方面的独特优势,倾听来自社会各方的诉求,及时处理信息,提升政府的公信力。目前各地正在积极推行的新闻发言人制度、政务公开等就是我国政府处理与媒介关系的积极举措。

对媒介而言,大众传播媒介处于政府部门和受众个人的中心,即处于"上情"和"下情"的中间环节位置,因而媒介首先应积极配合政府主管部门,在日常活动中自觉进行自我审查,主动和政策保持某种程度的沟通。其次应重视发挥新闻媒体的功能,保持舆论畅通,让政府的声音从传媒这里得到有效而充分的表达;在一定的媒介信息环境中为受众提供一种导向的优势动力,从而使媒介的主流正向意见在受众群中占据支配地位,使下层意见和上层意见趋于一致和融合。同时也应有监测环境之意

---

① [美]施拉姆:《大众传播事业的责任》,转引自张国良主编《20世纪传播学经典文本》,上海:复旦大学出版社,2003年,第274页。

识。对如"非典"这样一类重大突发事件作出及时的反映和讨论,并通过一个合理的常设渠道将有关信息直接送达决策层,以免贻误报道时机和决策。

2. 媒介与受众协同进化

传播者与受传者协同进化的理想状态是指传播者及时收集受传者性状的变化,对这些变化科学分析并满足其现实的实际需求;与此同时,传播者还应能根据社会大环境的变化,预测受传者性状的趋势,并为满足由这些性状所决定的需求做好准备;传播者在满足受传者需要的同时顺利实现自己的经济利益和社会利益。因此新闻工作者首先要充分了解新闻事业的功能,认清自身的职责,增加责任感,及时客观准确地传递新闻信息,这是实现有效传播的最基本条件,是传播者的职责所在;其次要充分满足受众的知情权。打破中间层次对上层舆论的耗损、扭曲和压缩,将上、下层意见通过媒介在最大范围内进行信息对流,"放大上、下层舆论的空间,使上、下层舆论在交流中始终保持着'纯度的影响力'",即建立完善的信息供求体制,满足受众不同层次、不同类别的信息需求,从而提高受众的媒介评价指标体系,在媒介和受众之间建立更良好的依存关系[①];再次要从受众角度出发,从受众的价值体系、思维方式和阅读心理来传播内容,正如马克思对报纸的功能之一所言:"报刊是人民思想感情的表达者,它生活在人民当中,它真诚地与人民共患难、同甘苦、齐爱憎。它把它在希望与忧患之中从生活那里倾听出来的东西,公开地报道出来……"[②] 这种"言受众所想言、传受众所想传"的传播观点,可以使传受双方在心理上达成某种默契,减少二者的心理隔阂,有利于信息的高效传播;最后要抓住受众的探究心理,为受

---

① 吴畅畅:《从"非典"看媒介的生态系统》,来源:www.cjr.com.cn。
② 《马克思恩格斯全集》(第一卷)。

众提供更详细的细节,更丰富的背景分析材料,更深层的信息,提高报道的可读性从而吸引受众资源,有效提高新闻传播的权威性、说服力;同时,加强对受众探究心理的研究,也能使传播者有意识地加强对新闻信息延伸意义的挖掘。

  接受美学认为只有受众自觉地、主动地接受,媒介传播内容的意义和价值才能实现。传播的价值实现是由传受双方共同创作完成的。因而受众在接收大量的信息时,应当是一个成熟理性的媒介使用者,既能对媒介保持清醒的批判意识,不被媒介信息中传递的暗示所影响和左右,做一个很好的分析者、判断者、批判者,同时也应对媒介信息积极反馈,从而促使媒体不断改善表达方式,形成良好的互动行为。

  3. 媒介与媒介的共存共进

  媒介与媒介之间的关系,本质上是媒介市场的对手关系,即媒介市场的主要关系。媒介市场是由各种相互联系的共生要素组合在一起的生态系统。各个媒介在不同领域、不同层面运用不同工具和载体,针对不同受众和资源,各尽其能,各司其职,共存共生。如建立合理的媒介结构,既有综合报,也有专业性报纸,既有代表政府的媒体,同时也有反映民声的阵地。这样不同媒介可在各个特定的领域或层面拥有富裕的资源取向和足够的发展空间。媒介与媒介之间的竞争是传媒发展的一个重要激励机制。只有适当的竞争才能促进传媒发展,过度竞争和竞争不足,都不利于传媒发展。过度竞争会违背商业道德,将市场当战场,视对手如敌手,不考虑共生共利,主张置对手于死地,陷入"要么你活,要么我活"的绝对主义。竞争不足则竞争压力不能有效地发挥作用。因而在这种态势下,媒介应坚持和谐准则,实行媒介的共存共生策略。主张互惠互利,共存共赢,寻求建立在"竞争中合作、在合作中竞争的"良性的"生存,并让其他媒体生存"的"竞合关系",共同把市场的蛋糕做大,取得多赢的效果。

### 4. 媒介内部的平衡

媒介内部的平衡体现在多个方面，如采编与发行的平衡，新闻主业与多种经营的平衡，资源配置的平衡，部门与部门的平衡等。其中最重要的平衡，就是最直接体现出来的报道的平衡。报道的平衡体现也是多方面的，如信息的平衡、观点的平衡、报道力度的平衡、发布时机的平衡等，但最基本的还是信息的平衡和观点的平衡。媒体在报道中应尽量提供多方面的信息、多方面的观点，使受众对新闻事实有比较广泛的接触面，从而做出准确、科学的判断，避免形成认识上的片面甚至曲解。西方新闻界有句名言：你最好不要告诉我这"是什么"，而是要告诉我这"意味着什么"。信息的平衡还体现在报道的连续性上，比如：对一些治安案件的报道，由于前期的披露较多，后续的结果较少或不够及时，给人的感觉是贪污盗窃、违法犯罪的人，没有受到有力的打击惩处。因此，对重要事件的报道要体现出连续性，应在后续报道中作相关追述和提示，弥补从事发到结果的"时间差"，以给受众一个完整的信息链。同时在一些新情况和新问题尤其是在道德观念、文化习俗、生活方式、审美情趣方面出现的新事物，当人们对这些事物还没有摸清本质、法律尚处在"空白"的情况下，往往会在道德范围和价值层面出现见仁见智的争议。此时，媒体报道的平衡也就举足轻重。实践证明，对于一些热点问题，让社会各方发表见仁见智的看法，通过受众和专家对问题、现象作充分评说，引导人们换位思考，比媒体过早地"一锤定音"效果要好得多。

[原载《西南民族大学学报》（人文社科版），2005年第2期]

"探索与创新"丛书
传媒与文化产业:媒介时代前瞻

# 论政府的媒介形象

丁柏铨

一级政府的媒介形象,当是与同级党组织的形象密不可分的。关于党组织执政能力建设与媒介形象展现的关联性问题,党组织与政府形象的关系问题,笔者在此前的有关论文中已作过专门探讨。① 此不赘述。

在当今大众传媒高度发达的时代,如何通过媒体展现政府形象,是各级政府及其机构部门所面临的一个重要课题。政府的媒介形象展现,无疑与担负新闻信息传播重任的大众传媒有关,媒体发挥着载体和中介作用;又与作为传播过程终端的受众(其中大量的为社会公众)有关,政府良好的媒介形象的存在价值取决于公众的认可性接收;同时还与政府本身的现实形象有关,其现实形象是媒介形象展现的基础和依据,因而是尤其重要的。最近若干年来,政府通过大众传媒展示自己的现实形象和媒介形象,已出现了许多新的情况和耐人寻味的个案,亟待探讨和研究。

## 一、政府的媒介形象与其自身现实形象

政府的媒介形象,是政府通过大众传媒所展示和传播的、供公众认知的对象。它或直接或间接地影响公众对政府的社会评价

---

① 文章请参见丁柏铨、夏雨禾:《党的执政能力建设与党的媒介形象展现》(上、下),载《当代传播》2008年第3、4期。

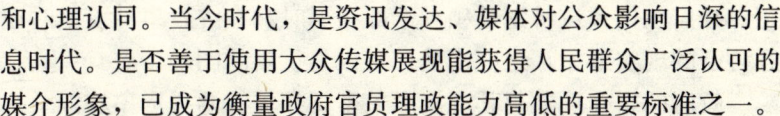
论政府的媒介形象

和心理认同。当今时代，是资讯发达、媒体对公众影响日深的信息时代。是否善于使用大众传媒展现能获得人民群众广泛认可的媒介形象，已成为衡量政府官员理政能力高低的重要标准之一。

　　青年学者骆正林曾将媒介时代的政府官员的形象分为客观形象、媒介形象与公众形象三类。这样一种分类，对研究者不无启发。他认为："客观形象是政府官员'公众形象'形成的起点，它是加工'媒介形象'和'公众形象'的原材料。"① 本文所讨论的是政府的媒介形象，与骆正林讨论的政府官员形象不尽相同，但两者之间又是存在某些相通之处的；笔者更倾向于将政府或政府官员的形象分为现实形象和媒介形象两大类。因为在大众传媒成为信息转播的主渠道的情况下，公众形象在一定程度上也就是媒介形象，两个概念之间存有交叉之处；而客观形象与以实在、本色为特点的现实形象并非等价的概念，"客观形象"在准确性方面逊于"现实形象"。

　　另有研究者提出："大众传媒并非影响政府形象的唯一因素，但对于政府形象的建构无疑起着非常重要的作用。借助现代传播技术，塑造政府良好的媒体形象，不但有利于推动政府目标的实现，促进政府自身的建设，而且对整个区域社会经济的发展也是大有裨益的。"② 以上论述使用了"塑造""形象"一说。笔者认为，"塑造""形象"是文艺批评和文艺理论中的常用概念，含有按照美的法则、据实或并不据实地进行创造的意味。政府的媒介形象固然是需要也是可以精心设计的，但媒介所起的只是展示现实形象（据实报道和如实报道）的作用，而不是对政府的现实形象进行拔高、虚构、创造，或曰发挥"塑造"政府"形象"的作

---

① 骆正林：《媒介时代政府官员的形象塑造》，载《江南论坛》2007年第5期。
② 盖宏伟、廉洁：《构建政府形象与媒体塑造良性互动的关系研究》，来源：http://www.studa.net/qiyeyanjiu/。

用。政府工作人员特别是领导干部在平时和在突发事件发生时注意自己的现实形象,这应当是一个极为重要的问题。

政府的媒介形象与其现实形象密切相关。两种形象均涉及执政的理念、部门的表现、人员的行为、施政的业绩等方面,可分为两个基本层面。其中,执政的理念是公众需凭借心力才能感知的内容,属于观念形态的层面;而部门的表现、人员的行为、施政的业绩是相对容易感知的部分,它们对于公众而言是借助于目力就能感知的,属于直接显现的层面。政府主动将现实形象通过大众传媒加以展示和传播,或媒介主动展示和传播政府的现实形象,由此就构成了政府的媒介形象。现实形象与媒介形象两者的关系是:前者作为后者的基础和根据而存在;后者由前者借助于媒体转化而来。特定主体,如若现实形象不佳而媒介形象佳,那么良好的媒介形象就难以持久;如若现实形象佳而媒介形象不佳,那么媒介形象的展示和传播就有需要改进之处。在四川汶川地震中,中央政府、各级地方政府特别是受灾地区各级政府,及时公开重要信息,采取有力和有效的救灾措施,与广大民众共同谱写了可歌可泣的历史篇章,向世人展现了良好的现实形象和媒介形象,受到国内外舆论的广泛好评。人们不难感悟:政府良好的媒介形象背后,其现实形象具有丰厚的底蕴,发挥了支撑性的作用。应当说,政府良好的媒介形象是现实形象的真实反映,而并不是凭空"塑造"出来的,也不是经艺术加工"塑造"而成的。

政府的现实形象和媒介形象,在相当程度上与政府工作人员特别是领导干部有关。公众自然而然会将政府某些人员的现实形象、媒介形象,与政府的现实形象、媒介形象联系起来进行考察和评价。在政府各机构部门的官员中,有不少像优秀公安局长任长霞、模范信访局长张云泉那样得到人民群众高度认可的突出典型。他们是民族的脊梁,是政府官员的杰出代表,是政府良好的现实形象和媒介形象的标志性人物。但是,毋庸讳言,某些政府工作人员由于行为不检点而被公众通过网络媒体曝光,继而被传统媒体进一步报道,从而严重影响了政府的现实形象和媒介形象。只要稍稍留意就可以发现此类案例不在少数。被指猥亵女孩案的主角、深圳海事局原党组书记林嘉祥,其行已属不当,而其言则更被不少人认为是对公众的挑衅和亵渎。深圳海事局局长张建斌曾经表示,林嘉祥的个人不检点行为给单位形象造成恶劣影响,深圳海事局决不护短、不包庇,将积极配合调查。① 其不佳的现实形象经媒体展现和传播后,不仅成为影响恶劣的个人媒介形象,而且极大地损害了地方政府、政府机构部门的现实形象和媒介形象。此言不虚。

特别需要指出的是:在当今时代,互联网的普及已经打破了话语权的传统格局。现在不再是唯独政府和媒体才拥有信息发布权;在网上,网民也有此权,而在发表自己的意见方面则享有比以往更多的自由(当然网民应当在法律法规、道德伦理许可的范围之内行事)。按传统的做法控制公众的话语传播权和信息发布权已明显不如先前行之有效。从理论上说,在网络环境中,所有的网民都掌握着发布信息的主动权,由此在虚拟空间中获得较现实生活中更多的话语权。网民在虚拟空间中提供的信息和进行评论的话语,借助于网络而得到广泛传播;随着媒体对在虚拟空间中传播的事件及话语的关注和报道,网民的话语权在现实世界中得以进一步延伸。而这种话语权的新格局,一定程度上也就是大众传播的新格局。它使政府工作人员的现实形象在不经意之间、在无意识的情况下被转化为媒介形象成为可能。这就要求政府工

---

① 《网友搜出自称"北京来的高官""猥亵门"男主角系深圳海事局副局长 林嘉祥家长拒调解》,来源:http://www.gzs.cn/html/2008/11/1/122055-0.html。深圳市海事局党组书记林嘉祥日前涉嫌在酒楼公然猥亵一名为其指路的 11 岁女孩。

作人员，在新的媒介条件下尤其注意严格自律、加强自我约束。

有例为证。

一位在 IT 行业工作的技术蓝领，无意间在上海地铁二号线捡到了某市公务员出国考察费用的清单，于是把它放到了网上，此后便很快形成了网上的舆论浪潮，并引起了网民的义愤。① 公务员出国考察费用清单无意丢失后被人无意捡到，又被有意通过网络披露。偶然之中其实是包含着必然性的，那就是：（1）纳税人的钱被公务员以各种方式挥霍，公务考察实为出国旅游，公众对此非议颇多。（2）网络为公众发表意见提供了可能性和便捷性。那位无意捡到费用清单的网友，利用可支配的网络话语权，有意做了一件对某些公务员来说具有相当震慑力的事。在此过程中，政府的现实形象和媒介形象双双受损当是不争的事实。南京江宁区房管局一局长，戴价值十万元的手表，吸一百五十元一盒的香烟。② 他在日常生活中也许早已习以为常，平时也无人专门留意过此类事情，但一有心人将此局长日常所吸香烟、所戴手表作了特别标记挂到网上以后，立即引起公众的热议。此后，传统媒体相继跟进，社会舆论的热浪由此而生成。更有网友将若干县领导所戴高档手表集中加以展示。这些官员的媒介形象，其细节中包含着丰富的潜台词。政府工作人员个人的现实形象经网络传播后引起广大公众的质疑，政府形象由此而受牵累将是不可避免的。

## 二、政府的媒介形象与大众传媒

政府的现实形象不经大众传媒，其实也是可以传播的，那是

---

① 网友"魑魅魍魉2009"：《我无意中捡到的某市公务员出国考察费用清单》，来源：http://www.bullog.cn/blogs/luoyonghaoo/archives/225747.aspx?cid=773203。

② 网友贺诗：《周久耕局长抽名烟、戴名表》，来源：http://free.21cn.com/forum/bbsMessageList.act?currentPage

由公众以口耳相传的方式进行的传播，在传播过程中包含着众人的评价。此即原始形态的"口碑"。但由非大众传媒传播政府的现实形象，速度缓慢、范围有限，而且经过辗转相传以后常常会出现程度不等的失真。而通过掌握现代传播手段的大众传媒展示和传播政府现实形象，则可以在很短的时间内做到据实传播、广泛覆盖并产生极大影响。此时，政府现实形象转化为媒介形象，政府媒介形象成为与大众传播紧密相连、影响范围更大的"口碑"。而大众传媒，则成为政府现实形象向媒介形象转化的中介。

　　大众传媒展现政府的媒介形象，所进行的是新闻传播，而非形象广告发布；因此必然受到新闻传播规律和传媒运作规律的制约。媒体展示政府现实形象，固然是一种宣传，但不应当只是一般的宣传，而应当是体现了新闻特质的宣传。所谓体现新闻特质，主要是指：选取具有新闻价值的事实，以此面对受众和面对世界"说话"；进行据实报道和如实报道，严格遵循新闻真实性原则；为受众提供有关事实的信息，并对此进行恰如其分的分析和恰到好处的评论；在确保新闻真实性的前提下，刻意追求新闻的时效性；为受众提供参与传播过程的机会，并与之实行经常性的有效的双向互动。

　　下面探讨对展现政府现实形象和形成政府媒介形象而言极为重要的三类报道。

　　第一类是成就报道。

　　从政府角度而言，常会要求大众传媒日常进行或在重要节庆和会议前后进行成就报道，这是理所当然的。不可否认，成就报道之于政府、之于媒体都有其相当的重要性，因为它能够激励和鼓舞民心，收到坚定信心、凝心聚力之效。成就报道中的诸多优秀之作，也确实发挥了良好的作用。但是，通过成就报道要展现政府良好的媒介形象并为公众所乐于接受，并不是没有条件的。实事求是、讲究方式、注重实效的成就报道，对展现政府良好的现实形象和媒介形象有利。而成就报道如果发生如下情况，则对传播政府现实形象、展现其媒介形象不利：所报道的成就，偏离了科学发展观的轨道，以牺牲生态环境、牺牲社会和谐、牺牲公众利益、牺牲子孙后代利益为代价；停留于或满足于报道地方官员的政绩，将成就报道完全等同于官员政绩报道；单纯从领导者的视角对成就进行叙述和观照；对同一成就进行反复的、无休无止的宣传；成就报道中包含夸大的成分或体现出某种片面性；缺少公众感兴趣的、鲜活的材料和生动的报道方式；采用简单灌输和生硬说教的做法——由此，公众不免产生隔膜甚至反感。

第二类是工作失误报道。

以往在大众传媒上，关于政府工作失误的报道较少，"报喜不报忧""反面文章正面做"是习见的套路。关于政府工作失误的报道，往往被认为有损政府现实形象和媒介形象。例如，先前在社会生活中虽也出现过罢工现象，但是媒体却很少想到或很少获准对此加以报道，很少想到或很少获准对政府工作中的失误加以报道。其原因是：唯恐影响政府形象、引起连锁反应和危及社会稳定。

从历史和现实的情况来看，媒体对政府工作中的失误进行报道，也出现过一些相当不错的经典个案。例如，1980年关于渤海2号事件的报道，1987年关于大兴安岭森林火灾的报道，就大量涉及了对政府工作失误的批评。通过方法得当的危机传播和危机公关，政府的现实形象和媒介形象得到了很好的修复。

第三类是灾难性事件报道。

灾难性事件可分为天灾（自然灾害）、人祸（人为事故）和天灾人祸三类。

天灾发生后，政府如何通过大众传媒展现自己的媒介形象？对此，汶川地震中、地震后政府和大众传媒的作为已经作出了最好的回答。政府作为中与大众传媒和广大公众有关的项目内容是：及时、充分地披露重要的灾情信息，通过媒体凝聚人心，营造良好的舆论环境和舆论氛围，在此过程中顺理成章地展现政府的现实形象和媒介形象。

现在需要特别关注的是：人祸或天灾人祸发生后，紧随其后的是问责，是种种复杂的利益关系面临曝光和拷问；在此情况下，当地政府如何展现自己的媒介形象，这比天灾带来的考验更为严峻。2008年8月1日山西省娄烦寺沟村尖山铁矿发生山体滑坡事故，当地媒体报道称有11人被埋，事故随后被认定为自然灾害。报道引起《瞭望东方周刊》记者孙春龙的怀疑，他当即赶赴娄烦调查，在死者家属居住的宾馆核实出41名死者名单。8月底，《瞭望东方周刊》刊出孙春龙和特约记者王晓的《娄烦：被拖延的真相》。网易、腾讯及凤凰网等部分主流网站转载了这篇报道而又被删除。后在中央政府的干预下，经调查最后确定此次事故为重大责任事故。① 娄烦当地政府隐瞒事实真相，损毁了政府现实形象和媒介形象，使之公信力和可信度丧失；而中央政府的所作所为，则维护了政府现实形象和媒介形象的权威性、可信性。媒体记者孙春龙，发挥了帮助中央政府明察情况、纠正地方政府错误行为的作用，以理智的行动维护了政府良好的现实形象和媒介形象。

众所周知，三鹿奶粉事件造成了严重后果。实际上，三鹿公司于2008年8月2日向石家庄市政府领导提交的《关于消费者食用三鹿部分婴幼儿配方奶粉出现肾结石等病症的请示》称："恳请市政府帮助解决两个问题，一是请政府有关职能部门严查原料奶质量，对投放三聚氰胺等有害物质的犯罪分子采取法律措施；二是请政府加强媒体的管控和协调……避免炒作此事给社会

---

① 孙春龙：《致山西省代省长王君的一封举报信》，来源：孙春龙个人博客2008年9月15日。

造成一系列的负面影响"。① 接到《请示》后，石家庄市政府围绕第一个问题也曾采取过一些治标但未能治本的措施。在第二个问题上，实际情况是：一段时间内该市媒体未就三鹿问题奶粉披露信息、进行报道。该市政府通过"加强媒体的管控和协调"，在世人面前不仅完成了其即时现实形象展示，而且完成了稍稍滞后的媒介形象展示。政府的实际所为，是与自2007年11月1日起正式施行的《中华人民共和国突发事件应对法》相抵触的。在采取得力的纠错举动并取得公众谅解和认可之前，当地政府的现实形象和媒介形象无可避免地被蒙上了阴影。

### 三、政府的媒介形象与社会公众

政府展现其媒介形象，出发点和归宿是：按预设目标，为公众所了解和理解，并有效影响公众；而非为展示而展示，也非为自我欣赏而展示。为此，必须认真研究受众（公众）的变化，认真研究公众情绪和社会舆情，认真研究媒介形象的展现方式，努力使政府媒介形象为公众所认可、所接受，提高公众对此的心理认同度。

首先，深入研究受众（公众）的变化。

在改革开放的历史进程中，政府和大众传媒所面对的公众已经发生了巨大而深刻的变化。这方面的内容很多，而其中尤为重要的是：第一，公众生活在资讯发达的信息时代（信息的接收量和来源渠道大大增加），加之受到改革开放大环境的长期熏陶，视野之开阔、思想之活跃、观念之开放已今非昔比。如果说传播学中的"魔弹论"在过去不适用，那么它在今天和今后就更不适用。现今，公众的一个显著的特点是：对于事物的是非得失，自

---

① 潘多拉：《管控媒体违反了突发事件应对法》，载《珠江晚报》2008年10月3日。

会根据从各个方面获得的众多信息去加以甄别、比较、分析、判断。"你传播什么我接受什么"的局面已经一去不复返了，民意受摆布的情况也已有所改观。第二，公众实际利益的重要性有所提升。公众的实际利益，既受到其自身方面的更多关注，也受到来自党和政府以及社会各方的更多关注。由此，物质利益因素渐成公众作出是非判断和价值判断的重要依据，影响公众对事物的评判。人们对政府的现实形象和媒介形象作出判断、进行评价，已不单纯依据政治理念和政治尺度，还会以经济上得到多少实惠和好处作为标准。这是与改革开放前有很大不同的地方。值得注意的现实情况是：在改革开放过程中，社会阶层结构发生了变动，先前的利益分配格局也已发生巨变。一部分人由于种种原因，获益较多；另一部分人则获益较少或甚少。由于利益的驱使，位于基准线以下的民众与位于社会金字塔塔尖的精英，面对政府的现实形象和媒介形象，所作出的评价往往会呈现较大差别。更何况，生活在基准线以下的民众及其父辈，以往是革命和建设中的依靠力量、骨干分子。与他人相比客观存在的生活落差，以及与自身或父辈以往相比所形成的心理落差，将会影响他们对政府现实形象和媒介形象的评价。因此，让改革成果普惠于广大人民群众，较大幅度地提升困难人群的生活水准，缩小贫富之间的差距，这是政府的一项神圣使命，也是它在构建自身现实形象和展现媒介形象时需要经常考虑的一个重要问题。

其次，深入研究社会舆情和公众情绪。

何谓舆情？"舆情即民意情况，涉及公众对社会生活中各个方面的问题尤其是热点问题的公开意见（外露的部分）或情绪反应（既可能外露又可能不外露的部分）。它是社会脉动和公众情绪的自然而然的流露和体现。"①

在汶川地震中，社会舆情的主流方面与政府的预期高度一致。在此情势下，政府的媒介形象在社会上认可度很高。但毋庸讳言，地震前后在部分地区出现的群体性的社会泄愤事件以及出租车罢运事件，已经通过社会舆情向人们拉响了警报。事实表明：由于社会上不公平、不正义乃至腐败现象的客观存在以及体制机制方面存在的问题，一部分地区的一部分群体积怨甚深，一遇导火索就可能爆发。不久前发生的贵州瓮安事件、云南孟连事件以及近几年发生的重庆万州事件、安徽池州事件、浙江瑞安事件、四川大竹事件等，都折射出一个大致相同的问题：在事件初起时，当地政府都未能通过大众传媒及时提供公开、透明、权威的信息，对社会舆论进行恰当而有效的引导。由于当地媒体的失语，以致"信息来源纷乱众多，没有民众公认的'权威发布'"②，加之其他原因的合力作用，最后酿成了群体性的社会泄愤事件。正如贵州省委书记石宗源所说："从一起单纯的民事案件酿成一起严重的打、砸、抢、烧群体性事件，其中必有深层次的因素。一些社会矛盾长期积累，多种纠纷相互交织，一些没有得到应有的重视，一些没有得到及时有效的解决，矿群纠纷、移民纠纷、拆迁纠纷突出，干群关系紧张，治安环境不够好。一些地方、一些部门在思想意识上，干部作风上，工作方式方法上，还存在一些这样那样的问题，群众对我们的工作还不满意。"③在应该得到重视然而又没有得到应有重视的问题中，就包括由于种种纠纷未得到妥善解决而累积起来的群体性怨愤情绪。从深层

---

① 丁柏铨：《略论舆情——兼及它与舆论、新闻的关系》，载《新闻记者》2007年第6期。
② 于建嵘：《反思社会泄愤事件》，载《南风窗》2008年第15期。
③ 《贵州省领导赴瓮安现场指挥"6·28"事件处置工作》，载《贵州日报》2008年7月1日。

论政府的媒介形象

次上认识和解决这类问题,是展现政府经修复的良好现实形象和媒介形象的根本之道。

云南孟连 7 月 19 日发生了警民严重冲突事件。当企业与胶农发生利益冲突时,得到企业好处的当地少数县乡领导干部,无视已经呈现某种对立之势的公众情绪,不是站到维护群众利益的立场上,而是应企业请求做出了严打"农村恶势力"的错误决策,甚至不惜调动警力对部分胶农实施抓捕,由此引发 2 死 61 伤的案件。这是当地政府"为既得利益者决策"的一个典型案例。事后,云南省委、省政府召集全省五百余"一把手"进行反躬自省,重温《苏共亡党十年祭》《甲申三百年祭》、司马迁的《陈涉世家》、贾谊的《过秦论》等篇章。此举旨在以历史悲剧阐释"失人心者失天下"的规律。① 《中国青年报》等媒体报道了"一把手"们沉痛自省中掏心掏肺的话语。这一集体反躬自省式的行动,并不为博取公众好感而设,但无疑收到了云南官员重树政府良好现实形象和媒介形象之效。

最后,深入研究公众乐于接受的展现方式。

政府实行信息公开,体现的是对人民的国家主人翁地位及公民知情权的尊重,在此过程中则自然而然地展现了政府开明民主的现实形象和媒介形象。这种展现方式,当然是公众乐于接受的方式。汶川地震报道的最主要的成功之处在于,最大限度地体现了政府信息公开。清华大学媒介调查实验室的《汶川地震救灾报道满意度调研报告》显示,93%的受访者对媒体抗震救灾报道表示"非常满意"和"满意",7%的受访者表示一般或不清楚,没有受访者表示"不满意"。② 媒体报道与政府机构部门管理、政

---

① 殷红:《云南孟连"7·19事件"最新报告》,载《中国青年报》2008 年 9 月 17 日。

② 见 http://academic.mediachina.net/article.php?id=5726。

府形象密切相关。民意调查中公众对媒体报道的满意度,在一定程度上折射出了对政府现实形象和媒介形象的满意度。

  在作出重大决策时,体现对民众意愿、对公众利益的高度重视和竭力维护,这是公众推崇的政府现实形象和媒介形象。厦门PX项目迁址一事,是关于政府现实形象和媒介形象的值得回味的案例。使决策者最初为之心动的,是800亿元人民币的GDP。由此,市民的环境安全和切身利益一度被决策者置于脑后。如果PX项目与民意逆向而行且如期在原址建成,经济效益和官员政绩无疑可以彰显,但是与此相联系的政府现实形象和媒介形象则难以获得广大公众的心理认同。先是由市民围绕厦门PX项目,通过新媒体诸如网络和手机短信设置议题和议程;而后是公众以此为焦点形成舆论热潮;稍后是政府负责人就该议题和议程与公众进行坦诚的对话、讨论,充分听取公众意见,并作出匡正性的从而更符合科学发展观要旨的新决策。厦门人将与人交换意见和传播自己的意见称作"散步"。"散步,只为偶遇可说服的市长","有多久了,市长不可说服。又有多久,公众也开始不可说服。这种不可说服的治理状态,直引向共识丧失、怨恨积聚、对立升级。它使一切社会建设,纷纷陷入灰暗的冲突之门。如今,厦门市长第一个走出来,愿意也可以被说服。对话的欲望滋长,不可说服的固执消释。市民在说,原来从容的散步,也可以遇到智慧的市长"。① 在接触市民、倾听民意的过程中,政府最终形成了新的正确决策。事件的结果是:民众对政府的决策深表满意;政府在公众面前不仅不失面子,而且借此树立了更高的威信。是公众通过网络(大众传媒)以及手机短信(准大众传媒)这些新媒体,共同推动政府改变原有的决策,同时推动政府改变自己在公

---

  ① 《南方都市报》社论:《散步是为了遇上可说服的市长》,载《南方都市报》2008-01-14。

众心目中"不可被说服"的形象,展现"自动服膺公意"的现实形象和媒介形象,从而得到了公众发自内心的高度认可。在政府展现现实形象和媒介形象方面,这不失为一个意味深长的个案。

[原载《西南民族大学学报》(人文社科版),2009年第2期]

# 传播学教育在中国

刘海贵

差不多与改革开放同步,传播学被引入中国及中国传播学教育的发展历程恰好已有四分之一个世纪。从大量相关论文的发表,专著、教材与译著的出版,再到传播学本科、硕士、博士专业点的建立,以及国内国际研讨会的频频召开,直至后来全国传播学会的成立、国家重点研究基地的设立、国家重点学科的诞生等等,这一从无到有、从弱到强的学科发展轨迹,既表明了以往的曲折,也展现了未来的光明,笔者1993年6月在台湾召开的"中文传播研究暨教学研讨会"所做的学术报告中曾概括的16个字:"起步较晚,发展迅速,困难不少,前景看好",至今仍为学界共识。

## 一、历史:从悄然起步到蓬勃兴起

中国引入传播学学科并开展这一学科的教育研究,大致可分为三个阶段:

### 1. 悄然起步阶段

在我国,最早接触并介绍传播学的学者当属复旦大学的郑北渭教授。早在1957年,他就和几位同事在复旦大学新闻系所办刊物《新闻学译丛》上翻译介绍过传播学相关内容,但一直未能形成气候,因为当时政治运动不断,特别是"文化大革命"十年的破坏,新闻学教育研究招致毁灭性摧残,新闻学理论只是"阶级斗争工具""无产阶级专政工具"等等的代名词。新闻学尚且落到如此境地,传播学的引入和教育研究的兴起也就根本不可指望。作为第二次世界大战后有重大发展的传播学,在将近半个世纪的时间里始终未能在中国这块沃土上落地生根,这不能不说是一个莫大的遗憾。

直到 20 世纪 70 年代末,"文革"宣传结束,中华大地,万象更新,新闻媒体和新闻理论教育界的广大从业人员在十一届三中全会路线的指引下,解放思想,大胆接触、探索各种重大理论问题和实践问题,与此同时,自然也对蕴含强大生命力的传播学以空前欣喜、渴望的心情予以关注。复旦大学新闻系教授郑北渭率先于 1978 年 7 月在《外国新闻事业资料》上发表《公共传播学的研究》和《美国资产阶级新闻学》两篇文章①。同年 9 月,由陈韵昭教授领衔给复旦大学新闻系本科生高年级学生开设传播学讲座和选修课,首次让传播学出现在中国大学的讲台上。陈教授讲授的内容主要有:传播的含义、传播的发展史、传播的构成因素、传播路线与符号传送、传播的回馈、传播中"把关人"等,数以百计的学生怀着极大的兴趣争相选修此课,数十位各地高校青年教师相继来到复旦大学进修此课。该年 10 月,日本东京大学新闻研究所内山芳美教授应邀到复旦大学作了题为"日本公共传播研究的历史与现状"的演讲。这个过程可谓传播学正式登陆中国,是中国传播学教育与研究的序幕。值得特别肯定的是,在这其中,复旦大学新闻系在中国传播学的引入与教育的创立上的领头羊作用是不容置疑的。

2. 蓬勃兴起阶段

到了 1979 年,第二次浪潮再度掀起,张隆栋、郑兴东、陈仁风、张黎、姜克安、王泰云、居延安、俞景璐、俞旭等京沪一

---

① 复旦大学新闻系:《外国新闻事业资料》,1978 年。

批知名学者发表大量学术论文,将传播学的基本理论、传播过程理论、传播效果理论、传播受众、传播学分支理论、符号理论、把关人理论、传播社会功能及传播方式等,系统、详尽地予以介绍和阐述。

邓小平同志倡导的改革开放政策,使中国各行各业生机勃勃,同样,中国的传播学教育研究的活力也日益增添,一个以"请进来、走出去"为形式广泛进行学术交流的局面也逐步形成。1982年5月,美国夏威夷东西方中心传播研究所顾问、传播学权威宣伟伯同他的学生香港中文大学新闻传播系原系主任余也鲁教授,应邀在广州、上海、北京的大学新闻系和新闻研究机构讲学,我国领导人曾会见了他们。1983年6月,美国加利福尼亚州大学奇科分校传播系主任祝基滢访问中国人民大学新闻系,与该系部分教师座谈,交流大众传播教学过程中的主要问题。1984年6月间,美国夏威夷大学新闻系主任约翰·路特教授及美国西雅图华盛顿大学传播系主任爱德斯坦教授到复旦大学讲学。美国学者W. 赛费林作为富布赖特计划的一部分,专程到复旦大学开设为期一学期的大众传播学课程。与此同时,中国传播学者参加国际传播学理论界的学术交流活动也日趋频繁,从1982年复旦大学郑北渭教授应邀赴美国夏威夷和日本横滨参加国际传播理论讨论会并宣读《变化中的报纸与变化中的新闻理论》起,至今每年均有数十位中国学者赴美国、英国、日本、韩国、澳大利亚等国进行学术交流。从20世纪80年代初起,各地新闻传播系所和新闻单位,每年均会派出近百位学者去国外访学、进修传播学。据粗略统计,迄今为止,先后派出的访学、研修人员已达二千余人,目前各地院校传播学专业的"掌门人",基本上均为这些访学、研修学成归来的人员。

3. 健康发展阶段

中国与世界各国、各地的传播学者之间的广泛接触和交流,其本身就是一种人际传播活动，更是一个促动，促使中国传播学教育研究健康、快速的发展，一时间，中国出现"传播学时髦、吃香"现象。

据初步统计，仅1982年到1985年期间，中国学者发表的关于传播学研究的文章就达200余篇，出版译著和教材近20本，主办的学术研讨会10余个。

继复旦大学新闻系后，中国人民大学、中科院新闻研究所、暨南大学、北京广播学院（现为中国传媒大学）、厦门大学、武汉大学、南京大学、华中理工大学、郑州大学、兰州大学、上海外国语大学等相继开设了传播学课程。从1985年起，复旦大学、中国人民大学等系所，充分发挥"工作母鸡"的作用，培训各地新闻院系前来进修传播学课程的教师，迄今为止，仅复旦大学新闻学院就先后接纳了400余位。这一"滚雪球"方式产生了极大效应，据统计，目前中国高校设立传播学教学点的已接近五百个，甚至连一些师范专科学校、职工技校、民办大学等也设置了传播学的相关课程。

同时，有关学校还将传播学的教学撒向社会，不失时机地为社会举办各类形式的培训班、进修班，使社会各界数以万计的人员接受、掌握了传播学科知识，如复旦大学新闻学院1989年首次举办的公共关系函授班，因为是以讲授传播学内容为主，学员学习热情高涨，首期参加学习的人员就达8000余名，后又办了3期，学员超过3万。

### 二、现状：诸多问题尚待解决

传播学在中国已经落地，或者说，中国已经接受传播学，这是不争的事实；传播学教育在中国发展的总体状况也属健康、积极，也是令人满意的。

但是，发展中存在的一些问题必须引起重视，有些问题还相当严重,已成为学科发展的制约因素,应当尽快着手解决。

1. 教学水准未见提升

2006年8月19日在深圳大学举行的"'06中国传播学论坛"上,我国著名新闻传播学者吴文虎教授指出:"中国现在的传播学教育是比以前有很大发展,教学点多了,会讲这门课的人多了,但水准本质上与上世纪80至90年代没有两样。要下决心研究传播学理论,特别是原创理论,要敢于挑战前人,学科理论上要有突破。"

确实,我国目前传播学教育在量上比以往有很大的长进,但质上进步不明显,仍处于介绍、评价西方传播学和探讨中国传播学理论体系的初级阶段,且介绍、评价的大部分是"通论""概论"一类,尚缺乏对大众传播学各个主要学派、主要领域以及主要研究方法的专门性评述,尤其是对国际传播学界最新研究动态和成果关注、采集不够。对中国传播学理论体系的探索、建设也没有标志性成果,尚未形成有本土特色的传播学教育和研究方法,少有代表人物和学派。建设高素质、高水准的教学团队刻不容缓。

2. 培养目标没有理清

目前中国普遍奉行的传播学培养目标是传递文化知识、培养学生传播学术能力、发展学生职业技能,以及重塑社会价值。这一目标含混不清,请问:传递文化知识非传播学专业莫属吗?传播学术能力为何物?职业技能又专指什么?等等,显然这一培养目标没有特指性。于是,多年来,中国的传播学专业到底该从本科阶段还是从硕士研究生阶段开始设置、毕业生应具有什么样的素质均未明确。2003年11月在合肥举行的全国新闻传播教育年会上有个主要议题,即传播学专业的设置应当放在本科生阶段,还是放在研究生阶段。300余位与会学者争议颇大,虽最后未形成一致意见,但大部分学者还是认为,应建议教育部将传播学专业设在研究生阶段。

目前,中国大部分院校的传播学专业均设在本科生阶段。至于为什么要设在本科阶段、课程设置针对性如何、学生毕业后该从事什么职业等等,则至今没有搞清楚。于是,教学上从一开始招生到4年的课程设置、教学方法直至毕业去向,几乎与新闻学专业没什么两样,导致师生与用人单位一片困惑,越来越多的人士甚至质疑:照这种路子走下去,本科生阶段还有必要设置传播学专业吗?

对于传播学科的理论体系规范与完善、传播学教育的理念与做法、传播学基础课程的设置、学生的实习途径、单位与毕业去向等,都到了花大力气作专题深入研讨的时候了。笔者认为,传播学学理性相对强些,对研究问题的诉求相对高些,放在研究生阶段较为适宜,且国外也基本是设在研究生阶段。培养目标应是媒体及社会从事新闻传播工作的高端人才,其发现问题、设置议题、统筹兼顾及分析、解决问题的能力非一般新闻传播从业人员可比。目标是旗帜,是方向,是一切活动的统帅,含混不得。

3. 科学研究尚无起色

对于学科发展而言,教育和科研犹如车之两轮,鸟之两翼,相辅相成,缺一不可。20余年来,中国在传播学的科研方面,虽然国家也投了一些钱,许多学者也一直在努力,但拿得出手的科研成果少之又少,甚至还在是搞"大传播学"还是搞"小传播学"等问题上争论不休(前者强调建立一门宏观传播学,以沟通与其他人文、社会科学的横向联系;后者强调建立一门相对狭义、微观的传播学,以区别于其他的人文、社会科学)。二十余所高校和科研所虽然也建立了传播研究中心之类的机构,但大都未能正常开展工作,也鲜有向受众或政府提供有价值的咨询报告,建立如西方盖洛普一类的民意调查机构则更是遥遥无期的事情。以前人们曾总是感叹:传播学总是在空中飞,何时才能在中国落地?现在人们则又感叹:传播学虽然在中国落地了,但何时生根、开花并结出果实?

### 4. 教材建设明显杂乱

20世纪80至90年代,中国的传播学者在教材建设上是尽心尽力的,也出了近百本教材或译著,其中较具水准和影响的有如下几种。

(1)复旦大学新闻系居延安教授所著的《信息·沟通·传播》,1986年3月由上海人民出版社出版。该书较系统地介绍传播学的基本概念与基本命题,重心落在理论与应用的交叉点上,能使理论界和传播媒介工作人员及大学生较容易对一门生疏的新学科产生认同感。该书属中国学者最早自编出版的传播学教材,深入浅出,通俗易懂。

(2)戴元光、邵培仁、龚炜三位教授编著的《传播学原理与应用》,1988年6月由兰州大学出版社出版。该书立足于适应中国目前教学、研究与应用的需要,作者把新的研究角度、立体思维方法同传统研究方法相结合,在近35万字的较长篇幅里,融史、论、应用为一体,在传播学与其它学科的交叉点上建立自己的理论研究体系,使该书既能反映传播学发展的历史轨迹,又展示传播学研究的现状和趋势,既阐述传播学的理论意义,又介绍该学科的应用方法,是国内目前公认的一本较好的传播学教材。

(3)颜建军等四位学者翻译的《大众传播通论》,1989年2月由华夏出版社出版。该书不只是总结他人的研究成果,还在含义、大众文化、新闻自由等概念上,有独到的分析和充分的理解,并还推出一系列新的理论课题,如把人类传播解释为一种生物社会的传播过程,以及由此引出的推论——大众传播效果的"意义论",对开拓我国读者和大学师生的思路帮助很大。

(4)中国社会科学院新闻研究所陈崇山、弭秀玲教授主编的《中国传播效果透视》,1989年3月由沈阳出版社出版。作为进行民意调查研究并加以实践的先行者,陈崇山、弭秀玲怀着科学的态度,在十分困难的条件下,排除干扰,奋力前行,一次次地进行大规模的受众调查。该书是一本历史的记录,并对今后中国舆论发展史会有很大的助益。

(5)张国良教授翻译的《大众传播社会学》,1989年11月由复旦大学出版社出版。该书为日本著名传播理论权威竹内郁郎教授主编,全书集中体现了用社会学的观点、方法研究新闻传播事业这一当代大众传播学最重要的特征。该书既有各派学说的介绍,又有作者个人见解的阐述,既有理论性的剖析,又有应用性的探索,与美国学者的同类书籍风格迥异,各有千秋,比较接近与适合中国国情。

近十年来,又有沙莲香等主编的《传播学》、钟文与余明阳主编的《大众传播学》、郭庆光主编的《传播学教程》、郭镇之主编的《北美传播研究》、李彬主编的《传播学引论》、张隆栋主编的《大众传播学总论》、刘建明主编的《舆论传播》、段京肃主编的《传播学基础理论》等数十本教材和著作,较大程度上推动了中国传播学的繁荣和教材建设。

但是,对外交流有限、最新资料信息缺失及诸多自身原因,导致中国目前传播学教材建设呈表面繁荣、实质薄弱的现象,全国公认的佳作不多。教育部非常重视传播学教材的建设,早在20世纪80年代末就下达任务,拨专款、组织专门人员撰写传播学全国统编教材,由我国著名新闻传播学者、暨南大学教授吴文虎先生任主编,但因种种因素,此项目至今尚无结果。审视眼下中国传播学教材的混乱局面,统编教材及其权威性力作的编写的话题不是重提,而是到了真正落实的时候了。

上述问题所形成的现状,既使人们看到中国对传播学教育与研究的积极态度,又使人深感中国传播学教育、研究尚未跳出低水平的状态及面临的种种无奈。

### 三、展望：前景一片光明

中国在春秋战国和先秦两汉时期，传播活动就非常活跃，五千年的华夏文化奠定了中国厚实的传播基础，因此，诞生于西方的传播学科不仅能在中国这块沃土上落地、生根，而且一定会开花、结果，茁壮成长；传播学教育和研究也将迎来更好的发展。看好这一前景的理由主要有三：

#### 1. 开放政策好

20世纪70年代末期，中国共产党正视并纠正了在"文革"中所犯的错误，制定了深得民心和国际社会普遍赞誉的改革开放政策，注意吸取西方及整个人类先进的科学技术和科研成果，中国民主政治空气日趋浓厚，逐步形成了中西文化交流的良好气氛与政治环境。同时，实践是检验真理的唯一标准问题的大讨论，使中国人民和中国学者的思想大解放，深感往日闭关自守所造成的落后状态再也不能继续下去，极大地迸发出勇于探索和研究西方文化成果的热情。敞开了的中国大门迎来了西方的新思潮、新思想、新理念，同样也就迎来了伴随着这个潮流涌入的传播学。特别是受1992年年初邓小平先生南方讲话精神的激发，中国人的思想更解放一点，胆子更大一点，步子更快一点，中华大地日新月异的巨大变化，令世人瞩目，与此同时，也给传播学的教育与科研注入了新的活力。20世纪90年代，中国学者又掀起了两次自著和翻译传播学著作的出版高潮，出版各类书籍达300本。在传播学高层次人才培养上也取得了实质性的起步，1996年我国有了第一批传播学的硕士和博士授权点，目前传播学博士培养单位已达10家，硕士培养单位40余家。1997年6月，国家将传播学正式列入社会科学的学科目录，将传播学与新闻学并列提升为一级学科，结束了长期来对传播学的各种非议和否定。2002年6月，中国新闻教育学会传播学研究分会（中国传播学会）在上海成立,同时,教育部重点研究基地"复旦大学信息与传播研究中心"宣告设立;2005年2月,中国新闻文化促进会传播学分会又获准成立。2006年在深圳大学召开的"'06中国传播学论坛"收到论文250余篇,超出以往历届年会的数量,为期两天的会议分设"传播理论与历史""媒介生态与社会进步""传播体制、法规与伦理""国际与跨文化传播"等20个会场,盛况空前。由此,中国传播学教育研究再次显露强劲势头,这一切皆归功于我国坚定不移、坚持不懈推行的改革开放政策。

2. 市场需求大

改革开放20余年,可谓是中国大众传播事业光辉灿烂的大发展时期。目前,中国有报纸2100余种,杂志九千余种,广播电视台近万台,互联网发展几乎与世界同步,现有网民1.23亿,其中宽带网民接近三分之二,调查显示,中国互联网发展进入了又一个快速发展期。中国已进入宽带时代①。手机等新媒体发展势头更是迅猛。大众传播业如此快速发展,必然呼唤理论上的指导,也必然产生一系列需要研究和解决的课题。因此,借助传播学的相关理论和方法来解决实践中出现的问题便属十分自然,而加快发展与推进传播学的教育和研究,也就属题中应有之义。

3. 学科共性多

无论是资本主义国家还是社会主义国家,无论是东方还是西方,传播事业及大众传播媒介,可能因为制度和国情的不同,媒介职能和学科研究侧重上会存在一些不同之处,例如,西方有些学者研究传播学的目的主要是为维护资产阶级利益和资产阶级统治地位,其研究的焦点主要是在受众个人对媒介传播信息的反应,以及从量的方面进行数据处理的某些问题上,其研究方法总的说来是行为主义、经验主义和实用主义的。有些学者还回避大

---

① 《中国互联网发展迅速进入宽带时代》,载《解放日报》2006-08-07。

众传播媒介的所有权和控制问题，对传媒在社会意识形态领域的作用也讳莫如深。但是，不同社会制度下的新闻传播事业都承担着社会信息流通的任务，有着更多共同的课题需要研究。再则，从世界学科发展的总趋势看，相关学科之间的交叉性、交融性也在加强，在研究传播学的同时，将其与社会学、新闻学、心理学、哲学等学科进行交叉、交融性的研究，则可能大大丰富和发展传播学。

因此，要发展社会主义的传播事业和传播教育事业，创建中国的社会主义传播学，首先就必须借鉴西方传播学的研究方法和成果，如从传播学的研究对象、理论、方法上看，包括他们的社会调查、实验法、内容分析法以及定量与定性相结合的分析方法，都具有科学性和借鉴价值。其次，在研究传播学的同时，强调交融性原则，将传播学与社会学、新闻学等学科结合在一起研究，既发展、丰富了传播学本身，也可能发展、丰富了社会学、新闻学。2003年11月在合肥举行的中国新闻传播教育年会上，针对长期来我国新闻学者与传播学者互相排斥、主张切割的现象，笔者在大会发言时倡议："新闻学与传播学都是具有相当发展潜力与空间的学科，且两门学科间有诸多的共性，即一定的血缘性。不要人为地将两门学科对立，应本着负责和积极地精神，做一篇1+1>2（新闻学＋传播学＞新闻学与传播学）的大文章。"得到了三百余位与会者的积极响应。

综上所述，我们可以充满信心地认为，中国的传播教育、科研和应用，都会有一个健康、积极的发展。由于现实国情和传统的原因，中国可能更注重以较为实际的行为科学的方法去研究发展传播学，至少目前应该是这个思路，可能更突出评价、消化和修正西方传播学理论，不搞"拿来主义"，不要全盘接收，而是在综合分析的基础上，取其精华，去其糟粕，尤其注重研究、借鉴日本等国和我国台湾、香港地区的研究方向和重点，通过进一步增进国际、国内交流及不懈地实践与探索,最终建立起社会主义中国的传播学教学、研究模式与完善的理论体系。

[原载《西南民族大学学报》(人文社科版),2006年第12期]

# 拟态环境与广告的实在与空灵

杨晓明

## 一、拟态环境与人的延伸

美国著名记者、新闻评论家瓦尔特·李普曼（Walter Lippmann，1989—1974）以其资深的职业经验和独到的敏感发现了传播媒体与现实生活之间的微妙关系。他在1922年出版的《公众舆论》（*Public Opinion*）一书中提出了"拟态环境"（Pseudo-environment）的概念。在李普曼看来，拟态环境是由传播媒体在人与现实环境之间插入的信息环境。它并非客观现实环境镜子式的再现，而是经过传播媒体选择、加工（如采访、编辑）以后向人们提供的模拟环境。因此，它具有似是而非或似非而是（pseudo-）的特点。但由于传播媒体的选择、加工往往是在一般人看不见的地方（如报社内部）进行的，所以，人们往往意识不到这一点，而把这种拟态环境当成了真实的客观现实环境来接受，并据此做出行为反应。而要害在于，人们所接受的拟态环境虽然是模拟的，非绝对真实的，但他们所作出的行为反应却是现实的，绝对真实的。因此，拟态环境对人们的现实社会生活影响是巨大的。

李普曼的拟态环境论，洞悉了传播媒体的奥秘，引发了人们对传播媒体，尤其是新闻传播真实性问题的关注，所以，李普曼不仅被美国人公认为"我们时代最伟大的新闻记者""首屈一指的无冕之王"，而且也被认为是美国乃至世界新闻传播理论的重

## 拟态环境与广告的实在与空灵

要开创者。《公众舆论》一书也被视为新闻传播学的奠基著作之一。

然而，在我看来，拟态环境论更为重要的贡献，不是在于它洞悉了传播媒体，尤其是新闻传播的真实性问题，而是在于它为我们揭示了现实生活环境之外的另一个环境——拟态环境，现实生活世界之外的另一个世界——媒体世界的奥秘，并由此引发了我们对于人类生存境况的另类关注。所以，拟态环境论并非只有形而下的新闻技术的意义，而是具有更为深刻的形而上的存在的哲学的意义。

从古到今，每一个人都生存于现实生活环境之中，这是毋庸置疑的。现实生活环境是凭我们的感官即可视可听可触的直接经验世界。但我们的感官可视可听可触的范围其实是十分有限的。《老子》所谓"鸡犬之声相闻，民至老死不相往来也"的"小国寡民"状态和民间俗语所谓"三代人没有走出过九里路"的"乡下人"生活写照，都是对于仅仅生存于直接经验世界的远古人和部落人的描述。另一方面，从古到今，人类一直渴求着突破直接经验世界的樊篱，超越狭小生存空间的局限。从各民族民间故事中普遍传颂的"千里眼""顺风耳"，到《西游记》《封神榜》等中国古典文学名著里的各路神仙，他们所拥有的令人神往的特异功能和超凡本事，说到底，实际上都是对于直接经验世界的超越。这种超越，在古人那里，只能是难以企及的梦想和神话，而在今天，这种难以企及的梦想和神话，已经成为现实。这种现实，不是靠别的什么，而正是靠李普曼所谓的拟态环境——媒体世界来实现的。其实现的途径，则如另一位著名的传播学者马歇尔·麦克卢汉（Marshall McLuhan, 1911—1980）所描述，是由于传播媒体给人的感官插上了翅膀，使之能力得到了"延伸"。在其名著《理解媒介——论人的延伸》（Understanding: The Extensions of Man）里，麦克卢汉发表了关于传播媒体是"人的延伸"的著名论断。在他看来,传播媒体是推动人类文明发展的动力。因为,所有的传播媒体,都是人类感觉器官的延伸。文字印刷媒体是人的眼睛的延伸,广播、电话是人的耳朵的延伸,电视是人的中枢神经系统的延伸。正是这些延伸,使人类超越了直接经验世界的樊篱和自身感官的局限,从而能够超越时空,在由传播媒体给我们营造的间接经验世界里自由翱翔。也正因为人的感官能力的无限延伸,使我们生存的这个在过去被认为是广袤无垠的地球,在今天成了一个新的部落似的"地球村"。

  正如李普曼所说:"我们每个人都是生活、工作在地球的一隅,在一个小圈子里活动,只有寥寥无几的知交。"① 事实的确如此,我们所生存的直接经验世界实际上是非常狭小可怜的。我们说我们是中国人,但我们其实只是生活在中国的某个省份,中国还有很多地方,终其一生你也没有去过,所以从直接经验世界的角度来看,这些地方根本与你无关。你生活在中国的某个省份,例如四川,但其实你也并没有生活在整个四川,而只是生活在四川的某一个地方,例如成都。你生活在成都,但其实你也并没有生活在整个成都,而只是生活在成都的某一个地方,例如四川大学。甚至,你也不是生活在四川大学,而只是在四川大学的某一个校区,准确地说,是四川大学某一个校区的寝室、教室、食堂三点一线的狭小空间里。但你自己平时并不这样认为,而是真真切切地认为自己是成都人、四川人、中国人。成都、四川、中国,乃至全世界的事情你都知道。然而,你是怎么知道的呢?在什么意义上,你感觉自己是成都人、四川人、中国人乃至世界公民呢?其实,这一切,皆因为有了传播媒体。所谓"秀才不出门,全知天下事"。你是依靠传播媒体延伸了感官,使你生活在

---

① [美] 瓦尔特·李普曼著,阎克文、江红译:《公众舆论》,上海:世纪出版集团、上海人民出版社,2006年,第61页。

间接经验世界,亦即李普曼所谓拟态环境里的成都、四川、中国乃至于全世界。所以,在今天,对于我们来说,直接经验世界只是生活中很小一部分的体验,尽管是必不可少的,更多的生活体验是对于间接经验世界,亦即李普曼所谓拟态环境的。因此,我们有必要对这个拟态环境加以更多的关注,对它的存在问题进行更为深入的探讨。

**二、拟态环境的真实性问题**

要对拟态环境进行更为深入的探讨,首当其冲的便是其存在的合理性,亦即其真实性问题。

我们要提出的问题是:现实环境是否是唯一真实的环境?而拟态环境是否一定是不真实的环境呢?

其实,从古希腊哲学家柏拉图开始,就已经对所谓纯粹的"物"的"现实世界"真实性提出了质疑。在柏拉图看来,我们所生存的直接经验的现实世界并非是唯一真实的世界,在这个世界之外,还有一个绝对真实的"理式(Idea)世界"存在,理式世界是现实世界之所以为现实世界的蓝本,而现实世界只不过是理式世界的摹本。以床为例,我们在直接经验世界里所睡的床只不过是对理式世界中床之所以为床的那个理式的摹本,所以,全世界的床大同小异,但都符合床的理式。尽管柏拉图的理式世界自有其客观唯心主义的理论基础,但是,它仍然可以给我们提供思想资源,即所谓现实世界的真实性并非是唯一而永恒不变的。

回到李普曼的拟态环境论来看,正如李普曼所指出:"我们可以看到,它带给我们的消息时快时慢,但只要我们信以为真,我们似乎就会认为那就是环境本身。"[①] "对于所有这些事例,我们尤其应当注意一个共同的因素,那就是楔入在人和环境之间的

---

① "它"指新闻报道。

虚拟环境。他在虚拟环境中的表现就是一种反应。然而，恰恰因为那是一种表现，那么产生后果——假如它们是一些行动——的地方，就不是激发了那种表现的虚拟环境，而是行动得以发生的真实环境。"①

　　李普曼的这段论述，直接启发了日本学者藤竹晓关于"拟态环境的环境化"理论。藤竹晓在《现代大众传播理论》（1968）一书中认为，虽然传播媒体提供给人们的是拟态环境，但是，由于人们是根据这种拟态环境来认识世界并作出行动反应的，便使拟态环境中的语言、观念、价值、行为方式乃至于生活方式等，很快演化为社会的流行现象，变成了真正的社会现实，以至于人们已经很难在拟态环境与现实环境之间作出区分了。这就是拟态环境的环境化过程。

　　从李普曼的拟态环境论到藤竹晓的拟态环境的环境化理论，其重心已经发生了位移，即由关注新闻传播的真实性问题转移到对拟态环境真实性与重要性问题的强调。发生这种转移的根本原因，是因为从李普曼提出拟态环境论的20年代初，到藤竹晓提出拟态环境的环境化问题的60年代末，电子媒体，尤其是电视的勃兴，取代了以报刊为代表的纸质媒体而占据了强势地位。电视不仅同时延伸了人的视觉、听觉，而且以其强烈的现场感延伸了人的触觉，使拟态环境的逼真性达到史无前例的地步，并由此使拟态环境与现实环境之间的关系变得更为模糊起来。

　　正是基于对电视所营造的拟态环境的强大影响力的认识，日本传播学者林雄二郎、中野收提出了"电视人""容器人"的概念，认为伴随着电视的普及而诞生和成长起来的一代人，患有深深的媒体依存症，已经成为名副其实的"电视人"乃至"容器人"。美国学者罗杰·菲德勒（Roger Fidler）在《媒介形态变

---

①　"虚拟环境"即"拟态环境"。

化：认识新媒介》（*Media Morphosis*: *Understanding New Media*）一书中，对"电视人"作了生动描述："电视机很快成为他们的抚慰者、保姆、老师和伴侣。……对他们来说，自己娱乐所带来的欢乐很快由被娱乐的期待和欢乐所代替。持续不断的实况新闻和娱乐涌入他们的家中，充满了他们过去用来休闲读书、聊天、享用美食和做各类生动有趣游戏的时间。为了挤出更多的时间来看'显像管'（电视），做饭已经肯定地让位于冷冻的电视快餐。同时，围着餐桌吃饭也改为围着可折叠的电视机托盘架吃饭。也正是在这个时期内，这一代人开始生育孩子，媒介已经渗透到了几乎整个社会和经济的各阶层，并且从客厅扩大到餐厅、厨房、卧室，甚至在有些家庭中，还伸延到了浴室。"[①]如果说，在"电视人"时代，电视所营造的拟态环境就已经达到令人依存而不能自拔的程度，那么，在互联网网络全球的"电脑居民"时代，这种拟态环境的环境化就更是达到了登峰造极的地步，令人不得不思考所谓"存在"的真实性问题了。因为，电视无论怎样营造逼真的拟态现实，但是，电视受众的被动性却是其难以逾越的鸿沟，而互联网最为突出的革命性意义却正在于其互动性。互联网给我们提供的，已经不是全然被动接受的拟态环境，而是一个可以供接受者主动参与并进行反馈的新的现实。诚如罗杰·菲德勒所说：在 21 世纪，"'现实'世界和'虚拟'世界的界线将消解，人际电脑媒介的先进形式将成为许多人日常生活中不可分割的一部分。"[②]

　　罗杰·菲德勒这一预言，早在 21 世纪伊始便已经成为现实。互联网的普及，使人类进入"电脑居民"时代。"电脑居民"并

---

[①] Lowell Bryan, Diana Farrell: Leading through Uncertainty, *The Mckinsey Quarterly*, No. 1, 2009.

[②] Lowell Bryan, Diana Farrell: Leading through Uncertainty, *The Mckinsey Quarterly*, No. 1, 2009.

非满足于通过媒体获取信息,而是把互联网作为另一种生存空间。美国"电脑居民""网虫"霍华德·莱恩格尔德(Howard Rheingold)的自白最能说明问题。他说:"我可以证明,我和其他数千万网虫们都知道,我们所要寻找的东西并不仅仅是信息,而是立即就能进入另外一大批人正在形成的交往关系。"霍华德·莱恩格尔德把互联网上形成的这种交往关系称为"虚拟社群"(virtual community),并把这种虚拟社群产生的原因归结为"世界范围内传统社群的崩溃所导致的对社群的渴望"。① 由此可见,对于"电脑居民"来说,电脑世界里的虚拟社群已经成为现实世界里的传统社群的替代者。随着电脑与网络技术的进一步发展,所谓"虚拟现实"(VR,Virtual Reality)系统将为"电脑居民"提供更为生动的三维空间环境,使人的听觉、视觉与触觉都能够与电脑产生互动,像在真实环境中一样作出行动反应。有人据此预言:"21世纪人类的生活将因虚拟现实系统的普及,而展现多姿多彩的新风貌,人类的沟通方式也因此而迈向新的形态。"② 而早在1995年,未来学家尼古拉·尼葛洛庞帝就在《数字化生存》一书中预言:"虚拟现实能使人造事物像真实事物一样逼真,甚至比真实事物还要逼真。"③ 显而易见,从李普曼时代报刊所提供的拟态环境,到藤竹晓时代电视所产生的拟态环境的环境化,再到"电脑居民"时代互联网所创造的虚拟现实系统,近一百年来,在两次世界大战的硝烟弥漫之间,在世界各国所进行的社会革命之外,人类还循序渐进地进行着一场没有硝烟

---

① [美]罗杰·菲德勒著,明安香译:《媒介形态变化:认识新媒介》,北京:华夏出版社,2000年,第46~48页。
② [美]马克·波斯特著,范静哗译:《第二媒介时代》,南京:南京大学出版社,2001年,第92页。
③ [美]尼古拉·尼葛洛庞帝著,胡泳、范海燕译:《数字化生存》,海口:海南出版社,1997年,第140页。

的战争，没有政权取代的革命：这就是媒体世界对现实世界的侵袭与取代，换言之，是传播媒体所营造的拟态环境对传统意义上的现实环境的挑战。其侵袭与取代的方式，便是拟态环境的不断环境化。而其结果，是拟态环境已经不仅仅局限于模拟真实环境，而是超越真实环境、真实社群，使"虚拟社群和实在社群以一种交叉并置的方式相互映照"了。① 说到底，当"电脑居民"选择传播媒体所营造的拟态环境作为更加实在，更加自由，更能诗意地栖居，因而更为乐意居处的现实时，传统的所谓客观现实的唯一真实性无疑已经受到了存在意义上的挑战。正如有人所说："相信就是存在。""真实的存在是因为我们'相信'其存在。"所以，有人高度评价以互联网为代表的虚拟现实对传统现实的挑战，认为："它将代表人类进化当中最为重大的事件。人类第一次能够否定现实，取代这个先入为主的现实的特定形态。"② 而在我看来，这正体现了传播媒体对于人类文化乃至整个人类生存与发展的形而上的"存在"的意义，体现了传播媒体与人类文明相互交织在一起的进化历程。套用尼葛洛庞帝的名言："计算机不再只和计算有关，它决定我们的生存。"我们可以说："传播媒体不再只是传播信息，它决定我们的生存。"而这一切发现的出发点，都建立在李普曼的拟态环境论和麦克卢汉的媒介即人的延伸理论基础上。

### 三、广告的实在与空灵

在拟态环境及其真实性问题思考的基础上，我们来探讨广告的实在与空灵问题。而之所以要在拟态环境问题的基础上来探讨广告的实在与空灵问题，是基于我的一个基本观点：广告的本质

---

① ［美］马克·波斯特著，范静哗译：《第二媒介时代》，版本同前，第49页。
② 南帆：《双重视域》，南京：江苏人民出版社，2001年，第61页。

并非实实在在的叫卖,而是要营造迷人的拟态环境,并使之环境化。

回顾人类广告活动,可以很清楚地看到,与人类其他传播活动一样,广告也经历了一个由具象到抽象,由实物到符号,由直接经验世界到间接经验世界的发展历程。从广告创意的角度来看,则呈现出由实在到空灵的发展趋势。

众所周知,人类最初的广告形式是口头叫卖与实物广告。中国先秦典籍里面所记载的"自相矛盾"(《韩非子·难一》)与"悬牛首卖马肉"(《晏子春秋·内篇杂下》),都可以说是绝佳的广告案例(尽管典籍原意并不在此)。前者是口头叫卖广告,由于叫卖者过分鼓吹其产品的功用、性能和质量而穿帮,出现"自相矛盾"而遭人取笑;后者是虚假广告,由于实物就在眼前,所以很容易被戳穿。而无论是口头叫卖广告还是实物广告,从传播的角度来看,都是在直接经验世界里的近距离传播,还谈不上所谓拟态环境的问题。

从口头叫卖、实物广告发展到图像、文字化的旗幌、招牌、告示广告,使人类广告活动抽象化、符号化,从而超越直接经验世界,进入到间接经验世界的领域。从此开始,广告所提供给人们的,便已经不再是所谓真实的现实环境,而是经由传播媒体所选择、加工的拟态环境了。以最具中国特色的酒旗广告为例。所谓:"长干午日沽春酒,高高酒旗悬江口。"(张籍《江南行》)"千里莺啼绿映红,水村山郭酒旗风。"(杜牧《江南春绝句》)早在唐代,酒旗广告就已经成为一道独特的风景线。在《水浒传》《西游记》等小说中,酒旗广告更是成了旅途困顿者的归宿,天涯孤旅者的福音,具有十分明显的象征意义,而不只是实实在在的"卖酒"的含义了。无论是行者武松进入阳谷县地面,在困顿疲乏之中见到那"三碗不过冈"的酒旗,还是唐僧师徒四人走得饥肠辘辘,孙悟空一个筋斗跃上云端,手搭凉棚往前一看,见到

## 拟态环境与广告的实在与空灵

那远处林间飘摇的酒旗。酒旗在这里所起的作用,都好比成语"画饼充饥""望梅止渴"里的"饼"和"梅",并非实实在在的物态的饼和梅,而是具有象征意义的拟态的"饼"和"梅"。因为,在酒旗的背后,不仅有大碗酒,还有大块肉、可口的美味和舒适的栖息之所,如此等等。否则,它对并不饮酒的唐僧来说,是根本没有意义的。所以,在我看来,生产者是造饼的人,种梅的人,而广告人则是"画饼"的人,引导人"望梅"的人。造饼种梅的人造的是实实在在的物态的饼,种的是实实在在的物态的梅,而广告人则画的是拟态的饼,引导人望的是拟态的梅,比物态的饼和梅更为空灵,因而也更具诱惑力。

进入近现代,专业意义上的广告行业形成。回顾从初创到今天两百多年来世界广告业的发展历程,可以毫无疑问地说,促销的广告思想覆盖了广告史的主要时段。正如广告大师奥格威的座右铭:"我们的目的是销售,否则便不做广告。"在促销的广告思想指导下,广告以推销广告主的产品或服务为终极目标。广告的创意万变不离其宗,一切都围绕推销产品或服务而展开,因此,实在的叫卖型的广告较为盛行。这种广告的特征是竭尽全力鼓吹商品的功用、性能、质量,千方百计地说服消费者购买其产品。从根本上说,其实都与"自相矛盾"的古老广告如出一辙。例如药品广告,往往不惜采取诅咒发誓的语言鼓吹包治百病,其结果,与卖矛与盾的楚人一样,因鼓吹过头而穿帮,因"自相矛盾"而让人取笑。

促销广告思想的合理性在 20 世纪末受到了挑战。随着人类进入信息化、全球化的后工业时代,科技革命使人类生产能力高度发达,产品大量过剩,市场竞争空前激烈。人们突然发现,传统的销售主义思想和促销行为发生了严重的问题。因为,生产力高度发达、产品大量过剩、市场竞争空前激烈的直接结果之一,是使整个世界成为法国思想家让·波德里亚(Jean Baudrillard)

所谓的"消费社会"("我们处在'消费'控制着整个生活的境地。")① 成为一个典型的买方市场,即所谓"千挑万选"的市场。在这个千挑万选的市场里,生活"必需品"的概念已经成为过去。人们不再局限于消费产品实实在在的使用价值,而是要进一步消费其抽象空灵的符号价值、理念价值(如品牌价值)。因此,与其说消费者必须买什么,不如说消费者希望如何生活得更好,更有质量。所以,过去那种立足于广告主的坐标,以推销广告主的产品和服务为终极目标的促销广告,已经很难奏效,代之而起的,是立足于消费者的坐标,一切以消费者为主体,以消费者的生活关怀为基点的生活导向广告。

生活导向广告的基本特征是把过去那种单向性的说服拓展为双向性的沟通;把赤裸裸的推销产品或服务拓展为塑造企业品牌形象;把一味鼓吹产品的功用、性能、质量拓展为生活理念的推广,生活情报的提供;把实实在在的叫卖拓展为空灵的迷人的拟态环境营造。尽管也要促销,尽管也要为广告主做广告,但是,其促销与广告的立足点与出发点都转向了消费者。不再是单纯为了说服消费者购买产品,而是要深入消费者的生活,把消费者还原为生活者,与他们沟通,研究他们的生活方式、生活态度、生活需求,从而发挥生活情报、生活导向的作用。

从广告创意的角度来说,生活导向的广告,就是要抛弃实实在在的叫卖,转向空灵的迷人的拟态环境营造。从当今中国广告业界的实际情况来看,存在着一个十分突出的现象,那就是跨国的"洋"品牌的广告创意较为空灵,较为注重迷人的拟态环境的营造,而本土广告则更多地停留在叫卖的层面,尤其是医药类广告,令消费者反感,遭到非议的案例比比皆是。为什么会出现这

---

① [法]让·波德里亚著,刘成富、全志钢译:《消费社会》,南京:南京大学出版社,2001年,第6页。

种现象呢？有人把它归结为民族传统观念，认为中国人历来注重实效，讲求现实，而较少浪漫的虚幻的追求。而在我看来，这是没有什么根据的。即以传统而论，中国人的艺术表达，尤其是绘画与书法，历来讲求空灵与神韵，反倒是西方绘画艺术，无论是素描还是油画，都以追求纤毫毕露的写实为传统。事实上，在所谓销售主义的广告时代，在西方各国，也是充斥着实实在在的叫卖广告的。所以，这种现象的出现，并非是民族传统观念的遗存，而是新的广告理念尚有待深入人心。

　　本文从李普曼的拟态环境论切入，落脚到广告的实在与空灵问题。既然现代人生活在拟态环境之中，并且根据拟态环境所提供的信息作出行动反应，那么，我们在进行广告策划和运作时，就应该千方百计地营造迷人的拟态环境效果，让消费者把我们所营造的拟态环境当作现实环境来接受，并作出行动反应。事实上，成功的广告范例，无一不是通过这种效应而产生的。例如可口可乐、百事可乐、耐克、万宝路等等，这方面的例证不胜枚举。说到底，成功的广告让人们忘记了它是广告；说得更极端一点，成功的广告不是广告，而就是你的生活。你生活在它之中而浑然不觉，完全把它当作现实来接受。广告能够做到这一步，就是最大的成功。落实到广告创意上来，那就是：少几分实在的叫卖，多一些空灵的创意。

［原载《西南民族大学学报》（人文社科版），2009年第9期］

# 我国本土化跨文化传播研究现状分析

——以 2000—2009 年部分 CSSCI 新闻传播类学术刊物为例

刘 阳

1955 年,霍尔在《举止人类学》(The Anthropology of Manners)一文中,首次提出了跨文化的范式。20 世纪 70 年代末,跨文化传播作为传播学中的一门独立学科正式形成。自 20 世纪 80 年代初,跨文化传播传入中国,受到了外语学界、传播学界等多学科的关注;90 年代起,随着国外相关理论作品和文艺思潮的传入,以及中国国家意识形态层面管制的逐步松绑,跨文化传播研究迈入了稳定发展的新局面。但与欧美等国相比,国内的相关研究并不成熟,尚缺乏系统的理论范式和规范的科学研究方法,在研究议题和学科建构等方面还存在着缺失与偏移。基于此,为了保证研究结论的相对客观性和时效性,本文将研究视阈投射至 2000—2009 年这新世纪的初始十年,选取被 CSSCI 收录的部分新闻传播类学术刊物上的论文,结合实证研究方法,探讨中国内地传播学界的跨文化传播研究(不含其他学科的同类研究),以透视其流变、传承和发展。

## 一、国内外研究概述

跨文化传播研究最初是美国为了应对国际时政活动中面对的文化适应问题和国内的民权运动、种族矛盾以及文化多样性等一

## 我国本土化跨文化传播研究现状分析

系列问题而进行的。20世纪60年代，民权运动和妇女权利运动从一定程度上促进了跨文化传播的实践和研究，这段时期比较重要的代表著作有奥利弗（Olive）的《文化与交际》、史密斯（Smith）的《交际与文化》以及霍尔（Hall）的《隐藏的维度》，后者将实证分析与逻辑分析结合起来，开创了跨文化传播学的新的研究方法；进入70年代，跨文化传播在美国迅猛发展，全美已有四百多所教育机构开设了跨文化传播及其相关课程，其中部分拥有硕士与博士学位授予权。相关的专著与期刊也大量涌现，如萨默瓦（Samovar）主编的《跨文化传播学读本》，斯特伦（Sitaram）和卡格代尔（Cogdell）合著的《跨文化传播基础》，岛德（Dodd）的《跨文化传播视角》等。1977年SIETAR[①]创办季刊《跨文化关系国际学刊》，期间研究跨文化传播的学术组织相继成立，并在世界各国召开了大规模的国际学术研讨会。

从研究内容来看，早期研究跨文化传播的文化人类学家和语言学家大多从微观层面探讨造成文化差异的文化、语言、非语言要素等，这有助于帮助理解微观人际层面的跨文化传播。随着与传播学相关的研究范式和理论的发展完善，跨文化传播研究的理论基础也日趋成熟，其中具有代表性的是古迪孔斯特（Gudykunst）等北美学者提出的焦虑/不确定管理理论、面子—协商理论、文化身份理论等，将跨文化传播的理论研究进一步细化、深化。

20世纪80年代，跨文化传播研究由外语教学界引入中国。学界普遍认为，1980年许国璋发表的有关外语教学的"Culturally—loaded Words and English Language Teaching"一

---

[①] 即"The Society for Intercultural Education, Training and Research"（跨文化教育、培训和研究学会）的简称，1974年于美国成立，后逐渐发展成为一个国际性组织。

文，标志着跨文化传播学在中国的诞生。1983年何道宽在《介绍一门新兴学科——跨文化的交际》的论文中，率先将跨文化传播学作为一门学科介绍给国内学界。此后，相关的国外理论译作陆续被引进中国，如《跨文化传通》《超越文化》《体态与交际》等。因早期国内相关研究以外语教学界和语言学界学者居多，故多以跨文化交际、跨文化传通指代，时至今日，此类译名仍能在国内各大学术期刊网检索到。值得一提的是，20世纪80年代，传播学界极少涉足跨文化传播研究。

1981年至2001年20年间，我国的跨文化传播研究势头逐年趋热，发表论文近300篇，出版专著20余部[①]。自20世纪90年代起，随着国外相关理论作品和文艺思潮的传入，以及中国国家意识形态层面管制的逐步松绑，跨文化传播研究呈现出稳定发展的新局面。国内学术界普遍将跨文化传播在中国的发展分为三个阶段[②]：第一阶段为借鉴和初创期（1990—1995年）。这一阶段，在延续之前对国外跨文化传播学科理论的引进和介绍的基础上，出现了初步的归纳研究。第二阶段为提升和拓展期（1996—1999年）。一些大型国际跨文化传播会议在中国召开，学术交流的频繁往来不仅增进了东西方学术界的对话、融通，也拓展了中国跨文化传播的研究议题，使之从偏重研究语言和文化的关系等方面转向一些交叉学科的探讨，如跨文化新闻传播、跨文化影视传播、跨文化广告等。第三阶段为高潮和深化期（2000年至今）。随着2001年中国成功加入WTO，国际化进程进一步加快，国内掀起了跨文化传播研究的第一次高潮。

---

① 李炯英：《中国跨文化交际学20年评述》，载《解放军外国语学院学报》2002年第6期。

② 罗以澄、司景新在《中国内地跨文化传播研究的回顾与展望》（2004）一文中提出这种划分，关世杰在《中国跨文化传播研究十年回顾与反思》（2006）中也认可并引用这种划分法。

鉴于第三阶段研究具有典型意义和代表作用，笔者对2000年以来中国内地跨文化传播研究状况作了一番实证调查。本文主要从传播学界研究者的角度来对中国内地的跨文化传播研究现状做简要论述。也正因此，期刊的选择限定为新闻传播学类，排除了外语学界、语言学界中有关跨文化研究的相关期刊。

### 二、实证调查及相关分析

据统计，我国目前具有全国统一刊号的新闻传播学学术期刊有64种[①]。本研究在2008、2009年度被收录进CSSCI的15种新闻学与传播学期刊中选择了其中7种，分别是《新闻与传播研究》《国际新闻界》《现代传播》《新闻大学》《新闻记者》《新闻界》《中国广播电视学刊》，即CSSCI新闻传播类所谓"源刊七强"[②]。本研究拟结合内容分析法对2000—2009年发表在上述期刊中的所有有关跨文化传播的论文进行考察，分析单位为"篇"，测量变量包括：发表年份、期刊分布、作者单位、研究议题、研究方法、理论/范式研究。

跨文化传播的概念繁复多重。本研究采取广泛的研究定义，即凡涉及研究不同文化背景的个体、群体或组织之间进行的交流活动均界定为跨文化传播。与此概念相关的论文即为本研究的分析对象。

（一）量化分析显示跨文化传播研究外部环境的不足

下列图表以"发表年份"与"期刊分布"为变量统计，有助

---

① 杜骏飞：《中国内地新闻传播学期刊学术水平与排名分析：基于CSSCI的次级研究》，载《中国传媒报告》2007年第1期。

② 此种定义参见杜骏飞：《中国内地新闻传播学期刊学术水平与排名分析：基于CSSCI的次级研究》。

于较为全面客观地呈现跨文化传播研究所处的外部环境与大致图景①。

图1 2000—2009年中国内地CSSCI新闻传播类"源刊七强"跨文化传播研究论文发表的年度分布图

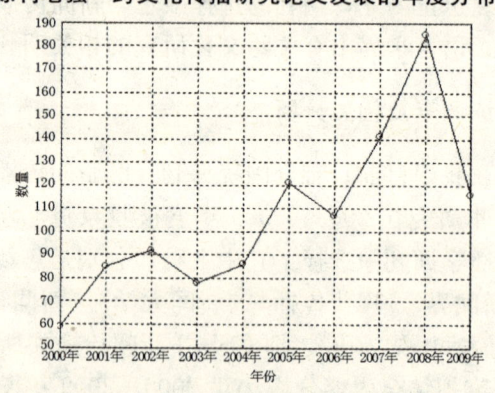

表1 2000—2009年跨文化传播研究论文发表的年度比例统计

| 年度 | "源刊七强"中的跨文化传播论文数量（篇） | "源刊七强"论文总数 | 比例（%） |
| --- | --- | --- | --- |
| 2000年 | 59 | 1933 | 3.1 |
| 2001年 | 85 | 1738 | 4.9 |
| 2002年 | 92 | 1778 | 5.2 |
| 2003年 | 78 | 1650 | 4.7 |
| 2004年 | 86 | 1724 | 5.0 |
| 2005年 | 121 | 1901 | 6.4 |
| 2006年 | 107 | 2146 | 5.0 |
| 2007年 | 141 | 2375 | 5.9 |

---

① 以相关论文的发表数量为衡量标准，尽管不一定客观精确，但仍可以在一定程度上反映该研究的受关注度。

## 我国本土化跨文化传播研究现状分析

续表

| 年度 | "源刊七强"中的跨文化传播论文数量（篇） | "源刊七强"论文总数 | 比例（％） |
|---|---|---|---|
| 2008年 | 185 | 2137 | 8.7 |
| 2009年 | 116 | 2702 | 4.3 |
| 总计 | 1070 | 20084 | 5.3 |

图1反映出2000年以来，跨文化传播研究在中国内地的发展显现出曲折反复的态势。2002年、2005年、2008年分别出现了3次高潮，期间于2003年、2006年有所回落，2009年尤甚。表1所显示的论文占比数量与此趋势呈现出同一性。10年来有关跨文化传播研究的论文总计有1070篇①，每年发表的平均数目为107篇。2002年起，跨文化传播研究的论文数量开始有了明显增加，但在2003年、2006年、2009年均有不同程度的回落。这在某种程度上表明，跨文化传播研究并不是学界关注的焦点。

再将跨文化传播研究置放到传播学界的整体情况中加以分析，就其在"源刊七强"发表论文中所占的比例而言，形势并不容乐观。

表2　2000—2009年跨文化传播研究论文发表的期刊分布

| 期刊 | 跨文化传播研究的论文数量（篇） | 论文总数（篇） | 比例（％） |
|---|---|---|---|
| 新闻与传播研究 | 75 | 657 | 11.4 |
| 国际新闻界 | 231 | 1824 | 12.7 |

---

① 本研究考察的9年间，共有954篇相关论文发表于"源刊七强"。因其中有2篇论文为同一作者撰写，标题相同，内容90％以上重复，故视作1篇计算。

续表

| 期刊 | 跨文化传播研究的论文数量（篇） | 论文总数（篇） | 比例（%） |
|---|---|---|---|
| 现代传播 | 223 | 2838 | 7.9 |
| 新闻大学 | 101 | 1136 | 8.9 |
| 新闻记者 | 128 | 4394 | 2.9 |
| 新闻界 | 96 | 3538 | 2.7 |
| 中国广播电视学刊 | 216 | 5697 | 3.8 |
| 合计 | 1070 | 20084 | 5.3 |

本研究选定 2000—2009 年 CSSCI 新闻传播类"源刊七强"共发表的论文 20084 篇（简讯类和新书评介类文章不计算在内），总计发行 522 期①。忽略不同期刊的研究侧重点各不相同这一点，以每期发表约 37 篇论文计，平均每期发表的跨文化传播论文只有 2 篇，仅占 5.4%。

从更为细化的数据来看，表 2 显示在"源刊七强"的每种刊物里，跨文化传播研究的论文所占比重仍然很低。10 年间"源刊七强"发表的有关跨文化传播论文只有其刊发论文总量的 5.3%，可见，跨文化传播领域并非时下中国内地传播学界的研究主流。与此相关，迄今为止，中国内地高校/科研机构的新闻学或传播学专业中很少有单独的跨文化传播专业②，也尚无相关

---

① 《新闻与传播研究》2000 年至 2007 年为季刊，2008 年始改为双月刊；《国际新闻界》2000 年至 2005 年为双月刊，2006 年始改为月刊。

② 目前北京大学、武汉大学、厦门大学等少数几所高校开设了相关研究课程，其余寥寥无几。其中，北京大学新闻与传播学院的跨文化交流与管理研究中心是目前我国高校中第一个开放式的跨文化交流与管理教学与科研的综合平台，武汉大学拥有跨文化传播专业博士学位授予权，厦门大学的跨文化传播是校精品课程。具体情况见相关的各大学网站介绍。

的跨文化传播研究类学术期刊①。而事实上,无论是从扩充与丰富本土化传播学学科而言,还是就国际交流的时势所需,跨文化传播研究都应受到更广泛的重视。

(二) 研究者学科背景构成较为单一

仅仅依据"作者单位"来判定研究者的学科背景,很有可能失之偏颇。但如前文所述,本研究主要从传播学角度出发来加以调研,选取的样本是中国内地权威的传播学期刊,这种考察标准的设立使得研究被限定在一个相对较为严谨、规范和有序的时空内,先在性地剔除了较多不确定性因素。在此前提下,通过"作者单位"这个变量来大致确定研究者的学科背景,至少可以达到总体把握的目的。

表3 2000—2009年跨文化传播研究论文的作者单位情况②

| 作者单位 | | 作者数量 | | 比例(%) | |
| --- | --- | --- | --- | --- | --- |
| 高等院校 | 新闻传播院系 | 665 | 76.2 | 62.9 | 72.1 |
| | 汉语言文学院系 | 76 | | 7.2 | |
| | 外语院系 | 21 | | 2 | |
| 媒体从业者 | | 207 | | 19.6 | |
| 海外学者 | | 40 | | 3.8 | |
| 机关/事业单位(含科研机构研究人员) | | 24 | | 2.3 | |
| 协会/学会/基金会 | | 22 | | 2.1 | |
| 公司\企业 | | 2 | | 0.2 | |
| 总计 | | 1057 | | ≈100 | |

---

① 《对外传播》是中国外文局主办的外宣刊物,内容以宣传党和国家的外宣方针、政策为主,政策解读和人物访谈是其办刊重点,跨文化传播类的专业论文只占极小比例,故在本文中暂不列入跨文化传播专业期刊类。

② 多篇论文为同一作者的只计算一次。一篇论文的多位作者属同一单位的,按实际人次计。凡作者单位为海外研究机构的,均算"海外学者"。

从上表可知跨文化传播论文的作者主要来自高校和媒体，两者相加的比例高达91%左右，几乎覆盖了中国内地的跨文化传播研究。而这两类单位对于从业者的专业素质要求较高，比较易推断出从业者的学科背景。

依据高校专业院系的划分来看，新闻学背景的研究者（也即出自新闻传播院系的作者）所占席位过半（比例有62.9%）。若将"媒体从业者"的学科背景粗略地归划为新闻学，则跨文化传播研究者中具有新闻学学科背景的比例为82.5%，语言学背景的为9.2%。据此可认定中国内地跨文化传播研究者的学科背景主要为新闻学和语言学。

着眼于学科的长远发展，目前的这种构成显然是不合理的。诸多研究实际已证明，跨文化传播学是一个跨学科的领域，不仅需要从已有的跨文化传播论著中寻找资料，还要从文化人类学、比较社会学、跨文化心理学、跨文化培训、群体关系（心理学和社会学）、国际事务、国际关系、语言学、宗教研究、社会心理学等领域获得帮助，即要建立在多学科融合的研究基础之上。①因此，当下中国内地的跨文化传播研究亟须吸纳社会学、心理学、人类学等各人文社会科学领域的研究者，以弥补单一研究视角的不足和学科构成的失衡。

（三）理论研究议题相对匮乏

不同学科对于跨文化传播研究内容的归类不尽相同。因本研究基于传播学的理论视角，故而在确定跨文化传播研究议题时采取传播学界的划分方式。其中较有代表性的分类，是国内学者单波依据20世纪90年代以来中国的跨文化传播研究实际而概括的十大议题：翻译中的跨文化问题、商业与跨文化问题、跨文化交际、文学作品中的跨文化问题、旅游与体育活动中的跨文化现

---

① 关世杰：《跨文化交流学》，北京：北京大学出版社，1995年，第67页。

## 我国本土化跨文化传播研究现状分析

象、教育与跨文化、跨文化心理、不同文化间的比较、跨文化传播理论、艺术表现形式与跨文化传播。①

结合期刊样本的实际情况,本研究在该分类基础上加以修缮调整,将其列为:跨文化传播理论;跨文化交际;语言与跨文化传播;新闻学与跨文化传播(根据调查实际,这一类又可细分为:新闻报道与跨文化传播、大众传媒与跨文化传播、媒介经营管理与跨文化传播、广告与跨文化传播、海外华文媒体与跨文化传播);对外宣传;国际传播;新媒体与跨文化传播;传媒教育中的跨文化传播;传播技术与跨文化传播;商业与跨文化传播;综述②。

表4  2000—2009年跨文化传播研究论文的议题构成

| 研究议题 | | 论文数量分类总计(篇) | | 该类论文占所有跨文化传播论文比例(%) | |
|---|---|---|---|---|---|
| 跨文化传播理论 | | 38 | | 3.6 | |
| 跨文化交际 | | 124 | | 11.6 | |
| 语言与跨文化传播 | | 29 | | 2.7 | |
| 新闻学与跨文化传播 | 新闻报道与跨文化传播 | 124 | 605 | 11.6 | 56.4 |
| | 大众传媒与跨文化传播 | 163 | | 15.2 | |
| | 媒介经营管理与跨文化传播 | 163 | | 15.2 | |
| | 广告与跨文化传播 | 29 | | 2.7 | |
| | 海外华文媒体与跨文化传播 | 26 | | 2.4 | |
| 对外宣传 | | 76 | | 7.1 | |
| 国际传播 | | 98 | | 9.1 | |
| 新媒体与跨文化传播 | | 57 | | 5.3 | |
| 传媒教育中的跨文化传播 | | 30 | | 2.8 | |
| 传播技术与跨文化传播 | | 9 | | 0.8 | |

---

① 单波:《一次自由开放的跨文化对话——跨文化传播国际学术会议综述》,载《中华新闻报》2004-06-14。

② 本研究中的综述包括与跨文化传播相关的研究综述与会议综述。

续表

| 研究议题 | 论文数量分类总计（篇） | 该类论文占所有跨文化传播论文比例（%） |
|---|---|---|
| 商业与跨文化传播 | 5 | 0.5 |
| 综述 | 99 | 9.3 |
| 总计 | 1070 | 100 |

该表明确地反映出位列前五的跨文化传播研究议题依次是：新闻学与跨文化传播研究、跨文化交际、综述、国际传播、对外宣传。尤其新闻传播学议题几乎占据了跨文化传播研究领域的半壁江山，而跨文化交际所占比例也超过十分之一强，两者相加的比例超过 3/5。此外，除了理论研究和综述之外，实用型研究议题所占比重高达 4/5，这说明中国内地的跨文化传播研究主要还是以新闻学和跨文化交际等实用型议题研究为主，理论研究较为匮乏。图 2 更能直观地反映这个问题。

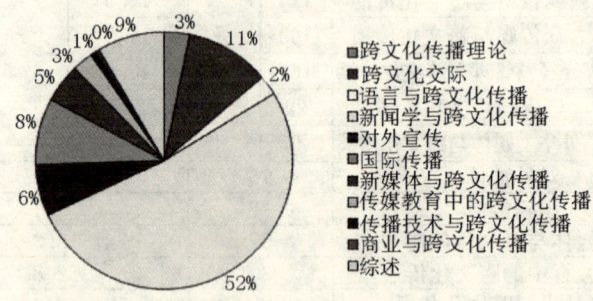

图 2　2000—2009 年跨文化传播研究论文的议题构成分布图

细究跨文化传播的各议题，就实务类而言，虽然涌现了新媒体、传播技术、传媒教育等领域内的新议题，深化与拓展了跨文化传播的内涵与外延，但不容回避的是此类研究绝大多数尚停留在微观分析的层面，主观臆断多于客观分析，现象罗列多于调查取证。学术研究予现时生活以密切关注固然值得肯定，但若止步不前，仅停留于理论建构之外的浅层论述，而没有从跨文化传播理论的概念、视角和预设出发去深究其学理内涵，则不免失之杂乱浮泛；为数甚少的理论研究，大都为绍介国外研究范式或是直接将欧美理论本地化移植的生硬之作，鲜见有聚焦本土文化实际的跨文化传播研究。偶有触及者[①]，也尚停留在学科建构层面的探讨、争鸣，未能进一步概括模式并提炼新说。

综观国际范围内的研究状况，现今跨文化传播领域有两种显著变化：一种是从实用问题型研究转向理论问题研究；另一种是从微观问题研究转向宏观问题研究。目前，越来越多的跨文化传播研究已经涉及跨文化理论问题和宏观层面的问题。[②] 对照此，我们的研究还存在许多盲点，尚需密切关注与跟进国际跨文化传播研究的理论前沿。

### （四）研究方法有待扩展

表5  2000—2009年跨文化传播研究论文的研究方法

| | 主要研究方法 | 论文数量（篇） | 比例（%） |
|---|---|---|---|
| 1 | 定性研究 | 899 | ≈83.1 |
| 2 | 一般性调查（抽样调查、问卷调查） | 48 | 4.5 |
| 3 | 准实验法 | 1 | 0.1 |
| 4 | 访谈/焦点小组讨论 | 6 | 0.6 |

---

① 这部分论文具体参见陈卫星：《跨文化传播的全球化背景》(《国际新闻界》2001年第2期)；姜飞：《跨文化传播的后殖民语境》(《新闻与传播研究》2004年第1期)、《试析跨文化传播中的几个基本问题》(《新闻大学》2006年第1期)、《从学术前沿回到学理基础》(《新闻与传播研究》2007年第3期)；单波、王金礼《跨文化传播的伦理》,《新闻与传播研究》2005年第1期；童兵：《试析跨文化传播中的认识误区》(《新闻大学学报》20004年第3期)。

② 参见罗雯、何军：《跨文化传播学的发展及研究传统》,载《湖北社会科学》2006年第4期。

续表

|   | 主要研究方法 | 论文数量（篇） | 比例（%） |
|---|---|---|---|
| 5 | 民族志式方法 | 11 | 1.2 |
| 6 | 内容分析 | 79 | 7.4 |
| 7 | 文献探讨/理论（研究）综述 | 26 | 2.4 |
|   | 总计 | 1070 | ≈100 |

从上表可以发现，在研究方法的采用上，定性研究方法还是主流，而跨文化传播研究的实证方法，如一般性调查（survey）、个案研究（case study）、民族志（ethnography）和准实验法（quasi-experimental method）等，极少被采用。由于大陆跨文化传播研究偏重于新闻学这一实用性议题，因此所运用的研究方法也局限于现象描述、对策分析或政策解读型的定性研究，此类论文比重高达83%。另有约4.5%的研究使用了调查法，内容分析约为7.4%，民族志式方法仅有1.2%左右，准实验法与访谈法的比例更低，均不足1%。如果暂不考虑综述文章，将表5中的2、3、4、5、6全部合并为定量研究，其比例也只有13.8%。图3更形象地展示了研究方法的失调状况。

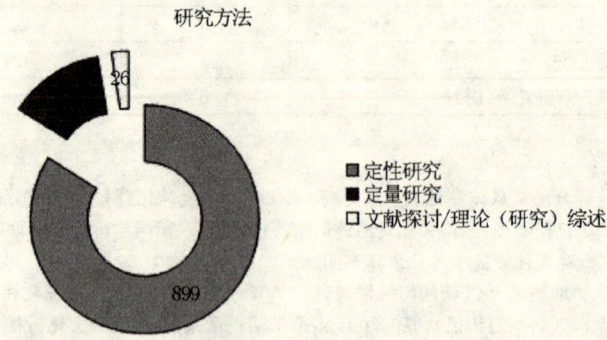

图3 2000—2009年跨文化传播研究论文的研究方法分布图

运用内容分析法作进一步研究，发现在占绝对优势的定性研究的论文中,也存在着隐忧,并非因其所占比例大而表明定性研究方法是大陆跨文化传播研究的优势所在。相当部分应用型论文模式可以用"文化现象描述+思考辩论+对策分析"来套现,研究者使用简单的思辨性方法,或分类或举例,缺乏细致、扎实的实证调查及基于其上的详尽的数据分析,因而研究结果的随意性、随机性很大。尤其是针对全球化背景下我国的外宣政策调适、影视产业的应对策略、传媒集团的成长机制等论题时,辩述显得大而无当,作者试图架构一个宏观的理论语境,演绎论证似乎面面俱到,实则俱是些概括总结,并没有深入学科肌理,反而愈发凸显其空泛无力。

国内跨文化传播研究领域一直是定性研究一统天下,由此导致的研究深度不足、研究结论缺乏足够的方法支持等问题已被学界所意识,不少学者曾就此呼吁加强我国跨文化传播学研究的方法意识[1],然收效甚微。实证分析是自然科学领域的传统研究方法,后来被引入社会科学研究中,并日益成为重要的研究手段。最近几年,虽然有北美学者不断对以量化研究为主的传播学研究方法提出质疑[2],但不可否认,实证研究、量化分析等研究方法

---

[1] 其中较有代表性的是学者关世杰与高永晨的观点。关世杰认为我国的跨文化传播研究用思辨式研究方法的多,基于定量研究方法和定性分析的实证性的论述少。著述中通论式的多,载专论式的少,宽泛的多,深入的少。详见《中国跨文化传播研究十年回顾与反思》,《对外大传播》2006年第12期;高永晨则从文化具有共时性和历时性的双重特征角度分析,指出跨文化交际中应该进行实证的研究,从客观的文化事实出发,重视调查研究、定量分析、统计资料和数据分析、电脑模拟和处理、模式建构等,充分地占有各种材料,探寻它们的内在联系,找出其本质和规律,保证研究结论的客观性和真实性。详见《全球化态势下的跨文化交际研究:问题、视域与价值》,载《学海》2001年第6期。

[2] 石井敏将之概括为五点不足之处:(1)过于强调经验主义研究;(2)过于依赖量化研究方法;(3)简单问题重复研究;(4)忽视了社会结构与传播之间的潜在关系;(5)忽视了传播中的文化因素。详见J.Z.爱门森编译:《国际跨文化传播精华文选》,浙江大学出版社2007年7月第1版,第101页。

在人文社会学科发展中具有其不可替代的作用。据统计,跨文化传播研究的国际知名期刊"International Journal of Interculture Relation"在1999年至2002年发表的151篇文章中,实证研究的文章有110篇,占了72.85%[①]。究其实,定性研究、定量研究、实证分析等研究方法本身并无高低优劣之分,但针对中国内地跨文化传播研究方法的失衡状态,适当借鉴国际经验,提倡实证研究无疑是一种纠偏。联系本土实际,在注重实证研究方法的训练和规范之外,还要提高定性研究的水平,加大定性研究的力度和深度,避免研究的泛化、空化和术化。

(五)本土化理论研究的缺失

运用内容分析法考察10年来1070篇跨文化传播研究论文,理论研究和引用范式的中观分析论文共106篇。其中,依据欧美理论/范式研究的论文为103篇。具体来看,引用传播学理论的为35篇、语言学理论29篇、心理学理论17篇、文化研究学派理论22篇。与此形成鲜明对比的是,运用本土化理论的论文只有两篇[②]。其余964篇论文均为一般性研究与思辨文章。表6与图4显示了中国内地的跨文化传播研究绝大多数基于欧美理论/范式研究之上,极少本土化理论的建构。

---

① 胡文仲:《论跨文化交际的实证研究》,载《外语教学与研究》2005年第5期。

② 此两篇论文分别是赵振宇:《和而不同:全球化时代的中西方文化传播》(《现代传播》2004年第2期)、曹顺庆:《跨文明研究的范式构成》(《新闻与传播研究》2007年第1期)。前一篇论文注重论述要将"和而不同"的中华传统文化理念作为跨文化交际、传播的准则,后一篇只是期刊内"文明论坛"的发言整理文稿,严格来说并不算真正的学术论文。

我国本土化跨文化传播研究现状分析

表6 2000—2009年跨文化传播研究论文的理论/范式研究及比例

| 类别 | | 理论/范式 | 论文数量（篇） | | | 比例（%） |
|---|---|---|---|---|---|---|
| 欧美理论/范式 | 传播学 | 生态系统原理 | 2 | 35 | 103 | 97.2 |
| | | 议程设置 | 7 | | | |
| | | 地球村 | 2 | | | |
| | | 涵化理论 | 2 | | | |
| | | 技术决定论 | 5 | | | |
| | | 框架理论 | 11 | | | |
| | | 镜中我 | 1 | | | |
| | | 传播人种学 | 2 | | | |
| | | 霍尔模式 | 2 | | | |
| | | 创新与扩散理论 | 1 | | | |
| | 语言学 | 话语理论 | 24 | 29 | | |
| | | 社会符号学理论 | 5 | | | |
| | 心理学 | 建构主义理论 | 8 | 17 | | |
| | | 启动效应 | 1 | | | |
| | | 双重编码理论 | 1 | | | |
| | | 认知失调理论 | 1 | | | |
| | | 归因理论 | 6 | | | |
| | 文化研究学派 | 文化认同 | 12 | 22 | | |
| | | 后殖民主义理论 | 3 | | | |
| | | 文化帝国主义 | 2 | | | |
| | | 球土化概念 | 5 | | | |
| 本土化理论 | | 和而不同 | 3 | | | 2.8 |
| 总计 | | | 106 | | | 100 |

"本土化"是近几年学术界流行的专用术语，然而，国内外对此的概念界定却不尽相同。国内传播学界使用的"本土化"概念始于台湾，意义含混，且"本土化"的概念在台湾政治生活中十分复杂，有时甚至与"台独"关系密切，如广受诟病的"本土化教育"政策（台湾当局于2001年3月底公布），就有明显的

"台独"倾向。因此,大陆学者黄星民在《华夏传播刍议》一文中提倡,今后少用或者不用"本土化",而多用"中国化"的提法①。但笔者以为,"中国化"虽带有鲜明的地域特征,却未能很好地概括起源于华夏文明的、历经时代发展且具有东方哲学特色的跨文化传播研究。因此,本文还是援引尤·凯姆(U. Kim)对于本土化的定义,即指"土生土长的、并非从其他地区移植而来的、生就为本地区人民服务的"。相应地,跨文化传播学研究的本土化方法也应植根于具体的文化中,重视具体文化中人们的经历。②

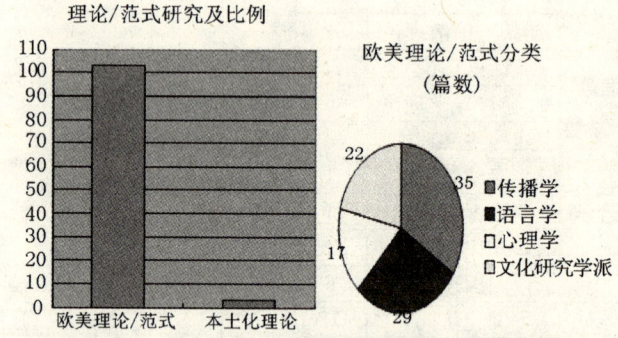

图4　2000—2009年跨文化传播研究论文的理论/范式研究及比例图示

从上述调查结果来看,中国内地本土化跨文化传播理论研究的缺失已是不争的事实。进一步的分析可知,国内的跨文化传播理论研究从引介到实际运用,尚处于本地化演绎的初级阶段,欧美中心的跨文化传播理论被当作是普适性的原则而不加质疑地广

---

① 黄星民:《华夏传播刍议》,载《新闻与传播研究》2002年第4期。
② 转引自William B. Gudykunst《美国跨文化传播理论综述(二)》,收录于J. Z. 爱门森编译《国际跨文化传播精华文选》,杭州:浙江大学出版社,2007年,第85页。

泛应用，缺乏相应的批判精神，也未在理论—现象—本质之间解构性地建构本土化的跨文化传播理论。这或许是因为传播学科的大而无当，边界弥散，使得研究者们茫然无措；又或许是因为建构本土化传播理论的工作艰难繁复，使人望而却步。尽管大陆学界呼吁本土化理论已有多年，而今却收效甚微。既有的本土化跨文化传播理论研究大多向古寻路，从古代文化典籍中抽取片言只语，并未因语境转换而赋予传统理念以新的时代内涵。换言之，在理论预设和现实根源之间存在着空白和断裂，这同样也是导致当下大陆传播学研究身份危机的重要原因。

**三、结论与思考**

从长远看，一门学科的生命力将主要取决于其自身的理论构建。[①] 究其实，前文通过实证分析所发现的中国内地跨文化传播研究中存在的问题，很大程度上都源于本土化理论建构的匮乏。类似问题，学界已有相关研讨，不少论见珠玉在前。在此，试谈几点浅陋想法。

（一）研究组构

在全球化与本土化不断冲撞交融的语境下，现时的跨文化传播已突破文化间的藩篱，而演变成一种全球传播。这就需要研究者具备全球性的思维和更为开放的知识理念，加大各学科之间的融合力度，破除学科界限与壁垒，从相互建构的层面归纳、阐释和整合各相关学科的理论成果，并以此为基点，探索跨文化传播的路径、方法和本源。

从另一方面来看，现有的跨文化研究成果大多是在全球化尚不明朗的背景下获得，有时效性、或然性和局限性。当下，日益

---

[①] 林大津：《美国跨文化交际研究的历史发展及其启示》，载《福建师范大学学报》1999年第2期。

深入的全球化趋势不断延展着跨文化传播的关注视域,扩充着跨文化传播的研究内容,并对一些已成型的跨文化传播理论与传统范式提出了多方面挑战。因此,建构本土化跨文化传播理论的一个重要前提,是要理性、客观地审视西方各理论流派,以公正、包容的姿态使"西学"东渐,以"对话"的形式应对西方显学的强势,以便最大程度地还原跨文化传播学科的内在文化视景,构建并充实本土化跨文化传播研究的书写、言说和范式。

(二)全球传播时代的研究对象

跨文化传播的研究视域极为宽广,文化和传播作为其两极,均是宽泛宏大的命题。也因此,跨文化传播研究在基本理论构建和研究对象的确定上至今难有定论。

笔者以为,随着全球化形态的深入,跨文化传播将成为全球文化生态的表征,其研究对象也会层级化扩散,呈现出不同文化主体在全球社会中的文化视野和交往姿态。因而,构建本土化的跨文化传播理论,势必要在立足中国本土文化实际的基础上,围绕着文化与传播的双翼,借助文化身份与文化伦理的双重研究视点,研究在全球传播过程中媒介/技术的客观效用,寻求如何以高效、高超、高明的传播方式、传播技巧和传播谋略搭建起不同文化的认知系统、价值建构方式和观念体系的对话、互涉与融通。在坚守建设"人类文化共同体"的学术追求之上,以实现人类的道义理想为己任,博采各文化之精华,与时俱进,不断探寻和扩充中国本土化跨文化传播理论的时代内涵和终极意义。

(三)研究方法多元化

跨文化传播研究涉及不同学科,交叉面广。而各学科在研究方法上又各自相异,心理学较多采取实验法,语言学偏重调查法、文本分析法,传播学更注重探求传播模式和传播效果的检测。因此,跨文化传播研究方法的多元化,并非将各学科的研究方法简单拼凑或随意组合,而是应结合研究客体的具体实际辩证把握并灵活运用。

（四）理论探源

国内学者关世杰指出，跨文化传播研究的理论来源大致有三：一是以传播学理论为基础；二是综合利用其他相关学科的理论；三是新建一门独立的学科。考虑到目前的研究现状，要建构本土化跨文化传播理论，不妨以传播学理论为基点，综合利用其他相关学科的理论，从广袤的中华传统文化中撷取精华，在基于长期的经验、观察和调查的基础之上，对业已存在的跨文化传播学说的假设和理论进行验证，并辅之以置入具体文化情境的检验，从而建立起一个独立的本土化跨文化传播理论研究体系。

[原载《西南民族大学学报》（人文社会科学版），2010年7期]

"探索与创新"丛书
传媒与文化产业：媒介时代前瞻

# 论中国文化产业发展的"3P战略"

李思屈

经济危机是人类经济生命体的一种正常的新陈代谢。目前我们正在经历的全球经济危机既是经济发展的一种障碍，更是经济运行过程中自我调整、升级转型的一种合乎规律运动的表现。与历史上出现的历次经济危机一样，它将加速淘汰落后的经济模式和产业形态，促生新的模式和形态。在此情况下，中国新兴的文化产业如果能够抓住机遇，适时调整，应该是可以大有作为的。

经过多年的发展，中国的文化产业已经初具规模，今后中国文化产业应该加大内涵式发展的力度，以提升创意力、影响力和文化资本转换力为着力点，重点发展 3P 型的文化产业（Creative Power, Influencing Power and Cultural Capital Transform Power, 简称 3P），充分发挥文化产业在经济转型升级中的带动作用。

## 一、中国文化产业迎来战略机遇期

经济危机总会带来巨大的损失，但同时也会使经济体系变得更加灵活、敏锐和富有活力。危机对于某些产业和商业模式来说是"死期"，尽管它们曾经非常强大，而对于另一些产业或商业模式则可能是难得的崛起机会。对于刚刚起步的中国文化产业来说，目前的经济危机以及随之而来的世界经济调整，恰恰为其带来了一个难得的战略机遇期。

# 论中国文化产业发展的"3P战略"

早在100多年前,马克思就揭示了文化发展与经济发展之间的不平衡现象。① 满足人们精神文化需求的审美经济,与满足人们的物质需求的一般实体经济、满足实体经济运行的金融经济三者之间虽然在总体上相互依存、但并不总是成正比例关系的。我们之所以判断中国文化产业的发展迎来了战略机遇期,是基于如下两个方面的事实:

第一,人们的精神文化需求并未出现萎缩现象,这就保证了文化产业继续发展的市场基础。符号经济体系是当代经济制度的一项重要发明,它在支撑实体经济发展的同时,也起着实体经济运行的保护和预警作用。正因为如此,我们在这场百年罕见的经济危机中才没有见到历史上曾经出现的把牛奶倒入河中,把胡萝卜犁进土里的类似现象。目前的金融风暴的波及面远远不到摧毁世界经济体系的程度,人们在大幅削减大宗商品和能源消费的同时,并没有同时减少其用于文化消费的开支,相反,在一些文化消费领域,甚至出现了逆势上行的"反周期现象"。

例如,在全球遭遇经济危机的宏观背景下,电子游戏行业却顶住了零售业低迷的影响,迎来了难得的销售大旺。据微软新近发布的销售报告,刚过去的2008年11月是Xbox 360游戏机在欧洲销售最好的一个月,同比增长了124%。在美国,在感恩节之后的第一天——"黑色星期五"(Black Friday),销售同比增长25%,为历史上的最好表现。如果说这一成绩主要是由于微软公司实行降价策略的话,那么根据市场调研公司NPD发布的数据,今年迄今为止,美国游戏行业总体销售增长25%。10月份游戏销售较2007年全年增长了35%,而2007年销售也很强

---

① 马克思:《〈政治经济学批判〉导言》,收录于《马克思恩格斯选集》(第二卷),北京:人民出版社,1972年,第112~113页。

劲。① 电子游戏（包括网络游戏）成为反周期行业不是偶然的，这就好比在大萧条时期"可口可乐"的销售情况并没有大降一样，人们在困难时期可能降低奢侈品的需求，但廉价的"可口可乐"是人人都能消费的。同样道理，困难时期人们可能就不会长途旅游了，但待在家玩网络游戏是人人都能消费的。Xbox 360产品负责人阿隆·格林伯格（Aaron Greenberg）称，尽管疲软的全球经济令美国零售商在假日季节销售不济，但2008年"是Xbox历史上最好的一年"。美国游戏产业向好使台湾大小制造商直接受益，而这些台湾的制造商的一些较为简单的加工工序通常又在其建立在中国大陆的工厂进行，从而使中国大陆也成为间接的受益地区。

在国内，中国电影产业也表现出鲜明的反周期性。在2008年度中国大陆票房榜前十强中，中国大片占据榜首，《赤壁》3.16亿、《画皮》2.3亿、《长江七号》2.02亿，再加上《梅兰芳》和《非诚勿扰》，使长期受美国大片压制的中国电影业在宏观经济严峻的时期给中国人带来了信心，甚至有可能上演在衰退期诞生票房历史纪录的奇迹。人类在现实层面遇到困难的时候，其实更需求精神层面的安慰，金融危机与大众到影院去放松精神、拥抱取暖并不矛盾。

中国广告业的反周期性也十分明显。文化产业中的广告业常常被视为国民经济的晴雨表，而中国中央电视台的黄金时段广告招标则又被誉为中国广告业的晴雨表。2008年11月18日，CCTV2009年黄金时段广告招标结束，招标总额达92.5627亿元，同比增长15.29%，与过去5年16.2%的平均复合增长率差距甚小。在全球金融危机的大背景下，广告业的这一强劲发展态

---

① 数据来源：中国广告协会学术委员会《时事经济》第40期，2008年12月29日。

论中国文化产业发展的"3P战略"

势备受关注,因为它不仅表明了文化产业的反周期性,而且也是中国经济活力的一种表现。

第二,金融风暴造成的冲击将加速中国经济的转型升级过程,使文化产业的优势更好地发挥出来。文化产业以其附加值高、节能无污染、对创意能力的提升和对相关产业的带动作用明显、对社会心理的凝聚和社会文化的整合等特征,将会更好地发挥支柱产业的作用和稳定社会的作用。

从总体上看,中国经济宏观向好的格局并未发生根本性改变,国际金融风暴的冲击实际上是加速了中国本来就应该做、正在做的产业转型升级和增长方式的转变过程。专家预测的中国2009年8%以上的GDP增速仍然是一个较快的发展速度,主要以出口贸易为目标的中国加工制造业受金融风暴的冲击最大,但这种冲击却并不始于金融风暴。扩大内需、变"中国制造"为"中国创造"等命题其实早在5年前就提上了议事日程,金融风暴的压力不过是加速了中国经济的转型升级,使之不得不更快更好地完成这一转型升级。这一转型升级的过程,正是文化产业大显身手的好时机,繁荣发展的好机遇。

因此,面临危机,我们既不应该盲目地悲观,也不应该盲目地输血救市,而是应该抓住机遇果断调整,提高自己的活力。麦肯锡公司近期发表的一项针对国际金融风暴的研究报告提醒人们关注"新的商业模式和行业重组",我认为是很有见地的。这份题为《在不确定性中引领前行》的报告指出,在这次危机中受到最沉重打击的,是那些"以高杠杆率、消费信贷、大量客户融资业务或大量周转资金为前提的商业模式","如果企业生产周期过长或不灵活,或者需要超长期投资,它们会发现管理自己的资金显得格外困难。"有些企业将难以生存,而另一些企业则可能在行业重组中得以发展。报告的作者认为,这一切要求我们在思考问题时要有一种"全新的思路",并提到了历史上变危机为机遇的成功企业。正是在 19 世纪 70 年代的经济衰退期，洛克菲勒和卡内基分别利用了石油精炼和钢铁冶炼方面的新技术，登上了新兴的石油和钢铁行业霸主的宝座。一个世纪后，同样是在经济困难时期，沃伦·巴菲特令一家名叫贝克歇尔·哈萨维（Berkshire Hathaway）的纺织品公司起死回生，并将它转型为有众多投资的基金源。[①]

目前这场经济危机固然给中国文化产业的发展带来了宏观面的困难，但也带来了前所未有的契机。我们知道，世界文化产业的兴起和繁荣，本身就是一种产业转型升级的结果，是在传统经济增长方式受到严重阻碍的情况下寻求突破的产物。英国的文化创意产业发展水平居世界前列，然而英国的文化创意产业却正是被压力挤出来的。英国是一个老牌工业国，传统的产业经济优势既给英国的发展带来了许多好处，也在新的环境下让英国背上了包袱。到 20 世纪 90 年代，英国经济已经长期处于低迷状态，社会保障负担日益加重，就业压力增大，政府和国民都急需突破经济发展困境，找到新的经济增长点。在此情形下，霍金斯教授等英国学者率先提出了"创意经济"这个概念，倡导以知识创新为源泉，以服务业为载体，以创造经济价值为目标的增长方式。当时执政的英国工党顺应社会的发展，吸纳了创意经济理念，极大地推进了英国经济的发展，同时又增长了英国文化的自信，带动了各国对新兴文化产业的重视。

## 二、增长范式的转变

文化产业的反周期性也是相对的，具有约束条件的。强调文化产业在经济调整时机的战略机遇，关键是需要一种战略调整的

---

[①] Lowell Bryan, Diana Farrell: Leading through Uncertainty, *The Mckinsey Quarterly*, No. 1, 2009.

## 论中国文化产业发展的"3P战略"

意识和胆略,而不是一种"国家不幸诗家幸"的浪漫。中国的文化产业要抓住这一机遇,它自身就需要进行战略性的调整。

中国文化产业具有文化资源丰富,创意人才丰富,文化产业政策有利等特点,近年来在整体上呈现出增量显著的特点,但是在质量提升、内涵式发展方面则出现了瓶颈,相应的知识支持体系供给明显不足,成为进一步发展的障碍。其表现有:

1. 数量扩张和基础建设顺利,而质量和市场影响力提升受阻

近年来,中国文化产业的基础建设进展顺利,生产的数量增长迅速,而在质量增长方面则还存在较大的空间。以电视动画业为例,根据国家广电总局公布的数据,2007 年中国电视动画片 101900 分钟,有日本学术惊呼中国的动画产量已经赶上日本,成为动漫大国,因为 2007 年日本电视动画片产量也仅仅为 11000 分钟左右①。但是,我们在全国五大城市的动漫消费调查却显示,日本动画片在国内观众的喜好程度却占到 73.6%,而中国国产动画片的喜好程度则只有 7.3%②。这个数字,还不包括我国每年产生出来却不能播出的动画片。2004 年影视动画生产从零起步,发展到 2007 年的年产动画 10 万多分钟,数量上的增长是一个了不起的进步。但是,从质量上来看,初步估计这 1 万分钟真正达到播出水平的,仅为 10%~15%。

再看电视剧的生产情况。2007 年获国产电视剧发行许可证的剧目为 529 部、14670 集,与 2000 年相比年产量翻了一番。然而来自电视台的信息却是为无新剧可播而发愁,据反映,一个电视台一年很难从这 500 多部电视剧中挑出 10 部收视率有保障的电视剧。

---

① 根据日本学者增田宏先生的统计。
② 数据来源:浙江大学数字娱乐产业研究中心。

目前，全国平均每天生产电视剧 40 集左右，而各级电视台的需求量为平均每天最多 13 集。电视台最大播出量只有 7000 集，6000 余集电视剧作品被束之高阁。质量粗糙、低水平产品供大于求，是造成这种严重资源浪费的重要原因之一。

出版业的情况也与此相似。我国虽然拥有出版社 573 家，居世界前列；一年出图书种类达到 22 万种，居世界第一。但是，中国出版物的年销售额仅为 60 多亿美元。在国外，仅培生集团 2004 年出版物销售总额就达到了 70 亿美元，汤姆森集团 2005 年出版物销售总额也达到了 80 亿美元。一个泱泱大国一年出版物销售额竟然比不上国外一个出版集团，中国出版业现实可谓十分尴尬。

应该说，中国文化产品的质量近年来有可喜的提高，但在瞄准国际先进水平，进一步提高质量上则尚缺乏切实有效的抓手。目前的扶持政策主要是税收优惠、房租优惠和播出奖励，重在产品数量，而在质量上则只有政府评奖和奖励这一类措施，市场质量提升机制还没有充分发挥出来。在"内容为王""赢者通吃"的文化产业领域，产品质量恰恰是决胜的关键，3P 型文化产业提供的优质产品，应该是我们应该争取的下一个目标。

2. 文化产业政策体系需要进一步完善

在国家文化产业政策的引导下，各地相继出台了一系列文化产业扶持政策。其中文化产业专项扶持资金，是最直接的主要扶持手段。据报道，北京市政府的文化产业专项扶持基金达到每年 5 亿元，深圳达到每年 3 亿元，江苏达到 1 亿元。在 2007 年仅兑现到动漫产业的扶持费用到达到了 7000 万元。来自文化部的数据显示，到 2006 年年底，全国已经有 13 个省区市设立了专项资金。此后，专项资金设立的热度仍然不减，目前全国大部分省区都已经设立了省级文化产业发展专项资金，各省会城市也大都设立了市一级的专项资金，这股热潮现在正在向经济较发达地区的二三级城市蔓延,甚至不少县级市也设立了自己的专项资金。在扶持形式上,奖励、资助、贴息是目前大多数专项资金在扶持时采用的主要形式。比如江苏省南京市去年首次发放的专项资金中,在扶持的31个项目中,就有项目补贴15项,贷款贴息和奖励类项目各8项。

专项资金的设立,对于文化产业的发展有着多方面的积极作用,许多获得扶持的企业和项目对于产业的长远发展也起到了不小的推动作用。但是,专项扶持基金如果运用不当,也会造成国家给钱、企业得好处的副作用。有专家指出,"财政资金是纳税人的钱,这决定了两件事,一是专项资金性质上的公共性,二是数量上的有限性。这两点共同决定了专项资金不是一般意义上的产业投资资金,不是简单地用于'输血'的资金,而是用于'造血'的资金"。专项资金的投放必须要起到对整个产业发展的带动作用,必须根据当地的文化产业发展规划来进行,要投给战略性和优先发展的产业,要着眼于整个产业发展的层面,这样才能发挥资金的引导作用。

3. 文化创意产业园区内涵有待做实

经过多年的发展,我国文化园建设已经取得了一定的成就,也出现了一些优秀的文化园。但就总体发展来看,我们的文化产业园还处于"筑巢引凤"的初级阶段,主要是充当"房东"角色,文化产业园主要还只是表现为一个"物理"意义上的"开发园区"的角色,离真正的"文化产业集群"还有相当的距离。

文化产业园要超越"房东"这个层次,实现从"开发物理园区"到"文化产业集群"的转变,其重要标志就是提供完善的配套支持和强大的知识支持体系。

产业园区的规划和建设应该以整合产业链为基础,不仅各个产业要协同,而且要有一个产业的配套,包括资本、人才和资金等等,再加上政府作为公共产品投入的知识支持体系和服务平台。现有的一些文化产业园区,实际缺乏整合的产业链,在知识支持体系和服务平台建设方面也待更多的努力。

4. 文化企业缺少必需的知识储备

文化企业缺少必传需的知识储备,是制约中国文化产业发展的另一个重要因素。对于以民营企业为重要力量的文化产业来说,这一问题尤其突出。一些重要的民营文化企业投资人常常是从房地产、矿产等其他产业起家的,对文化生产的规律和文化市场的规律了解不多,他们自己没有必要的知识储备,又得不到外部的相关知识体系的支持。从我们对动画企业的抽样调查来看,无论是原创型公司还是加工型公司,几乎都是制作人员为主力,无论是大型公司还是中小型公司都是制作部独大。制作部人员往往也就是公司的"创意团队",其专业背景主要是美术(84%)、计算机(12%),以近几年毕业的专科生为主,他们在公司灵魂人物——通常是知识面宽、富于创意的领袖人物带领下工作。

在受访的10多家原创公司中,几乎都是在仅有一个故事大纲、一套动画形象设计方案就立项开工了,仅一家公司有一个商业计划大纲。没有一家公司在立项前有详细的、论证严格的商业计划书,没有一家公司在立项前进行过专业的前期市场调查,100%是由连基本取样规则和方案设计概念都没有的内部员工临时充当市场研究者,更没有对创意方案的入市难度测试,也无严格的销售收入评估。这些公司投资人既当创作者又当经营者,公司总经理既是投资人又是创作总监、动画导演,同时还是创意策划、市场调研、制作和营销的决策人。调查中反映,这些企业家和创意策划人对相关的产业知识支持体系的需求十分强烈。

5. 文化产业人才培养需要科学论证

文化产业的人才瓶颈是多年来人们关注的问题,然而对这一问题的解决,却不仅沿袭简单地增长办学数量来加以解决。文化产业需要的是创意策划、营销管理等高层次的综合性人才,而不是一般意义上的技术工人。这就需要我们对现有的文化产业人才需求、人才供给和人才培养模式进行研究。

近年来,中国高校上马了一大批出版专业、文化产业管理专业和动画制作专业,其课程设置、培养方式和培养效果需要具体的实证研究,文化产业界对人才知识结构的需求、人才使用和培养方式也需要实证研究,以提高人才培养效率,为中国文化产业的发展提供有效的人才供给。

总之,中国文化产业能否抓住目前的战略机遇,其关键之一就在于能否利用目前世界经济大调整的时机,适时地完成增长范式的转型,加大内涵式发展的力度,以提升创意力、影响力和文化资本转换力为着力点,在重点发展3P型的文化产业上寻求突破,充分发挥文化产业在经济转型升级中的带动作用。

**三、重点突破与3P型文化产业**

强调"3P型的文化产业"理念,既是文化产业本质特性和内在规律的要求,也是中国文化产业发展现状的要求。

从文化产业本质特征来看文化产业首先是一种创意产业,是集创意性、娱乐性、体验性、参与性、时尚性为一体的新兴产业。文化产业作为一种产业,是企业主体、消费需求导向的市场行为。

其次,文化产业是靠创新,而不是靠单纯的文化底蕴或者文化继承,丰富的文化资源只有充分转换成特定的文化资本,形成文化商品价值的时候,才能形成影响力。如果没有较高的文化资本转换力,再好再丰富的文化资源也不能实现其价值。

第三,文化产业是许多产业的集合,各个产业关联性很强,具有鲜明的产业链特点。在文化产业的内部同时存在着共生和竞争关系,与其他产业和文化产业之间也存在密切的外部联系。因此,文化产业既可以推动制造业的结构升级,也可以拉动其他产业的消费。

第四,文化产业是内容产业,内容生产形成了产业链上游的高端环节,内容为王,赢者通吃,是文化产业中的一个带规律性的普遍现象。比如在中国的游戏产业中,10个最大的游戏项目或者公司占到游戏市场总额的90%以上。

第五,文化产业是人才密集型、技术密集型和资本密集型结合的产业集群,对人才、技术和资本都有特殊的要求。当三者达到有效整合的时候,文化产业才能显示出竞争的实力,顺利发展。

基于上述认识,我们主张超越把文化产业作为普通第三产业来看待的理论框架,还原其"审美经济"[①]的本来面目。发展文化产业之所以是中国实现经济转型升级的重要抓手,这首先是因为文化产业本身就具有完全不同的产业形态属性,具有与第一产业、第二产业,甚至普通的第三产业不同的增长范式。我国目前的主流理论把文化产业归于第三产业,这从统计工作的可操作性来讲,也许有充分的合理性,但从文化产业的产业本质来讲,则又有诸多不妥,因为它混淆了文化产业与普通第三产业的增长范式。

文化产业所体现的是一种与普通经济学不同的"精神经济学"。钱学森先生曾经谈到精神经济学的核心问题时说,这个大问题是我国经济学家们"也没有研究过"的,"我看还得有志于此的同志自己动手"。钱学森指出,文化产业是"继科技业(即第四产业)之后的第五产业",强调应将其与第一、二、三、四

---

① 李思屈:《审美经济与文化创意产业的本质特征》,载《西南民族大学学报》2008年第8期;李思屈、关萍萍:《论数字娱乐产业的审美经济特征》,载《杭州师范学院学报》2008年第9期。

产业的并列,加以大力发展①。

文化产业之所以是第五产业,重要理由是由于它本质上是一种符号生产,而不是物质生产。符号产品有两大特性,一是它的价值不因消费而减少,反而会因消费而增值。一个苹果,别人吃了,我就没有了,他消费了其价值。而一部电影,别人看了我也可以同时看,其符号价值并不因此而有所减少,反而会因欣赏中的再创造而增值。符号产品的第二大特征是复制方便,复制成本极低。在数字传播条件下,许多文化产品的内容复制成本几乎为零。

文化产品的符号性决定了它"内容为王""赢者通吃"的特性。美国的电影年产量 600 部,不到世界产量的 10%,而在全球电影市场上,却占有 84%。这就是说,美国的电影巨无霸地位不是靠数量,而是靠产品质量奠定的,靠它的创意力、影响力和文化资本转换力,即前面提到的 3 个"P"所决定的。2007年,中国的电视剧产量达到 529 部 14670 集,而按全国电视台一年最多播出 7000 集计算,有 6000 多集电视剧根本没有机会与观众见面。这种情况已连续 4 年出现,虽然每年生产量都有 13000多集,但从电视台得到的反馈却是无新剧可播,一家省级电视台 1 年很难找到 10 部有收视率保障的国产电视剧。

在此情况下,推进 3P 型文化产业,以精品争夺产业链高端,以上游带动全局,才是符合文化产业特殊规律的增长范式。

### 四、3P 模型及其指标体系

战略目标一旦确定,在现实中这一目标的技术环节和考察手段就成为关键。为了对 3P 型文化产业进行量化研究,我们制定

---

① 李向民:《钱学森与早期文化产业研究》,来源:中国文化信息网:http://www.bjci.gov.cn/503/2008/03/12/41@8805.htm。

了"3P模型及其指标体系",以方便对相关政策效果和产业成熟进行考察。

"3P模型及其指标体系"采用要素分析法(Principal Component Analysis,PCA)对3P的二级指标和三级指标进行设定。其中,创意力指标将主要参考卡内基·梅隆大学教授Richard Florida 的欧洲创意指数的"3Ts"模型,即"人才指数"(Talent Index)、"技术指数"(Technology Index)、"包容性指数"(Tolerance Index)来设定要素指标,影响力则以品牌知晓度、普及度、忠实度、美誉度为二级指标,文化资本的转换力则以文化资源、资本值/文化产品值比率为二级指标。

"3P模型及其指标体系"由3个系统组成:

1. 要素系统

其功能是表现3P型文化产业的主要因素和外显特征。它由来自3个层面的10个要素构成,(1)创意力层面,包括人才、技术、包容三大要素;(2)影响力层面,包括知晓度、普及度、忠实度、美誉度四大要素,(3)文化资产转换层面,包括文化价值的利用、产业贡献、品牌贡献三大要素。

2. 指标系统

其功能是把各要素细化为指标,从而更加直观、量化地体现3P型文化产业的外显特征,它是评价文化产业实力和发展潜力的基础。本系统由25项量化指标组成。

3. 操作系统

其功能是说明指标的具体内容及计算方法。在具体的研究中,我们对体现3P要素的每一项指标进行分析,以确定指标与文化产业实力与发展潜力的相关程度。我们将根据德菲尔法和试调查的研究结果,保留筛选掉某些信息较少的指标或不重要的指标,增加关联度大的指标作为评价指标,并按照指标的重要性进行排序。

### 3P模型及其指标体系定义表

| 层次 | 要素系统及符号 | | 指标系统及符号 | | 操作系统内容 |
|---|---|---|---|---|---|
| 创意力 | 人才 | C1 | 文化创意阶层指数 | C11 | 文化创意从业人数占整个从业人数的百分比 |
| | | | 人力资本指数 | C12 | 25~64岁人群中拥有学士或以上学位的人数比例 |
| | | | 科技人才指数 | C13 | 每千名工人所拥有的从事研究性工作的科学家与工程师的数量 |
| | 技术指数 | C2 | 文化产业研发指数 | C21 | 研发支出占GDP比重 |
| | | | 创意指数 | C22 | 每百人拥有的专利、著作权申请量 |
| | | | 技术创新指数 | C23 | 每百万人拥有的在信息、软件、传播等相关科技领域的专利数 |
| | 包容指数 | C3 | 态度指数 | C31 | 主动或被动宽容的人数占总人数比例 |
| | | | 价值指数 | C32 | 某地区将传统视为反现代的或世俗价值观的程度,这类指数通过一系列的提问得出,其中包括对国家、民族、宗教、权威、家庭、妇女地位、离婚、堕胎等的态度 |
| | | | 自我体现指数 | C33 | 对待个人权利和自我体现的重现程度,包括对自我体现、生活品质、民主、信任、休闲、娱乐、文化等的态度 |

续表

| 层次 | 要素系统及符号 | | 指标系统及符号 | | 操作系统内容 |
|---|---|---|---|---|---|
| 影响力 | 知晓度 | C1 | 提及率 | C41 | 受访者主动提及的品牌或产品前三名评分 |
| | | | 识别率 | C42 | 受访者对文化品牌LOGO或文化产品核心内容、形象、标志性声音的主动识别比率 |
| | | | 记忆率 | C43 | 受访者被动识记文化品牌LOGO或文化产品核心内容、形象、标志性声音的主动识别率 |
| | 普及度 | C5 | 市场占有率 | C51 | 一定文化产品品牌的市场份额 |
| | | | 使用率 | C52 | 消费群体对文化产品使用比率 |

［原载《西南民族大学学报》（人文社科版），2007年第8期］

# 我国文化产业政策体系的 3P 评估

关萍萍

自从中国把发展文化产业作为一项国家发展战略，各级政府部门出台了一系列扶持文化产业政策，为规范产业发展，培育中国文化产业核心竞争力创造良好的政策环境，产业政策体系不断得到完善。然而，如何保证现有政策优势的充分发挥，根据新形势、新情况和新要求进一步完善政策体系，强化现有政策执行力度，仍然是国家和振兴基地、文化企业广泛关心的一大问题。

本研究从"3P 型文化产业"角度入手，力图全面完整的搜集文化产业政策，所有涉及文化产业十一大门类的政策信息都涵盖进本研究的样本库，本研究按照政策名称、发布部门、发布时间、政策编号等条目对 512 条政策进行整理。从产业类别来看，涉及文化产业总体类政策以及图书出版业、报刊业、广播影视业、音像业、网络业、广告业、旅游业、艺术业、体育业等各具体行业政策，同时由于动漫产业在当前我国文化产业中的特殊性，本研究将动漫产业政策单独列出。

按照 3P 型文化产业的体系标准提取 46 要素，对 512 条政策进行要素提取和内容分析，对我国当前文化产业政策的体系现状、政策设定目标中的 3P 呈现样态进行系统分析和深入把握，从而为未来产业政策的制定和体系的完善提供科学依据。

## 一、3P 型文化产业与 46 要素

李思屈教授认为,要发挥文化产业在整个国民经济中的带动作用和渗透作用,就需要做好文化产业自身的"转型",从质量提升与内涵式发展的层面整体提升我国文化产业的水平。而发展"3P 型文化产业"将成为未来文化产业发展的方向,即着重强调提升文化产业发展的创意力、影响力和文化资本转换力(即:Creative Power,Influencing Power and Cultural Capital Transform Power,简称为 3P)。强调"3P 型的文化产业"理念,既是文化产业本质特性和内在规律的要求,也是中国文化产业发展现状的要求,是改变当前产业重复建设严重、缺乏影响力和资源利用率低等问题的关键所在。李思屈教授提出的"3P 模型及其指标体系"采用要素分析法(Principal Component Analysis,PCA)对 3P 的二级指标和三级指标进行设定。3P 指标体系由来自 3 个层面的 10 个要素构成,如下表。①

表 1　3P 模型及其指标体系定义表

| 层次 | 要素系统及符号 | | 指标系统及符号 | | 操作系统内容 |
| --- | --- | --- | --- | --- | --- |
| 创意力 | 人才指数 | C1 | 文化创意阶层指数 | C11 | 文化创意从业人数占整个从业人数的百分比 |
| | | | 人力资本指数 | C12 | 25~64 岁人群中拥有学士或以上学位的人数比例 |
| | | | 科技人才指数 | C13 | 每千名工人所拥有的从事研究性工作的科学家与工程师的数量 |

---

① 李思屈:《论中国文化产业发展的 3P 战略》,载《西南民族大学学报》(人文社科版)2009 年第 3 期。

续表

| 层次 | 要素系统及符号 | | 指标系统及符号 | | 操作系统内容 |
|---|---|---|---|---|---|
| 创意力 | 技术指数 | C2 | 文化产业研发指数 | C21 | 研发支出占GDP比重 |
| | | | 创新指数 | C22 | 每百万人拥有的专利、著作权申请量 |
| | | | 技术创新指数 | C23 | 每百万人拥有的在信息、软件、传播等相关科技领域的专利数 |
| | 包容指数 | C3 | 态度指数 | C31 | 主动或被动宽容的人数占总人数比例 |
| | | | 价值指数 | C32 | 某地区将传统视为反现代的或世俗价值观的程度,这类指数通过一系列的提问得出,其中包括对国家、民族、宗教、权威、家庭、妇女地位、离婚、堕胎等的态度 |
| | | | 自我体现指数 | C33 | 对待个人权利和自我体现的重视程度,包括对自我体现、生活品质、民主、信任、休闲、娱乐、文化等的态度 |
| 影响力 | 知晓度 | C4 | 提及率 | C41 | 受访者主动提及的品牌或产品前三名评分 |
| | | | 识别率 | C42 | 受访者对文化品牌LOGO或文化产品核心内容、形象、标志性声音的主动识别比率 |
| | | | 记忆率 | C43 | 受访者被动识记文化品牌LOGO或文化产品核心内容、形象、标志性声音的主动识别比率 |
| | 普及度 | C5 | 市场占有率 | C51 | 一定文化产品品牌的市场份额 |
| | | | 使用率 | C52 | 消费群体对文化产品使用比率 |

续表

| 层次 | 要素系统及符号 | | 指标系统及符号 | | 操作系统内容 |
|---|---|---|---|---|---|
| 影响力 | 忠诚度 | C6 | 重复消费率 | C61 | 同一消费者对同一产品的重复消费情况 |
| | | | 品牌转换率 | C62 | 文化消费者从其他品牌的消费向特定品牌消费的变动比率 |
| | 美誉度 | C6 | 正面评价率 | C71 | 文化消费者对一定品牌或文化产品核心内容的正面的理性评价比率 |
| | | | 正面联想率 | C72 | 消费者对一定品牌或文化核心形象、内容的正面联想比率 |
| 文化资本转换力指数 | 价值利用率 | C8 | 文化资源贡献率 | C81 | 源自本地文化资源的产品值在文化产值中的比率 |
| | | | 文化产业利用率 | C82 | 源自外地、外国文化资源的产品值在文化产值中的比率 |
| 文化资本转换力指数 | 产业贡献率 | C8 | 产业贡献率 | C91 | 文化产业总值占本地GDP的比率 |
| | | | 就业贡献率 | C92 | 文化产业从业人数占本地就业人数的比率 |
| | | | 出口贡献率 | C93 | 文化产业产品出口在总出口中的比率 |
| | 品牌贡献率 | C10 | 品牌价值率 | C101 | 本地自主品牌在文化产业总产值中的比率 |
| | | | 品牌带动力 | C102 | 本地自主品牌对当地整体形象力的关联与贡献 |

本研究借用这一体系模型，以"3P 模型及其指标体系"为评估标准，根据创意力、影响力和文化资本转换力及其 10 个二级指标、25 个三级指标的产业发展标准，对应于其在产业政策中的体现，对当前的文化产业政策进行内容分析，共提取要素

46个(如下表)。46要素共包括6个一级指标,16个二级指标,其中部分二级指标又可划分出三级指标。经过试分析对要素表进行修正之后,对全部512条政策的内容进行要素提取。

3P模型及其指标体系是针对文化产业发展的本质特性和内在规律所提出来的,用以检验文化产业的发展潜力及可持续性发展问题。3P型文化产业将成为当前文化产业发展的最优模式之一,而对应于文化产业的管理部门,就需要在文化产业政策内容中明确体现出能够推动文化产业发展的3P要素。换句话说,3P要素体现越好的政策就越能推动文化产业的良性和可持续发展。

表2 文化产业政策46要素及其与3P指标对应表

| 一级指标 | 二级指标 | 三级指标 | 3P指标体系 |
| --- | --- | --- | --- |
| 资本运作与体制改革类 | 资本投入方式 | 1 吸纳风险投资<br>2 吸纳民营资本<br>3 其他社会资本<br>4 外资进入<br>5 合资或合作<br>6 独资 | ◆创意力指数<br>◆创新指数<br>◆文化产业研发指数<br>◆文化资本转换力指数<br>◆价值利用率<br>◆产业贡献率 |
| | 政府管理体制改革 | 7 政企分开<br>8 完善行政审批制度<br>9 资产授权运营<br>10 政府服务效率 | ◆创意力指数<br>◆创新指数 |
| 文化产业组织类 | 文化产业与社会发展 | 1 先进文化<br>2 社会效益和经济效益的协调统一 | ◆影响力指数<br>◆美誉度 |
| | 基地与园区发展 | 3 基地/园区表彰<br>4 基地/园区撤销 | ◆文化资本转换力指数<br>◆产业贡献率 |

续表

| 一级指标 | 二级指标 | 三级指标 | 3P 指标体系 |
|---|---|---|---|
| 文化产业组织类 | 文化组织管理 | 5 建立文化企业、企业集团<br>6 重点文化产品、项目和经营部分<br>7 跨地区、跨行业兼并重组<br>8 专业化、规模化、集约化<br>9 优化组织机构设置<br>10 自主创新<br>11 市场准入 | ◆文化资本转换力指数<br>◆产业贡献率<br>◆品牌贡献率<br>◆创意力指数<br>◆创新指数 |
| 文化市场类 | 文化市场规范 | 1 理顺文化市场管理体制<br>2 反不正当竞争、反垄断<br>3 打击走私、盗版行为，保护知识产权<br>4 建立企业诚信体系<br>5 专业认证体系建设<br>6 行业标准<br>7 开征文化事业建设费 | ◆影响力指数<br>◆知晓度<br>◆普及度<br>◆忠诚度<br>◆美誉度 |
| | 文化产业优惠政策 | 8 免税<br>9 出口退税<br>10 贴息补助<br>11 建立健全专项资金制度<br>12 对文化事业的捐赠<br>13 土地、租金优惠<br>14 适度产业保护政策 | ◆文化资本转换力指数<br>◆产业贡献率 |
| | 鼓励文化市场发展 | 15 鼓励上市<br>16 文化贸易政策<br>17 鼓励文化企业"走出去"政策 | ◆文化资本转换力指数<br>◆产业贡献率<br>◆影响力指数<br>◆知晓度<br>◆普及度<br>◆美誉度 |

我国文化产业政策体系的3P评估

续表

| 一级指标 | 二级指标 | 三级指标 | 3P指标体系 |
|---|---|---|---|
| 文化产业技术类 | | 1 关键技术、基础技术的研发投入<br>2 提高信息化水平,实施"数字战略"<br>3 促进产业融合 | ◆创意力指数<br>◆技术指数 |
| 各地区文化产业协调发展类 | | 1 中西部文化资源配置<br>2 少数民族文化促进政策 | ◆文化资本转换力指数<br>◆价值利用率 |
| 文化人才类 | | 1 重视高级或复合型人才培养<br>2 人才引进机制<br>3 优秀人才激励政策 | ◆创意力指数<br>◆人才指数 |

设定好分析要素并通过 spss 统计软件对 512 条政策内容的提取结果进行数据分析,本文将在 46 个要素在当前文化产业政策中的表现状况进行定量的统计和分析基础上,从总体上把握我国文化产业政策的侧重点,并从 3P 指标体系与 46 要素的对应关系中对当前文化产业政策做进一步的梳理,我们将从 46 要素在本研究政策样本中的总体频次表现以及其在各个文化产业门类的频次表现角度,深入分析现有文化产业政策下 3P 型文化产业的优先发展状况。

## 二、我国文化产业政策的 3P 呈现样态

本研究中所提取的 46 个政策内容分析要素在当前各类文化产业政策中所出现的频次是非常不同的,而其出现频次也反映出了 46 要素对应的 3P 指标在当前文化产业政策中的凸显情况。下表是 46 要素在本次研究的 512 条政策样本中的出现频次、占政策总量的百分比、排名以及二级指标的平均频次。

表3　46要素出现比重及平均频次

| 一级指标 | 二级指标 | 三级指标 | 出现频次 | 百分比 | 排名 | 二级指标平均频次 |
|---|---|---|---|---|---|---|
| 资本运作与体制改革类 | 资本投入方式 | 吸纳风险投资 | 14 | 2.7 | 33 | 33 |
| | | 吸纳民营资本 | 26 | 5.1 | 26 | |
| | | 其他社会资本 | 40 | 7.8 | 17 | |
| | | 外资进入 | 45 | 8.8 | 14 | |
| | | 合资或合作 | 39 | 7.6 | 18 | |
| | | 独资 | 22 | 4.3 | 29 | |
| | 政府管理体制改革 | 政企分开 | 12 | 2.3 | 35 | 65.75 |
| | | 完善行政审批制度 | 152 | 29.7 | 3 | |
| | | 资产授权运营 | 25 | 4.9 | 27 | |
| | | 政府服务效率 | 74 | 14.5 | 8 | |
| 文化产业组织类 | 文化产业与社会发展 | 先进文化 | 68 | 13.3 | 10 | 71 |
| | | 社会经济效益协调 | 74 | 14.5 | 8 | |
| | 基地与园区发展 | 基地/园区表彰 | 26 | 5.1 | 26 | 14 |
| | | 基地/园区撤销 | 2 | 0.4 | 40 | |
| | 文化组织管理 | 建立文化企业、企业集团 | 47 | 9.2 | 13 | 70.29 |
| | | 重点文化产品、项目和经营部分 | 100 | 19.5 | 5 | |
| | | 跨地区、跨行业兼并重组 | 26 | 5.1 | 26 | |
| | | 专业化、规模化、集约化 | 67 | 13.1 | 11 | |
| | | 优化组织机构设置 | 72 | 14.1 | 9 | |
| | | 自主创新 | 79 | 15.4 | 7 | |
| | | 市场准入 | 101 | 19.7 | 4 | |

我国文化产业政策体系的 3P 评估

续表

| 一级指标 | 二级指标 | 三级指标 | 出现频次 | 百分比 | 排名 | 二级指标平均频次 |
|---|---|---|---|---|---|---|
| 文化市场类 | 文化市场规范 | 理顺文化市场管理体制 | 276 | 53.9 | 1 | 103.86 |
| | | 反不正当竞争、反垄断 | 18 | 3.5 | 30 | |
| | | 打击走私、盗版行为,保护知识产权 | 72 | 14.1 | 9 | |
| | | 建立企业诚信体系 | 31 | 6.1 | 24 | |
| | | 专业认证体系建设 | 93 | 18.2 | 6 | |
| | | 行业标准 | 229 | 44.7 | 2 | |
| | | 开征文化事业建设费 | 8 | 1.6 | 37 | |
| 文化市场类 | 文化产业优惠政策 | 免税 | 35 | 6.8 | 21 | 26.86 |
| | | 出口退税 | 23 | 4.5 | 28 | |
| | | 贴息补助 | 44 | 8.6 | 15 | |
| | | 建立健全专项资金制度 | 34 | 6.6 | 22 | |
| | | 对文化事业的捐赠 | 6 | 1.2 | 38 | |
| | | 土地、租金优惠 | 10 | 2.0 | 36 | |
| | | 适度产业保护政策 | 36 | 7.0 | 20 | |
| | 鼓励文化市场发展 | 鼓励上市 | 16 | 3.1 | 31 | 20.33 |
| | | 文化贸易政策 | 13 | 2.5 | 34 | |
| | | 鼓励文化企业"走出去"政策 | 32 | 6.3 | 23 | |

续表

| 一级指标 | 二级指标 | 三级指标 | 出现频次 | 百分比 | 排名 | 二级指标平均频次 |
|---|---|---|---|---|---|---|
| 文化产业技术类 | 关键技术、基础技术的研发投入 | | 26 | 5.1 | 26 | 26 |
| | 提高信息化水平,实施"数字战略" | | 27 | 5.3 | 25 | 27 |
| | 促进产业融合 | | 38 | 7.4 | 19 | 38 |
| 各地区文化产业协调发展类 | 中西部文化资源配置 | | 4 | 0.8 | 39 | 4 |
| | 少数民族文化促进政策 | | 15 | 2.9 | 32 | 15 |
| 文化人才类 | 重视高级或复合型人才培养 | | 52 | 10.2 | 12 | 52 |
| | 人才引进机制 | | 31 | 6.1 | 24 | 31 |
| | 优秀人才激励政策 | | 41 | 8.0 | 16 | 41 |

(一)我国文化产业政策的内容特征

从上表中可以看出,46要素在本次研究样本中的出现频率相差非常大,46要素的出现频次体现了我国当前文化产业政策在内容上的倾向性,同时也对其对应的3P要素有不同体现。通过46要素的排名对当前我国文化产业政策的内容特征进行分析,可以发现我国文化产业政策具有以下特征:

第一,注重文化市场的管理与文化行业的规范。

从46要素排名来看,"文化市场规范"类要素的"理顺文化市场管理体制"和"行业标准"分别居第一和第二位,涉及这两个要素的政策占政策总量的53.9%和44.7%。这说明我国各级政府在制定文化产业政策时,尤其注重规范文化市场、完善各类文化产业门类的行业标准,而这成为文化产业良性发展和产业市场扩容的重要保障。

从二级指标的平均出现频次来看,"文化市场规范"也是表现最为突出的一类要素,其平均出现频次达到 103.86 次,位居第一。这也说明了我国当前文化产业政策的市场管理的力度之大。

第二,重视文化产业的经济效益与社会效益的共赢。

有关文化产业的社会效益的二级指标是"文化产业与社会发展",虽然只有"先进文化"和"社会经济效益协调"两个三级指标,但是其出现频次都较高,分别为 68 次和 74 次,居全部 46 要素的第 10 名和第 8 名。尤其值是注意的是,该二级指标的平均频次为 71 次,位居全部二级指标平均频次排名的第二位。这与我国文化产业的特殊定位有密切关系,文化产业的发展不仅是我国经济发展重要组成部分,更是市场经济下繁荣发展社会主义文化的重要载体,因而实现文化产业的社会效益与经济效益的共赢成为当前文化产业政策的重要内容。

第三,文化企业的组织管理日渐突出。

文化产业要壮大繁荣,优秀文化产品的品牌化、文化企业的规模化、专业化以及整个文化行业的准入制度不断完善成为关键环节。在本次研究的 46 要素中,"市场准入"与"重点文化产品、项目和经营部分"表现比较突出,其出现频次分别为 101 次和 100 次,涉及政策占政策总量的 19.7% 和 19.5%。"文化组织管理"作为二级指标,其平均出现频次为 70.29,位居全部二级指标平均频次排名的第三位,可以看出我国文化产业政策对文化产品、文化企业品牌的重视。

第四,政府管理体制的改革力度不断加大。

文化产业所具有的特殊产业属性决定了政府管理在产业发展中起到了至关重要的作用。而我国原有的特殊文化体制也成为当前政府制定文化产业发展政策过程中必然遇到的问题。因此,对于我国来说,发展文化产业就意味着解决好文化体制与文化市场化的关系问题、转变政府管理的思路和具体做法。

在本次政策研究样本中,"政府管理体制改革"类要素中的"完善行政审批制度"共出现了152次,涉及政策占政策总量的29.7%,位居46要素中的第三位。另外,"政府工作效率"要素也位居前列,共出现了74次,占14.5%,位居第八位。从二级指标平均频次来看,"政府管理体制改革"平均频次为65.75,远高于所有指标的平均出现频次。

总体来看,我国文化产业政策内容丰富,对产业发展的各方面都有所涉及,政策体系已经较为健全。尤其是在文化管理体制、文化市场与文化企业的管理方面的政策已经比较全面了。然而,在具体实施层面,我国文化产业政策仍存在很多问题,尤其是推动文化产业在质的突破上,政策发挥的力度和空间有待扩大。而这明显地反映出我国当前文化产业政策的3P凸显上存在不均衡的现象。下面我们就本次政策研究样本的3P呈现样态进行分析。

(二)我国文化产业政策的3P呈现样态

从上表的46要素排名,我们可以由此分析当前我国文化产业政策对3P指标的呈现样态,创意力、影响力和文化资本转换力主要呈现以下特征:

1. 凸显"影响力"(Influencing Power)指标

按照前面我们提及的46要素与3P指标对应表,我们发现在二级指标平均频次排名中位列前两位的"文化市场规范"和"文化产业与社会发展"两大类要素都对应于"影响力"指数,可以看出当前的文化产业政策非常重视提升我国文化产业产品乃至总体文化行业的影响力,注重提升文化市场化之后文化产品的美誉度、普及度,以及我国文化产品在国内外市场的知晓度和消费忠诚度。另外,"鼓励文化市场发展"要素的鼓励上市、文化贸易政策以及鼓励文化企业"走出去"政策都是提升我国文化产品的国内市场影响力和国际影响力的重要措施。

影响力与文化资本转换力的"品牌贡献率"有密切联系,虽然我国文化产业政策中对"影响力"的提升非常重视,但是我国仍然严重缺乏有国际影响力的文化品牌,甚至国内文化市场都是国外文化品牌占据优势地位。这充分说明我国文化产业的"影响力"缺乏的现状,也对未来我国文化产业政策的制定提出了要求,转换管理思路、从内涵层面上提高我国文化企业和文化产品的影响力。

2. "创意力"(Creative Power)指标有所体现

创意力的系列指标在 46 要素中体现比较广泛,如在二级指标平均频次排名第三的"文化组织管理"类要素体现了"创意力"指数的创新指数,尤其是优化组织机构设置、自主创新等三级指标,特别关注我国文化产业组织的创新能力的提升;另外,"政府管理体制改革"类要素也是重要的"创新指数"体现指标,从管理体制的创新方面提升文化产业的创意力。

创意力指数中的"技术指数"在文化产业政策中有直接的对应,即"文化产业技术类"要素,该要素包含的关键技术、基础技术的研发投入、提高信息化水平,实施"数字战略"和促进产业融合三个要素都是从高新技术层面提升我国文化产业的创新能力,该要素平均频次为 30.33 次,频次较高;而"人才指数"则对应于"文化人才类"要素,对高级人才或复合型人才的引进机制,优秀人才的鼓励政策等内容都大大有助于我国文化产业人才指数的提高,从而为我国文化产业的发展奠定良好的人才基础。

另外,"资本投入方式"除了作为我国文化产业投资方式的创新之外,从根本上更能够提升我国文化产业研发指数,解决资本问题是文化市场扩大繁荣的重要步骤。

### 3. "文化资本转换力"(Cultural Capital Transform Power)表现不均衡

纵观本次政策研究样本的数据分析结果,我们可以明显发现在3P指标中,虽然46要素中对文化资本转换力也有所体现,但是对于文化资本转换力的各个二级指标的凸显力度差异较大,表现为产业贡献率指标表现突出,而价值利用率较差,品牌贡献率严重不足。

首先,"资本投入方式"的改革是对文化资本转换力的提升最为直接的方式之一,调动民间、国外资本进入文化领域,最大程度的激发资本对文化资源的市场活化作用,提高我国文化产业的产业贡献率,从而激发整体文化产业的发展潜力。"文化组织管理"类要素对文化企业、企业集团和文化产品的着重强调也体现了对文化产业的"产业贡献率"的提升。"文化产业优惠政策"的系列三级要素则是通过税收、金融、土地等优惠政策的实施,着重凸显对我国文化产业的产业贡献率的提升。另外,"基地与园区发展"和"鼓励文化市场发展"也有利于产业贡献率的提升。

其次,对应于文化产业的价值利用率的要素主要有"资本投入方式"和"各地区文化产业协调发展",主要从充分挖掘我国文化资源的市场价值、提升我国文化产业的竞争力的层面提升价值贡献率。

第三,"品牌贡献率"仅有"文化组织管理"要素被提及,由此也可以看出这是我国当前文化产业政策的短板。我国文化产业已经发展数年,取得了众多成就,尤其是增量层面成绩显著,然而能够在国际上占有一席之地的国产文化品牌却屈指可数,数量增长迅猛的同时,我们不得不思考我国文化产业发展的质量问题。因此,未来我国文化产业政策的制定上应该在"品牌贡献率"上有所体现,从而实现我国文化产业的质量提升和内涵式发展。

### 三、文化产业各产业门类政策的 3P 评估

从上文的要素分析中,我们可以看出我国文化产业各产业门类的政策对 46 要素的凸显差异较大。对应于此,各产业门类的政策对 3P 指标的体现也有所不同。下面我们从 46 要素出现频次最多的前两类产业类别,对我国文化产业各产业门类政策进行 3P 评估。

下表是 46 要素出现频次最多的前两类产业类别,即第一位产业和第二位产业。

表 4　46 要素出现频次最多的前两类产业门类及比重

| 一级指标 | 二级指标 | 三级指标 | 出现频次 | 第一位产业 | 频次 | 第二位产业 | 频次 |
|---|---|---|---|---|---|---|---|
| 资本运作与体制改革类 | 资本投入方式 | 吸纳风险投资 | 14 | 动漫产业 | 12 | 广播影视、网络产业 | 各 1 |
| | | 吸纳民营资本 | 26 | 动漫产业 | 16 | 文化产业 | 4 |
| | | 其他社会资本 | 40 | 动漫产业 | 15 | 文化产业 | 14 |
| | | 外资进入 | 45 | 动漫产业 | 12 | 文化产业 | 11 |
| | | 合资或合作 | 39 | 动漫产业 | 11 | 广播影视业 | 8 |
| | | 独资 | 22 | 动漫产业 | 8 | 文化产业 | 7 |
| | 政府管理体制改革 | 政企分开 | 12 | 文化产业 | 7 | 网络产业 | 3 |
| | | 完善行政审批制度 | 152 | 网络产业 | 34 | 动漫产业 | 29 |
| | | 资产授权运营 | 25 | 动漫产业 | 13 | 广播影视业 | 6 |
| | | 政府服务效率 | 74 | 动漫产业 | 19 | 广播影视业 | 18 |

续表

| 一级指标 | 二级指标 | 三级指标 | 出现频次 | 第一位产业 | 频次 | 第二位产业 | 频次 |
|---|---|---|---|---|---|---|---|
| 文化产业组织类 | 文化产业与社会发展 | 先进文化 | 68 | 动漫产业 | 30 | 文化产业 | 10 |
| | | 社会经济效益协调 | 74 | 文化产业 | 21 | 动漫产业 | 20 |
| | 基地与园区发展 | 基地/园区表彰 | 26 | 动漫产业 | 21 | 文化产业、旅游业 | 2 |
| | | 基地/园区撤销 | 2 | 文化产业 | 2 | 无 | |
| | 文化组织管理 | 建立文化企业、企业集团 | 47 | 动漫产业 | 21 | 文化产业 | 16 |
| | | 重点文化产品、项目和经营部分 | 100 | 动漫产业 | 51 | 文化产业 | 23 |
| | | 跨地区、跨行业兼并重组 | 26 | 文化产业 | 12 | 网络产业、图书出版业 | 3 |
| 文化产业组织类 | 文化组织管理 | 专业化、规模化、集约化 | 67 | 动漫产业 | 24 | 文化产业 | 13 |
| | | 优化组织机构设置 | 72 | 动漫产业 | 28 | 网络产业、广播影视业 | 各9 |
| | | 自主创新 | 79 | 动漫产业 | 29 | 文化产业 | 19 |
| | | 市场准入 | 101 | 网络产业 | 25 | 广告业 | 24 |

我国文化产业政策体系的3P评估

续表

| 一级指标 | 二级指标 | 三级指标 | 出现频次 | 第一位产业 | 频次 | 第二位产业 | 频次 |
|---|---|---|---|---|---|---|---|
| 文化市场类 | 文化市场规范 | 理顺文化市场管理体制 | 276 | 动漫产业 | 65 | 网络产业 | 55 |
| | | 反不正当竞争、反垄断 | 18 | 广播影视业 | 7 | 网络产业 | 6 |
| | | 打击走私、盗版行为，保护知识产权 | 72 | 图书出版业 | 24 | 网络产业 | 13 |
| | | 建立企业诚信体系 | 31 | 动漫产业 | 16 | 旅游业 | 5 |
| | | 专业认证体系建设 | 93 | 旅游业 | 23 | 网络产业 | 20 |
| | | 行业标准 | 229 | 网络产业 | 53 | 旅游业 | 39 |
| | | 开征文化事业建设费 | 8 | 文化产业 | 4 | 动漫产业 | 2 |
| | 文化产业优惠政策 | 免税 | 35 | 动漫产业 | 24 | 文化产业 | 9 |
| | | 出口退税 | 23 | 动漫产业 | 19 | 文化产业 | 4 |
| | | 贴息补助 | 44 | 动漫产业 | 23 | 文化产业 | 20 |
| | | 建立健全专项资金制度 | 34 | 动漫产业 | 22 | 文化产业 | 10 |
| | | 对文化事业的捐赠 | 6 | 文化产业 | 5 | 艺术产业 | 1 |
| | | 土地、租金优惠 | 10 | 动漫产业 | 5 | 文化产业 | 5 |
| | | 适度产业保护政策 | 36 | 动漫产业 | 24 | 广播影视、网络、体育业 | 各3 |
| 文化市场类 | 鼓励文化市场发展 | 鼓励上市 | 16 | 文化产业 | 12 | 动漫、网络、图书、音像 | 各1 |
| | | 文化贸易政策 | 13 | 文化产业 | 7 | 动漫产业 | 4 |
| | | 鼓励文化企业"走出去"政策 | 32 | 文化产业 | 11 | 图书出版业、动漫产业 | 各5 |

续表

| 一级指标 | 二级指标 | 三级指标 | 出现频次 | 第一位产业 | 频次 | 第二位产业 | 频次 |
|---|---|---|---|---|---|---|---|
| 文化产业技术类 | | 关键技术、基础技术的研发投入 | 26 | 动漫产业 | 12 | 网络产业 | 6 |
| | | 提高信息化水平，实施"数字战略" | 27 | 动漫产业 | 10 | 网络产业 | 7 |
| | | 促进产业融合 | 38 | 动漫产业 | 20 | 网络产业、体育业 | 各5 |
| 各地区文化产业协调发展类 | | 中西部文化资源配置 | 4 | 文化产业 | 3 | 体育业 | 1 |
| | | 少数民族文化促进政策 | 15 | 文化产业 | 4 | 艺术产业 | 3 |
| 文化人才类 | | 重视高级或复合型人才培养 | 52 | 动漫产业 | 22 | 文化产业 | 7 |
| | | 人才引进机制 | 31 | 动漫产业 | 19 | 文化产业 | 10 |
| | | 优秀人才激励政策 | 41 | 动漫产业 | 21 | 文化产业、网络产业 | 4 |

纵观以上表格，我们可以看出，46要素出现频次最高的产业门类主要集中在动漫产业政策、文化产业总体政策、广播影视业和网络产业的政策，尤其是动漫产业和文化产业总体政策最为突出，由此也说明这四类产业政策对3P指标的凸显程度较之其他产业类型要明显的多，有如下特征：

（一）动漫产业与文化产业总体政策：政策目标设定较符合3P型文化产业的发展

动漫产业是表现最为突出的产业门类，在全部的46个要素中，有29个要素出现频次最高的产业门类是动漫产业政策，出现频次居前两位的要素数目高达35个。文化产业总体政策也表现极为突出，排在前两位的有29个要素内容，其中频次居第一位的有11个要素，要素出现的政策条目就更多了。动漫产业和文化产业总体类政策在46要素中排名优势非常明显，按照46要素与3P指标的对应，这两类政策对创意力、影响力和文化资本转换力指标的体现力度大，因而我们可以说，当前的动漫产业和文化产业总体政策已经初步具备了3P型文化产业政策的雏形。

动漫产业政策对于提高我国动漫产业的人才、技术水平、促进我国动漫产品的总体创新，提升我国动漫作品和动漫企业的国际影响力，并从资本运作、体制改革与动漫市场管理等方面提升我国动漫产业的文化资本转换力方面起到了重要的作用。

而文化产业总体政策则对于我国整个文化产业领域都起到重要的推动作用，尤其对动漫产业、网络产业等新兴行业以及体制改革的前沿阵地如图书出版业和广播影视业等的推动作用更是明显，对激发全民的文化创意力、创作出在国内外具有较高影响力的作品产生了积极的推动作用。而文化资本转换力是文化产业化和市场化的核心动力，当前文化产业总体政策对该要素的体现力度也显示了我国文化产业管理层对文化产业和文化市场理论思考的深入与实践管理能力的提升，对于克服数量为王的传统产业发展理念、从质量提升、内涵式发展层面提升我国文化产业的总体水平具有重要贡献。

（二）网络产业政策与广播影视业政策凸显创意力与文化资本转换力的提升

网络产业与广播影视业政策没有前两类表现那么突出，但是较其他产业门类优势依然非常明显，网络产业政策居前两位的有14个要素内容，广播影视业政策居前两位的有7个要素内容。按照这些要素对应的3P指标，我们可以看出，网络产业与广播影视业政策的创意力与文化资本转换力较为突出。

作为一种新型的产业门类，网络产业与新技术环境密切相关，因此其运营与政府管理模式也有别于传统文化行业。鉴于此，我国有关网络产业的政策内容在政府管理体制上，尤其是行政审批制度上对网络产业做了特殊的规定；文化组织管理问题上在经营领域允许跨行业、跨地区进行，并注重优化组织结构；值得注意的是，网络文化市场的管理政策体现了网络产业的特殊性，在管理体制、保护正当竞争以及版权等问题做了较多的规定，体现了网络产业政策解放产业的创意力和提升文化资本转换力的力度。

广播影视业是传统文化行业领域，然而近几年随着广播影视业体制改革力度的不断加大，尤其是国内电影产业的迅猛发展，我国政府部门的管理政策也不断体现出适应产业发展需要的倾向。当前的广播影视业政策在放开资本市场、提高政府工作效率等方面做了巨大的改革，文化市场规范和组织机构改革上也有较大改进，大大提高了影视制作的创意力和文化资本转换力。

（三）我国文化产业政策总体水平不均衡，各类产业政策的3P凸显程度差异巨大

本次研究涉及了包括文化产业在内的十一大门类产业政策，从上表我们可以看出，46要素出现最密集的四大产业门类所占比重很大，如动漫产业吸纳风险投资、政企分开、重点文化产品、项目和经营部分等要素都占有绝对比重。除了这四大产业政策的其他产业门类在所有46要素中占非常少的比重，由此我们可以看出我国文化产业政策总体水平极不均衡，各类产业政策的3P凸显程度差异巨大，呈现出：动漫产业、网络产业、影视产业等新兴产业市场的政策条目较多、政策内容涉及广泛，对3P指标的体现程度较大，而其他传统行业则不明显。

我国文化产业发展速度之快、规模增长之大已经为世界所瞩目，其中文化产业政策起到了不可或缺的作用，因而要从根本上改变我国产业发展水平普遍较低、数量增长胜于质量提升的短板，仍然需要从政策体系的健全和完善入手。本文通过46要素在512条文化产业政策中的呈现状态以及其与3P指标体系的对

比分析，按照 3P 型文化产业政策的标准对我国当前文化产业政策做一个总体的掌握，所得出的分析结果为未来的文化产业政策制定提供借鉴。

〔原载《西南民族大学学报》（人文社会科学版），2012 年第 1 期〕

"探索与创新"丛书
传媒与文化产业:媒介时代前瞻

# 论文化产业发展中的版权评估问题

蔡尚伟　钟　勤

中共十七届六中全会的召开引发了各界对文化及文化产业发展的高度关注,近年来,文化产业保持持续增长势头,在党和国家的崭新部署下,文化产业将迈入跨越式发展阶段。文化产业的发展离不开金融的支撑,而融资难题却扼住了文化产业进一步发展的咽喉,资本供给短缺是文化产业发展最为紧迫的瓶颈。文化产业因其大多没有有形资产,"版权质押"成为其主要融资模式,但"版权质押"模式在实施过程中却面临版权评估难的问题。本文拟就此文化产业发展中的枢纽问题进行一些实质性探讨。

## 一、版权与文化产业

### (一) 版权——文化产业核心发展要素

笔者近年在对文化产业的研究中,提出"底蕴+创意+版权+品牌+产业链=文化产业'钱'途无量"的观点。版权是文化产业重要生产要素和核心发展要素,从知识资本角度来说,文化产业就是以智力生产为创新基础的泛版权经济。[①] 文化产业作为低消耗、无污染、立足于创新创意的高端产业,归根到底都是一种原创,"创意"作为文化产业最核心的要素,始终是文化产业的起点、精髓所在。任何文化产品从创作、制作到销售、服务的

---

① 皇甫晓涛:《版权经济》,北京:科学出版社,2011年,第7页。

过程中都渗透着创意。创意在实质上其实是无形的,使文化创意真正成为一种创富行为需要版权的参与。版权的创造、运用、保护、管理是将零散文化创意产业化,转化成为现代生产力的重要手段。无论是文学、艺术、科学领域的原创,都需要版权体系为之保驾护航。版权保护文化,版权激励创意,版权日益成为促进文化产业发展的重要因素。

(二)版权评估——制约文化产业融资的主要因素

文化产业素有"轻资产重创意"特性,文化产业以中小型规模的企业为主,覆盖在动漫、游戏、影视作品等智力密集型行业。文化企业的核心资产也表现为以版权为主的无形资产,缺乏可用于担保抵押的固定资产。为增加资本形成规模、完善资本形成结构、创新资本形成形式、提高资本形成效率,促进有效资本供给增加,满足文化产业发展的融资需求,[①] 大多数文化企业采取了"版权质押"模式与金融业对接,以期缓解融资难的问题。要释放金融对文化产业的支持作用,需引入专业金融机构,专业金融机构一直以"抵押为本"为主要经营模式,所追求的是可控制风险下可预期的合理收益,故在其决策时遵循理性、客观和"用数字说话",具体表现在决策时,将各种影响因素数据化,再根据标准化的筛选流程决定最终的投资。站在传媒经济学的角度,对文化产品进行评估,实则是对文化产品的版权经济价值进行评估,并以定量的方式(货币价格)表现这一价值。[②] 文化企业通过版权质押所获资金的多少在一定程度上取决于版权价值评估的高低,因此版权评估成为制约文化产业融资的主要因素。

---

① 王明筠:《文化产业金融支撑体系研究》,载《浙江金融》2010年第8期。

② 张辉锋、宋颖颖:《电影版权评估指标体系新探》,载《青年记者》2011年第3期。

**二、版权评估所面临的困难**

虽然在《关于金融支持文化产业振兴和发展繁荣的指导意见》的政策引导下,来自银行、保险、风投等各领域的金融机构都对文化产业表现出前所未有的期待,跃跃欲试,也有部分金融机构已经在探索发展路径。但事实上文化产业融资仍然困难重重,究其深层原因不仅在于版权难评估,还在于版权评估难。

(一)版权难评估

版权在法学和经济学上有不同的意义。法学意义上的版权概念,是指政府批准的为智力成果的发明者或持有者所专有或在规定的年限内使用成果的一种排他性权利,它包括版权所有者的人身权和财产权。经济学上的版权概念是一种财产权,是对知识、信息及技术成果进行排他性使用、支配的一种权利,其客体是财产权这一无形资产而不是知识、信息及技术成果本身。① 版权之所以难评估就在于其无形资产的属性,因为它实质上是把智力成果作为财产,与传统意义上的厂房、设备、机器等有形资产不同,不能被人的眼、耳等感觉器官感知。

文化产业作为新兴产业,其涵盖的行业范围广泛,不仅包括新闻出版、广播电影电视、动漫游戏、软件网络等行业,还囊括了文化艺术、建筑设计、艺术品交易等行业。它的内容复杂,所以不同行业涉及的版权也有差异。行业的不同造成文化产品版权的表现形式不同,如涉及出版行业的版权多以著作权表现,电影则主要表现在发行权、放映权等,整个行业没有一个相对固定的评估元素。其次,文化产业的产业特征也表现出可复制性、衍生性、价值隐形、传播至上等。随着文化产业链的横向和纵向延

---

① 吴赟:《文化与经济的博弈:出版经济学理论研究》,北京:中国社会科学出版社,2009年,第100页。

伸,文化产业的版权应用范围也随之扩大,甚至,延伸至与创意要素相关的创意农业、创意工业等产业中。而文化产业中的"文化"和"创意"又都是"看不见,摸不着"的,虽然部分文化产品或服务以书面、屏幕、画面、衍生品、表演、音效等形式表现出来,使人感觉"看得见",但对文化产品价值的认同体现为一种感觉、情感、心理、体验和回应,是一种因人而异的思想意识反映,①同样是"摸不着"的,具有很强的隐形性,使得也是"看不见,摸不着"的版权的评估难上加难。

(二)版权评估难

1. 影响版权评估因素众多

(1)产品自身因素

文化产品不是一般的物质性产品,而是涉及艺术、文化和生活娱乐的产品,主要满足人们精神上的需要。产品的类型、产品的创作者、使用状态、登记情况、收益方式等都会影响对文化产品的版权评估。

比如,不同类型文化产品的版权,其价值评估存在差别。同为音像制品,流行音乐与民族音乐由于在投入上和受众上存在差异,二者的版权价值是不同的,在融资时,对其版权风险的评估也就存在差异。而在电影、电视、设计等行业,创作者的知名度高低直接影响对其版权价值的评估判断。使用状态也会影响作品的影响力和经济利益,电视剧的播放权,有的是独家只播一次,有的是多次播放,其版权带来的收益就是不同的,那么在评估时应考虑版权的使用状态。此外,著作财产权有两种主要收益方式:销售型和使用型。前一种主要是通过销售其作品从而获得直

---

① 月明:《文化产业项目该如何评估?必须了解七大特性》,来源:http://news.163.com/10/0623/17/69SMQIEJ00014AED.html[EB/OL],2010-06-23。

接收益,后一种是通过使用该作品的方式间接地实现其收益。①在对文化产品进行版权评估时,需将文化产品的收益方式纳入评估之中,如一组时装的设计图,它的价值实现方式体现在成衣的价值收益中,所以在评估过程中,对于通过使用的方式实现收益的版权,评估因素也将增加,最终影响版权评估结果。

(2) 市场因素

文化产业版权的载体在作为商品进行生产和交换时,必然受到市场的供求规律的影响,市场需求量、产品可替代性、产品的发行路径等都影响版权价值的评估。

市场需求量越大,所估产品的版权价值越高。文化产业以智力劳动和信息投入为主,其产品在生产中不需要特别的设备,由于创意是无形的,因此某一类创意产品的出现会导致一系列形式和内容相近或雷同的文化产品的出现,而且有时还很难认定是否属于侵权。这种市场的可代替性必然影响文化产品版权的价值。② 而不同类型的文化产品,由于其传播方式或者发行路径的不同会影响其收益,比如文字作品通过广播方式传播,摄影作品、设计作品就很难通过同样的方式传播,那么文字作品广播权价值就比摄影作品广播权价值要大。还有,电影的版权如果能够在多个窗口发行,就能增加版权的消费量和版权收益,在对电影版权评估时考虑其发行路径不仅在一定程度上确保了电影版权投资的安全性,也在一定程度分散了投资风险。③

---

① 袁煌、侯涵宇:《版权价值评估对象及其价值影响因素探讨》,载《中国资产评估》2011年第8期。

② 高志英、王淑珍:《文化创意产业知识产权评估相关问题的研究》,载《中国资产评估》2009年第5期。

③ 张辉锋、宋颖颖:《电影版权评估指标体系新探》,载《青年记者》2011年第3期。

## 论文化产业发展中的版权评估问题

（3）文化因素

文化产业中的版权与文化有着紧密的联系，文化是在对版权评估时着重考虑的因素。在对文化产品版权价值评估时，越是有着深厚文化底蕴的产品，其传播价值和开发价值越大，版权的价值也就越大，获得融资的机会随之增加。以文化资源因素为例，文化资源的因素包括品相要素、价值要素、效用要素、传承能力。保存状态较好的文化资源就具有较高的文化价值，例如联合国教科文组织公布的人类文化遗产名录的文化资源的版权价值就比国家级或省级评定的文化资源的版权价值更高，那么在进行产业开发涉及需要版权质押融资时，其版权评估结果就会出现差异性。

（4）法律因素

文化产业融资中版权评估的法律因素主要考虑版权的法律状况、版权的剩余法定保护年限、著作权的相关法制环境等。对于不同的文化产品，法律是给予不同的权利的。以版权的法律保护期限为例，根据著作权法，不同的著作权具有不同的保护期限，著作财产权以及应当由著作权人享有的其他权利保护期为 50 年，但是作为文化产业中的软件产品，受其产品更新速度快的影响，其版权的法律保护期一般在 25～50 年。所以在对文化产品进行版权评估时，法律也是影响评估结果的因素之一。

2. 版权评估体系不健全

版权虽有价值，但没有实物形态，保值能力存在很大的不确定性，能否为文化企业带来预期的经济效益是未知数。文化产业中创造的产品是否受消费者欢迎、市场需求量大小等也是不确定的，因此文化产业属于高风险投资行业。

"高风险"使得银行放贷畏而止步，银行在放贷的时候就需聘请专家进行评估、遵循严格的程序。尽管有诸如文化产权交易所、会计师事务所等专业金融机构开展了相关评估工作，但是在全国范围内缺乏专业权威的评估机构，未在业界形成统一的评估方法，众多文化产品的版权价值在市场上无法获得正确、合理的评估，评估结果的认可度也大多在金融机构偏低，因为部分金融机构，如银行，内部存在一套针对文化产品版权的评估，但其与市场评估系统常常"不接轨"，使得放贷程序复杂化和长期性，版权也多以被"组合"方式进行质押，难以独立申请贷款，最终导致文化企业无法获得预期贷款。

正是国内版权评估体系的不健全在一定程度上造成了文化产品版权评估难，也造成文化产业融资难的普遍现象，阻碍了文化资源市场化和产业化，制约了金融促进文化产业的发展。

### 三、版权评估推动文化产业发展的路径探索

版权评估困扰文化产业融资的问题，不仅只存在于我国，在国外也是一个较为棘手的问题。通过梳理其他国家如何通过版权评估来缓解文化产业融资难题，推动文化产业发展的路径选择中，我们或许可以得到一些启示。

（一）他山之石

1. 机构上：建立和发展版权评估机构

国外文化产业发达的国家，在解决文化产业融资中版权等无形资产评估难的问题时，通常都从优化评估机构体系入手，建立和发展评估机构，为金融机构和文化产业间的对接搭建桥梁，从而实现文化产业融资的顺利进行。

（1）日本：建立专业的评估公司

日本在推动国内文化产业发展，促进中小科技型企业融资的过程中，同样遇到了版权价值评估难的问题。对于这一问题，日本开发银行进行了有益的探索，取得了重大的突破。日本开发银行在 2006 年 7 月与美国高登兄弟集团（Gordon Brothers Group）合作，建立了高登兄弟日本公司（Gordon Brothers

Japan Co. Ltd.），该公司专职负责日本开发银行的相关担保资产的评估和管理工作，包括对于知识产权质押贷款业务中知识产权之评估、筛选，以及贷后该知识产权的管理工作。① 高登兄弟日本公司的建立，为日本开发银行和有融资需求的文化企业间搭建了良好平台。

（2）西欧：民间评估事务所发达

欧洲国家的民间评估事务所非常发达，由于这些评估事务所作出的评估结果具有客观性，所以常常能为金融机构、融资方和公众所接受。西欧的无形资产评估，一般由当事方委托专门的民间评估事务所进行评估，或者先由当事双方或几方协商，请各方都能接受的民间评估事务所进行评估，最后拿出各方都能接受的评估结果。②

通过民间评估事务所为文化企业的版权进行评估，银行获知了文化企业所拥有版权的真实价值，从而做出是否给文化企业贷款的决定。民间评估事务所为文化产业融资提供了优质的中介服务，促进了文化企业和金融机构实现对接，为推动文化产业融资的发展铺平了道路。

2. 模式上：创新版权评估模式

日本在解决文化产业融资中的版权评估问题时，采用了一种特殊的模式。日本政策投资银行及地方银行实施知识产权融资时，没有沿袭传统的金融融资担保模式，而是将知识产权质押融资方式转变为"形式看知识产权融资担保，实质看企业经营状

---

① 徐栋：《中外知识产权质押贷款发展状况研究》，载《电子知识产权》2009年第8期。

② 李阳成：《欧盟知识产权及无形资产评估概况和启示》，载《学会》1998年第1期。

况"的特殊模式。①

这一模式中,将视点从文化企业拥有的版权价值转移到了文化企业的经营状况,采用迂回的方式将评估的重点放在了文化企业本身。这种评估模式是在没有权威的版权等知识产权评估专业机构和统一的评估标准下的无奈之举,但同时也会对文化企业的融资条件进行评估,在实际操作过程中为银行是否给文化企业贷款提供了相关参考,为文化企业顺利融资提供了条件,解决了因版权价值无法评估而制约文化产业融资的难题。

3. 人才建设上:重视版权评估专业人才的考核和培养

在文化产业融资中,对文化产品版权价值进行评估的无论是银行等金融机构还是专业的版权评估机构,都是由专业的版权评估师实际操作。在某种程度上,一个评估师的专业水准可以决定一份版权评估报告的质量。国外在摆脱文化产业融资中版权评估困境的过程中,专业的版权评估人才队伍发挥了关键的作用。在此介绍国外培养专业版权评估人才的相关方法。

(1) 美国:严格的考核标准

美国评估师协会对版权等知识产权评估从业人员有着严格的考核标准和程序,以此来保证评估师的专业性,保证评估结果的科学、准确。

美国评估师协会(以下称 ASA)知识产权评估执业人员的考试分多个层次,首先是要进行面试与初步资格审核;然后需要通过道德考核与基本评估准则规范的考试;最后还要通过价值评估理论与专业知识的书面考试与口试。获得较高层次资格的知识产权评估执业人员,其评估报告需要由专门的专家委员会审核与

---

① 李龙:《日本知识产权质押融资和评估》,载《华东理工大学学报》2009 年第 4 期。

通过。①

在美国，通过这些程序严格审核后的评估师必然是专业素质和道德素质兼具的综合性版权评估人才。这些评估师是担任文化企业版权价值评估的主要人员，他们专业的评估水准增加了文化产品版权价值评估结果的科学性和可信度，解决了版权价值评估难而造成的部分评估机构做出的评估结果可信度不高、银行不承认的问题，提高了文化企业获得金融机构融资的成功率。

（2）澳大利亚：重视资产评估教育

澳大利亚随着资产评估行业的发展和成熟，对评估人员的业务素质要求越来越高，国家越来越重视资产评估的教育。教育的形式既有在专科学校进行的培训，也有在大学中开设资产评估相关课程的形式。"澳大利亚的资产评估教育包括通过学历教育和后续教育两个部分。后续教育的目的在于提高评估师的专业技术水平和个人技能，包括技术、管理和行政管理等方面。"②

澳大利亚对资产评估教育的重视，培养了一大批优秀的专业评估队伍，这有力地促进了澳大利亚评估业的发展，同时对澳大利亚文化产业融资中版权评估问题的解决提供了智力资源。

（二）对中国发展版权评估工作的初步思考

1. 建立权威的版权评估事务所

纵观日本和西欧文化产业发展，可以看出专业的版权评估公司或者事务所承担着对版权价值进行正确、合理评估的职责，根据客观的标准出具权威的评估结果。专业版权评估公司或者事务所的存在不仅可以减少银行等金融机构对文化产业投资的风险担忧，还可在一定程度上控制金融机构投资文化产业的风险，为文

---

① 中国资产评估协会专业指导部、编辑部、国际部：《美国、加拿大知识产权评估工作考察情况介绍》，载《中国资产评估》2008年第1期。

② 中国资产评估协会赴澳培训团：《澳大利亚的资产评估业》，载《中国资产评估》2000年第6期。

化企业顺利实现融资提供机会。

目前，我国也有部分评估事务所开展版权等无形资产评估的业务，但是权威度不高，甚至出现评估结果不为银行所接受的情况。出于权威性的考虑，建议由国家版权局、知识产权局等政府部门牵头，邀请全国著名的专业评估人士，引入银行、保险、担保等金融机构，联合版权领域、文化产业领域研究的专家学者共同建立一个合理、有效、权威的版权评估体系，然后在这一体系下建立权威的专业版权评估机构。国家可在全国设立几大评估基地，评估的范围不仅仅限于对版权价值的评估，还应扩大到对企业的考核，诸如贷款评级等方面做出科学的评估。这样的专业版权评估机构的评估结果能保证版权价值评估的科学性和权威度，在一定程度上将大大增强文化产业投资者的信心，文化产业融资难的问题也将迎刃而解。

2. 创新版权评估模式

对于版权评估模式的创新，我国可以借鉴日本在破解版权评估难题时的方法，在目前没有针对版权价值评估的一个完整、科学的体系时，在实际操作中可考虑采用"形式看版权价值融资，实质看文化企业经营状况"的独特模式。在文化产业的版权评估中，不以直接的版权价值为唯一评估标准，而是以企业的经营状况、盈利模式和发展前景为依托，对企业的综合发展潜力做出评估。在文化产业融资过程中，如果版权评估出现困难，没有相对的指标准确定其价值时，可依据该企业的经营状况、盈利模式和发展潜力进行评估，如果该企业运营良好，有很好的盈利模式、发展潜力巨大，那该企业同样可以获得银行的贷款。

3. 搭建服务于版权评估的平台

2010年，我国首个"版权金融"俱乐部——北京ICE成立，将文化、金融、版权串联了起来。它主要通过举办各类专题研讨会、银企见面会和投融资项目推介来推动金融机构和文化企业的沟通和合作。笔者认为,文化产业中的版权评估是为促进金融与文化产业对接,在引入金融后,需要国家公共服务的支撑和更大更广阔的平台来完善版权评估工作。

建议政府可以尝试推广性质相似的俱乐部,如组建版权评估俱乐部,成立版权评估联盟,或者举办以"版权评估"为主题的峰会、论坛等,平台最好搭建在与国外相关行业的合作下,为发展从事版权评估的专业人士及时提供了行业信息,打造多元的沟通交流平台。

4. 开展版权评估相关理论研究

虽然 2010 年 12 月中国资产评估协会等有关方面制定发布了《著作权资产评估指导意见》,对版权评估的科学化指出了方向,但很多具体问题仍需深入研究,版权评估的长远发展需要理论研究的支持。目前,我国关于文化产业资产评估的理论研究不多,热点也集中在无形资产的资产评估方面,对具体的评估方法等都没有提出可行的措施。而将版权单独从文化产业知识产权中分离出来进行研究的文献更少,不利于开展版权评估的工作。

建议突破单一学术机构研究的模式,建立以学术研究机构为研究主体,政府、文化产业相关企业、金融机构多方参与的版权评估研究模式,成立版权评估研究事务所。在这种模式下,政府提供政策支持和法律保障,企业是产业运营主体,金融机构为企业提供资金支持,评估机构对版权进行全面公正权威地评估,学术研究机构对版权评估进行前瞻性研究,各方互相协作,合力推动版权评估工作的顺利进行。目前,四川大学文化产业研究中心获批成为首个全国版权(产业研究)示范基地,将在版权评估领域开展相关研究工作。

5. 打造专业的版权评估队伍

目前,我国的版权评估的专业人才很缺乏,对版权评估相关人才的培训很少,高等教育几乎空白。版权评估专业人才的缺乏，导致了我国目前评估机构做出的版权价值评估结果在科学性、权威度上的缺失。这也导致文化产业在融资过程中出现银行等金融机构不认可文化产业的版权评估结果的现象。因此，为摆脱文化产业融资中版权评估难的困境，借鉴美国、澳大利亚、我国台湾地区培养版权评估人才的经验，国家必须重视对版权评估专业人才的培训和教育。

　　首先，建议对现在专门从事资产评估的评估师进行版权知识和文化产业的培训，解决目前的文化产业发展中的版权评估专业人才稀缺的问题。其次，建议高校在条件允许的情况下开设版权评估的相关课程，培养版权评估的专业人才，为版权评估业的发展提供后备力量。最后，建议国家对整个版权评估教育进行长远的规划，形成一个全面的版权评估人才培养体系，为我国版权评估业输送大量专业人才。

[原载《西南民族大学学报》（人文社会科学版），2012年第1期]

# 国内动漫衍生品市场的现状与前景

赵路平

动漫衍生品始于 1929 年。当时一位商人很想把米奇的形象放在儿童写字板上,就此迪士尼开始了其衍生产品的开发之路。如今动漫衍生品已延伸到服装、玩具、家庭装饰、音像书籍、网络游戏、食品饮料等人们日常生活的各个领域。动漫形象的专有权和版权可以长期反复被多种行业使用,不仅直接催熟了与之关系密切的影视、教育、少儿用品市场,还不经意间带动了大批相关行业的飞速发展。随着衍生产品的深度开发,动漫产业已经成为美、日、韩等国经济发展的重要支柱。我国是世界动漫衍生品制造的主要基地,全球动漫形象衍生品生产的 80% 集中在中国①,但对于动漫衍生品的本地市场开发来说,我们还只是处于起步阶段。

**一、现状描述**

从以前我们没有办法买到动漫产品,到街头巷尾出现了星星点点的动漫小店,到现在推出专卖店、建立动漫城,本地动漫衍生品的销售平台正在火热的打造之中。

最近两年,随着市场空间的不断拓展,国内外著名的动漫品

---

① 《动漫衍生产业商机无限 国内企业尝试掘金》,载《经济观察报》2005—10—04。

牌都陆续成立了专柜、专卖店,推广其相关衍生品。2005年元旦,迪士尼在进军中国70余年后,首次设立中国公司销售其衍生品,以米老鼠为品牌形象的消费品将成为迪士尼中国公司主打的第一张牌。目前迪士尼在中国授权的消费品专柜有1100多家。①2005年3月,行销全球20多个国家的卡通动漫产品"Happy Show"继长沙加盟店后,在北京设立了直营店,以原创卡通人物为核心进行衍生产品的开发,制作和生产包括箱包、丝巾、休闲服饰、毛绒制品、木制品、纸品等24个门类约3000种产品。4月,美国著名玩具及儿童用品制造、营销商"Small World Toys"的子公司"Small World Kids"也宣布扩展其中国业务。2006年3月,美国影业巨头——华纳兄弟正式进军中国内地建立消费品旗舰店,并将在全国的主要城市铺点。此外,外国的泡泡堂、日本的"Hello Kitty"、国产的"蓝猫"等等也纷纷在全国各大城市开设专柜从事衍生品的出售、推广活动。

　　同时,部分小店也整合资源形成规模化经营,在全国各大城市先后成立了大型动漫衍生品集散基地——动漫城。专门出售游戏软件和动漫玩偶的小店和网站也是动漫衍生品流通的重要渠道。此外,由于动漫产业不断升温,林林总总的动漫展也都将贩卖动漫衍生品作为其主要内容。

　　从目前国内动漫衍生品市场的实际情况来看,主要呈现以下特征:

　　(一)国外动漫品牌占据垄断地位

　　在日本广受欢迎的"扭蛋"在广州各大百货公司及街边玩具铺现身;盛大新华网络发展有限公司首次正版授权引进樱桃小丸子周边产品登陆中国大陆市场;美国"Sota Toys"公司制造的暴雪官方魔兽世界玩偶系列在中国正式发行;华纳兄弟在中国的

---

① 《迪士尼设中国公司米老鼠成主打王牌》,载《南方都市报》2005-01-04。

首家消费品旗舰店在上海隆重揭幕；芭比娃娃借道丽婴房进军中国；台湾OKWAP在国内推出限量版"Hello Kitty"手机；佐丹奴获迪士尼人物授权；2012年迪士尼将在上海开放主题公园……当前，国内动漫衍生品市场上大多充斥着美、日、韩三国的动漫形象，从"Hello Kitty""Snoopy"、变形金刚到米老鼠、唐老鸭、流氓兔……在由樱桃小丸子、哆啦A梦、美少女战士等等家喻户晓的动漫人物组成的虚拟世界中，难寻中国的新面孔。国内有机构曾经就最受欢迎的20名卡通人物进行调查，中国只有孙悟空这一形象入选。①

巨大的市场和薄弱的原创力量导致中国动漫市场80%以上的盈利流向了日本、美国，中国已成为动漫产品的最大输入国。日、美动漫抢滩中国市场可以说是一种全方位的垄断，其产品不仅包括漫画书，还包括电影、影视连续剧、玩具等由漫画衍生出来的相关产品。目前中国的动漫市场份额占有方面，日本动漫占了60%、欧美动漫占29%，而中国原创动漫，将港台地区包括在内，比例仍不足11%。②据统计，史努比、米老鼠、Hello Kitty、皮卡丘和机器猫，仅这五位每年就从中国卡通市场"掠走"6亿元。而动画片《变形金刚》在中国内地电视台播放时没有收一分钱，单单靠卖玩具就赚回了50个亿。面对层出不穷的外国动漫衍生品，反观国内，由于各方面的原因，对于动漫衍生品的开发还远远不够，动漫的周边几乎空白。无论是《宝莲灯》《西游记》还是《哪吒传奇》《我为歌狂》，对于衍生品这座"金矿"的挖掘都还是很不到位的。

---

① 《魔比斯环挑战好莱坞　要为动漫注入中国气质》，载《深圳商报》2006-05-04。

② 《为艺术之梦搭座"桥"》，载《大众日报》2006-05-25。

### (二)国产动漫衍生品开发风生水起

三毛、孙悟空、小破孩、猪八戒、虹猫蓝兔等等都是当下的动漫衍生品市场上广受欢迎的国产卡通形象。动漫衍生产品占到动漫产业全部盈利的70%,这个现实让刚刚起步的中国动漫产业纷纷涌向衍生品的开发。在此方面,湖南三辰卡通集团创造的代表性作品——"蓝猫"是一个成功的典范。大型科普动漫系列《蓝猫淘气3000问》先后在全国包括港澳台地区在内的1020家电视台播出,每天累计播出500小时,占国产动画片的60%以上。走下荧屏的"蓝猫"迅速扩张到音像、图书、文具、玩具、服装、鞋业、食品等十几个行业,公司的营销网络在国内全面铺开,全国专卖店有2400家,并相继建立了北京营销策划中心、浙江义乌物流配送中心,17个大类6000余种衍生品2003年销售收入达20亿,创汇2000万美元[①]。深圳创造的魔力猫、憨八龟等一批原创动漫形象也纷纷亮相,并在电子词典、儿童药品等商品外包装上露脸,以创新的"形象授权"商业运作模式搅热了中国动漫业界。此外,广受年轻人欢迎的漫画形象也大力拓展周边市场,几米微笑的鱼限量主题手机业已推出,香港珠宝品牌"Just Gold"还开发几米系列首饰;网络形象深圳腾讯公司的QQ企鹅也正在开发多领域授权,试图打造"中国卡通文具体育用品第一品牌"。

根据国际惯例,动漫衍生品开发行业一般走两条路:一是制作动画片、漫画书或者游戏,然后利用其中受人喜欢的形象开发周边产品。中国的蓝猫、天眼,美国的蝙蝠侠、蜘蛛侠系列,日本的敢达(GUNDAM)、奥特曼等等都是这一模式。二是独立偶像开发,直接靠原创造型开发衍生品,"Hello Kitty"、流氓兔

---

[①] 查国伟:《强敌环伺四周国产动漫如何突破重围?》,载《传媒》2005年第1期。

等皆属此类。中日合作企业杭州卡哇依卡通艺术有限公司主推的"无能战队"系列走的就是这条路线。此外,国内民营资本更常见的做法是:从国外购买动画片的版权,经翻译、配音、宣传后,免费送给电视台播放,然后生产和销售相关的玩具或文具,以此获利。

## 二、问题分析

从目前总体情况来看,国产动漫衍生品的开发、生产、推广还显得非常稚嫩,虽然有了一些发展,但时至今日还没有推出一个像迪士尼一样成功的制造公司品牌,也没有推出一个像米老鼠一样成功的漫画人物品牌,在品牌塑造、产品生产、市场营销等方面和环节也都存在一定问题。

首先,在销售方面,货源的问题直接导致经营问题。商家因成本问题引进非品牌性产品甚至盗版产品,质量问题导致客源大量流失,久而久之酿成了入不敷出的局面。同时,由于没有统一标准,网络、动漫小店、展会等各种途径出售的商品品质、价位参差不齐,普通消费者难以识别,对动漫衍生品的价位、品牌、质量,乃至整个经营行业都会产生怀疑。于是,有些消费者选择盲目消费,有些消费者则放弃消费。动漫氛围不足、原版产品价格偏高等也是目前制约销售量提升的重要因素。此外,对于近两年才被慢慢关注的"新生事物"——国产动漫衍生品来说,还缺乏成熟有效的市场运作模式,定价偏高,品牌推广策略相对单一,品牌形象无法有针对性地深入各个年龄层次的受众中。

其次,在国产动漫衍生品的市场定位上。目前我国动漫的定位基本上还是12岁以下的小朋友,不仅人数较少,社会影响力也比较小。国外把18~30岁定位为动漫主要客户群,这个群体不但思想上较为成熟,有辨别力,也更具有自主购买力,是动漫周边产品的主要市场。同时,国内在产品开发上也往往陷入误区,不细分受众市场,品种单一,缺乏能打动终极消费者的产品。另一方面,我国动画片市场一直由日、美动画占据半壁江山,缺乏可开发的形象来源,国内玩具企业多数是 OEM,习惯依赖获得订单进行来样加工,自创品牌意识也不强烈。此外,国产动画片的播出收购价格偏低也打击了动漫制作人的积极性,不能形成动画片播出的规模化效应,使得产业中枢断裂,人才、资金、衍生产品开发等系列环节萎缩。

最后,关于版权的问题。产业链的打造是动漫产业发展的动力,也是目标,产业链的每个环节之间的联系,说到底是版权关系。同时,一项调查显示,在全球和亚洲的授权业务市场中,卡通人物授权项目是最重要的类别,中国内地的情况也是如此,内地分销商及授权经营商售卖/制造的授权产品有76%属人物授权项目(大部分是卡通人物)[1]。但国内版权意识的淡漠和侵权事件的屡屡发生成为中国动漫产业,包括衍生品产业的硬伤。据统计,《宝莲灯》正版与盗版之比是1:9。从大商场、超市、批发市场到游商小贩,销售的各种侵权、盗版的动漫衍生品更是层出不穷。中国许多乡镇企业在生产儿童用品,如衣服、文具、玩具时,常常盗用国内外知名的动漫人物形象,从而损害了通过法律途径获得人物形象使用权的企业的利益。如果一个企业购买了某一个商品的形象使用权后却无法得到法律的保障,那么这个企业就不会再对这一品牌进行投资,最后阻碍的还是动漫衍生品行业以至整个动漫产业的健康发展。

### 三、前景展望

中国13亿人口中,4亿青少年构成了动漫及其衍生产品的庞大消费市场。有调查显示,我国青少年中,有80%接触过动

---

[1] 《内地授权业务市场发展现状》,来源:金羊网:2005-07-04。

## 国内动漫衍生品市场的现状与前景

漫产品;上海青少年在 14~23 岁年龄层中,喜爱卡通的比例达 9 成,有五成六的人在过去半年内为自己喜欢的卡通形象买过杂志、影碟、玩具、服装和饰品等相关产品。许多国家动画片的主角,如米老鼠、唐老鸭、樱桃小丸子、蜡笔小新等等已经成为中国青少年所熟悉和喜欢的形象,许多漫画形象也成为小朋友们最喜欢的玩具,随着计算机和互联网的迅速普及,越来越多的青少年正在成为动漫的爱好者。首届中国国际动漫产业博览会上稍具知名度的卡通形象制作的衍生品都卖得火爆,而在"2005上海卡通总动员"更是创了个人小时狂花千元的记录。衍生品是动漫产业获利的重要手段,中国的动漫衍生品市场也存在着巨大的发展空间。

数据表明,美国每年动漫产品和衍生产品的产值高达 50 多亿美元,成为美国第六大支柱产业;日本动漫也已超过汽车工业,带来每年过 90 亿美元的收入,成为日本第三大产业;外国是正在兴起的动漫产业大国,自上个世纪 80 年代中期起,外国承接了全球近 1/3 的动漫加工业务,每年向海外出口 0.8 至 1 亿美元的动漫及其衍生产品……2004 年全球数字内容产业产值达 2228 亿美元,与游戏、动漫业相关的周边衍生产品产值则在 5000 亿美元以上,而当年中国动漫产业的总产值仅 300 亿元左右,不到全球市场的 1%。2005 年,国产动画实际生产数超过 1993 至 2002 年十年总产量之和,突破 4 万分钟,市场收入跨越式地达到 600 亿元,但这与国内动漫卡通市场 25 万分钟的巨大缺口相比还是杯水车薪。国家提出经过 5 年至 10 年时间,动漫产业至少要占 GDP 的 1%,这意味着我国动漫产业未来至少具有 1000 亿元产值的巨大发展空间。按照国际动漫产业的一般规律计算,中国如完成每年需要的国产动画片 25 万分钟的总投资,则存在着大约 112.5 亿元动漫相关产品收入的市场规模。而这还只局限于出版物、玩具、文具、服装、饰品、食品、影碟等传统产业，不包括手机形象、短信、网络游戏等新经济的产品。

2004年4月20日，国家广电总局发出了《印发〈关于发展我国影视动画产业的若干意见〉的通知》扶持国产动画产业：鼓励电视台开办动画专栏，开辟动画时段，扩大动画片的播出数量；在每个播出动画片的频道中，国产动画片与引进动画片每季度播出比例不低于6∶4。① 2005年又颁布了"18条"，规定在黄金时段必须播出国产动画片，这为国产动画片的制作、生产注入了强大动力。湖南、杭州、大连、苏州等动漫基地如雨后春笋般诞生，上海、北京、广州、杭州等地的动漫展、动漫节更是此起彼伏，形成了中国动漫产业大发展的雏形。

当然，对于刚刚起步的中国动漫产业来说，虽然前景广阔、空间巨大，也不乏蓝猫等成功的案例，国内动漫衍生品的开发仍然举步艰难。但我们必须做下去，否则就会丧失一大块市场。而这种开拓不是盲目的，要基于跨行业的机制，要把动漫周边产品、附属产品和大的餐饮品牌、服装品牌、玩具集团、新媒体等整合起来。同时，更要依靠动漫形象和内容，依靠产业链的长期打造和市场运作能力的提升，依靠从国家到传媒业的整体努力。

[原载《西南民族大学学报》（人文社科版），2007年第9期]

---

① 《百万元开动漫创作公司的商机》，来源：南方网：2005-12-05。

# 传媒产业规制：背景演变、国际经验与中国现实

朱春阳

传媒产业化是近年来的热门话题。很显然，传媒产业化的成长道路追求的是经济效率优先的目标，这被认为与传媒业本身具有的外部性特征或许会形成冲突。外部性是指强加于第三方的成本，或在某些情况下，是指强加于第三方的收益[1]，前者指负外部性，后者指正外部性，这里是指传媒因为产业化而产生的负外部性，即传媒所有权的逐步集中很可能导致传媒业不能服务于社会公众，而是服务于特定的利益集团，成为捍卫其利益的吹鼓手，而牺牲社会整体的福利。鉴于传媒业对社会信息环境的强大影响力，服务于公众的利益被认为是传媒价值的应有之义，新闻专业主义精神所倡导的"真实、全面、客观、公正"[2] 也正是由此而产生。因此，在这样的背景下，传媒产业的成长效率和公共福利之间的均衡就变得十分重要，而这一任务恰恰是市场机制本身无法自觉实现的。一个完整的市场经济体系其实由两个部分组成，一个是市场机制，主要是传媒组织市场争胜的空间体系，主要的价值导向是效率；而另外一个是行政机制。它一方面为市场

---

[1] [英] 吉莉安·道尔著，李颖译：《理解传媒经济学》，北京：清华大学出版社，2004年，第46页。
[2] 李良荣：《新闻学概论》，上海：复旦大学出版社，2005年，第303页。

机制提供框架性的秩序服务，另外一方面要在市场失灵的空间，提供可能性的传播公共服务，主要解决的是一个传播公平问题。政府的这一强制性的外部制约功能，就是政府规制（regulation），即指由政府部门依据有关的法规，通过许可和认可等手段对传媒产业的市场活动施加直接影响的行为。它借助有关法律和规章直接作用于传媒产业，规范约束传媒的行为以提高效率，弥补市场缺陷。例如，在日本，规制经济学理论认为，广播电视媒介产业属于网络型产业，具有自然垄断性、外部性、信息不对称性，很难通过市场机制下的自发效率实现帕累托最优资源配置，需要通过法律、独立规制机构（在日本是通过行政指导机构）、产业政策等，对市场主体行为、市场结构等进行规制。[1]

本文希望对传媒产业规制的背景演变、国际经验加以介绍，力求在一个清晰的框架内探讨政府规制与传媒产业之间的关系结构，并由此关照中国传媒产业的规制现状，寻找问题，并给出建议。

## 一、传媒产业规制的背景演变

政府规制是一个与市场经济体系的发展相伴随的活动，并常常受到市场经济体系价值取向变化的影响。西方市场经济体系发展至今，已经历了不同时期，但贯穿其中的是深受两大经济思潮的影响，即经济自由主义和国家干预主义。[2] 通常人们把强调市场机制的有效作用、反对国家干预经济生活的理论和政策，称之为经济自由主义；反之，把强调市场机制的缺陷，主张通过国家干预经济生活，以弥补市场不足的理论和政策，称之为国家干预主义。经济自由主义和国家干预主义都不是完美无缺，从西方经

---

[1] 转引自张志：《日本广电媒介体制的经济学审视》，载《国际新闻界》2003年第2期。

[2] 沈乐平：《当代西方规制理论和我国企业集团发展现状》，载《暨南大学学报》2000年第6期。

济发展演进的历史过程来看,两者呈交替发展,此长彼伏的态势,而从西方经济学的发展及各国现行政策来看,二者发展还呈日益融合的趋势。

当代西方规制理论就是从国家干预主义理论中派生出来的。它主要研究在市场经济体制下政府或公共机构如何依据一定的法律、法规对市场微观经济行为进行制约、干预或管理。这一理论也被称之为规制经济学。规制理论认为:市场的局限性和市场失灵是政府或公共机构进行规制的必要条件。政府或公共机构针对市场失灵的现象,应设计出相应的规制制度来调控市场,约束和规范经济主体的行为,以保证整个社会经济规范有序的运行。根据规制经济学家的理论,这些规制取向通常包括以下几个方面:(1)公益事业政策中的规制,主要以处理自然垄断为目的,以维护帕累托效率。(2)保护消费者权益、公开信息、保护知识产权等法律中的规定,主要以处理信息偏在为目的。(3)针对外部不经济问题进行的社会性规制。外部不经济性反映了一经济行为主体不付费而得到收益或增加另一行为主体的成本。(4)针对非价值物品进行的社会性规制,有些物品或经济活动市场可以有效地调节,但与社会公德相冲突,如色情、毒品等,则需借助规制来加以禁止或限制。(5)财税、金融政策中的规制。主要以保证分配的公正和经济稳定增长为目的。(6)社会福利和社会保障制度中的规制,主要为了提供公共物品。(7)民商法及反不正当竞争法中的规制,主要是为了保护不完全竞争问题。(8)产业政策和振兴科技政策中的规制,以处理多样化市场失灵相关问题为目的。(9)保护环境、土地及自然资源、劳动保护等政策中的规制。① 在上述规制中,(5)和(6)属于宏观经济层面;反垄断在西方通常由司法部门处理,称为间接规制,一般不纳入政府规

---

① 沈乐平:《当代西方规制理论和我国企业集团发展现状》,出处同前。

制的范围。余下的规制属于政府直接规制，分为经济性规制和社会性规制。经济性规制是指针对特定行业、公用事业、交通、通讯及金融等处理自然垄断方面的规制。社会性规制是针对外部不经济和非价值物方面的规制。经济性规制是指在自然垄断和不完全竞争市场以及信息偏在的领域，为了防止发生资源配置低效率和确保利用者的公开使用，政府机构运用法律权限，通过审批、指导以及许可和认可等调控手段，对企业的进入和退出、价格、服务、投资、财会等有关行为加以规制。

从国际经验来看，传媒产业的政府管制是一个复杂的演变过程，长期以来，竞争、垄断、管制、多样化四大问题彼此制约，难解难分。如何处理这些彼此关联且时常冲突的问题，这是西方传媒政策法规的核心任务。[1] 美国公共政策学派代表人物哈维克（John J. Havick）曾概括出传播政策制订的四种理论模式：一是经济规制，指以经济效率为标准，强调实施规制中的产业主导原则，在此基础上制订政策；二是新多元主义；三是多元主义；四是政府主导，指政府依据自己的偏好制订政策，实施政府行为。[2] 不同国家对传媒业的规制体现了不同的价值偏好。美国传媒政策显示了多元主义和经济规制的博弈，强调对垄断的限制，给予市场竞争者平等的获利机会以实现节目的多元化。英国传媒政策则强调了多元主义、新多元主义与政府主导联合的公共性倾向。韩国传媒政策则是政府主导与经济规制的合谋，经济效率的偏好甚至强于美国模式，并不惜牺牲多元化原则为代价，经济追赶，或者说，经济优先的社会发展路径设计是这一政策形成的基础，但其带来的发展可持续性如何还难以预料。

---

[1] 金冠军等:《国际传媒政策新视野》，上海：三联书店，2005 年，第 2 页。

[2] S. Lee, S. K. Joe (2000): Key Issues in the Korean Television Industry: Programmes and Market Structure, in D. French & M. Richards (Eds.), *Television in contemporary Asia*, London: Sage, 131~149.

## 传媒产业规制:背景演变、国际经验与中国现实

即便如此,在不同的时代,政府对传媒产业的规制也表现出不同特征。库伦伯格与麦奎尔关于传媒政策纵向演进的研究结果显示,现代传媒政策按照出现时间的先后次序可以划分为三个范式。① 第一阶段从19世纪到"二战"爆发,管制目的是促进竞争,反对垄断;第二阶段自1945年到20世纪八九十年代,侧重于传媒公共服务的政策取向;第三阶段即20世纪90年代至今仍在演化的时期,其基本特点是全球化快速发展,民族国家政府、国内公司、跨国公司三者共同主导传播政策的变化,公司力求放松管制,以此拓展并打通国际国内市场的发展空间,政府则逐渐从干预市场发展的管制中退出,并给予经济而非社会与文化福利更多的优先权,通常遵循市场、技术、消费者和公民意愿的逻辑,而不是强行实施其目标。尽管美国传媒政策表现出深深的第一阶段范式的烙印,但1995年前后一系列严格管制的政策相继废止;《1996年电信法案》的颁布,展示了一个由多样向同一的转向②,经济规制,效率优先的原则明显占据了优先位置。英国传媒政策的走向也出现了从单纯公共服务向公共服务与市场效率并重的转变。英国《1996年广播电视法》提出法案的宗旨在于"解放英国的广播电视业,使其成为21世纪世界的领袖"③,主要目标是通过放松管制,提高经济效益,并提升国际竞争力。

---

① Jan Van Cuilenburg, Denis McQuail: Media Policy Paradigm Shift, *European Journal of Anastasia Bednarski*, From Diversity to Duplication: Mega-Mergers and the Failure of the Communication. Vol. 18 (2): 181~207, 2003;

② Marketplace Model Under the Telecommunications Act of 1996, *Federal Communications Law Journal*, Vol. 55, No. 2, 2003.

③ [英]吉利恩·多伊尔著,陆剑南等译:《传媒所有权》,北京:中国传媒大学出版社,2005年,第77页。

## 二、传媒产业规制的国际经验

从 20 世纪末开始，传媒融合成为世界传媒产业发展的趋势，大型传媒集团要求本国政府开放传媒所有权的呼声越来越高，各国都在经历着一场传媒规制上的变革。从市场结构来看，产业融合不仅使纵向一体化的市场结构逐渐向横向一体化的市场结构转变，而且使得传统意义上的垄断结构的内涵有所改变。传统意义上的垄断结构有一个假设前提，那就是每一个传媒产品市场的边界是明确的，可以对市场集中度进行测量。但在产业组织模块化并出现产业融合的条件下，这一切发生了改变。一些传媒产品可能同时跨几个不同市场，这给市场的划分和市场集中度的测定带来了一定困难。例如，多媒体机顶盒，它可以支持几乎所有的广播和交互式多媒体应用，包括收看普通电视节目、数字加密电视节目、点播多媒体节目和信息、电子节目指南（EPG）、收发电子邮件、因特网浏览、网上购物、远程教育等。因此，在产业融合条件下，垄断结构并不单只表现在某种产品的市场集中度上，而且反映在某一企业对相关互补产品和替代产品市场的控制力上；而且具垄断结构的市场主体往往表现为模块化的网络形态。在一个需要创造需求的信息经济时代，具有高级资源位优势、创新优势、品牌优势和模块整合优势的传媒集团会在相关市场上形成不同于以往形式的垄断结构。这种变化对传媒规制提出了新要求，放松管制的合理性得到了证实。但是，放松规制，并非放纵垄断对效率的侵蚀。西方国家在放松管制的同时，特别注重垄断结构的效率分析，不再盲目地反垄断，提倡竞争，反对的主要是有损效率的垄断行为。这样，市场集中率不再成为判断垄断是否损害市场效率的标准，取而代之的标准是看垄断企业是否有损害效率的垄断行为，规制的重心由规制市场结构转移到了规制垄断行为，即由"结构主义"转向"行为主义"。

## 传媒产业规制:背景演变、国际经验与中国现实

美国是传媒融合最早的国家之一。① 早在《1996年电信法案》通过时,就解除了对电信和媒体之间的跨业经营的限制,即允许电话公司和有线电视业务领域的相互渗透;但《1996年电信法案》并没放松传统媒体之间的所有权管制。2002年,FCC对跨媒介所有权进行了一次大规模的重审,新规定将《广播/电视跨媒体所有权限制令》和《报纸/广播电视跨媒体所有权禁令》合二为一,并且在很大程度上取消原先设立的限制:在3个或少于3个电视台的市场内,不允许跨媒介所有权;4~8个电视台的市场内,1家报纸可以与1家电视台和该市场内一半限额的广播电台联合,或者1家报纸可以与该市场限额内的电台联合;9个或9个以上电视台的市场内,跨媒介所有权则没有限制。② 新规定对于大型的传媒集团如此有利,以至于批评者们认为新规定是FCC在大型传媒集团的游说下做出的,有损于地方性的新闻和娱乐多样化,因此FCC的新规定受到政府的反对。2006年FCC的新提案中将跨媒介所有权限制的市场下限降低到6家电视台。看来放松管制是迟早的事情,悬而未决的只是放松的尺度问题。

在欧洲,电影、报刊、出版、音像等文化产品是充分市场化的。但广播电视一般属于公共服务部门,大都由政府垄断经营,或由政府授权公共组织经营。因此,欧盟国家政府的文化政策奉行两个原则:一是鼓励竞争原则,二是国家干预主义原则。前者主要是鼓励各种新闻媒体公平竞争,让公众自由选择各种媒体。后者是扶持弱小媒体,使之具有与实力雄厚的文化企业同等发言的机会,避免过度集中和垄断。③ 这些限制主要体现在地方报

---

① 转引自蔡雯、黄金:《规制变革:媒介融合发展的必要前提》,载《国际新闻界》2007年第3期。
② 转引自蔡雯、黄金:《规制变革:媒介融合发展的必要前提》,出处同前。
③ 祁述裕:《中国和欧盟国家文化体制、文化政策比较分析》,载《中国特色社会主义研究》2005年第2期。

纸、地方电台和第三频道之间的跨媒介所有权。如果个人拥有的地方报纸占市场份额 20% 以上，那么他不得直接或间接地取得覆盖这个市场的第三频道的执照；拥有占市场份额 50% 以上的当地报纸的业主，不得拥有当地模拟广播执照；如果个人拥有的地方报纸和第三频道的市场份额总共超过 45%，那么他不得取得当地电台执照；如果个人拥有的地方第三频道和地方报纸均占当地 50% 以上，则不得拥有地方模拟广播的执照。①

由于近年来美国传媒集团对欧洲市场的冲击很大，欧洲各国逐渐将市场对商业媒体进行开放。公营媒体和商业媒体同时并存，各自对于传媒规制的要求不一，这就使得欧盟难以订立统一的规制。一些大型的商业传媒集团支持更为自由的融合立法提案，如新闻集团和斯普林格集团，他们赞成更为自由化的市场。而小型的市场业主和公共广播公司则反对融合立法提案，如 BBC、德国电视一台和意大利国家电视台。美国《1996 年电信法案》通过之后，大的欧洲传媒集团更为迫切地要求开放市场。他们担心如果不能同样地被允许进入相邻市场，自己可能会落后于美国同行。来自市场的压力最终推动了传媒规制的变革。2000 年 7 月，欧洲委员会采纳了欧盟执委会资讯署的融合立法提案，并最终于 2002 年由欧洲理事会批准为电子通信和服务的管制框架。② 但是，以英国为例，同美国一样，英国的放宽政策还只是针对全国市场而言，对地方市场内的限制仍然十分严格。另外，欧盟对跨国并购进行政府规制主要强调运用竞争政策，进行竞争政策审查已有近二十年的历史，其利用竞争政策进行的跨国并购规制模式已为世界很多国家所借鉴。目前，世界上大多数国家已普遍从过去简单地对投资，特别是外国投资实施限制性的产业准

---

① 转引自蔡雯、黄金：《规制变革：媒介融合发展的必要前提》，出处同前。
② 转引自蔡雯、黄金：《规制变革：媒介融合发展的必要前提》，出处同前。

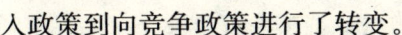

入政策到向竞争政策进行了转变。

相对于欧美从竞争走向垄断的产业成长路径相比,强调追赶战略的后发国家的传媒产业规制道路表现出了不同的特征。对于追赶型战略而言,政府管制是以集团化为代表的集中化带来的效率优先,还是鼓励竞争带来的公平优先是一个至关重要的问题。韩国经济的发展经历为我们提供了正反两面的借鉴。在1997年之前,韩国经济的主要增长支柱是以财阀为基础的集团经济。但由于过度的集中带来了垄断,并没有提高效率,而是出现了经济体系的严重僵化。韩国在1997年底发生金融危机后,通过修改《商法典》和《限制垄断法》,规范集团行为,防止企业经济力过度集中、扭曲市场配置资源的机能,对企业集团、特别是大规模企业集团控制极其严格;同时,抛弃原有的限制竞争的政策导向,转而开始鼓励竞争。例如,韩国电视业表现出典型的寡头垄断市场结构,三大电视台(KBS、MBC、SBS)不但联合垄断了韩国电视收视市场和广告市场,并且各自垂直整合节目制作流通和传播环节,形成了"制播合一"的电视节目产制格局。为了打破三大集团的垄断地位,推行制播分离制度,韩国政府从1990年代初期即开始推行节目配额制度,1999年并正式出台《广播法》,规定电视网外制节目的播出比例到2001年增加到40%,其中独立制作商节目份额增加到30%,并且电视网每月黄金时间必须播出15%的外制节目。① 再例如,韩国早在1963年就有了电影配额制度,为的是保护刚刚起步的本土电影。当时政府规定只有拍4部韩国电影,才能进口1部外国电影。电影公司很自然地采取了机会主义策略:电影公司拍片只是为了换取进口影片

---

① Kyoung-Hee Song: Report on the Program Quota Regulation: What Has Changed after Nine Years in the Program Supply Market? *KBI Report* 2000, Seoul, Korea: KBI. 16.

指标。于是，自己的影片粗制滥造，拍出来直接进仓库，每年利润全靠进口国外大片。结果在保护最严密的时代电影产业却没有发展起来。2006年3月，韩国国务会议通过了缩减电影配额制的试行令改进案，规定从7月起，韩国各院线上映韩国电影的天数将由146天缩减到73天，整整被削减一半。[①] 引进竞争，提高产业活力的目标十分明显。类似的情况在我国广东广电市场上也得到了证明，由广电集团垄断无法完成的市场绩效交给了竞争反而出现了意想不到的结果。作为身处改革开放前沿的广东电视产业市场格局十分独特：来自香港的4个频道占据了收视率的60%以上，本地的广东电视台在收视率方面远远落后于香港频道。但是随着由原广东有线广播电视台和原广东经济电视台重新整合而成的又一省级电视台南方电视台的全面参与，收视率格局出现了明显的变化。尽管广东省是国内首个允许境外卫星频道全面落地的省份，广东电视台和南方电视台的收视率仍然超过了所有落地广东的几家香港电视台。

## 三、我国传媒产业规制的特点与面临的问题

有研究者认为，社会主义市场经济体制下对传媒产业的政府规制，不同于西方市场经济条件下的政府规制。首先，规制主体的角色定位不同。在我国，政府出于双重角色对传媒事业及其产业行使规制权限，一种角色是以公共服务为使命的政治性政府，另一种角色是以国有资产所有权管理者身份出现的经济性政府。而西方国家的政府主要是从政治性政府的立场出发，对包括传媒业在内的市场失灵领域进行规制的。其次，规制客体的性质不同。在我国，作为规制客体的传媒产业属于事业单位，而我国的事业单位并不等同于国外的非营利机构，更不同于国外的企业。

---

① 秋风：《韩流的保护主义》，载《中国海关》2006年第4期。

第三，是政府规制本身的性质不同。西方市场经济国家的政府规制在很大程度上带有"产业规制"的性质，而我国要建立的现代政府规制应属于事业和产业的双重规制。① 因此，目前我国政府对传媒的规制实行的是一种双轨制。这种规制的产物就是对传媒组织事业单位、企业化管理的界定：一方面在行政上干预传媒组织，让传媒组织继续承担其社会效益的角色；一方面又给传媒组织断粮，让它们自主经营、自负盈亏，充分发挥市场机制来推动传媒组织的产业化发展。我国新闻传媒既要发挥新闻的导向功能，实现社会效益；又要承担经济上的创收任务，实现经济效益，这造成了规制目标的双重性与实施的两难性。② 其集中弊端表现为2005年中国传媒市场与政府规则双重失灵：即在市场规则应该发生作用的地方，政府规制掣肘，导致市场失灵；在政府规制应当执行有力的时候却仍然让市场力量博弈，就会产生寻租行为，权钱交易，最终导致政府规制失灵。同时，传媒功能也形成双重失调：中国社会需要传媒承担起社会环境守望者和公共话语平台提供者的双重角色功能。但前者受"喉舌论"的单一价值标准限制，后者受"舆论一律"的传统管理体制束缚，导致双重失调。③ 因此，面对这一问题，区分传媒产业与传媒事业的边界，采取不同的标准予以调控，这是当前我国传媒产业获得良好发展态势的基本前提。近年来的文化体制改革提出了"分类改革"的理念，正是针对这一问题。2007年，传媒产业内资本潮流的再次涌动，也表明分类改革已经进入真正的启动阶段。

相关研究表明，我国传媒产业的政府规制效果被认为存在下

---

① 参见张志：《论中国广电业的政府规制》，载《现代传播》2004年第2期。
② 胡正荣、李继东：《我国媒介规制变迁的制度困境及其意识形态根源》，载《新闻大学》2005（春）。
③ 喻国明、戴元初：《羽化前的阵痛——2005中国传媒产业"关键词"》，载《国际新闻界》2006年第1期。

列问题：一是正式制度供应不足，"潜规则泛滥"；二是寻租现象存在，销蚀了传媒产业的整体利益；三是地区壁垒、媒体壁垒和行业壁垒严重阻碍传媒产业个体和总量的扩张。①

传媒产业公共政策体系缺失、有效制度安排不足是当前和今后一个时期内制约中国传媒产业变迁的最重要问题，是关系到国家传播业和文化发展的战略问题。② 传媒产业的生存和发展不仅仅是靠市场选择的，也要由完善的规制措施来保证不至于偏离公共服务的轨道。中国传媒业多年来按照行政级次、行政区划分配资源，使得传媒市场形成了特有的"井"字结构（"四纵""四横"：即依照四种传媒形态形成的管理格局和依照四级行政级别形成的管理格局），平行式结构（即传媒之间融合度极低，跨媒体经营举步维艰）和倾斜式结构（即传媒空间布局的不平衡：东中西不平衡，城市与农村不平衡，中心大城市与大中小城市不平衡），这样的格局严重阻碍了统一、开放、竞争、有序的现代传媒市场体系的形成。③ 从传媒产业与政府关系的角度出发，地方保护主义在传媒规制中起到重要作用。在传媒产业主要表现为报纸发行、广播电视覆盖地方分割。媒介地方保护的动因既来自政府，也来自媒介本身，其中政府的特性是主导因素。④ 基于此，以形成全国统一、开放、竞争的传媒市场为产业规制目标应该是当前中国传媒产业竞争力提升的关键所在。

在国际传媒规制领域，法规重点从结构性调控向行为性调控

---

① 戴元初：《中国传媒产业规制的解构与重构》，载《新闻与传播》2006年第5期。

② 戴元光、张海燕：《新世纪中国传媒经济研究综述》（上/下），载《当代传播》2006年第1、2期。

③ 刘洁：《我国媒介产业布局与产业区域联合》，载《现代传播》2006年第3期。

④ 刘洁：《媒介地方保护与地方政府》，载《新闻大学》2006（春）。

## 传媒产业规制：背景演变、国际经验与中国现实

的转变反映了近几十年来产业结构领域的重大理论发展。人们广泛认识到，不管出于什么原因，效率并不一定是由一个市场上本身存在的竞争供应商的数量来决定，而是要看来自现有的公司甚至潜在的市场进入者的竞争压力是否足以使公司们有效的运转并防止反竞争行为。① 在我国传媒产业的发展过程中，政府规制的方式应逐步进行转变。由经济性规制即限制性规制，到激励性规制，再到放松规制，即由政策倾斜向创造市场公平竞争条件过渡，由行政干预向经济政策和法律手段引导过渡。激励性规制是指在保留原有规制结构的条件下，给予被规制对象以提高内部效率的刺激，即给予被规制对象以竞争压力和提高生产效率的正面诱因。放松规制意味着放松和取消诸多规制条款，放松规制，不论哪种形式，都是以向受规制产业引进竞争机制为目的。在我国传媒产业的发展过程中，政府应逐步减少仅仅将政策优惠赋予少数传媒集团，而转向为所有的传媒产业链或大多数传媒产业提供相同的竞争条件，创造公平的竞争环境，应逐步完善市场交易规则，降低交易成本，提高传媒产业链之间的专业化协作水平，促使市场中介组织规范发展，以便为传媒产业的形成和发展提供规范的服务，为传媒产业实现跨所有制、跨行业、跨地区和跨国经营扫除障碍，改变以目前条块分割的局面。因此，现阶段我国传媒业规制重点应在于确立传媒产业的市场主体地位，以促进形成全国性的统一市场；同时，伴随着市场机制的日益健全，必须明确市场和政府的边界，走向开放市场的中国传媒产业亟须一套完整而清晰的规则系统。

同时，规制制度还需要从规制传媒产业行为转向规制政府与传媒产业的自身行为。规范政府自身行为，反行政垄断与地方保

---

① ［英］吉莉安·道尔著，李颖译：《理解传媒经济学》，北京：清华大学出版社，2004年，第46页。

护主义是必要的，因为正如上文所述，在发展中国家最有损效率的往往是行政垄断与地方保护主义，它们是各利益相关部门与地区博弈的结果，其存在的根本原因是政府自己也是特定的利益主体，也有自己的利益需求。解决好行政垄断与地方保护主义要抓好法律制度建设，用法律手段规范政府行为。这主要是防止政府利用自己的行政权力按行业与地域来划分自己经济上的支配领域。规范政府行为的结果就是要使政府公开、公正地运用激励性规制制度安排。此外，关于产权改革问题，昝廷全从系统经济学的角度提出的"产权安排最低层次原理"为我们提供了产权改革的演进路线图。其理论认为，产权安排应当尽可能从层次低的产权主体开始，当低层次经济系统的产权需求被满足之后，再将产权安排给高一层次的经济系统。① 换句话说，只有每个层次系统的需求得到满足后才能保证整个系统发挥作用。最低层次原理成立的前提和基础是产权的层次结构，在一定的条件下，不同层次的经济系统都可以看作是一个独立的产权主体，即客观上存在着不同的产权主体，这些不同的产权主体之间存在着一定的"序关系"。这一理论为我国新闻改革的边缘突破提供了解释；同时，也为传媒产业的产权改革次序提供了思路。

[原载《西南民族大学学报》（人文社科版），2008 年第 3 期]

---

① 昝廷全：《产权安排的最低层次原理及其应用》，载《中国工业经济》2001 年第 10 期；昝廷全：《系统经济：新经济的本质——兼论模块化理论》，载《中国工业经济》2003 年第 9 期。

# 论中国文化产业品牌战略

梁明洪

在经济全球化、信息化的大背景下,文化产业对于一个国家综合国力的竞争和持续发展具有越来越重要的影响。但是我国现有的文化产业基础还十分薄弱,与欧美、日本、韩国等文化产业强国还有很大差距。要改变这种格局,科学合理的规划和实施中国文化产业发展战略是当务之急。当前各级政府、学界和业界更多的把关注的焦点集中在国家政策支持、资金投入、人才培养等生产要素层面,而缺乏从品牌战略的角度切入对文化产业发展的思考和研究。这对整个产业发展是不利的,因为品牌将在这场无形的国际竞争中扮演主导角色。本文在深入分析文化产业品牌符号特性的基础上,力求用品牌战略的视角探讨打造中国文化产业强势品牌的可行性,以期对发展中国的文化产业提出积极建议和思考。

## 一、文化产业品牌战略的意义和符号特性

文化创意领域已成为当前世界竞争格局中的一大主要战场。当我们津津有味地品尝着一道道来自欧美、日本、韩国的文化大餐时,其实我们已经不自觉地陷入了一场"符号的战争"之中,因为文化内容的创作实质上就是符号的构思和生产过程。美国学者弗莱姆在《符号的战争:全球广告、娱乐与媒介研究》一书中首次提出了"符号的战争"这个概念,不但形象的点出了文化内

容的符号本质,而且敏锐地看到一场文化创意领域之间的战争正在不断上演;如好莱坞的巨片横扫世界电影市场,日本的动漫作品行销世界,韩国的网络游戏和影视剧风头正劲等。中国文化产业要想在这场"符号的战争"中赢得先机,除了国家的政策支持、资金投入和人才培养等生产要素层面的建设以外,必须加强文化产业品牌战略建设,因为品牌将在这场无形的国际战争中起主导作用。从某种意义上说,文化内容符号之间的竞争也是一场品牌符号之间的竞争,可见加强品牌建设在中国文化产业发展战略中具有十分重要的意义。

要加强文化产业品牌建设,首先就必须了解文化产业品牌符号的特性。通过比较文化产业品牌和传统品牌的区别,我们可以更好地把握文化产业品牌符号的内涵和特性。

1. 品牌载体不同。传统品牌的载体一般是具体的有形的产品。消费者在做出购买决策之前,产品的物质性功效往往是一个重要的驱动因素。文化产业品牌则不同,它最大的特征是无形性,消费者在文化消费中得到的纯粹是精神层面的娱乐和体验。"所谓娱乐中的消费,实际上就是对符号的消费。"[①] 文化产业所提供的文化内容是由许多具有娱乐价值的视听符号和叙事符号等符号系统组合而成,消费者也就是通过对这些符号的消费来获得精神层面的愉悦和满足。可见文化产业品牌的载体是符号,符号构成了文化内容的核心。

2. 品牌生成过程不同。传统品牌符号的诞生一般要经历一个"产品—意义—品牌"的生成过程。它表示传统品牌的打造总是先从有形的物质产品载体开始,中间经过长期的卓有成效的品牌构建和传播活动,从而给物质的产品赋予特定的品牌意义。可以说,它是一个从有形产品价值到无形品牌价值发展的过程。文

---

① 李思屈:《数字娱乐产业》,成都:四川大学出版社,2006年,第53页。

化产业品牌符号则不同,它的诞生一般要经历一个"意义—品牌—产品"的生成过程。它表示非实物化的内容产品在品牌化之前就首先被人为地赋予了特定的象征意义,这种意义经过不断的品牌传播活动慢慢转化成品牌的象征价值,而文化产业品牌实质上就是一个蕴涵特定意义的象征符号。当这个品牌符号达到一定强度时,就可以通过品牌授权和延伸等策略向有形的产品领域扩展。它是一个从无形象征价值到有形产品价值发展的过程。以现在文化产业中发展最为迅猛、增长潜力巨大的动漫产业为例,动漫形象品牌的诞生一般首先基于成功的动漫作品。随着动漫作品的不断热播,卡通形象也开始渐渐向卡通明星发展。当这个卡通形象具备品牌化特征后,再通过品牌延伸的原理向玩具、礼品、文具、服装等有形产业延伸,从而带动其他相关产业的发展。

3. 消费目的不同。从消费者的角度来看,传统品牌的一大价值体现就是功能性利益。在大量价格相对比较低、购买频次比较高的快速消费品领域,功能性利益在很大程度上成为消费者做出购买决策的决定性因素。但是文化产业品牌不然,它的价值体现不在于功能性利益,而在于情感性利益和自我表达利益。消费者对文化创意产品的热情不断高涨,他们看中的就是文化产品的愉悦功能和个性的表达功能。

## 二、如何打造文化产业强势品牌

中国文化产业要真正在世界舞台上占有一席之地并把"中国形象"展现在世界人民面前,打造一批强势的文化产业品牌是关键。文化产业品牌符号的特殊性和巨大的市场价值要求我们遵循产业发展的规律来规划和构建我们的品牌战略。

(一)要做好战略品牌分析

战略品牌分析的着力点在于调查和研究目标对象的审美偏好和消费需求,了解竞争者的优势和劣势,分析评估自身的优劣势,为下一步的品牌战略定位打好基础。

1. 消费者分析。一个产业发展的市场前提是存在特定的市场需求。中国经济高速发展,人们在物质生活需求日益得到满足之后,对精神文化需求越来越迫切,这为文化产业发展提供了极大的市场契机。我们知道品牌在本质上体现的是一种"产品—消费者"关系,文化产业提供的产品以符号形式存在,但是它在营销过程中体现的还是一种需求对应模式。消费者分析的关键是要积极主动地调查和研究不同年龄、性别、阶层等消费人群在不同阶段的特定需求和审美偏好,这样才能真正有针对性地开展"以销定产"。

2. 竞争者分析。当前世界文化产业市场主要由欧美、日韩主导,中国的文化市场也大量被国外的文化产品占领,其中又以美国好莱坞的电影产业和迪士尼的动画、日本的动漫、韩国的网络游戏和影视剧为甚。我们要正视差距,认真分析它们的竞争优势和产业发展的成功模式,同时寻找它们的劣势所在,从而扬长避短,占领更多的细分市场。

3. 自我分析。中国发展文化产业具有自己独特的竞争优势。巨大的市场容量、丰富的文化资源、一大批优秀的文化创意人才为我们打造文化产业强势品牌提供了坚实的基础。同时我们更要清醒地认识到中国文化创意产业在观念、体制等多方面的薄弱之处,知己知彼,才能有的放矢。

(二)建立强有力的文化产业品牌符号识别系统

强有力的品牌识别不但是体现品牌价值、建立品牌和顾客良好关系的基础,更是品牌战略远景的核心内容。针对文化产业无形性的特点,文化产业品牌符号的识别系统应该重点围绕"符号的品牌""个人的品牌"和"组织的品牌"① 展开，它们共同构成文化产业品牌符号的核心价值。

1. 关于"符号的品牌"。消费者对文化内容的消费不是对物质产品的消费，而是对符号的消费，所以打造文化产业强势品牌首先要从符号生成的角度入手。关于符号的品牌这里主要是指强有力的品牌名称、标志和设计等，它们作为文化品牌的象征符号而存在。象征符号的意义是约定俗成的，在文化产业品牌中，这种积极的象征意义就来源于文化创作者富有创造力的创意构思，并通过持续一致的品牌传播活动来强化这种品牌的意义。符号的品牌以品牌名称、标志和设计等视觉形象作为其"能指"，而被人为赋予的象征意义则构成了这个品牌符号的"所指"。文化创意工作者在构思创作这些视觉符号时，既要注重"能指"的娱乐性，也要注重"所指"意义的传达。如现在国家大力扶持的以动漫、游戏等为代表的数字娱乐产业，对形象的创作和生产构成了整个产业的核心。而形象首先就表现为以名称、标志和设计等为表现形式的品牌标识，它们构成了形象品牌的象征符号。

2. 关于"个人的品牌"。品牌个性是品牌人格化、个性化的差异性表现。一个强势的文化产业品牌符号必须具有自己独特的个性，因为它不但是保持品牌独特差异性的重要方面，还与理想的消费者形象相对应，是构建消费者和品牌关系的基础。从整个中国文化产业品牌战略来看，品牌个性既要体现出一种鲜明的中国民族特色和中国风格，诞生一批具有时代特征、中国特色的内容品牌和形象品牌；同时也要体现出一种兼容并蓄的博大胸怀，因为文化的多样性并不能掩盖人性的开放特性。如好莱坞的商业类型片，它在展示、宣扬美国主流价值观的同时，往往又能把握

---

① 花建、巫志南等：《文化产业竞争力》，广州：广东人民出版社，2005年，第60页。

住世界共通的人性的因素,从而博得各国电影受众的追捧,创造一个又一个票房奇迹。

3. 关于"组织的品牌"。组织品牌主要就是指打造强势的公司品牌。"中国文化产业必须以追求利润最大化的企业为核心,在提升企业竞争力的过程中,不断提高文化生产和经营的效益,创造大量的文化财富。"① 可见打造强势的文化产业公司品牌对整个中国文化产业发展战略十分重要。公司品牌的属性主要由公司的员工、文化、价值观等建立,它为公司品牌旗下的延伸品牌和子品牌等提供重要的信誉保证。以动漫产业为例,打造强势的动漫品牌应该树立系统品牌的战略思维,从动漫公司品牌、产品品牌、形象品牌三大方面入手,系统管理。其中动漫公司品牌通常扮演担保者的角色,为产品品牌和形象品牌提供品质和信誉保证。产品品牌通过跨媒介的符号组合和传播又可以不断提升卡通形象的知名度和美誉度,它扮演的主要是一个驱动者的角色。而卡通形象品牌则应该在整个品牌系统中扮演主导地位,因为"形象生产是动漫产业的核心"。② 动漫产业如果开发不出成功的卡通形象,那么要实现动漫盈利是无从谈起的。管理动漫系统品牌的关键就是不能把公司品牌、产品品牌和形象品牌看成是一个个孤立的个体,而应该视为是整个系统中相互支持、有机组合的部分,从而产生一种协同效应。迪士尼在系统品牌管理方面就给中国的动漫企业提供了很好的榜样。它在营销推广每部动漫巨作的品牌宣传中,迪士尼公司品牌、动漫作品品牌和作品中的卡通形象品牌总是有机的相互支持。其中迪士尼强大的公司品牌形象为作品品牌和形象品牌提供了强有力的信誉保证和市场号召力;而

---

① [美]戴维·艾克:《创建强势品牌》,北京:中国劳动社会保障出版社,2004年,第1页。
② 李思屈:《数字娱乐产业》,北京:四川大学出版社,2006年,第53页。

精益求精的动漫作品和卡通形象的成功又反过来促进了迪士尼公司的品牌资产。

（三）鲜明而准确的品牌定位

品牌定位就是为品牌在消费者心目中寻找一个独特的位置，它是构建品牌差异的关键所在。基于前期对目标对象、竞争者和自我特征的战略品牌分析，进行鲜明而准确的品牌定位就成为打造强势品牌的重要举措。中国文化产业的主体是一条以企业为主的协作链条，它把不同的产业参与者如文化创作者、生产商、销售商等有机连接起来，通过分工合作，使文化价值转化为商业价值。分布在这条产业链中的参与者必须清楚认识自己的竞争优势，找准自己在产业链中的位置，用一种即竞争又合作的"竞合"姿态参与产业的竞争和收益。良好的竞争态势可以更好地分配产业的资源；而建立在竞争基础上的协同合作则可以促进整个文化产业的健康发展。可见在文化产业品牌定位中，既要体现出差异化的品牌特性，又要用生态平衡的战略思维来指导我们的营销模式。

（四）文化产业品牌符号的延伸管理

按照戴维·艾克的观点，品牌延伸就是利用在一类产品中已经创建的品牌名称进入其他类产品市场。作为品牌经营的基本战略之一，品牌延伸已经成为各种企业战略增长的核心。我们知道文化产业品牌的诞生一般都经历一个"意义－品牌－产品"的过程，即是一个从无形价值到有形产品延伸的过程，可见把文化产业品牌符号的象征价值通过品牌延伸策略向有形产品领域转移是打造强势文化产业品牌的内在需求。但是文化产业品牌向有形产品延伸是有独特条件的，延伸品牌要能不断强化主品牌的核心价值，而不是削弱它的核心价值。以号称中国第一卡通品牌的三辰卡通为例，它凭借推出的系列动画长片《蓝猫淘气 3000 问》在 1000 多家电视台热播而打响"蓝猫"卡通形象品牌之际，利用品牌授权和延伸策略,大胆向玩具、食品、服饰、日化等有形产品领域全面进军。在短短三年时间内,三辰卡通就授权十几家企业参与合作开发相关的衍生产品,却缺乏相应的品牌延伸策略管理,导致带来品牌"超生"之痛。如市场上多个"蓝猫"品牌的出现,因授权企业生产的衍生产品品质出现问题而产生的许多法律纠纷等,这都是品牌延伸管理不善带来的恶果,它直接会对"蓝猫"这个形象品牌造成伤害,甚至对整个三辰卡通品牌带来消极的影响。可见在文化产业品牌向有形产品领域延伸时,必须要注重对授权企业的资质审定,加强对衍生产品的品质管理,不断强化和维护品牌符号的核心价值。

### 三、结语

加入WTO和经济全球化、信息化的时代背景既对大力发展中国文化产业提出了内在的迫切要求,同时也把基础比较薄弱的中国文化产业推上了严峻的竞争舞台。为了迎接这一挑战,积极实施品牌战略,打造一批具有国际竞争力的文化产业强势品牌是我们的必然选择。打造文化产业强势品牌是一个长期而艰苦的过程,需要我们从战略的高度来规划和管理。特别是要深刻领会文化产业品牌符号的特殊性,重点从战略品牌分析、品牌识别系统的实施、品牌战略定位和品牌延伸管理等几大方面展开,同时要对国际国内文化产业发展的形势、环境等有全面的把握。

[原载《西南民族大学学报》(人文社科版),2009年第3期]

# 动漫产业的发展与国家文化软实力提升

刘 轶

引发学界和业界对动漫产业与国家文化软实力之间关系的考虑,最初源自于对本国动漫产业受到外来动漫产业冲击的忧思。这一忧思在国际上的不同国家不同程度地存在着,如法国(主要针对美国的电影动画)、韩国(主要针对日版的动漫作品)、中国(包括了对美国动漫、日本动漫、韩国动漫等诸多强势文化产业国家的作品)等国都有此种忧虑。这一忧虑还引发了对"动漫与民族文化认同""动漫与文化贸易逆差""动漫与青少年教育"等问题的考量。这一考虑,不可避免地联系到了动漫与国家文化软实力之间的反思。

就我国而言,如从经济角度出发,大量的外国动漫作品以低价倾销的方式进入我国,我国动漫市场80%以上盈利流向海外,这不能不说是一大问题。如从民族化的角度考量,有关"民族风格""民族题材"的忧思更加浓重。例如有学者认为,我们的动漫产业失败,很多时候是由于"民族化"的失败,"我们的《魔比斯环》的失败恰恰在于缺乏中国文化的内核:人物和场景尽量迎合西方人的口味,丢掉了中国文化的精髓","美国是文化霸权的代表,反映在动漫产业上,不仅是对别国动漫市场的占领,还表现在对他国文化资源的'拿来主义'……《功夫熊猫》,故事的发生地、人物、服装看着似乎都是中国的,但人物的语言、行为彻彻底底美国化了,宣扬的仍是美国的英雄主义、'美国梦'

的实现。《花木兰》《功夫熊猫》的成功,也映照出中国动漫缺乏发现力、创造力、想象力,缺乏对本国文化深层次的理解和挖掘。"① 这些从不同的角度,都证明了动漫产业与经济、文化之间的直接关系,也证明了动漫产业与国家文化软实力之间的联系——有人甚至直接认为,从未来的文化发展来讲,动漫产业"不仅是发展我们区域经济,更是传承民族文化精神、增强'软实力'、保障国家文化安全的根本保障。"②

从整体来看,动漫产业的具体发展,应与国家文化软实力的战略目标相结合。这不但能使得动漫产业的发展与国家文化发展整体战略相一致,使动漫产业的发展有一个良好的背景,同时从相反的角度来说,这也使得它能通过自身的发展推动国家文化发展战略的实施。

## 一、动漫产业能推动民族文化的"走出去"战略

动漫产业的发展,将推动文化产品的输出,为我国民族文化的"走出去"形成一个有效的途径。"文化走出去",是一个国家推动文化在世界范围内的发展、获得世界范围内的话语权的重要策略。"文化走出去",其实际的运作,是要依托具体的文化产品的输出——亦即是说,要依靠一定的文化产业的方式来进行。目前看来,书籍、影视、音乐、绘画、民族手工艺、民俗传统等等,都是"文化走出去"的有效途径。动漫产业,同样也是一个重要的有效途径。通过动漫产业的发展,可以使我们的文化走出去多一个渠道,多一种方式。近年来,我们在文化产品方面,引进多,输出少。这并不利于我国本土文化产业的发展,也制约着

---

① 王三炼:《受众·题材·文化——简析中外动漫产业"生态位"之异同》,载《浙江社会科学》2009 年第 2 期。

② 卫朝峰:《从上海动漫产业现状看中国动漫的问题》,载《传媒》2008 年第 3 期。

### 动漫产业的发展与国家文化软实力提升

我们文化软实力的提升。尤其是在动漫产业领域,更是如此。有调查显示,目前大量"洋动漫"占领了我国动漫市场,使国内动漫市场不断丧失。"在中国青少年最喜爱的动漫作品中,日本、韩国动漫占60%,欧美动漫占29%,中国内地和港台地区原创动漫的比例仅有11%。"① 我国在世界动漫市场上,更是处于弱势,基本没有什么发言权。最近一两年,在本国动漫市场上,尽管这种现象有了改观,但这种局面并未得到根本改变。这一方面是外在原因,另一方面也跟我们自身的发展有关系。如据文化部牵头的《中国动漫产业基本战略研究》课题组统计:我国现在拥有动漫生产机构 5473 家,国产动画片的年产量从 2003 年的 12000 分钟,激增至 2007 年的 10 万分钟。国产动画电影也从每年的 1 至 2 部,发展到现在的每年 10 部左右。② 到 2008 年,全国制作完成的国产电视动画片共 249 部 131042 分钟,比 2007 年增长28%。③ 这个数量超过了法国,甚至也赶上了日本,但法国和日本可以说是动漫大国,但我们缺乏成功的、有影响力和号召力的动漫作品,就算有这些作品,也没有成功输出到世界各国去。

对此,动漫产业如要在提升文化软实力上发挥作用,当务之急是考虑"走出去"的问题。

第一,动漫产业的发展和"走出去",从经济层面上来说,可以为我国的文化出口提供一个宽阔的途径。目前动漫产业的世界需求量相当巨大,在 5 年前,全球数字动漫产业的产值就已达

---

① 韩翔宇:《中日动漫产业对比分析——从产业链的角度》,载《河南科技》2008 年第 4 期。

② 数据转引自:孙宁、杨君顺《中国原创动漫产业思考》,《电影评介》2009 年第 1 期。

③ 数据来源:中投顾问 2009 年 3 月发布咨询报告《2009—2012 年中国动漫产业投资分析及前景预测报告》,"3.2,2007—2009 年中国动漫产业的发展"。

2228亿美元，与动漫产业相关的周边衍生产品产值则在5000亿美元以上。现在这个数据早已被刷新。如2007年，美国每年的动画产品和衍生产品产值达50多亿美元，日本动漫的年营业额超过90亿美元，2007年全球与游戏、动画产业相关的衍生产品产值超过6000亿美元。日本动漫研究专家认为，"日本的动漫产业不仅仅是日本的动漫产业，而且是日本的经济。也就是，动漫产业也是日本经济的代名词。"① 而中国这个超级巨大的世界动漫市场，大多被美国、日本等国占据。我国的动漫产业如果在今后的发展中，能够在世界动漫市场上获得一定的地位，有较好的收益，将给我们的文化产品输出带来不可估量的作用。更值得关注的是，在未来的文化产品市场上，动漫产品将占据重要地位。发展动漫产业，也是为抢占未来文化产品的重要地位而努力。

第二，从文化影响的层面来说，推动动漫产业的发展并使之在世界文化产品市场上占据有利地位，将直接推动我们民族文化在世界上的影响力，尤其是在不同民族的青少年中间的影响力。众所周知，动漫的消费群体中，一个巨大的群体就是青少年。仅以我国为例，有材料显示，我国的受众结构中青少年是动漫市场的消费主力军，上海经常看、有时看动画片的青少年为86.3%，北京为80.8%。漫画读者以14～20岁的青少年居多。根据《漫友》杂志近8年来对读者的调查分析，国内漫画阅读群体的年龄构成大致如下：13岁及以下群体约占11%，14～17岁约占59%，而18岁及以上约占30%。② 动漫这一特定的形式使其在青少年中所具备的影响力不可低估。目前我国动漫产业广受批评

---

① 数据转引自：《2007年中国动漫游戏产业的基本态势》，收录于张晓明、胡惠林、章建刚主编：《2008年中国文化产业发展报告》，北京：社会科学文献出版社，2008年。

② 韩国卡通造型大奖评奖标准包括：一年来的销售及许可业绩、消费者喜欢度、构思、质量水平等。"流氓兔"在以上几个方面都得到了专家和消费者的肯定。

的一个重要原因,就是我们的本土动漫产业在青少年中没有太大市场,日韩美等国的动漫对我们青少年的影响巨大,国产动漫无法对青少年的道德观、人生观乃至审美造成影响。当代青少年提到动漫,言必称日美,基本不提本土动漫。至于在国际市场上,我国本土动漫产业的影响力更是微乎其微。大力推动我国动漫产业的发展,提倡本土动漫作品,挖掘本土动漫人才,这将为我国民族文化在全球青少年间的推广起到不可估量的作用。

**二、动漫产业能推动民族文化品牌的形成**

动漫产业的发展,将形成强大的本土文化品牌力量,在世界竞争中获得经济和文化上的双重效益。

国家文化软实力的提升,与文化品牌的建设和推广有着密切关联。动漫品牌,从某种意义上讲,不仅仅是商业品牌,还是一种国家/民族文化的象征。在一定程度上,文化品牌包括动漫品牌,能够产生让人意想不到的"打动人的力量","文化产品的品牌的构成就在于它的文化功能效益,和它的独特的文化意蕴"[①]。因此成功的动漫品牌,不但能够在国际上获取经济上的优势,更能获得文化上的优势。

此种案例近年来已多不胜数,如韩国的"流氓兔"(Mashimaro)最为典范。"流氓兔"为韩国漫画作家金在仁2000年3月20日创作,首次发表日期为2000年8月10日,在其诞生之后不久,就获得韩国"2002大韩民国卡通造型大奖"[②]。流氓兔的FLASH动画在网络上发布后,迅速成为韩国最为知名的卡通形象,在短短4年时间就成为网络动漫产业的成功典范,风

---

① [日]中野晴行:《动漫创意产业论》,北京:国际文化出版公司,2007年,第101~102页。

② 资料来源:http://gwalan.myanyp.cn/korea/articles/070303091009480.asp。

靡全球。现在已经成为漫画书、卡通电视、玩具、手机游戏、食品、短信图片、服装等的主角之一，形成了一个超过 10 亿美元的大产业。据有关资料，韩国 2003 年动画产业销售额为 3200 亿韩元，加上周边产品收入，市场规模达到 7700 亿韩元（1 美元约合 1200 韩元）。根据韩国软件振兴院 2005 年出刊的数字产业白皮书，动画产品出口额为 6231 万美元。动画制作企业 240 多个，从业人员超过 1 万人，每年生产动画 4680 分钟，剧场版长篇动画 273 篇，制作网络动漫数百集，独立短篇 100 多部。[①] 而"流氓兔"在 2001 年就创造了 1200 亿韩元（约合人民币 8 亿元）的辉煌业绩，相关产品达到 1700 多种。2002 年 1 月韩国政府的一项调查显示，"流氓兔"在韩国卡通市场的占有率为 21％，居首位；居第二的是迪士尼（多种产品累计），市场占有率为 10％左右。品牌授权是"流氓兔"真正获利颇丰的领域，"流氓兔"品牌持有机构 Clko 公司 2003 年的 1400 亿韩元（约合人民币 10 亿元）收益中，绝大多数是由 2000 多种相关产品获得的。同时，"流氓兔"在韩国市场的份额使韩国节约了外国卡通形象使用费，在一定程度上避免了资金外流，并极大地刺激了国内作者的积极性。这不能不让人感慨"流氓兔"的巨大品牌力量。而且，由"流氓兔"这一动漫品牌形象，使得韩国的本土动漫品牌开始形成一股旋风。"流氓兔"的权益拥有公司 CLKO 公司迅速在日本、美国等许多国家和地区设立了分公司和代理处，"流氓兔"这一卡通形象从韩国走向世界各地。在我国，"流氓兔"则从 2000 年开始迅速发展，在中国某网站举行的 3762 名网民调查中，"流氓兔"是网民支持率最高的卡通造型，认为它非常有个

---

① 施惟达：《论民族文化品牌》，载《民族艺术研究》2002 年第 6 期。

性、有灵魂的占 37.56%，表示非常喜欢它的占 42.80%。① 韩国独特的民族文化和幽默方式通过一个小小的网络偶像慢慢地深入到中国青少年心目之中。"流氓兔"在国际动漫市场上，以独特的方式占据了以往被美国、日本等动漫作品所霸占的市场，树立了韩国本土的品牌，获得了世界动漫领域的认同。"流氓兔"不但为韩国在国际市场上带来了巨大的经济效益，更将它的文化影响力扩大开来。

  日本是历来最重视动漫品牌建设的国家之一。日本在建设其动漫品牌的历史中，最经典的案例当属"铁臂阿童木"。② 在"阿童木"品牌化的亲身经历者描述中，可以发现"铁臂阿童木"品牌化的详细过程和方案。"吃铁臂阿童木饭的业者聚集在一起。大家商量着要把铁臂阿童木彻底商业化，利用版权进行动漫制作"，"其次，向海外出售胶片"，"为了通过广告宣传使商品、节目、收视者结合在一起，接下来的计划是在虫专业工作室成立通讯、出版部，发起成立全国性的'虫专业工作室朋友之会'。不限于《铁臂阿童木》，今后凡是虫专业工作室制作的胶片里的符号形象，都要进行立体的全方位的广告宣传，使符号形象的寿命具有长期性和稳定性。"③ 由于不断在营销体系和品牌建设上推陈出新，"铁臂阿童木"直到今天，在各种展示、宣传、庆祝等活动中，依旧经常亮相，因此它总能活跃在人们的视野中，使"虫专业工作室"要求的"符号形象的寿命具有长期性和稳定性"成为现实。再如，"机器猫"（"哆啦 A 梦"）是漫画家藤子不二雄从 1969 年开始描绘的"面向儿童"的漫画，单行本已发行了 1 亿册以上，电视动画片从 1979 年在朝日电视台播放，至今仍

---

① 王汇：《中国兴起"贱客"一族》，载《中国青年报·青年参考》2003-03-19。
② 此处指电视剧版。
③ ［日］中野晴行：《动漫创意产业论》，版本同前，第 101~102 页。

在继续。这主要也得益于它的品牌建设不断创新。

　　最近的一个案例便是电影版的《阿童木》。这部由美国好莱坞打造的动画长片，于2009年10月23日全球同步上映。在这部动画长片中，结合了诸多跨国动漫产业的力量，由"IMAGI Crystal Limited"（意马公司）和北京光线影业有限责任公司联合出品。有媒介称，红遍全球50年的日本经典动漫形象用3D技术重新演绎搬上大荧幕，"神奇小子阿童木全新回归，必将唤起全球阿童木迷的集体记忆"。① 在这部动画长片中，与以往的动画电视剧相比，有了不少显著的变化。例如，中国元素的加入就是一大特色。在影片中，歌娜、阿赛、双胞胎兄妹泥巴和东东等，都是阿童木新结识的中国朋友。在他们身上，有着中国文化的典型特征，如知恩图报、先人后己等。故事设置上，也大大增加了他们的戏份。因而，在这部动画长片中，"阿童木这个让全球影迷为之疯狂五十年的动漫形象在集合了各国文化元素后将显示出更超强的神奇力量，相信更多人会爱上这个可爱勇敢的小机器人"。② 这样的评价，显示出"阿童木"这样一个跨国动漫品牌不断努力，在不同的时代中获得成功的关键所在。

　　在我国，对本土品牌的建设问题也越来越受到重视。例如，近年来对本土动漫品牌的建设呼声越来越高。有份动漫杂志回答"中国动漫前路最终在哪里？"这一问题时，分析后得出的结论是"在动漫商业形象的衍生与开发"，也即是动漫的品牌培育；并以"原创的品牌形象、较大的影响力兼顾商业性和艺术性、能雅俗共赏、取得较好的社会效益"为标准，选出了表现出色的"福娃""海宝""喜羊羊与灰太狼"等十个动漫品牌形象。③ 其中尤

---

　　① 搜狐动漫：《电影版〈阿童木〉10月归来，新形象可爱又帅气》，来源：搜狐网，http://dm.sohu.com/20091014/n267358893.shtml，2009-10-14。
　　② 《盘点十大动漫品牌形象》，载《动漫周刊》2009年总第260期。
　　③ 《盘点十大动漫品牌形象》，出处同上。

为值得关注的是由广东原创动力文化传播有限公司出品的"喜羊羊与灰太狼"①,自 2005 年 6 月推出后,陆续在全国近 50 家电视台播出。在北京、上海、杭州、南京、广州、福州等城市,最高收视率达 17.3%,大大超过了同时段播出的境外动画片。迄今播出已突破 500 多集,已推出玩偶、图书、舞台剧、手机游戏等相关产品,其中"喜羊羊"系列图书销量过百万册,在图书销售排行榜上长期位居前 10 名,是小学生最喜爱的口袋书之一。此外,该片在我国香港、台湾以及东南亚等国家和地区也风靡一时。

在取得成就的同时,人们对中国本土动漫品牌的反思也不断深入。尽管对中国动漫品牌价值的前景已经形成一致的看法,认为未来的价值可观,但一个深刻的问题是:"尽管'中国制造'已经成为世界市场的主要产品,但中国产品的致命弱点是没有形成自己的品牌,在竞争中并不处于主导地位","产品创新力不强。情节老套,娱乐性不足。题材局限,制作粗糙、手法单一,缺少属于民族文化的动漫创意,在人物形象、故事情节、语言风格、画面质感等方面都存在明显的仿照等现象。"②

鉴于此,我们必须要看到,目前我国动漫的本土品牌被两大问题困扰,因而难以在国际市场上获得影响力,也无法形成强大的品牌力量。这两大问题是:一是原创的本土品牌少,且大多不被消费者认同;二是即便有原创的本土品牌,但品牌的建设和维护也远不如人意,推广不力,影响不大。

就第一方面而言,原创品牌少,可能由于两个原因,一个是因为种种因素,对于原创品牌,投入少,创作少,因而造成原创品牌的成长不利。二个是有可能原创品牌也有,但是我们关注的

---

① 此处指电视剧版。
② 《中国动画品牌价值可观》,载《市场报》2008—05—08。

不够，因此很多的原创品牌默默无闻。有调查认为，在动漫品牌的建设中，"第一印象是非常重要的，这就要求动漫形象自身在设计中突出品牌效应，而很多内地的企业在创作中并未特别注意这一点，给观众造成了千人一面、千篇一律的平淡印象。除非故事本身特别吸引人，或企业自身品牌知名度高，否则将很难进行有效的产业链后端开发"，"从中国内地的原创动漫来看，尽管近几年有了长足进步，但品牌意识的真正树立，这种观念还没有完全形成"。①

在第二个方面，同样有着现实案例。其中尤为典型的就是上海美术电影制片厂的经典动漫形象和动漫品牌的流失、消亡。上海美术电影制片厂在20世纪80年代之前，有着辉煌的成就，然而，由于种种原因其很多动漫品牌和动漫形象在今天越来越缺乏影响力。如曾经在当时的青少年中耳熟能详的"阿凡提""孙悟空""葫芦兄弟""火童""哪吒"等形象，如今已渐渐湮没，或被国外的动漫形象所取代。事实上，近年来，无论是对待经典的本土动漫品牌还是新发展起来的动漫品牌，相关的建设和维护远不如人意，基本没有长远的规划、合理的推动、清晰的发展模式。所以才有业界的专家认为，国内在对待动漫品牌上，"投入时匆匆忙忙，创作时随随便便，运作时又急功近利"②，因此无法产生有巨大影响力的、长期发展的动漫品牌。

对动漫本土品牌，必须看到它在文化发展和文化品牌建设上举足轻重的作用，也必须看到它在世界竞争中经济和文化上的双重功效，只有在这一高度上来对待它、发展它，我们才有可能在世界动漫产业领域真正取得成功，才不至于仅仅成为"初级的动

---

① 《中国原创动漫亟待树立品牌意识》，来源：中漫网：http://www.zhongman.com/Article/Class1/Viewpoint/200808/34715.html，2008-07-08。

② 李桂茹、金国平：《国产动漫片缺乏经典形象》，载《中国青年报》2006-07-11。

## 动漫产业的发展与国家文化软实力提升

漫加工大国",而不是"动漫大国"。

### 三、动漫产业能提升对外宣传的效果

动漫产业的发展,将通过动漫形象的传播,直接或间接地推进民族文化的对外宣传。作为文化产业中重要的一支,动漫产业必然隐含着为民族文化走出去战略服务的效能。在这一"走出去"的过程中,国家意识形态也必然随之传播。如果先从大的范畴来看待这一问题,因为文学艺术"总是具有一定的意识形态倾向。'走出去',也必定内在地包含着一定的意识形态取向"①,我们的"走出去"战略,要为"支持我国经济的发展、加快社会主义现代化进程"服务②。动漫产业的发展和"走出去",也将以此为准则。

动漫产业通过动漫形象的传播,直接或间接地作用于文化观念、社会价值观念,在近年来已经得到了较大的关注。动漫产品作用于意识形态,作用于社会和民族国家,并非以呆板、简单的形式出现,其形式是丰富而复杂的。我国以往过度强调艺术中的意识形态问题,反而造成了适得其反的效果。不过,这并不意味着国外的动漫并非就不蕴含意识形态的内容,只不过,"外国的动漫往往不去刻意强调意识形态,而是将有关民族、国家、时代、社会等意识形态的主题内容,尽可能地糅合在作品中"③。例如迪士尼的动漫,尽管表面看来并没有多少意识形态的意味,不过仔细分析,其中隐含的意识形态的意味却并不少。如《阿拉丁》和《花木兰》中隐含的对东方文化的西方式见解,《狮子王》

---

① 严昭柱:《关于文化"走出去"的意识形态问题——并贺〈文艺理论与批评〉创刊二十周年》,载《文艺理论与批评》2006 年第 5 期。

② 严昭柱:《关于文化"走出去"的意识形态问题——并贺〈文艺理论与批评〉创刊二十周年》,出处同前。

③ 冉红:《动漫对基础教育的特殊作用》,载《光明日报》2009-06-11。

和《马达加斯加》中对现代文明的反讽,无不如此。再如,日本动漫大师宫崎骏的作品,无论是《千与千寻》《龙猫》《天空之城》,还是《风之谷》《萤火虫之墓》,其间关于战争、人与自然、机器与人性的关系等问题的反思,其背后都与日本传统文化和日本现代化进程以来的变革紧密相关。

更有论者认为,就日本动漫作品而言,"日本动漫扮演着某种程度上的'文化侵略'角色。毫无疑问,在进行日本动漫制作时,制作者总会有意无意地将日本的价值观念和政治、文化思维杂糅其中。于是,当他国消费者在消费日本动漫时,不可避免地会受到'日本意志'的影响。日本动漫世界里的人物,不管男女老少、忠奸美丑,都具有形象美特质。而这正好使世人对日本人的生活方式与国民形象有一个善意的感知"。[①] 还有值得注意的是,近年来随着国际文化软实力的竞争的加剧,文化产业的意识形态呈现出现了一些新变化:国外动漫作品中以往较为含糊的表述,在某些特定时刻会表现出明显的倾向出来。如阿富汗战争之后,美国出品了《美国舰队》(American Team)木偶动漫长片,在片中刻画阿拉伯、朝鲜等国家时,都直白地用反面形象来刻画它们。这其中的意识形态味道极为浓厚,表现手法也极为带有明显的倾向性。当然,如果追寻这一倾向的历史,我们可以从第二次世界大战时候的"战争"动漫现象找到类似之处。在战争时期,动漫作品直接站到了民族文化和国家意识形态宣传的前沿。1941年太平洋战争的爆发,激起了美国动漫界的爱国热情,迪士尼等公司直接参与制作了众多的战争宣传片,为美国军人高唱颂歌,出品了动漫电影长片《空军的胜利》,"成功地宣传了美国

---

[①] 腾讯文化:《孙悟空为什么打不过机器猫》,来源:http://cul.book.qq.com/zt/2008/dmpk/index.htm。

的价值观"。① 当时在英国新成立的动画公司"哈拉斯和巴契乐"则直接与英国政府合作,制作了多达70多部的战争动画宣传片。战争结束后,"动画媒介进而被应用在公共关系、企业广告和教育方面,而不仅限于趣味、动感十足的故事了。其后,西欧的动画片也被运用在甚至包括政治竞选在内的方方面面"。② 尽管此种方式在近年来较少运用,但不排斥在特定时期,此种方式会以与时代审美趣味相结合的方式出现,《美国舰队》即是如此。

从整体来看,不管是较为委婉的表述还是直接的表述,动漫产业的传播总是直接或间接地进行着民族文化和国家意识形态的宣传,此种情形随着新媒介时代的来临而发展,其作用更加明显和重要。在动漫传播中,一个值得关注的现象是,"各国间的文化以不同的载体更轻松地往来游走于互联网之间,这就使得单纯的限制国外动画片的进口及播放时间等行政命令(因为没有严厉的监督体系,各电视台的执行情况将大打折扣)的作用受到了限制"。③ 在此种情况下,我们的动漫产业要获得宣传和推广民族文化、国家意识形态的优势,就必须在动漫传播上有所作为,在动漫影响力上努力。第一,要强化动漫作品的影响力,扩大动漫传播的途径。从大的层面来说,"一个国家文化吸引力和影响力,很大程度上取决于是否具有先进的传播手段和强大的传播能力。提升文化软实力,既要不断丰富和创新文化产品,也要大力提高文化传播能力。"④ 动漫传播也是如此。我们要强化动漫传播能力和影响力,首要的是推动优秀动漫作品的产生。动漫产业的核

---

① 周兰平编著:《动漫的历史》,重庆:重庆出版社,2007年,第160页。
② 周兰平编著:《动漫的历史》,版本同前,第113~114页。
③ 秦喜杰:《中国动画片的产业经济学研究》,北京:中国市场出版社,2006年,第267页。
④ 严昭柱:《关于文化"走出去"的意识形态问题——并贺〈文艺理论与批评〉创刊二十周年》,载《文艺理论与批评》2006年第5期。

心是动漫作品,没有动漫作品,就没有动漫产业;没有优秀的动漫作品,就不会有强大的动漫产业,更不会有较强的动漫传播能力和影响力。优秀的动漫作品是强化动漫传播能力的首要条件和最坚实的基础。反观世界上的动漫强国,尽管它们获得成功的因素有很多——诸如资金、科技、市场等等,但最关键的还是它们创作出了众多优秀的动漫作品,在依托这些动漫作品的基础之上,才打造出了强大的动漫产业。这就是为什么在同等的技术条件、市场条件下,有的国家动漫产业发展较快、向世界传播的影响力较强,而有的国家则发展缓慢、影响力较弱的重要原因之一。如果能够有优秀的动漫作品,就能较为容易地形成自己的文化影响力;反之亦然。第二,要在拥有数量可观、样式丰富的优秀动漫作品基础上,强化动漫传播的成效。有了优秀的动漫作品,是产生强大的动漫传播能力的一个前提。不过,在有了这一前提之后,还必须考虑到它所产生的效果。由于全球化的因素,动漫作品对"民族性/全球性""创新/传统"等关系的处理,是绕不开的。优秀的动漫作品要在全球化的背景下产生强大的传播成效,就必须兼顾这些因素。一方面,它要在传播中体现自身的特色——也只有体现出自身的特色,才能在全球化的背景下获得他人的尊重,另一方面,它又要在传播中体现一种全球化认同的"基本准则",获得他人的欣赏。因为"文化差异"而导致对一部作品全然不同的观点并不少见,一些在某种文化视野中获得好评的作品在另一种文化视野中却备受批评,这种情况在全球化背景下常常出现。动漫中的"文化误解"也并不少见。一个典型的案例是,"孙悟空"在中国大受欢迎,到了国外却水土不服——尽管"孙悟空"是我国的一个经典动漫形象,但其在传播中的影响力和号召力并不大,仅仅局限于国内,并没有全球性的影响,传

## 动漫产业的发展与国家文化软实力提升

播成效显然不够。① 中华文化内涵丰富,魅力引人,在我们的动漫作品创作和传播中,尤其要注意到这一特点。唯有我们的动漫在传递本民族文化过程中,更加友善,更有助于不同民族文化的交流和相互了解,使得其他民族国家的人们能更好地了解和热爱中国文化,我们动漫传播才算是有力的、富有成效的。

从整体上来讲,动漫产业在其发展过程中,在推动产品输出、建设本土动漫品牌、形成有效的动漫传播优势等方面,会直接与国家文化软实力的建设相关联。当今的动漫产业,并非简单地只是提供娱乐或"建立一个童真的世界"——当然这也是它的目标,而且是最重要的目标——除此之外,它也明显或潜在地执行着宣扬民族文化观念的任务,这是我们在今天发展动漫产业的过程中,不能不关注到的一个方面。

〔原载《西南民族大学学报》(人文社会科学版),2010年第5期〕

---

① 《北京晚报》2009年4月14日报道指出:在《2009年中国文化产业发展报告》的数据显示中,中国青少年最喜爱的20个动漫形象中,19个来自日本,中国动漫形象只有一个孙悟空孤独地名列其中;日本动漫作家手冢治虫于1952年创作《我的孙悟空》,尽管借用了"孙悟空"的名字,但给予了全新的阐释和修改,已经与我国传统的"孙悟空"相去甚远,里面出现的情节如大力水手上天庭,美国西部牛仔三人组拦路抢劫,猪八戒、沙僧和白龙马的合体变形是一架长着翅膀的坦克,师徒四人东渡邻国帮助桃太郎打鬼等,都不再是原有《西游记》的韵味。这种改写并不能算作是"孙悟空"国际影响力的证明。

# 信息空间理论下的非物质文化遗产数字化保护与传播

谈国新　孙传明

非物质文化遗产（以下简称非遗）作为我国多元文化和灿烂文明的重要组成部分，是中华民族智慧和文化的结晶。但是随着社会经济的快速发展，许多珍贵的非遗受现代文明的冲击而面临生存困境。为此，党和国家领导人提出了发展先进文化、构建和谐社会的一系列措施，尤其在党的十七届六中全会以来，出台了一系列重大举措，截至 2011 年，我国政府共公布了三批国家级非遗代表作名录；[①] 2011 年 6 月 1 日《中华人民共和国非物质文化遗产保护法》正式颁布实施；[②] 2012 年《国家文化科技创新工程纲要》发布，国家文化科技创新工程深入实施。[③] 这些卓有成效的努力，使一些濒临失传的传统文化得到了保护，有力地推动了各项文化事业的繁荣、创新与发展。

然而，由于非遗主要是长期积累的经验，具有无形性、渐变

---

[①] 《国务院关于公布第三批国家级非物质文化遗产名录的通知》，来源：http://www.gov.cn/zwgk/2011-06/09/content_1880635.htm, 2011-06-09。

[②] 《中华人民共和国主席令第四十二号》，来源：http://www.gov.cn/flfg/2011-02/25/content_1857449.htm, 2011-02-25。

[③] 《国家文化科技创新工程正式启动》，来源：http://news.china.com.cn/tech/2012-05/18/content_25415034.htm, 2012-05-18。

## 信息空间理论下的非物质文化遗产数字化保护与传播

性、复杂性和系统性等特殊性质,保护难度较大。特别是对非遗的数字化保护也不尽如人意,要全社会自觉地形成保护意识还有很长的路要走。为此,本文借助信息空间理论、知识可视化框架和传播学等相关知识,采用新的视角对非遗数字化保护和传播途径进行研究,提出了信息空间理论下非遗数字化保护和传播的方法,为非遗数字化保护和传播提供新思路。

**一、现存问题**

随着经济全球化和社会现代化步伐加快,我国非遗的生存、保护、发展遇到了很多新的问题,形势十分严峻,主要表现为两点:首先,快速城镇化进程和部分地区盲目的产业化开发给非遗的保护和传承带来严峻的挑战,导致非遗原生态环境急剧恶化,许多传统技艺、民间习俗等文化遗产失去了其赖以生存的文化空间,再加上传统口传身授的限制,这些珍贵的文化宝藏正在逐渐消亡;① 其次,全社会对非遗保护的重要性认识不足以及保护方法不科学,非遗难以实现有效的保护,非遗流失现象十分严重,许多优秀的非遗后继乏人,面临失传的危险。

针对现代社会环境对非遗原生形态的冲击,当前对非遗的保护主要有两种解决思路,如图 1 所示,一种是重塑非遗原生环境,即在现代社会环境中构建民俗保护区等方式还原其原生文化空间,做到非遗原生形态与模拟原生环境之间的和谐;另外一种是采用文化与科技融合的方法,对非遗原生形态进行数字化复原与再现,利用现代信息技术,实现与现代社会环境的融合。② 目

---

① 黄启学:《民族文化传承发展面临的三大挑战与对策浅析——以广西壮族自治区民族文化强区建设为例》,载《西南民族大学学报》(人文社会科学版)2013 年第 1 期。

② 彭冬梅、刘肖健、孙守迁:《信息视角:非物质文化遗产保护的数字化理论》,载《计算机辅助设计与图形学学报》2008 年第 1 期。

前，数字化保护的方法因其无破坏性、传播面广等优势已逐渐成为非遗保护和传播的发展趋势，但是当前非遗数字化保护与传播仍存在缺乏理论支撑等问题。

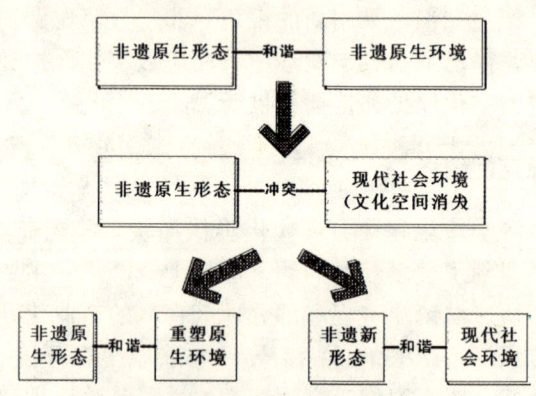

图1　非遗面临的问题及解决方案

首先，非遗数字化保护的目的是为了保存和传承优秀的文化遗产。当前，数字化保护多以对非遗资源的挖掘和简单的数字化再现为主。对非遗的数字化传播和传承研究较少，现代信息手段介入不足，缺乏相关的理论支持。

其次，当前非遗保护与传播商业性质较重，商业化运作导致许多非遗失去了其原生的形态。如何通过非遗数字化使传统文化资源同时承载公共服务与市场运营两方面的作用，需要依托相关理论，在进行市场化运营时仍保持其原生的形态。

二、信息空间下的非遗数字化保护与传播特性

马克斯·H.博伊索特（Max H. Boisotz）在专著 *Information Space* 中提出了信息空间（即"I-space"或"I-空间"）的概念，用于考察实物资产与知识资产之间错综复杂的

## 信息空间理论下的非物质文化遗产数字化保护与传播

关系。① 该理论将编码、抽象、扩散三个维度融会在信息空间框架中,编码是赋予现象或经验以形式的过程,抽象是辨别构成种种形式之基础的结构的过程,扩散是将经过编码和抽象的信息传播给特定受众的过程。因此,信息空间是一个对信息编码、抽象和扩散进行表述的模型,在信息空间中的不同位置,存在采邑、宗族、官僚和市场四个典型区域,信息在这些区域中有着不同的形态和性质。其空间维度如图2所示。由于非遗的数字化保护与传播实质上是一种编码、抽象和扩散的过程,因此分析该理论下非遗数字化保护与传播的形态,了解非遗数字化的特征和表达形式,可为非遗数字化保护与传播提供思路与方法。

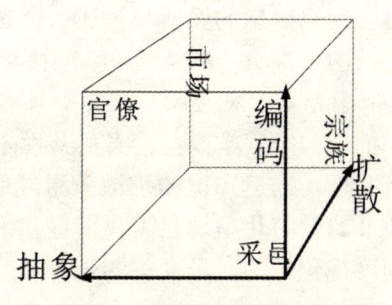

图 2　信息空间模型

(一) 三维空间中的非遗数字化特性

信息空间的三个坐标轴构成了数字化非遗的三维空间,展现出非遗进行数字化采集、记录、展示和传播的各个阶段。

1. 编码维空间。编码维空间通过编码的程度衡量信息在多大程度上可以被计算机识别,比如通过数据等文本方式、视音频等多媒体方式对提取的信息进行编码,在计算机中进行数字化呈现。非遗的编码过程是以计算机所能识别的表达方式,对非遗的知识特性进行采集和记录。在编码维度上编码程度越高,所呈现

---

① Max H. Boisotz: *Information Space*, London: Routledge, 1995.

的信息越全面具体，因此，在非遗编码过程中，应做到对非遗信息的全面提取，以便在抽象和扩散维度对信息进行进一步简化分类处理。非遗的数字化编码需要提取当前地域、时间、传承人、表现形式、道具、服饰等内容信息并在计算机中进行编码，具体可采用文本、图片、视频、三维模型、三维动作等数字化形式，对非遗信息进行全面、真实的记录和采集。

2. 抽象维空间马克斯·H. 博伊索特在其专著中提出抽象是通过使我们在完成某项特定任务时所需要的类别数最小化，从而使我们得以进一步实现信息处理上的节约。① 因此，抽象维空间用于衡量编码后的信息是否经过合理的归类和综合特征描述，抽象过程既是对已编码信息的概括与描述，也是一个信息化的过程。抽象过程包括两个部分，首先通过对编码知识的整理归纳，赋予非遗以结构；其次，针对受众的需求，实现非遗知识的数字化呈现。同时，抽象的维度越高，信息的共性越强，越容易被不同背景的用户所共享，非遗知识的扩散效果越明显。② 非遗知识在抽象和编码环节的数字化呈现还需要借鉴知识可视化理论的指导，确定具体的可视化目的、可视化的知识类型、可视化的形式等因素。

3. 扩散维空间。编码和抽象是实现非遗有效扩散的前提，两者共同发挥作用，使知识的可扩散性增强。因此，扩散维空间主要用于衡量信息的传播速度和覆盖面积，即被公众接触、学习和接受的程度。该维度可以通过对受众进行调研，了解用户接触、接受和学习到的非遗知识的程度来有效衡量非遗数字化传播的效果。对于非遗数字化知识的传播可以利用数字电视、IPTV、

---

① ［英］马克斯·H. 博伊索特著，张群群等译：《知识资产：在信息经济中赢得竞争优势》，上海：世纪出版集团，2005 年，第 50～66 页。

② 刘合翔：《信息空间理论视角下的大众传播控制及其研究》，载《中国信息界》2011 年第 12 期。

## 信息空间理论下的非物质文化遗产数字化保护与传播

多媒体展示等传播技术将非遗数字内容产品在网络、电视、手机等多种终端进行展示,或者以数字剧场、数字典藏等数字展示方式进行传播。在扩散维度,必须极其慎重的确定目标受众,才能按照一定的标准准确地衡量非遗知识在目标总体范围内传播的速度和范围。①

（二）典型区域中的非遗数字化特性

非遗在信息空间中的4个典型区域,同样具有不同的特性。

1. 采邑区。采邑区位于信息空间原点附近,该部分区域保持着最原始状态的信息。因此,也是最富创意的区域,是信息空间中其他区域的信息传播源,该部分区域所依托的环境也是较为原生的状态,与该区域信息形成一种和谐。与此同时,该部分区域也是最需要进行保护的区域,因为该区域非遗赖以生存的文化空间较容易受到现代文明的冲击,其生存空间非常狭小,传承手段较为单一。若该区域的非遗保护不当,随着现任传承人的老去,这些珍贵的非遗将会面临失传的困境。因此,非遗数字化保护必须从采邑区开始,逐步走向其他区域。

2. 宗族区。宗族区位于信息空间的右下方,这部分区域的非遗存在于具有共享的信息环境,以及共同爱好或需求的受众中,其信息的传播范围仅限于该共享区域的小范围扩散。但是,鉴于该区域非遗拥有比较广泛的受众群,其保护压力较小。当前我国大部分非遗在信息空间中介于采邑和宗族区之间,越靠近宗族区,非遗的生存环境越乐观,其濒临消失的可能性越小。②

3. 官僚区。官僚区位于信息空间左上方,这部分区域的非遗虽然经过良好的编码和抽象,具备了信息传播的条件,但是由

---

① [英]马克斯·H.博伊索特著,张群群等译:《知识资产:在信息经济中赢得竞争优势》,上海:世纪出版集团,2005年。

② 彭冬梅、刘肖健、孙守迁:《信息视角:非物质文化遗产保护的数字化理论》,载《计算机辅助设计与图形学学报》2008年第1期。

于某些隐私性因素,其信息的传播受到人为的控制,不允许进行扩散,比如一些受到知识产权保护或者隐私性的信息,不允许扩散。

4. 市场区。市场区位于信息空间右上方,该部分区域信息不仅经过了良好的编码和抽象,而且具备了扩散的一切条件,拥有较广泛的用户基础。由于没有了官僚区的限制,信息在这个区域可以进行自由的传播,非遗知识的扩散区域和扩散速度都有了极大的改善。① 用户可以在这个区域对非遗知识进行学习、了解和实践,完成非遗的传播与动态创新。

总之,非遗的数字化保护与传播过程是一个从采邑区提取非遗信息,进行数字化编码、抽象和扩散,最后到市场区的过程。但是在市场区的信息由于非遗的传承特性,需要受众进一步消化、吸收和创新,实现非遗知识的延续,再现非遗的原生形态,此时,非遗的保护又回到采邑区,如图 3 所示,通过非遗保护的动态循环实现非遗知识的不断创新。

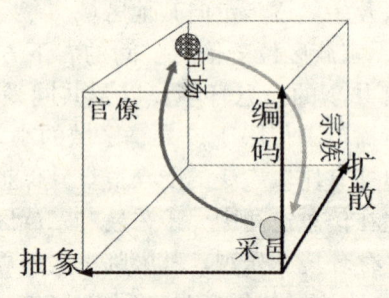

图 3 非遗数字化保护循环

---

① 谈国新、方一:《突发公共事件网络舆情监测指标体系研究》,载《华中师范大学学报》(人文社会科学版)2010 年第 3 期。

### 三、信息空间下的非遗数字化保护与传播方法

基于信息空间理论对非遗开展数字化保护与传播是增强文化与科技融合、实现非遗有效保护与延续的重要手段。由于非遗以长期积累的隐形经验为主,其表现形式多样、受众群体差异较大,因此在实现信息空间下非遗数字化保护与传播时,需要解决以下三个关键问题:信息空间下对非遗进行数字化采集,如何遵循统一的标准规范,并且保证数字化后非遗的原生态性;进行数字化呈现时,如何系统全面的展现非遗之间错综复杂的知识关系;进行数字化传播时,如何保证信息传播的有效性。

(一)编码和抽象维度下的数字化采集

非遗的数字化就是一个不断编码和抽象的过程。目前非遗数字化采集在编码和抽象维度上无法遵循统一的规范和标准,这在很大程度上影响了非遗数字化保护工作的顺利开展。而不同的非遗数字化后具有不同的表现形态,对其进行数字化采集需要一个适用于数字化保护的、科学统一的分类标准。为此,制定相关的非遗数字资源分类、处理、加工、整理标准,构建非遗数字资源统一的标准体系,有利于非遗的全面、科学采集。

非遗数字化采集后的形态和原生形态也存在着形式上的不同,其原生形态是经过多年的历史积淀逐步形成。例如,通过对传统沏茶工艺的信息属性进行编码和抽象,可以在后期再现数字化工艺流程。但是由于缺乏原生态的环境,数字化后的沏茶工艺缺少了受众真实参与的那种情境,品茶的余香和韵味也难以再现。鉴于数字化技术的这些瓶颈,当前非遗知识在信息化环境中只能做到尽可能还原其原生态形式。因此,在对非遗进行科学数字化分类的前提下,开展数字化采集时,尽量采用专业录音棚、三维扫描仪、运动捕捉仪、高清录播系统等数字化设备,对非遗的音乐、模型、动作等进行真实再现,保持其原生态性质。

(一) 编码和抽象维度下的数字化呈现

非遗与物质文化遗产在数字化呈现上有本质的区别,物质文化遗产的数字化呈现可以通过图片、视频、三维动画等形式实现。非遗是经过长期实践和时间检验传承下来的文化积淀,它包括与群众生活密切相关的各种传统文化表现形式和文化空间。其文化空间具有活态性(传承、时间、地域及表现形式的演变情况)、传统性(特定的文化渊源与所处地方、环境有内在联系)、整体性(包括生态、文化)等性质,仅采用文字、图形、视频、交互可视化等数字化呈现形式难以完整反映非遗错综复杂的知识联系。[①]例如通过视频或三维动画的形式可以知道某种非遗的表演形式及内容,但是依然无法获取知识的传承及演变过程以及时间和地域特征等知识。因此,对非遗知识进行编码和抽象,需要以事件为中心,综合考虑与地理、政治、历史等背景相关的文化空间,以及与艺术、历史人物等相关的文化风格。采用图解、人机交互等方式实现相关知识的建模及数字化呈现,将相关的背景知识和历史沿革的关系完整地展现出来,有助于非遗知识的学习、交流与创新,有利于提高人们对非遗知识的全面认识和理解。

(三) 扩散维度下的数字化有效传播

非遗数字化传播的有效性主要依托于信息空间中的扩散维度,它属于信息传播领域。香农和韦弗(Shannon and Weaver)提出传播系统中普遍存在的三个层次的难题。以下这三类难题的解决直接影响到非遗知识的有效传播。

1. 收到的信息与发送的信息是否一致?
2. 收到的信息是否被理解了?

---

[①] 黄永林、谈国新:《中国非物质文化遗产数字化保护与开发研究》,载《华中师范大学学报》(人文社会科学版) 2012 年第 2 期。

3. 收到的信息是否如预想的那样得以遵照执行?[1]

第一个问题属于技术层面,其主要取决于传播的手段,比如采用网络技术,经过编码和抽象的数字化,非遗能否完整无误地到达受众接受端。由于数字化的非遗同口耳相传的扩散手段相比具有一定的客观性,而且现有的展示终端和网络技术相对可靠,因此,第一个层次的问题基本不会对有效性造成阻碍。

第二个问题属于语义层面,例如,不同学科背景的受众对同一个非遗数字化展示片会有不同的理解。若想让受众完整真实的了解信息发送者展现的非遗知识,保证受众和发送者之间具有一定的知识共享背景相当重要。共同的信息沟通枢纽可以大大减少知识被误解的概率。因此,在数字化传播时需要确定接受者类型,以及受众的知识程度,然后选择相应的知识类型和可视化类型,比如,对某民间舞蹈的传承,不同年龄层次和不同舞蹈基础受众所适合的知识类型和可视化类型均不同。在可视化类型的选择中,需要确定所选择的类型能较准确的还原和映射非遗的原生特征和风格,同时又符合接受者的知识类型。

| 接受者类型 | 可视化目的 | 知识类型 | 可视化类型 |
|---|---|---|---|
| 个体 | 共享和传播 | 知道-是什么 | 素描 |
| 小组 | 创造 | 知道-怎么做 | 图表 |
| 团体 | 学习 | 知道-为什么 | 图片 |
| 网络 | 编订 | 知道-在哪儿 | 地图 |
|  | 发现 | 知道-关于谁 | 实物 |
|  |  |  | 交互可视化 |
|  |  |  | 故事 |

**图4 知识可视化框架**

---

[1] C. Shannon, W. Weaver: *The Mathematical Theory of Communicaiton*, Urbana: University of Illinois Press, 1949.

第三个问题属于语用层面,如何保证信息的接受者能够像预想的那样对非遗知识进行学习和创新实践,需要保证受众能够有一定的兴趣和实践动机,因此需要在扩散传播时确定好可视化的目的或传播目的。布卡特(R. A. Burkard)于2005年提出的"知识可视化框架"中对受众、可视化目的、知识类型、可视化类型进行了归类,如图4所示。① 该框架中接受者(Who)包括个人、小组、团体或网络;可视化的目的(Why)包括共享和传播、创造、学习、编订和发现;可视化的知识类型(What)包含知道是什么、怎么做、为什么、在哪儿、关于谁;可视化类型(How)包括素描、图表、图片、地图、实物、交互可视化、故事等表现形式。② 该框架对于实现非遗的有效传播具有借鉴意义。

这三个层次的问题具有环环相扣的特征,第一个技术问题的解决与否直接影响第二个语义问题的理解,第二个语义问题的解决程度直接影响第三个语用问题的实现。

**四、土家族非遗数字化保护与传播应用**

(一)编码维度

"撒叶儿嗬"是土家族的一种古老的丧葬仪式舞蹈,又名"跳丧舞"。早在隋唐时期,土家先民就有"其父母初丧,击鼓以道哀,其歌必号,其众必跳"的习俗。它直接反映着土家先民的生活和斗争,表现着他们的思想感情、理想和愿望。"撒叶儿嗬"历史悠久、唱腔丰富、曲调多样、种类繁多。在不同的地域和特

---

① R. A. Burkard: Strategy Visualization: A New Research Focus in Knowledge Visualization and A Case Study, in *Proceedings of I-KNOW'05*, Graz, Austria, July, 2005: 527~533.
② 刘超:《近十年国外知识可视化研究发展述评》,载《上海教育科研》2012年第9期。

## 信息空间理论下的非物质文化遗产数字化保护与传播

定时间区间,"撒叶儿嗬"也有着不同的称呼和表现形式,因此,对其进行知识编码需要包含以下内容:(1)舞蹈和道具的分类、沿革、历史记载;(2)舞蹈技法、口头经验、表现形式、手稿;(3)舞蹈出版物、论著、各地风物志及相关文献;(4)重要人物的传记、简历等内容;(5)舞蹈空间场所及变迁。①

(二)抽象维度

对"撒叶儿嗬"的抽象主要是根据 R. A. 伯卡德提出的知识可视化框架,对编码中不同的知识类型进行提取和简化。这里确定的知识可视化目的是共享和传播;知识的类型主要涉及知道是什么和怎么做,因此只需对编码中的道具、舞蹈技法、口头经验、表现形式、舞蹈空间场所进行数字化处理;接受者类型主要涉及了解舞蹈和土家族"撒叶儿嗬"相关知识的个体、小组或者团体;可视化类型以交互可视化、动画等形式为主。

为更加全面的展示"撒叶儿嗬"的知识及其关系,我们利用编码和抽象过程提取的信息构建相关知识的语义网络架构,如图5所示。该架构中对"撒叶儿嗬"的相关人物、事件、时间、地理、工具等知识及其关系进行全面展示,所采用的描述术语来源于国际文献工作委员会提出的概念参考模型(即 CIDOC CRM)。② 例如,"撒叶儿嗬"起源于夏同周时期(E2 Temporal Entity),在各种县志、诗词和简史(E31 Document)中都有记载(P67 is documented in),主要流行于(P55 has current location)清江流域(E53 Place),人们于(P12 is present at)

---

① Guoxin Tan, Chuanming Sun, Zheng Zhong: Knowledge Representation of "Funeral Dance" Based on CIDOC CRM, 2009 Second International Symposium on Knowledge Acquisition and Modeling, 2009(11):39~42.

② Nick Crofts, Martin Doerr, Tony Gill, Stephen Stead, Matthew Stiff: Definition of the CIDOC Conceptual Reference Model (Version 5.0.1), from: http://cidoc.ics.forth.gr/official_release_cidoc.html. 2009.

死者出殡前夜（E50 Date）进行（P17 motivated）跳丧（E7 Activity），如唱死者生前事迹，跳各种曲牌，击牛皮鼓等；击打牛皮鼓（E7 Activity）是由掌鼓师（E21 Person）在死者的棺木前（E19 Physical Object）执行（P14 carried out by）等。

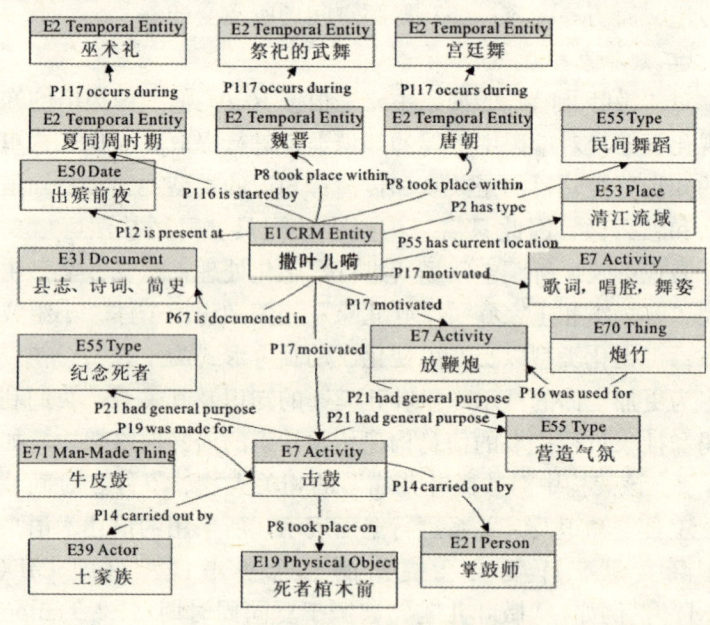

图 5 "撒叶儿嗬"知识语义网络架构

为更加真实的还原"撒叶儿嗬"的原生形态，在数字化过程中，尽量与真实环境相匹配，本应用利用自主开发的真实感角色生成系统，表演者可以使用一张本人正面照片，构建与其容貌、身材相似的真实感模型，由此提升用户参与"撒叶儿嗬"学习的真实感和实践动机。在动作制作方面，基于真实再现的原则，舞蹈动作均采用真人表演，通过三维运动捕捉系统，对舞蹈演员现场表演的动作进行三维采集，并且通过后期与真实感角色的绑定，形成"撒叶儿嗬"的真实动态再现。

最后，根据考古地图，三维复原古巴东县真实场景，搭建"撒叶儿嗬"表演场所，通过人机交互的形式，实现"撒叶儿嗬"对道具（服饰）、舞蹈技法、口头经验、表现形式、舞蹈空间场所的原生态再现，如图6所示：

图6 "撒叶儿嗬"交互展示

根据受众的多重需求，采取多种形式对"撒叶儿嗬"进行可视化表达，包括采用二维动态的方式对不同舞蹈形式进行再现，以及建立舞蹈知识库，对"撒叶儿嗬"相关知识进行讲解。

（三）扩散维度

经过编码和抽象的"撒叶儿嗬"舞蹈实现对土家族珍贵的文化遗产进行全方位、立体化（图、文、音、像相结合）呈现与展示。在扩散维度上，利用现代网络工具和终端显示设备，对相关专业学生和科研工作者进行传播推广，其受众群体主要有文化馆、非遗研究所、各级图书馆、博物馆、有传统文化或传统舞蹈专业的大专院校、网络服务运营商等。本部分主要采用民族文化资源共享与服务系统进行网络推广展示，以及通过多媒体人机交互终端进行推广，使受众可以更加多方位的了解、学习"撒叶儿嗬"知识，通过互动提升实践动机，实现"撒叶儿嗬"的数字化有效传播。

五、总结

本文通过对信息空间理论的编码、抽象和扩散维度以及四个典型区域进行分析，针对非遗数字化保护与传播所存在的问题，提出信息空间理论下的解决方法，并以国家级非遗——土家族"撒叶儿嗬"舞蹈为例进行了数字化保护与开发应用。应用表明，以信息空间理论为指导，利用现代数字化技术、多媒体展示技术，借鉴经典知识可视化框架，对非遗知识进行有效编码和抽象，可以实现非遗保护从采邑区到市场区，再通过受众的学习、实践回到采邑区的过程，实现非遗在信息空间下的动态循环与创新。

通过信息空间视野下的非遗数字化保护与传播应用，我们跟大家分享以下几点经验：首先，需要尽可能地在信息化环境中保留非遗的原生形态，使受众接受到的数字化知识与真实的原生态形式具有一定的映射关系；其次，还需要在数字化过程中持之以恒，多方位的接受用户的反馈，通过实践、反馈、改进、再实践等多个迭代过程实现非遗的有效保护；最后，需要值得一提的是，随着多点触摸屏、PDA、多媒体互动电视等接收终端的发展和普及，数字产品的形态进入新媒体时代，新媒体逐渐成为数字文化产业技术升级和传播手段更新的重要载体和手段，大大增强了受众的主动性和兴趣度。通过三维、交互式等新媒体展示形式以及综合利用多种展示形式开发数字化非遗产品已逐渐成为发展趋势和主流。

[原载《西南民族大学学报》（人文社会科学版），2013年第6期]

# 论电视文本的结构主义批评

欧阳宏生

电视结构主义批评方法是从电视内部结构和形式入手，将电视现象作为一种独立的封闭的精神活动形式来予以研究的方法。通过对其内部各种因素运动、变化、组合、分离等问题的考察，来寻找电视发展的普遍规律，建立衡量评价电视创作和电视作品优劣高下的价值尺度，从而形成一整套建立在对电视内在因素分析把握基础上的批评方法体系。结构主义批评方法在批评领域影响较为广泛，在欧美文艺批评中较为盛行，在我国用于文艺批评也获得较大成功。这种方法从语言学、叙事学、结构变化等不同角度具备了对电视作品的解读能力。尽管其方法注重形式，也具有其局限性，但它并不妨碍我们在电视文本解读中使用，同样也可以获得较为理想的研究成果。

## 一、"二元对立"原理的运用

"二元对立"是结构主义广泛运用的基本概念之一。在形式与内容这对"二元对立"的关系上，"结构主义者倾向于把一切内容都看成形式，或者至少认为内容是使最后完成形式（作品本身）得已存在的一种技术手段。"① 电视批评中，我们把电视作

---

① [美] 卡勒：《语言学与诗学》，转引自王春元、钱中文主编《文学理论方法论研究》，长沙：湖南文艺出版社，1987年，第212页。

品分为内容和形式两方面,使之对立起来,未必是科学的方法。但是为了认识和分析上的方便,在缺乏更好的提法之前,还得运用这个概念,重要的是我们要明确它们之间的辩证关系,而不仅是在任何条件下总是谁决定谁的一面倒关系。

结构主义认为,任何结构都不是单一的,而是复合的。在结构整体中,可以找到两个对立的基本组合元素,二元构成结构内部各成分间的并列、对立、转化关系。二元之间的碰撞和张力构成整体结构的运动与变化,发挥着整体结构的功能。二元的两端作为结构的组合元素是静止的,其中需要一个中介环节,使之相互联系、相互影响和作用,从而具有运动变化的特征。索绪尔在他的语言学研究中,把语言分为社会的语言与个人语言。按其意思,没有对立面,任何因素的意义和功能都难以表现或说明。

电视批评中,"二元对立"原理主要用于对电视作品的分析,探索到电视作品的内在结构基本模式。结构主义的批评家强调:人的感觉是从差异中发展,"上"是由其对立面"下"而感受到的。[1] 因此,电视语言(包括画面语言、有声语言、融合语言)表达感觉的结构基本是二元对立的。比如一些叙事性电视作品中叙述的内容、形式不管多么复杂,总是有基本的对立关系,或者是积极与消极,或者是爱情与背叛,或者是胜利与失败等等。电视片《中国农民》是中国农村变革的镜子,它讲述了小岗村农民冒着极大风险,"瞒着上面",实行大包干的伟大事件。从这一点上,我们可以看出,小岗村之所以冒风险,之所以"瞒着上面",实行大包干,是因为,有人反对小岗村实行大包干,它们干不是公开的。电视剧《今夜有暴风雨》中,有个段落的处理,可以看出结构中的两个对立情绪,画面内是爱情萌发、青春似火的裴晓

---

[1] [英] 特伦斯·霍克斯:《结构主义与符号学》,上海:上海译文出版社,1987年,第58~59页。

## 论电视文本的结构主义批评

云坐在炕头遐想,还坐着一个同住的女知青郑亚茹,也想着心事,忽然画外传来吱吱嘎嘎踏雪而来的脚步声,声音由远而近,脚步是朝画内走来的。敏感的裴晓云闻见熟悉的脚步声便思忖是曹轶强来了,郑亚茹也心领神会。两个少女关心窗外,从悉心谛听——少女间相互窥视到探测——大失所望。曹轶强走到门前,估计郑亚茹也肯定在屋里,多了郑亚茹,多尴尬,倒不如改天再来,于是脚步声又折回去了,怅然离去了。画面上声画分立是结构中的一对矛盾,加上种种心理矛盾,使这一情节包含了更为复杂而深邃的思想感情。运用"二元对立"的分析方法探索电视作品叙述的组合功能及其形态,是一种深层次分析的手段。这种手段在当代电视批评家中运用较为广泛。

实践证明,结构主义中"二元对立"原理是具有科学性价值的。它可以深入到电视作品的内在结构中去,较为客观和细致地分析和把握电视作品内在元素的对立和运动发展,对电视作品的复杂内部把握和分析具有相当效果。下面我们用"二元对立"理论对电视连续剧《神禾塬》的成功进行分析研究,从中可以看出结构主义"二元对立"理论在电视批评中的科学价值。这部电视连续剧是以关中老农民宋思温的家庭为中心场景,它的两个女婿尤大魁和冯炳南的"二元对立"为主线,美莲和冷翠两个女性的爱情经历的变化为配景而设计叙述的。一方面它又没有把人物设计为单纯的戏剧性的叙事因素,而是写出了当代关中农民形形色色的个性,写出了他们个性中所包含的中国农民文化的传统和所面临的现实处境的挑战,写出了他们在中国农村社会的急剧变革中所作出的不同抉择和遭遇的不同命运。剧中宋思温蕴藉、务实、正直、讲求尊严,以家庭和土地为本位,因而当他的后代们开始放弃祖辈们传下来的生活方式和生活信念时,一方面宋思温用他所坚持的那种诚实和和睦的做人道理持续影响着后人们,另一方面他对传统生活方式的眷念和他视野的狭隘、观念的保守也阻碍着青年一代农民的变革。在这部电视剧中,尤大魁和冯炳南的冲突构成了基本的叙事张力,同时也负载着创作者心中的人文理想。他们都是新一代"识时务"的农民,他们都没有传统所强加的心理负担,他们都具有巨大的创造潜力,但他们都选择了不同方式来完成他们的抱负和理想。前者把个人的利益与他们生存于其中的整体利益联系在一起,得到了文化传统的支持和社会群体的接纳。这些都贯穿了一系列的环境和人物的"二元对立",尤大魁和冯炳南的"二元对立"的比较造成了强烈动人的艺术效果。通过作品人物与环境的关系的分析进入人物和主题的深层内容中,不被外在的艺术表象所迷惑,的确是很有意义的。

  在一些叙事性的电视作品中,没有冲突,没有对立,没有较强的事件和情节就缺乏戏剧性的事件和情节。由于它没有张力和强度,因而不能激起观众的期待和兴奋。而冲突对立、较量、则来自人物与人物之间的关系。所以,叙事性电视作品在设置安排人物的时候,都必须考虑到"二元对立"的叙事规则,现代叙事学理论把作品中的人物作为叙事要素分为三类:一类是主体,即"正面"人物;一类是反主体,即"负面"人物;另一类是作品中的次要人物,承担"帮手"的功能。前两类的"正""负"并非好人坏人之区别,只是叙事中所起的作用不同。主体和反主体都在冲突之中,这种对立可能是有意的,可能是无意的,二者对立最终引起观众的关注。这三类人物,使作品的"二元对立"更加复杂化,三类人物都有各自的对立面。正是通过这些表现出他们的性格,推动情节的发展。任何缺乏对立面的人物,都会排除在叙事主流之外。正是基于这些创作规律,创作者总是想法设法在作品中组织冲突,组织较量的事件和情节等。批评家也正是运用"二元对立"的理论,揭示了作品深层次的意义。

  但是值得注意的是,"二元对立"原理也有一定的局限性。在所有电视节目形态里,并不是每一个节目都包含着"二元对立"因素。有的新闻报道，有的纪录片，有的文艺节目，就是通过一个方面来反映社会生活。歌颂社会生活的美好，用一种感情来抒发构成电视艺术整体内容。比如电视舞蹈艺术片《啊，太阳》主要有三首女声独唱、两首男声独唱、一首男女生对唱、一首童声表演唱、四段歌舞构成，在歌舞表演和解说词的叙述中，穿插了必要的生活场景：油塔、吊车、钻台、井架等，突出表现了石油工人的精神，这些画面构成了统一的艺术整体，它唱出了一首石油工人英雄业绩的颂歌。这里若是硬性套用"二元对立"理论，把作品分成二元因素来研究，势必会肢解和破坏作品的统一性和完整性，甚至可能得出荒唐结论。实际上，不是说任何电视作品都可分为二元因素。只有从具体的作品出发，正确使用"二元对立"理论，才能发挥其作用。

**二、叙事学原理的分析方法**

电视艺术是一种家庭消费艺术，它主要靠时间的延续、空间的扩展、信息的刺激、情节的曲折变化和人物的命运变迁来吸引观众。电视作品中相当部分都具有叙事性。一条新闻、一个专题片、一部电视剧，都具有相对的故事完整性。特别是反映社会、政治、经济变革的事实报道，讲述老百姓的故事；特别是剧中的喜怒哀乐的情绪和悲欢离合的沉浮，让观众真正体验到人生沧桑的作品是特别受欢迎的。运用结构主义叙事方法分析研究电视作品，可以帮助人们进一步认识作品的复杂结构、体验个中真味。

结构主义的叙事学理论是应该引起电视批评家重视的。法国的结构主义批评家罗兰·巴尔特等是叙事学理论的代表人物。叙事学理论是主要研究叙事性作品的专门理论。巴尔特借鉴语言学中分层次的方法，将叙事作品分为功能级、行为级和叙述级三个层次。功能级是作品中最小的叙述单位，它总会在作品叙事过程中发挥作用，担负着要么是叙述的核心，要么是补充叙述空间的缝隙，要么是暗示人物动作、性格等的作用。功能级是作品直接叙述的基础，是分析作品的首要对象。但功能级是通过行动级来完成的。第三个层次是叙述级，它在作品中是最高层次，它将作品的一切表达叙述出来，使受众亲临其境。叙述者不是创作者，而是作品的叙述符号，这些符号将功能级和行动级组织成作品。巴尔特把叙事作品看作是一个大的句子，一个复杂的语言符号系统。因此，在他看来，叙事作品的一切问题从根本上讲是语言问题。他认为，功能是一个基本的句子的功能，行为是人称叙述的体现，而叙述更是一个符号系统问题。这样就形成了一套以语言符号为中心的精细分析体系。但这一理论从另一个角度显示出它的弊端，过于精细化、模式化无疑忽视了作品自身审美特性和人物形象、艺术氛围的魅力。

尽管如此，巴尔特的叙事学理论对我们进行电视批评仍然具有积极的方法论意义①。吸收巴尔特叙事学理论中的有用部分，对电视语言即画面语言、有声语言、融合语言进行分层次研究可以见出较好的效果。电视剧《今夜有暴风雨》，有一组裴晓云与小黄狗在雪原奔跑、追逐的画面构图：春天到了，连队里只剩下裴晓云一个知识青年，曹轶强留下了一只黄狗与她为伴。这里，我们将叙事看成是一个语言符号系统，此时，屏幕上出现了三个高速镜头所构成的画面语言：雪原上小狗跑着；裴晓云高兴地追着；小狗越过了裴晓云。在这一组画面中，主体是女主人公裴晓云，陪体是黄色小狗；环境是白茫茫的大雪原，空白是那高远的天空。从叙事学理论讲，这是属于功能级的叙述。这幅绿、黄、红、白所组成的色彩绚丽的画面构图，形象地告诉人们：裴晓云在那特定的社会环境中，人性受到了扭曲和异化。只有回到大自

---

① ［法］巴尔特：《叙事作品结构分析导论》，载《美学文艺学方法论》，北京：文艺出版社，1985 年，第 536 页。

然的怀抱里，其人性才得以复苏，才能重新表现出热情、奔放和充满活力的青春美。运用叙事学理论，有助于对电视中各种语言的分析，以得出正确的结论。

叙事学原理分析方法对长篇叙事性作品，诸如长篇纪录片、电视连续剧等批评具有较高适用价值。长篇叙述性作品连续不断地讲述故事的方法关键在于如何"连续不断"上，这直接关系到电视作品的艺术魅力。在这类作品里，为了使观众始终处于一种兴奋、期待的状态，从而建立起与电视作品的积极联系，就必须延宕从始点到终点、从动情到高潮的过程。对于电视观众来说也就是延宕、拖迟的时间再增加观众的期待程度的同时，增强最终的期待满足的强度，使观众始终处于前高潮的兴奋中跟随电视作品的叙事进程不断运动。在整个运动中，延宕是一个关键点。叙事学原理认为，延宕是一个过程，在这一过程中，矛盾冲突迟迟得不到解决，人物关系迟迟不能确定，欲望客体的目的迟迟不能达到，因而观众的愿望迟迟不能满足，叙事的平衡也迟迟不能恢复。这样才能使观众不因为延宕而产生疲劳感和失望感。长篇电视作品由于篇幅长，往往都不止一个叙事高潮，而是多次地间断性高潮。目的刚刚被凑近，却又被推向远处，平衡刚刚恢复，却又重遭破坏。长篇电视作品一般都在这种恢复平衡、失去平衡、再恢复平衡；愿望满足、愿望落空、愿望再满足的交替运动中用一系列间断性小高潮推向最终大高潮的。这种累积性的延宕过程，在外在情节上是山重水复，而在内在逻辑上却又柳暗花明。这样不断化夷为险，化险为夷，使整个连续剧跌宕起伏，引人入胜。以叙事学理论来看，一部电视叙事作品就是一个大句子，一个复杂的信息符号系统。电视作品的叙事过程是靠功能级、行为级和叙事级三个层次来完成的。结合电视创作规律，我们可以看出，电视叙事平衡不是一个直线的匀速过程，它必须是一个曲线的积累过程，从而表现出电视作品复杂的语言系统来。

电视作品中,要重视电视作品的叙事技巧,要合理处理"断"与"连"的关系。就是说,在上一集结束时,要注意埋好"伏笔",打好"包袱",处理好"且听下回分解"。连续剧《浣纱女的传说》,第一集结尾处,是在吴国的宫殿里,吴王夫差为了占有西施,便大施淫威,先将一使女抬出去喂虎,然后又将西施搂在怀里,再连续多次地推出猛虎的壁画,然后戛然而止,从而使观众为西施的命运担心。第二集结尾处,越王派范蠡去吴国,在吴王的宫殿里,当着吴王的面,将刻有要求盗取"姑苏城防图"的香榧子交给西施,吴王一定要索看香榧子,在十分紧张的气氛中结束,观众又为西施命运捏把汗。因此引起观众等待看下集的强烈兴趣。在处理电视作品"断"与"连"的关系时,一般采取两种方式来阻断叙事高潮的到来,延宕叙事的进程:一种是分集,每一集一般都有一个小高潮,但同时它又重新唤起观众新的期待,新的愿望,以保证故事叙述下去。分集实际上造成了对愿望满足的暂时阻滞,使观众燃起期待之火。另一种阻断方式则是多重叙事链交替。一般叙事性电视作品往往围绕主要人物和情节中轴线,还设置一些辅助性人物和情节,从而形成多重叙事链,使它们既独立又联系,共同推进叙事进程。这种方法可以延迟高潮的到来,造成观众的多重期待,增强叙事吸引力。

电视批评中,要遵循叙事学规律,认识创作上的叙事手段。不同的电视形态具有不同的叙事手法,就电视连续剧而言,一般采用表现手法,往往是以事件为"经",以人物为"纬",编织出绵延不断的故事。要使叙事过程做到叙事复杂生动而又不杂乱无章,首先要注意叙事方式。电视作品的叙述方式大体分为顺序、倒叙、插叙三种方式。顺序方式的画面语言按照事物发展的时空顺序,依次进行叙述。具体的讲,就是依照事件本身的顺序,从开端、发展、高潮,到结局。倒叙方式,就是将事件的结局部分,或者事件发展中某个最突出的片断,提前到开端处首先加以

论电视文本的结构主义批评

表现,以期造成戏剧悬念,引起观众浓厚兴趣,为整个事件的叙述造成波澜。插叙方式,在顺序的正常进行中,插入另一段画面语言,这新插入的一段,只是一个片断,当插入的画面语言结束时,原来的叙述在继续进行下去。运用叙事学顺序原理,我们来分析一下电视连续剧《少帅传奇》。作品在叙述1928年张学良"东北易帜"这一重大历史事件时,就是按照时空顺序进行叙述的。开始——《皇姑风云》,反映张作霖被炸死在皇姑屯;发展——《生死之谜》,反映张作霖死讯封锁了30多个小时;再发展——《吊孝风波》,反映张学良顾全大局接待日本吊唁使团;高潮——《歧路徘徊》,反映杨宇廷阴谋篡位夺权;结局——《东北易帜》反映张学良在奉天举行换旗典礼。整个过程是依事件本身顺序进行叙述。倒叙的叙述方式也常运用。新闻报道中,相当一部分是在导语里就首先把结局,或最重要的部分,或最精彩的部分告诉观众。这种导语大都是由播音员或主持人先播讲出来。

　　电视批评中,叙事学手段还十分重视叙述的线索。叙事性电视作品在对故事情节进行表达时,还特别需要注意叙述线索。叙事线索大体可分为三种类型,单线型、复线型和网状型。单线型,故事发展过程中只有一条占主要地位的线索,其中的矛盾冲突、人物关系、情节发展,都紧紧地围绕着这一条主线进行叙述。复线型,事情的发展过程中有两条平行的叙事线索,有时以一条为主,另一条为辅;有时一条为主线,另一条为反线,两条线索平行推进,互相呼应,彼此衬托,交错发展。网状型,是指叙事线索由多条情节线所编织的庞大矛盾网,彼此交叉网状式叙述故事。这三种线索类型有着各自不同的功能和作用。

　　电视批评中叙事学原理的运用是在原结构主义叙事学理论中发展起来的,但到今天,批评家的实践有了很大的变化,已不是原结构主义叙事理论能够完全解释的。

### 三、电视结构功能的研究

任何电视作品的结构都具有一定的功能,功能的变化与结构有直接的关系。电视连续剧结构上框架大、线索多,它可以从更为广阔的社会领域反映人民群众的政治、经济、文化生活,可以表现社会生活的方方面面。结构主义功能的研究在西方的批评界里更多的是抽象与模式的趋向。研究中仅着重于一类题材结构功能的模式。这种研究是在异中求同,把丰富多彩的作品结构归纳为一些固定的模式。其间虽然确实发现了一些规律性的东西,但也不乏机械、生硬。如弗拉基米尔的《民间故事的结构形态》研究了 100 个俄国童话,便认为童话只能有 31 个功能,美国的罗伯特·斯克尔斯德七种小说模式等等。西方结构主义的批评主要在文学领域。这些事实说明了生硬和机械的模式化,很难全面地反映并再现生活的丰富性和多样化特点,也不可能反映文学形式的运动规律。对于这一点,我们在借鉴和认识西方结构主义功能的研究时要引起注意的。

应该承认,结构主义中功能的研究方法具有相当潜力。在电视批评中如果我们不回避电视现象的丰富多彩,尊重电视创作的艺术规律,运用中注意克服和抛弃某些僵化和机械的认识,就可能会在某一种体裁综合研究上有突破和发展。

对电视作品社会功能的选择是一个很有批评价值的角度。目的在于说明,一个时代社会生活的内容和精神特征对电视作品结构的功能是具有选择性的,社会的需要和观众的需要要排斥电视形式不利于自己的功能,而促进和发扬有益于自己的功能。

电视事业的发展,电视文化的不断变化,电视形态的创新都同时代的政治、经济、文化发展是相辅相成的。中国电视开创初期,国家经济、文化建设正处于十分落后的状态。那时电视文化建设还没有起步,电视节目十分单一。据有关资料表明,当时电视节目的形态也仅只有 20 多种，而经过 40 多年发展，目前在外国电视屏幕上经常出现的电视节目形态就有 100 多种，而且还在不断衍生。一些电视节目形态，随着历史的发展，其结构功能发生了相应的变化。就以电视新闻而言，初创时期，电视新闻也就仅作为一般动态消息报的居多，而现在各种新闻性节目为实现不同时期的社会功能，其电视新闻结构从简单到复杂，无论形式还是内容都发生了很大的飞跃。从一条信息的报道，到一个具有重要意义的新闻的评论；从老百姓所关心的油盐酱醋等到国家政治、经济、文化大事，等等，无不包括在新闻报道的范围内。

"讲述老百姓自己的故事"的电视报道，是中国电视现代化功能的体现。以中央电视台的《焦点访谈》《东方时空》《新闻调查》等栏目为代表的电视深度报道，以其关注国计民生和人文关怀，表现了当代中国电视新闻功能得以强化。这种功能具体体现在，它准确地把握了社会主义初级阶段的基本国情，贴近了生活、贴近了群众。节目中那些"讲述老百姓自己的故事"的真实画面，都是电视传播扣人心弦、动人心魄、引人思考的起点，也许，这种从中国社会最常见、最普遍的小问题入手没有"历史方位""辩证思考"等等来得过瘾，但这种低位进入却包含了大智慧、大手笔、大思路，这实际上是电视的自我批判和屏幕的自我净化，堪称中国电视的一道风景。中国电视新闻的历史性变迁，必然同国家政治、经济、文化发展密切相关，电视新闻节目结构的复杂化，使其功能也发生了质的飞跃，这种飞跃是人民群众的需要、是人民群众的选择。随着社会历史的发展，各种结构功能都发生相应变化，一部分功能相应地萎缩和消失，必然引起结构上相应的丧失和变更，另一部分功能相应地发展和增强，也必然引起结构相应的繁殖和丰满。因而，电视作品结构功能的消长，都是具有因果关系的形势变化的，这些变化中包含着丰富的艺术与生活的复杂关系，潜伏着许多引人深思的艺术经验和教训，这此都为电视批评提供了批评的广阔天地①。

　　较长时期以来，国外的电视批评家都习惯于从内容到形态的综合研究方法，也就是先看社会生活的变化是怎样给电视反映的内容提供新鲜素材的，再来看这些素材是怎样影响电视表现形态变化的。这种研究方法能够准确地把握各种电视文化现象总体运动的实质性背景，是具有一定优势的，但由于偏重于电视内容的分析研究，相对就忽略了艺术形态的考察，把电视艺术形态仅作为一种附庸于内容的因素进行分析。这样对电视形态的研究往往被一些纷繁的表面现象所困惑并流于表面化。电视批评面对十分活跃和不断变化的艺术形态的发展和更新常常表现得不知所措。而结构主义的功能研究方法则可以直接找到社会生活和电视艺术结构的对应关系，可以透过形态的表面直接找到社会审美意识的支配和催化作用，在艺术形态的分析上具有更直接的作用。这对于我们克服电视形态研究上的薄弱环节，更符合艺术规律地去评价各种电视创作现象，以缩短电视批评和创作实践的距离，是很有帮助的。

　　运用结构主义功能研究方法，可以透过形态的表面直接找到社会审美意识的支配和催化作用。一种形态结构的确定，包含了无数创作者的辛勤探索，凝集了无数的社会投入，是许多有效经验的结晶。

　　电视节目形态作为社会普遍认可的意识形态，其使用可以使观众便于理解，从接触一个以一定形态展开的作品开始，使电视创作者同观众以形态共性为基础进行对话。如纪录片结构形态与电视剧结构形态显然不同，其约定对话观赏心理准备与观赏心理要求也是很不同的。所以加强电视节目具体结构形态的研究是很

---

① 欧阳宏生：《电视批评论》，北京：中国广播电视出版社，2000年，第306页。

## 论电视文本的结构主义批评

有必要的。就以"电视小说"的结构功能研究为例,"电视小说"虽然也来源于小说,但是它是将原小说的本体形态——文学形态,转化为"电视小说"的特殊形态——屏幕形态而已。"电视小说"要忠实于原著,它不仅需要忠实原作的思想、结构、情节、风格,而且要求忠实于原著的语言表达方式。这是因为,"电视小说"的根本目的是要将观众带入文学的氛围,置于文学意境之中,从而感受到如读小说一样的文学审美趣味。从我们对"电视小说"结构功能分析,可以发现社会审美意识不仅对电视形态的功能进行选择,还对电视作品的风格、创作方法、语言技巧乃至刻画手段等等形式因素都产生不同程度的影响,或者被淘汰,或者扶植。

从电视批评实践中,可以发现,为什么50年代到80年代的电视新闻报道只对事件的发生发展作平面性的报道,为什么90年代更注重电视深度报道,因为这除了国家政治、经济、文化建设的发展以外,同人们的思想文化素质的提高,社会的进步是分不开的。这期间的联系包含着十分丰富的内容,值得我们去探索。任何电视节目形态,作为电视人艺术掌握世界的具体方式,都会凝集着人类艰苦探索的智慧和心血,都会闪耀着时代的光彩,都同丰富多彩的社会生活产出着千丝万缕的联系,都值得任何有事业心的电视创作者去创造发展,也值得任何追求真理的批评家去研究探索,这也是批评家思想素质和艺术审美能力的集中表现。

应该看到,西方结构主义批评是"唯结构论",他们不怀疑结构本身是否合理,认为批评家就在现存的机构中分析它的关系和内容,这样致使结构主义的批评只成为对作品一般性的分析和介绍,而丧失了判断价值的功能。显然这点是应该引起注意的。要批判地利用西方结构主义批评方法,从更高的美学理想出发,不把结构看作是僵死的模式,而只是通过对创作者思维结构的把握,进一步挖掘作品结构内部更丰富更深层的东西。批评家的批评要充满一种创造性的活力,在对电视作品的批评中影响创作者,并推动创作者追求更高艺术境界。

［原载《西南民族大学学报》(人文社科版),2005年第1期］

# 拍摄者在纪录片叙事中介入身份的合理性研究

王冬冬　李奇凌

在纪录片的创作过程中,拍摄者对所关注的现实情境的记录功能不是简单的复制,而是对客体对象的观察方式。创作者在记录的同时也在创造具有审美价值的影像形象。记录是纪录片创作的第一步,也是形成纪录片的物质基础。纪录片首先要通过对客体对象的描述将现实生活的状态呈现出来,然后才能将形成素材的现实片断组织成有意义的整体。记录不仅承载了提供影片表意语言的构成基础这一本体论责任,而且要扮演方法论赋予的作为表现手法的直接显现形式的角色。[①] 后一角色是纪录片创作的结构环节对它提出的要求,因此,记录和结构作为纪录片创作过程中的两个主要环节是互相影响、互相渗透的。记录的方向和方法,拍摄者介入被拍摄情境的姿态和尺度,都会对纪录片的叙述结构、本文的观众视点、镜头的组合风格等决定纪录片类型化倾向的结构技术产生影响。由此可见,拍摄者介入被拍摄情境的姿态和尺度既受记录方式的约束,又对纪录片成片的组织和纪录片的风格产生影响。

---

① 钟大年:《纪录片创作论纲》,北京:北京广播学院出版社,1997年,第16页。

## 一、纪录片的本体属性为拍摄者对所观照现实的介入提供了合理性依据

真实性作为纪录片的本质属性,仅强调纪录片的表现对象在现实中的真正存在,不对纪录片作为本文这一以语言形式表现出来的含义载体的客观程度进行判定。与纪录片本文直接相关的是逼真性,它是从受众的接受心理出发的,可以对纪录本文的语言系统(或表现手法)表现出的客观现实的模拟形态的可信度进行评价。也就是说,纪录片是利用现实生活中存在的事物建构可以输出含义的本文,使受众去理解和创造主题意义。当创作者以某种记录方法介入现实并选定表现手法对其进行模拟时,它的参照物——被拍摄的客观现实本身便与之发生联系。它们的联系越紧密,形成的本文的逼真感就越强,结构主义理论把这种逼真感称为参照的真实性,它是本文中语言系统的特征。观众的感受是建立在心理基础上的对外界刺激的感知,它的前提是认知的可能性而非客观事物的属性。观众对纪录片的"真伪"判断来自于对影片本文的体验而不是对影片所涉及的事实本身,尽管我们在对于纪录片的一切虚幻的、非现实的体验,实际上是在完全现实的情感基础上发生的。因此,影像真实来自于观众对影片所呈现内容的合理性判断和影片自身与现实的接近程度。在纪录片审美中,逼真性与真实性之间的缝隙提供了创作者在纪录片创作中主观动机的存在空间,也明确了作为创作者主观动机在纪录片创作前期的主要体现的拍摄者对所观照现实介入的存在合理性。

对于纪录片创作者来说,创作的目的不仅是真实地反映社会生活,而且还要通过纪录片表达自己对社会生活的观点。任何一个创作者,无论是有意识的或是无意识的,他都会把自己的思想、倾向、情感和认识融入到作品中。这种溶入是受拍摄者的先验观念所产生的隐含价值驱动,通过拍摄者在创作过程中对其观

照的客观事实从某个角度、出于某种目的进行选择实现的。选择的因素包括选择被观照事件中的人物或被观照人物经历的事件、选择拍摄的内容、拍摄角度、拍摄者对事件的介入方法、姿态和程度等。拍摄者对事件的介入方式受他的创作理念、对事件的态度、事件的类型、被拍摄人物的特征等方面的影响，反过来又影响了纪录片对拍摄客体内涵意义的确定和影片风格的形成。在此，我们可以引委拉斯凯兹的那幅著名的画作《宫女》作喻：就整个纪录片的叙事系统而言，画面上的那个专注地望向画外的画家本人就像纪录片的拍摄者，他不是观看的主体，而是笼罩在纪录片叙事活动之上的一位拉康所谓的"大他者"的目光透射的对象。拍摄者对摄录现实的介入行为在纪录片本文这面镜子中隐隐地投射出来。于是，纪录片本文、纪录片呈现事件的原型以及拍摄者对客观事实的介入方法和拍摄手段就都成为描述某时、某地、某事的档案（document），纪录片（documentary）也由此完成了其"立此存照"的社会学意义。

## 二、拍摄者对所观照现实介入的方式受他的创作理念支配，并先在地定位了纪录片的不同风格

拍摄者对所观照现实介入的方式和后期形成影片的风格是由他的创作理念统一支配的。创作理念是创作者对创作中各种问题认识的总和。对于纪录片而言，主要体现在对世界的认识、对主客体关系、对客体对象的反映方式、语言符号的表意功能和艺术形式的构成等方面的认识上。不同的创作者在他们的世界观、美学情趣、解读能力以及想象和创造力方面的差异，导致了他们秉承的创作理念不相同，因而有了不同风格、不同类型的纪录片。而拍摄者对所观照现实介入的方式和创作者后期结构纪录片的方法一样是创作理念在纪录片创作中的两个重要体现之一。习惯上对纪录片创作的研究大体有两条路经，一种是以纪录片文本为主

要切入点，对纪录片的类型进行划分，研究形成不同风格纪录片背后的创作方法和观念。大卫·波德维尔和克里斯汀·汤普森依照从作品中能够看出的记录者在创作中使用方法的不同，将纪录片分为分类式、策略式、抽象式和联想式。① 齐格弗里德·克拉考尔认为纪实影片可能变种的样式有（1）新闻片；（2）纪录片，包括诸如旅行片、科学片、教学片等；（3）较晚出现的艺术作品纪录片。② 比尔·尼科尔斯将纪录电影分成了六个分支，即诗意型（poetic）、解释型（expository）、参与型（participatory）、观察型（observational）、自我反射式（reflexive）、表述行为式（performative）。③ 此外，中国学者聂欣如以人的主观参与程度为标准，纪录电影应分成三个部分，人主观参与度最高的应称之为"艺术纪录电影"；人的主观参与度最低的应称之为"科教纪录电影"；人的主观参与度适中的是我们一般人概念中的"纪录电影"。④

上述分类研究都在不同程度地通过对纪录片文本的分析研究创作者在前期拍摄中的记录方式，但都没有从系统论的视角观照拍摄者在前期对现实的介入方式与纪录片风格呈现的互动关系。另一个路径的创作研究是以时间为线索，对每个纪录时代的代表人物的创作风格进行研究，采用记录者、作品和记录行为并重的研究视角。这种艺术学常见的史论研究虽然始终将拍摄者前期的拍摄行为与影片的风格联系在一起，但更多地停留在对个案的研究和描述上，虽然对路径的演化分析更形象，但仍失之于理论归纳和分析的缺席。

---

① ［美］大卫·波德维尔、克里斯汀·汤普森著，曾伟祯译：《电影艺术：形式与风格》（插图第8版），北京：世界图书出版公司北京公司，2008年，第403～439页。

② ［德］齐格弗里德·克拉考尔著，邵牧君译：《电影的本性——物质现实的复原》，南京：江苏教育出版社，2006年，第259页。

③ ［美］比尔·尼科尔斯：《纪录电影的类型（上）》，载《世界电影》2004年第2期。

④ 聂欣如：《什么是纪录电影》，载《电影艺术》1997年第5期。

## 拍摄者在纪录片叙事中介入身份的合理性研究

综合上述研究可以看出,纪录片的创作系统可以分成三个层次:创作理念层、参与事件层和表现事件层。创作理念层有两个方向性因素,一是创作者对社会的认识,主要包括创作者的信仰、价值观等;一个是创作者对纪录片作品的认识,主要包括创作者秉承的对主客体关系、对客体对象的反映方式、语言符号的表意功能和艺术形式的构成等方面的理念。处于这个层次的因素受外部环境、创作者的童年经验、学识水平、个人信仰、艺术偏好、创作经历等变量的影响,对参与事件层和表现事件层的因素直接起作用。参与事件层的因素集中在纪录片创作的前期,主要包括拍摄者介入所关注事件的姿态、深度和方法。比如对所言说事件采取跟踪记录、翻拍或再现,还是以评论或讲述的语态口述;比如在跟踪拍摄过程中,是与被拍摄对象始终保持距离、作壁上观,还是在尽量不影响事件进展的情况下,与被拍摄者进行沟通、交流,或是介入被拍摄对象的生活、参与事件进程……弗拉哈迪从拍摄《北方的纳努克》开始,便在拍摄者与客体对象之间建立了平等的、互助的、交往式的关系,同时采取了摆拍、再现的记录方法进行创作。这不仅改变了自卢米埃尔兄弟以来的拍摄者因为摄录技术问题对被摄事实的被动,而且极大地影响了以后的纪录片创作者的拍摄观念,也成就了异彩纷呈、流派各异的纪录片。纪录片的风格和样式是纪录片创作系统中表现事物层各因素诉诸影像的直接体现。表现事物层的因素是指拍摄者用来使纪录片形成意义表述结构的对组织材料和运用语言的方法。这些因素在纪录片创作的后期出现,创作者运用已掌握的对事件描述的素材,根据他们对影像符号功能的不同理解,在构成不同风格的纪录片文本过程中对电影语言系统运用的各种方式都是表现事物层因素。显然,支配创作者运用不同方法的原因正是创作者秉持的纪录片创作理念。

拍摄者对客观现实介入的程度、拍摄者在事件中所扮演角色的存在方式以及其作为主体对客观现实的评价方式,决定了创作后期获得纪实素材的形式和内容,也直接影响着创作者在结构和剪辑过程中对素材的使用方法。从而定位了纪录片文本的风格式样。比如,观察型纪录片的倡导者提出的"墙壁上的苍蝇"拍摄观念,就力图尽量淡化拍摄者在拍摄过程中对现实的影响,通过对现实的静观来构示现实本身所具有的含义,由于创作者的主体动机隐藏在纪实影像的背后,纪录作品便以更强的客观性的外在形式形成表现风格。弗雷德里克·怀斯曼在谈到他的纪录片拍摄时就说,"通常情况下,我很少做前期研究工作,一般只是开拍前在那里待上一两天,我不愿在现场只观察而不拍摄。我想,如果我不带任何观念去拍摄的话,我的电影就会更加有趣,整个拍摄过程就像一个不断有新事物发生的旅程。我是在积累了足够的素材之后,在研究和编辑素材的过程中,才去慢慢地确定影片的主题的。"[1] 从纪录片文本的语言符号和形式构成角度说来,这类观察性的纪录作品利用的是视觉表意中的直接意指功能,将现实本身的叙事功能作为意义构成的基础,使其表意的形象系统与之相参照的现实相对应。诗意型纪录片和阐释型纪录片的拍摄者在前期拍摄时,会将自身的情感全部投入到与现实的关系之中,并以这种情感和自己的观念去影响、推进、组织、再造和重构摄入镜头之物的原型事件。这种影响和诱导的能力是强大的,以至于在特定的时间内,原型事实的客观存在与之相比都黯然失色,摄像机和媒介的暴力在这种放大和变形中突显出来。在尤里斯·伊文思的最后一部作品《风的故事》中,他不仅把镜头当作再现物质世界的工具,也将它对准了人的心灵。这部纪录片的摄制组分为两个,伊文思摄制组拍摄风的踪迹,罗丽丹摄制组拍摄伊文

---

[1] [美]弗雷德里克·怀斯曼:《积累式的印象化主观描述》,收录于陈忠译《纪录电影文献》,北京:中国广播电视出版社,2001年,第474~482页。

思寻风的过程。在拍摄的过程中，伊文思将现实做了创造性处理，影片中出现的猴王、射日、嫦娥奔月、李白醉酒和兵马俑等中国传统的文化符号，从开始到结束几乎所有的重要场景都是排演的。其中在沙漠的场景中，老人虔诚地占卜，狂风袭来，小女孩手拿红纱巾在蓝天下、在黄沙中张开双臂，裙舞翻飞，伊文思在沙地上写下汉字"风"……这些都是拍摄者对客观现实的带有激情地处理，所形成的素材为后期结构向形式主义美学回归，借助观众的想象，通过人物和场景的散文化设置，拓展出心灵的空间、幻想、时间的倒移，完成诗化表达提供了基础。同样，里芬斯塔尔在拍摄过程中对现实的再创造也成就和定位了《意志的胜利》和《奥林匹亚》的独具艺术气质的造型语言的诗化风格。具有写意的或诗意的风格的纪录片更多的是利用视觉表意中含蓄意指的功能，使现实的叙事表意功能减弱而影像的形式表意功能加强，现实的影像成为触发想象的基础。议论的和理性的风格靠听觉的语言概念作为表意基础，形象系列抽象了现实的意义，使之成为类概念的形象解释。而这一风格的呈现效果是由拍摄者前期拍摄与客观现实达成的关系决定的，客观现实与拍摄者在摄制过程中产生关系之后，就进入模拟形态的影像序列中而不再是客观现实本身，它变成了具有语义价值的本文。

至此，我们可以勾勒出纪录片创作系统三个层次间的关系：处于支配地位的是创作理念层变量，毕竟纪录片创作是个主观性的过程，严格地说，它是没有客观标准的。纪录片所讲述的情况和调查的事件只不过是一面反映拍摄者是否诚实于自己对世界的观照的镜子。参与事件层和表现事件层的因素都有创作理念层因素决定，由于在流程上的顺序，使参与事件层因素的行为和选择成为了表现事件层因素被选择的物质基础。于是，属于参与事件层因素的拍摄者对所观照现实介入的方式就先在地定位了表现事件层因素的终极体现——纪录片的风格。

### 三、拍摄者的介入需要在组织纪录片时披上合理性的外衣，这也决定了拍摄者介入被拍摄情境的姿态和尺度

尽管纪录片创作中主观动机的存在性为拍摄者对客观现实的介入行为提供了合理性，拍摄者与现实的关系对于纪录片最终呈现的风格具有先在定位的权力，但是对影像真实的合理性判断还是要求当拍摄者的介入行为在观众的意识中产生显性影响，或拍摄者获得的对事件的了解范围超出一般意义能够接受的拍摄者与被拍摄对象关系的允许范围时，影片在后期结构时，应对这些问题进行合理的交代，并为拍摄者的介入及其获得素材的可能性披上合理的外衣，使观众站在自己所处的视角可以理解它是客观、自然的。事实上，拍摄者介入客观事实的行为的合理性外衣的缝制方式也不相同。

首先，是纪录片本文的形式赋予的合理性。前面我们谈到的诗意型纪录片《风的故事》，它的叙事结构就决定了客观现实在影片中承担的是作为镜头中的内容支持画面在影片中的形式表意功能，影片没有完整的情节，所有的影像都为创造意境服务，这就定位了客观现实在影片中的角色，并宣示了拍摄者的主体作用的重要性和拍摄者重构画面现实的合理性。观众能够意识到在这类纪录片的影像中，用来触发观众想象的现实本身的原貌并不重要，接受者需要通过拍摄者对现实的再创作打通自己的理解与拍摄者主观表达的通道。《风的故事》采取的自述性散文体使尤里斯·伊文思本人在影片中频繁出场、组织现实、设计镜头的这些介入被拍摄的客观现实的行为被观众的观影意识认为是理所当然的。发端于20世纪末的"新纪录电影"对于拍摄者对客观现实的介入也是毫不隐讳的。迈克尔·摩尔始终将自己介入现实、重构影像现实的姿态暴露于观众面前。无论是《罗杰和我》《科伦拜恩的保龄球》还是《华氏911》，拍摄者都把自己积极推进、

## 拍摄者在纪录片叙事中介入身份的合理性研究

组织和结构支持自己观点的事实的行为作为影片叙事推进的线索。拍摄者在镜头中穿梭,"新虚构化"(New Fictionalization)让历史事实复活,新纪录电影主张虚构的纪录片,就是在本文的呈现中给拍摄者提供了一席之地,让他们不再躲藏在"不干涉事实"和看似"客观"的帷幕后面,影像真实反而容易达成了。雎安奇的纪录片《北京的风很大》就采用了"暴露摄影机"的策略,使摄影机的存在直接构成影像本身。"面对匆匆走过的人群,不经意间话筒就伸到了你的嘴边,而且茫然不知所云的你已经在摄影机的记录下完成了瞬间的拍摄。这时候,摄影机与其说在拍人们面对'北京的风很大'这样的问题的回答时所作出的反应,不如说是它在记录摄影机完成这一行为的过程,或者说摄影机既充当了行为过程中的记录者,又是完成行为本身的主体。"①

第二种缝制方式是通过对拍摄者与被拍摄对象天然连带关系的认同,赋予其介入并"全知"地位的合理性。创作者无论对纪录片中解说权利的放弃与否,都要对自己进入客观现实并在其中获知具体情况的理由进行交代,这决定了拍摄者获得的关于事件进程,事件中矛盾各方面的思想、细节的素材在受众真实认知中的合理性。就算观察型纪录片所遵循的"冷眼看世界"的对客观事实的介入方式,仍旧需要对拍摄者在事件中在场的身份给予必要的交代。否则,纪录片本文所形成的真实性效果仍然会被观众质疑。仅就观察型纪录片这一看似最不干扰客观事实发展的记录方式而言,对拍摄者在纪录片叙事中的身份问题的处理也决定了一部纪录片的成败。朱杰导演的《四姐》记录了作者的四姐,一个普通的下岗女工在中国社会转型最为激烈的1998年的生活状态。这一年,四姐和丈夫所在的国有企业不景气,夫妻双双下岗,

---

① 侯洪:《感受经典——中外纪录片文本赏析》,成都:四川大学出版社,2006年,第188页。

他们的大儿子在校学习成绩中等，又要面临高考，四姐如何谋生，儿子在高学费的重点院校和低学费的一般偏远院校之间抉择，普通人四姐的生活集中透射了当时社会的主要矛盾。影片的开始是拍摄者持摄像机对四姐家的造访。镜头中四姐开门迎接镜头后的作者，自然而然地通过一段对话交代了作者与四姐的关系，为拍摄者对四姐一家人生活的介入进行了铺垫。后面四姐的儿子准备高考、在知道分数后填报志愿的波折，四姐与三姐讨论饭店承包的问题，四姐与远在恩施读书的儿子的心灵沟通……这些情节的影像获得和在片中呈现才水到渠成。就受众真实而言，拍摄者对四姐一家生活的介入并没有改变这个家庭生活的样貌和走向，但观众却获得了窥视这个家庭生活的一扇窗。相反，徐童导演的作品《老唐头》就没有在影片中对作者身份，即拍摄者与老唐头一家的关系做明确的交代，因此，观众和学界也一直纠结于影片出现的老唐头露出生殖器、唐小雁对着镜头讲述自己买凶杀人的经历，包括她和黑帮老大接触筹备开黑矿的这些细节的获得的可能性，进而对影片的真实性产生怀疑。当然，对拍摄者对事实介入的交代方式有很多种，并不一定明确地在片中直接说明，纪录片本文隐含的拍摄者在叙事过程中的必要性，即是最好的交代方法。

纪录片的创作无法避开拍摄者对客观事实的影响和介入，正如汉—迪·格拉伯所言"我所寻求的是一种主观，因为只有这种尝试才可能使我的观众接近事实。"[①] 我们必须承认这种主观性的存在，并在纪录片叙事中找到创作者和摄像机的合理位置，才能保证受众真实的存在，如果创作者一味追求纪录片能够或应该表现客观而不含主观杂质，那么，客观就不会在纪录片本文中存在了。

(原载《西南民族大学学报》，2012 年第 6 期)

---

① [德] 汉—迪·格拉伯：《是接近，而不是巴结——关于在纪录电影中采用小心谨慎方法的谈话》，载《世界电影》1994 年第 4 期。

# 女性电影文本

## ——从男性主体中剥离与重建

### 王 虹

每一个社会都是由一系列相互关联的符码（符号）、角色和仪式来制约的。结构主义精神分析学家雅克·拉康（Jacques Lacan）称这一系列为"象征秩序"（The Symbolic Order），它是通过对个人的制约来制约社会的。只要个人讲述的是象征秩序——内化他的社会性别角色和阶级角色的语言，社会就能以相当稳定的形式继续复制自己。这个象征秩序就是社会，即先于我们存在的关系系数。如果要适应这个秩序，她们必须逐步顺应"父亲的律法"（law of the father），但是女性难以完全认同男性的认识和规则，因此她们无法充分接受和内化这个象征秩序，只有被迫进入这个秩序，并在秩序内受到压制。在这个秩序内，女性得到的是男性的词语——男性气质的词语，然而这些词语不能表达女性所感受到的一切，而只能表达男性的思想。由于缺乏女性的词语，妇女在这个象征秩序之内只能含糊其辞或者保持沉默，不可避免地陷入语言和现实之间的空虚。正如拉康认为的"她们只能留在象征秩序之外，超乎思想和词语"，因此她们是不可知的。这种不可知的生存，不能不寻求能够思考、言说它自身的非男性中心的语言和文本。

一

"文本"是语言的表达方式,也即是说,任何通过语言、文字进行的交流形式,都可以是一种文本。用社会性别的辨析方法大致可将文本分为两种:阴性书写(L'ecriture feminine)和阳性书写(litterature)。由于社会文化的原因,阳性写作占据了绝对支配阴性写作的位置,而阳性写作是在以男性为中心的二元对立的方式中建造起来的。在一对相应的概念里,总是一方优越于另一方,比如:主动/被动、文化/自然、讲述/写作等。这些二元对立中的每一对,都源于男与女这一基本的对立,并从这里获得灵感。在男女对立中,男人是与所有主动的、文化的、光明的、高尚的或正面的事物相联系,而女人则是与所有被动的、自然的、黑暗的、低下的或者负面的事物相联系。不仅如此,男与女又是第一对二元对立,新的对立从中繁衍出来,发展变异。男人是自我,女人是他者,因此女性按照男性的意思在他的世界中存在。她或者是男人的他者,或者未被认识。女性主义者朱丽亚·克莉丝蒂娃(Julia Kristeva)在分析妇女语言、文化上被压抑、被排斥的地位时说:"我知道'女人'不能代表什么,不能说什么话,她被排斥在术语和思想外,而确实有些'男人'熟悉这种现象;因为这是有些现代文本从不停止表示的东西;验证语言和社交行为的限制性,如法律和犯罪,统治与(性)快感,而从不规定一种是男人的,另一种是女人的。"[①] 换言之,女性在象征秩序中是"不可思议、不被考虑"的,她们既没有独立存在的意义,也没有独自定义的能力。男性正是通过这种两极对立的概念,在文本中将现实分裂为片段,将自我树立为中心,将女性

---

① [美]卡勒:《论解构》,香港:天马图书有限公司,1993年,第174~175页。

置于象征秩序（社会意义）的边缘。

　　电影是影像与文本的交集，电影文本是以语言文字表达、以影像呈现的社会精神实质的综合体现。在传统的电影文本中，男性对女性形象的表达大致分为两种：一种是纯商业化的趋向，即通过特有的修辞手段，使女性的视觉形象成为色情的消费对象，其最终目的是将女性视为男性的补充，作为满足男性意欲的部分，蕴涵于意识形态深层中的是反女性本质。20世纪60年代发轫的《007》（英、美）系列中的轻蔑与征服，到布莱恩·德帕尔马的《化装杀人》（Dressed to Kill/美/1980）中的憎恨，再到马克·赫尔曼的《小嗓门》（Little Voice/英/1998）中的厌恶，其反女性倾向普遍存在于男性社会的电影文本中，它们制作的是带有诱惑力和消费价值的女性特质，这种特质不过是男性意识下对女性的幻想与情绪的总和。另一种是将女性作为主要描述对象，给予更多的关注与认同，比如雷德利·斯科特（Ridley Scott）的《末路狂花》（Thelma and Louise/美/1990）、卡洛斯·绍拉（Carlos Saura）的《暴劫红颜》（Dispara!/西班牙、意大利/1993）、彼德·杰克森（Peter Jackson）的《梦幻天堂》（Heavenly Creatures/澳/1995）、阿兰德·塔克（Anand Tucker）的《狂恋大提琴》（Hilary and Jackie/英/1998）、杰法·派纳喜（Jafar Panahi）的《生命的圆圈》（七女性 The Dayereh Circle/伊朗、意大利/1998）、石井隆的《不溶性侵犯》（Freeze Me/日/2000）、麦克尔·汉尼克（Michael Haneke）的《钢琴女教师》（The Piano Teacher/法/2001）等，还有从法斯宾德（Rainer Werner Fassbinder/德）、拉斯·冯·特里尔（Lars Von Trier/丹麦）到佩德罗·阿尔莫多瓦（Pedro Almodowar/西班牙）及关锦鹏（中国香港）的女性题材电影等等，都以女性为主要对象，不同程度地反映了女性的生活状态。不过他们的影片对女性的关注多停留在同情、怜悯上，虽然探索了女性常有的幽微情感的痛苦及幻灭，但是它们却只能作为其他以男性思想为核心的电影类型的修正。因为这些电影仍然是透过男性眼光的凝视/窥视/拜物，所以无法摆脱男性中心的钳制，也无法彻底改变电影的叙述主体，使影片中的女性表现更完整和客观化。

同时，自始至终浸淫在男性文化之中的女性电影文本，一直未从宏大、理性、二元对立的男性中心叙事中脱离出来，形成独立内省的格局，也未从关注女性自身的独特感受出发，铸造独特真实的面向人类的同时更面向女性的文本。而我们所知道的女性的一切，包括性欲望，都是从男性的观点来了解的，不可避免地掺杂着男性对女性的臆想，因此它是被男性象征秩序所控制的，满足和接受的是男人的猎奇和窥视，而唯一能被人所知的女性也是"阳性女性"（masculine feminine）——被阳性思维同化的女性，或者说是男人眼中的女人。研究这些作品，针对"女性在这些文本中是什么？"我们可以得出这样的结论：（1）女性是被典型化了的。（2）女性是符码（符号）。（3）女性是缺乏。（4）女性是"社会建构"的。

女性电影是以女性目光引导的影像与女性思想书写的文本的汇集，并以此创造属于女性自身的电影文本与意义。如果想建立更接近妇女情感体验的新电影，就必须首先破除发源于男性中心的语言，摧毁象征秩序中男性意识的传播方式。因此许多体现女性觉醒的影片都选择了以震撼性和富有争议的题材和表现方式倾泻被压抑过久的沉默，率先脱颖而出的是意大利女导演莉莉娅娜·卡瓦尼（Liliana Cavani）的影片《夜间守门人》（The Night Porter/1974）。

《夜间守门人》虽依然是在男性框架中构造人物，但是其中的女性在顺从社会将其摆置成的缺席、沉默及边缘位置的背后，却无畏地进行着爱的追求和性的屈从。在一定程度上，它集中体现着两性间性关系的实质——施虐与受虐，然而女主角露齐娅在这样的关系中却找到了一种自己乐意接受的意义。引人注意的是，导演将这样的关系摆在了无法被男性社会法则承认的两个人（纳粹军医与女犯人）之间，于是女性对男性的威力欲拒还迎，将男性与女性之间"征服与被征服"的意义偷换成为对男性社会象征秩序中道德法则的背弃，实现了对传统两性社会关系的颠覆，并以男性社会无法理解的方式诠释了"女人的性"，当然这样的体现并不是男性社会愿意承认和接受的。露齐娅背离社会生活铭刻于她内心的种种价值观念，忠实于自身的感受，沉迷与执着的性爱恰恰显示出女性在顺服男性力量后重新崛起的自我体验和追求。如果说影片开始女性还处于被动/服从的位置，到影片最后，至少已经转化为两性相互处于被控制或主动的位置了。正如导演所说："这是受害者和刽子手之间存在的一种活跃的关系：这两种角色中的每一种都可以升级，结果两者相融合，直至地位相互转换，重新开始变化。"在这样的变化下，女性不再是被概念化固定的符码，她不仅作为女人、更是作为人的双重意义正在悄然浮现。既然女性已经察觉并尝试表达这种自我的意义，女性电影文本从男性主体内剥离出来就已成为必然。

二

电影文本不是脱离现实的超验的物质存在，而是代表着人类经验的累积，是象征秩序的外在体现，是权力压迫与反叛的场所。主流电影机制是依父权制度的"潜意识"所装配成的，电影的叙事也因此是以男性为基础的语言表述所组成的。女人在电影中如同社会学理论家所指出的，并不是一个可以意指的（一个真正的女人，a real woman）的符旨，她的符旨与符征都已被省略成一个呈现男性潜意识的符码而已。这些符码传递着父权制度意识形态的讯息，它们隐藏在整个社会结构中，并使女性依特定的方式存在——这些方式正好反映了父权制度的潜意识及需要。

如果用社会学方法来观察女性在不同的作品（从高级艺术到大众娱乐中）的性别角色，我们将发现：对于电影文本来说，最重要的是电影中意义是如何被制造的（How meaning is produced），而不只是传统审美意识所强调的"内容"（content）。电影是语言文本的影像表述，史蒂芬·希斯（Stephen Heath）等人已说明电影在很多方面模仿人的潜意识；西格蒙特·弗洛伊德（Sigmund Freud）提出的梦与潜意识部分的机制也可与电影的机制相提并论。电影叙事如同梦境，象征一个潜在的被压抑的内容，只是这个"内容"部分指的是一般的父系制度，而不是个人的潜意识部分。这些电影在某些方式上满足了男性中心的象征秩序所制造出来的欲望和需要及男性、女性配置。可以用弗洛伊德概念"偷窥癖与拜物癖"来解释男性观众观看银幕女性形象时，女性再现以及背后的机制如何起作用，或者说，偷窥癖与拜物癖是主流电影用男性的潜意识来组构男性观众的机制。因此在传统的电影文本中，最为突出和集中地体现了被男性社会所认同的女性气质与男性气质。也就是说，这些文本所体现出来的社会特征完全符合男性社会的性别安排。在这种安排中，女性的情欲冲动是受到压制的，被压制了的女性情欲是以完全满足男性快感为取向的。同时也可以看到，女性往往被配置在客体（或缺席）的位置上，她是男性欲望的接收者，是被动地出现（appearing），而非主动表现（acting），她的性欢愉仅能从她自己被客体化的状态中形成。然而女性的"他者性"也可以是一种存在方式、思维方式和讲述方式，它使开放性、多重性、多样性和差异性成为可能。因为女人在文化及语言上均被排除在外，所以有些地方女人并没有被"殖民化"。从这个位置来看，女人有改变自己的可能（也许能以此来改变社会），因为她们不像男人从小开始就经历明确定义、过分简化的一组心理过程。玛丽·

安·窦恩（Mary Ann Doane）在《女人的电影：占有与求爱》（The Woman's Film：Possession and Address）中也指出：在一般的电影类型中，会设计一个女性观众，而这观众的设计是为了去参与本质上是被虐待狂式的幻想，"女性身体就是性（sexuality），是为男性观众提供色欲的对象"。因此在女性电影（woman's film）中，这个凝视一定要被去色欲化（de-erot-icized），但这样做的同时却使观众的灵魂脱离了肉体（disembody），重复的被虐式剧情则有效地使女性观众虚弱。男性观众从银幕上的男性英雄身上得到的是他更完美的镜中自己（mirror self），含带着主宰及操控的意味。相对来说，女性观众得到的只是无力的如牺牲品般的形体，离理想愈来愈远地加强了自身的无价值感。

女性银幕形象的色欲（eroticized）与男性三种注视（look）/凝视（gaze）有关：首先，是拍下情境的摄影机的注视（即镜头内景物的事件 pro-filmic event），这通常是由男性主导拍摄的，与技术无关的是男性/偷窥的注视。第二，是剧情叙事中男性的注视，使女人变成他们凝视下的客体。最后，是男性观众的注视，这个注视模仿着上述两项注视，其结果是在男性幻想中，性停留在表面上，而且男人在剧本的上下文内容中维持了他自己的角色和满足。和过去所有男性电影中的女性形象不同的是，在女性电影《无法无家》（《天涯沦落女》/Sans toit ni loi /法/1985）中的女主角莫娜形象，并没有被动地接受观看者的凝视与意识的操控，而自在地指挥想象空间里的场景，引起注视，并带动剧情。因为导演阿涅斯·瓦尔达（Agnes Varda）常常以推轨镜头伴随莫娜往前走，到后来，镜头就会放弃她而去捕捉场景中的某个元素。一方面要捕捉这个人物，另一方面又必须跟她保持距离，这种矛盾有效地避免了男性凝视/窥视的形成，同时也突现出莫娜不合常理的生活轨迹与精神意识。这样，电影的主题就明晰地呈现出对莫娜与周围环境之间关系的思考、对电影创作者与她镜头下人物的关系的思考，它可能是最早抛弃了"内容"而关注"女性是如何被表达"的女性电影。事实证明，当电影的重点由"内容"移向"意义"的时候，影片才摆脱了男性社会的世俗化解释，而女性拒绝文本中的"社会化建构"、发现自身意义和表达自己新的电影语言的行动才由此发端。

男性中心文本具有固定不变的单一性（singularity）假定。所谓单一性假定，即假定存在唯一的真理或本质——"超越的意旨"（transcendental signified），它是自在自足的，并赋予一切意义。阳性写作构成了大量所谓人类积累的智慧，打上了社会公认的官方印鉴，但是它的象征秩序（社会文化意义）负荷太重，以至难以变化或改变。与此不同的是，女性语言与文本是开放和多元的，是富于变化和有韵律的，是充满欢愉或诡秘的，更重要的还在于它是充满可能性的。正如埃莱娜·西苏（Helene Cixous）所说："妇女的身体带着一千零一个通向激情的门槛，一旦她通过粉碎枷锁、摆脱监视而让它明确表达出四通八达贯穿全身的丰富含义时，就将让陈旧的、一成不变的母语以多种语言发出回响。"① 女性的书写只能向前拓展，从不铭刻和辨别轮廓，她让他者的语言讲话，她的语言不是容纳，而是承载；它不压抑含蓄，它让未被说出的成为可能。女性"对文本提供受到压抑的、可供选择的解释，它可以削弱这个象征秩序。"② 对女性来说，在现实和令她们困惑的语言之间存在着不可消除的鸿沟，但是因为女性的思想和语言是多元化的，所以她们的思维具有了从单一性的假定中解放出来的特质。

在新西兰女导演简·坎皮恩（Jane Champion）执导的《钢

---

① ［法］埃莱娜·西苏：《美杜莎的笑声》，收录于《当代女性主义文学批评》，北京：北京大学出版社，1992年，第201页。
② ［法］雅克·德里达：《书写和差异》，收录于《女性主义思潮导论》，武汉：华中师范大学出版社，2002年，第292页。

琴课》(The Piano/澳/1993)中，女主角艾达身为哑女的现状影射的便是现实社会象征秩序之下女性的失语状态，她只能用眼神和动作表达内心，这就决定了她表达最突出的是外化为拒绝或接受、快乐或痛苦、紧张或松弛、抵抗或顺从等形式的内心体验。这些体验由于规避了语言的干扰而呈现出真实、连贯的特征，并且失语使艾达执拗于个人的世界，被动或主动地拒绝与社会、与男性交流，保持了自始至终的独立性。此外，《钢琴课》也挑战了西方人对肉体与女性意义之间关系的概念，从艾达为了她的信仰而献身贝因，到由于贝因对艾达及她的信仰的爱慕与崇敬，而使她对贝因产生了真挚的感情，这时候的女性形象与意义是被去色欲化（de-eroticized）了的，因为她所追求的是一种平等基础上的尊重、认同与爱，而非单纯的性的吸引。艾达由完全被动逐渐转变为完全主动，表明她的一切行为都忠实于自我的意愿，这不仅体现了女性自我意识的觉醒，也在客观上颠覆了男性特质与女性特质之间的二元对立。从过去以男性眼光看待自己到现在以自我的眼光看待自己，正是实现女性电影文本中的女性意义从象征秩序内男性主体中剥离与重建的重要步骤。

三

"性"是象征秩序中社会性别与文本不可回避的议题，男性的性欲机体并不限于性欲本身，而是扩展到人类表达的所有形式，包括社会结构、话语文本结构。因此可以认为，父权制是男性的性欲机体的社会体现，男性也在指涉性和性欲的文本内贯穿着父权传统——对女性符码的掌控与蔑视。半个多世纪以来，银幕上就隐约呈现出了一个非常基本的动机——色情，影像技术的发展成为大量色情消费文化的温床。法国电影理论家安德烈·巴赞（Andre Bazin）认为：在种种艺术手段中，唯独电影是把色情描写作为目的和基本内容出现的，因此色情作为男性社会象征秩序的外在体现，露骨地体现着男性社会与女性关系的实质——性是男性权利的场所，社会性别与社会性别关系在其中被建构。当女性认识到"性"是男性控制女性的手段，性也就成为代表象征秩序的男权与代表反象征秩序的女权斗争的场所。针对这种现状，女性电影普遍以"描写躯体"的方式作为"反色情"（Against Pornography）的手段。埃莱娜·西苏（Helene Cixous）认为：女性"通过身体将自己的想法物质化了；她用自己的肉体表达自己的思想。"① 这种"描写躯体"的文本表达方式，其目的是通过描写躯体而在肉体快感与美感之间建立密切联系，经由重塑女性完整的躯体意义，渡向完整的女性精神/文化/社会意义，并利用"身体"本身摆脱和对抗象征秩序。

"描写躯体"作为反色情的一种手段，到了法国女导演凯瑟琳·布蕾娅（Catherine Breillat）那里，达到了女性主义的新高度。自1976年第一部影片《一个真实的女孩》（Une Vraie Fille）开始，她的作品就被誉为最纯粹、最坦率的"女性电影"，因为其中贯穿着不被男性眼光左右的女性欲望探索和对男性中心主义的质疑和批判，其具有穿透力的凛冽作风构成了对男权社会的一种文化和美学的颠覆。然而从她1999年的作品《罗曼史》（Romance/法）来看，一贯的女权主义思想和呼声也从激进回复于冷静深挚的思考，并且在其中更加深入细腻地探讨了女人的欲望与欲流（desire and drive）同社会象征秩序的关系，更尝试着建立属于女性自己的语言表达方式和生命意义。

如果说《夜间守门人》《天涯沦落女》《钢琴课》还在以沉默或失语掩藏原欲，那么《罗曼史》则以喋喋不休的内心独白、倾诉、谈论甚至对原欲探索体验的坦率陈述，代替了惯有的沉默隐忍，打破了女性失语的状态，使语言同动作神态一起，构成了一

---

① ［法］埃莱娜·西苏：《美杜莎的笑声》，版本同前。

个内部循环的、独立的女性主体。与过去男性注视下的女性自言自语不同，这些女性带有哲理性的内心独白，呈现出女性最原始的本能体验。同时，这些思想和话语，在很大程度上有效地阻断了那些"描写躯体"的影像成为男性色情消费的可能。当她毫无掩饰和矫情地直面女性的爱与性的时候，女性的欲望就摆脱了一贯的被动无力感。至此，凯瑟琳就绘制出了一个完全不同于男性架构的女性电影文本：（1）对原欲的追求创造出的是非典型的女性形象。（2）女性拥有不依附男性的思想、语言、行为，是充分自主的，因此摆脱了被符码化的规律和概念化的固定模式。（3）女性是内在充盈，自给自足的，因此也是非匮乏的。（4）文本中的女性是自在、自为、自我、自由的，对男性社会规范的拒绝，对自我生存的充分体验，在某种意义上减轻了被社会化（被男性社会建构）的程度。

不难看出，凯瑟琳·布蕾娅镜头下的女性，正是与那些男性中心主义的作品形成对比，相同的禁忌题材，不同的表现。在男性中心的电影文本中，这样的话题使男性主体拥有了满足感，无论是窥淫或是施淫，都从容自如，毫无任何人性的负累。然而在女性电影中，这些探索原欲的过程，却是充满艰辛、矛盾、悲哀、茫然，因为她们在对抗和超越外在男性主体的时候，也同样需要对抗和超越已嵌入自身之中的男性主体。男性在描绘与女性精神关系的时候，不自觉地带有强烈的控制和蔑视。与此相反，女性关注的不是控制，而是纯粹的、"像孩子一般纯真"的欲望，使情欲表达在女性这里变得沉静而圣洁。她们向人类展现了生存的实践，而非男性化的道德伦理诉求，毕竟在真实生活面前，这种道德价值是经不起推敲的。同时，女性电影文本实践着摆脱失语状态，将自己摆到与男性相同的主体地位，直面真实的男性与自我，呈现两性特别是女性的生存状态。导演凯瑟琳说："社会对女性的忽视是经常性的，这就使我总想写这样的作品，我总是想在他们不经意的时候提醒他们，这很残酷。"尽管《罗曼史》表现和谈论的是性，但这绝不是一部简单的色情电影，更多的是一部将性作为核心议题的艺术作品；是导演在用她的内敛和自省的电影语言表达她对她者（而不是他者）存在的思考；是女主角玛丽在自己的经历中，对自己的生存状态所做的哲理式的沉思，最后完成了由女人到母亲的转变，成为自己存在的主体，用她的身体书写了一部与"他的历史"（history）相对应的"她者的历史"（herstory）。《罗曼史》中所谓的对社会价值规范体系的背弃或回归，只能是男性一厢情愿的评判。事实上，女主角依次扮演着妻子、情人、贞女、荡妇、直到母亲这些社会给予女性的所有角色，完成的是作为一个女性由生物学到美学的整个过程。在这个过程中，导演试图实现的是一种女性意义的脱胎换骨——成为新的、真实自我意义的缔造者。

在《罗曼史》的结尾，导演凯瑟琳向我们传达了这样一种讯号："女性应该拥有选择和决定的权利"。女主角玛丽"向现实妥协"的结果——成为母亲，并宣称："没有经历过生产的女人不是真正的女人。"一直是为人诟病的地方，然而当我们明白了她的这种含义的时候，我们就领悟到了她的用意。她不愿意让女性主义成为一种教条，成为一种对人性的新的禁锢，表面对男性社会秩序的臣服，实际掩藏的是女性更真实、深邃的生存思考。导演用玛丽的怀孕和生育打破了自我与他人、主体与客体、内部与外部的对立，挑战了男性中心的象征秩序，向观众坦呈的让人触目惊心的生殖现场，又从客观上彻底消除了女性再次成为男性性欲消费品的可能。显而易见，她实践的正是以生动强大的现实代替这种或那种强权的说教。如果我们换一种方式，对结尾作另一种剖析，则会发现更深层次的意义：《罗曼史》是在将精神生存以现实状态呈现。玛丽坦然地探索、评述自己的性实践体验，探讨性与爱的联系，以及最后用保尔——"他"的死亡和新生命的诞生，彻底战胜了传统女性悲剧带来的无力,并象征着这个植入女性身心的"他"的凝视和控制的消失。从某种意义上说,《罗曼史》向我们展示了一个女性意义从男性主体中剥离之后重建的成功范例。

值得注意的是,女性在努力成为自己的过程中,可以把男性强加于自身的滑稽剧再用滑稽模仿的形式表达出来。通过模仿,女性可以由夸张强调这些形象来达到拆解男性中心话语的效果。但是模仿(mimicking)并非没有危险,所有主流影像基本上都是男性组构出来的,通常的情况下,男性中心的文本将她们结构在"被看"的位置,而她们想主导诱惑男性这种意图也变得荒谬,因为想捕捉男性的意图,正意味着她们要"被捕捉"。男性电影安排她们以被拜物姿态所站的位置,目的在减低她们的性威胁力,而模仿父权制给女性的定义以便颠覆它与仅仅是满足这一定义,二者的区别是不清楚的。在试图夸张地模仿父权制定义的时候,女性也许反受其支配,正如文本中对"性"的征用一样,如果将性描写作为某种武器,在抵抗男性传统意识对女性性禁锢的过程中,也往往反被对方夺去,成为威胁自身的武器,法国女导演吉妮·德彭特(Virginie Despentes)的《悲情城市》(Baise-moi/2000)就是这样一个例子。影片描绘两个被摧残了的女人逃离社会和破碎的自我,对她们来说,拯救人性的道路就是打破女人肉身的神秘和禁忌,让不平等和充满暴力的社会在破除女性的禁忌神话之后自我解体。然而性过度和性匮乏一样,都会成为一种压迫,无论是在银幕之内还是在银幕之外,在以性作为武器对抗这个社会投向女人的那层暗藏暴力的无处不在的目光对自身的戕害的同时,却往往被聚集了更多的男性凝视/窥视,重新成为男性中心的性文化消费品。这样的矛盾似乎恒久存在,然而"真正伟大的革命是从旧东西以及改进旧东西的意图和追求新东西的抽象愿望之间的矛盾中产生的"。① 女性意义正是在这样的矛盾中,在逐步实践着从男性主体内剥离与重建的过程中显现出来。

### 四

女性作为男性的"他者"存在和处于象征秩序边缘这个事实,使女性被迫脱离男性为妇女建构世界,在这个世界之外去书写自己。这种阴性书写必然打上女性非理性的、易于变化的烙印,不仅是一种新的文本风格,而且它"恰恰正是改变的可能,正是可以用来做反叛思想之跳板,正是变革社会和文化结构的先驱运动。"② 如果女性不安于被想象、被思索的纯客体地位,努力成为主动想象和思索的人,那么男性的主体地位就会被破坏,一旦女性的这种颠覆力量经由文本表现出来,就具有了一种先锋性。先锋性反映在作品的风格和技巧上,本体的形式载体反映出的艺术成就与革命性,则预示和反映了整个社会的实际变革。女性拥有其独特的、区别于男权文化的语言,它是反理性、无规范、具有破坏性和颠覆性的语言,然而它又不完全排斥男性话语,相反,它一直在男性话语之内活动。因此,女性电影文本就具有了无尽包容性和不排斥差异性的特征,它能通过模糊两性意义的界限,包容男、女于一体,以解构二元对立和单一性(singularity)的男性中心模式。

女性电影文本意欲重建的是模糊了两性界限的新文本——糅合了越来越模糊的概念和越来越明确的特性。对象、概念或个人的意义及本质,这些都是外在于语言本身的,语言并不能为我们

---

① 中共中央马、恩、列、斯著作编译局编:《列宁选集》(第四卷),北京:人民出版社,1972年,第708页。

② [法]埃莱娜·西苏:《美杜莎的笑声》,版本同前。

提供这些对象、概念或个人的意义及本质。语言并不反映意义，相反，语言创造意义。由于没有可以把握的存在（在场），因此也就不存在可以与之对照的虚无（缺席）。如果女性能从这些基本的二元对立、存在/虚无中解放出来，她们就不会再完全强制性地将思想对立起来，使一个反对另一个（男性—女性、自然—文化、讲述—书写），相反，她们会发现自己可以自由地探讨新的、不同的思想。

女人"也许她是代表着男人身上某种东西的一个符号，而男人需要压制这种东西，将她逐出到他自身的存在之外，驱赶到他自己明确的范围之外的一个安全的陌生区域。"[①] 男性象征秩序中的女性意义，一直走的都是这条被驱逐、被压抑、被符码化的道路。然而随着世界文化的深入发展，带来了两性关系的新变动及女性意识的觉醒和革命，她们开始大胆质疑男性社会构筑的象征秩序和女性在其中的从属地位，不断抗争，试图冲破男性主体的桎梏，重建赋予自身（自我）价值和意义的女性语言文本。如今，越来越多的女性电影人和她们的电影延续着女性觉醒以来的思考，挖掘女性特有的语言，并用它开启更多属于女性自身的文本意义。比如美国女导演玛丽·哈伦（Mary Harron）讲述与男权对抗的《枪杀安迪·华哥》（I Shot Andy Warhol/1996）、萝丝·托奇（Rose Troche）尝试以另一种新的视角从更人性更全面的立场来看待女性的《钓鱼的十种方法》（Go Fish/1999），其它如英国女导演萨莉. 波特（Sally Potter）执导的根据弗吉尼亚·吴尔夫的作品改编的《奥兰多》（Orlando/1994）、法国女导演黛安娜·科侬斯（Diane Kurys）的《我们之间》（Entre Nous/2000）等。此外还有伊朗女导演莎米拉·马克马巴夫的

---

① ［英］伊格尔顿：《当代西方文学理论》，北京：中国社会科学出版社，1988年，第 193 页。

《下午5点》(2003)、印度女导演米拉·奈尔的《季风婚宴》(2000)、中国大陆女导演黄蜀芹的《人鬼情》(1987)、中国香港女导演许鞍华的《客途秋恨》(1990)、中国台湾女导演刘怡明的《女汤》(1999)等等。

  这些女性电影,继续以积极主动的声音讲述自我,不惜任何代价避开消极被动声音所带来的虚假的安全感和最终的不真实。始终坚持以电影语言为工具、电影文本为载体,追寻人性的本质,探讨感情与欲望,以极其严肃的手法直接呈现人类的基本渴望与需求,抛弃传统文本对女性的神秘化与浪漫化的扭曲,竭力展现真实的女性形象,揭示女性最深层的精神特质。这是现代女性一种自主性的觉醒,它必然对象征秩序下的男性社会性别结构产生撞击。它们的力量表现在不断地从性的角度切入,挑战并质疑父权社会中女性的身体被物化或客体化,以及在各种领域中女性通常成为权力冲突下的牺牲品等种种现象。她们不约而同地实践着"脱离男人,而不是与男人敌对地建构自己;与男人相对,但成为妇女自己。"① 更重要的是,她们挑战了象征秩序中人的肉体被符码化的现实,抵制被赋予了不合理的文化意义的人的生物学、生理学意义,以电影文本中的女性语言为武器,打破性差异(sexual difference)的传统概念,产生新的母性认同,并通过文本瓦解和重建性身份(sexual identity),努力实现着将自身从象征秩序中解放出来和重新设计自我、赋予自身意义这一先锋性与革命性的目标。同所有革命一样,女性文本意义从男性主体中剥离的过程是痛苦而漫长的,充满了矛盾和反复,但女性的全新意义,正是在这样不断的反思、实践和矛盾中得以重建起来,并引领着更多的女性寻求她自身的价值,进而改变着世界未来的

---

① [美]伊丽莎白·格罗茨:《性差异与本质主义问题》,见[美]罗斯玛丽·童:《女性主义思潮导论》,武汉:华中师范大学出版社,2002年。

面貌。

象征秩序是建立意义的秩序（the order of signification），或者说是社会领域。女性臣服于象征秩序或与之抗争都将面临自身意义破碎的危险，然而只有抗争（努力从男性主体上剥离出来）才能将女性导向重建自身意义、重建自我价值和自我认知的道路上来。反抗的中心在于抵制男性中心主义导致的女性形象的符码化。这种符码化体现在两个方面：女性作为男性性欲消费的对象出现；女性被剥夺了差异性和多样性，是被概念化的。如果女性要体验不同的自我，而不是把自己作为男人世界狭窄边缘架构下"多余的废物"来体验，那么女性就必须创造一种属于女性的语言，使女性学会思考思想、讲述语言、自主行动，以对抗男性中心思想的控制。女性电影以女性语言为武器，瓦解这种符码化，反对将女性作为男性色情消费的对象，把女性意义从男性主体中解放出来，以女性的视角对社会进行全新的解读，体验和实现自我，建构出一种属于女性自身的文本形式，以对抗男性中心思想的控制。女性电影文本，是女性用来开启和挖掘自身意义的重要工具之一，也是女性为自己构筑的一个新的、独立的文化框架，这个框架不是为了改写男性社会文化模式，而是旨在摆脱男性社会象征秩序的束缚，发展基于女性体验研究的新模式，重建一个在其中能与男人同样拥有自由、平等的社会，这个社会既是"双性同体"、共同发展的社会，也是一个属于女性自身意义的世界。

［原载《西南民族大学学报》（人文社科版），2004年第8期］

# 遮蔽与张扬：新中国女性电影的主题变奏

高 力

## 一、女权主义的影像表征

"消解男性中心文化，寻求个人的生存空间和发展空间，激情澎湃的女权主义思潮已经成为当今世界一种不可漠视的社会现象。"① 女权主义创立的基础是男女两性社会存在不平等的既成事实和以男性为中心的文化形态。女权批评旨在为妇女创造提供一个自身的逻辑框架，建构一个基于女性本体体验的世界模式，从而使女性摆脱和改变以往造就适应于男性意识的传统创作方法。女权主义批评肯定读者，特别是女性读者的反应。它主张读者有权"重写"作品，而这一被重写（重读）的对象就是受旧式男女价值观左右的经典作品，或是淹没在父系文化中的创作者的作品。

在蔚为壮观的世界性的"女权主义"运动中催生的女权批评，在20世纪70年代以后被划分为社会学批评、符号学批评、心理学批评、同性恋女权批评、黑人女权批评以及集大成的社会学—符号学—心理学—马克思主义的女权批评等几大流派。这种庞杂而细缕的划分表面上显示了女权批评的兴盛，实际上却暗示出女权批评在哲学理论上的匮乏。

---

① 杨远婴：《女权主义与中国女性电影》，载《当代电影》1990年第3期。

## 遮蔽与张扬：新中国女性电影的主题变奏

女权主义电影批评是女权理论中的一个分支，其目的在于瓦解电影业中对女性创造的压制和银幕上对女性形象的剥夺。作为一种表象性的传述语文和大众化的娱乐形式，电影最为鲜明地体现着意识形态的制约。因此，女权电影批评的首要任务就是解构这类深藏反女性本质的电影。事实上，针对"女性在电影本文是什么"的问题，女权主义电影理论得出了这样四个结论：其一，女性是被典型化了的；其二，女性是符号；其三，女性是缺损的；其四，女性是"社会建构"的。在实践中，女权电影批评主要借用社会学、精神分析学、文化分析等三种思维模式，其理论目标是解放电影叙述主体，使女性表现客观化。女权主义电影批评者们认为，以往的电影语言是男性的产儿，要想建立更接近妇女情感体验的新电影，就必须首先破坏语言，摧毁大男子主义的传播方式。他们从个人、社会以及政治等种种不同的生活层面，深刻地阐释了好莱坞电影影像所泄露出的男性欲望和侵略心理。这种批判的缜密和有力远远超出了单纯的女权意义而成为对电影制作和电影理论的全面反思与质疑。它所采用的审视角度和解读方式，在为电影研究者带来新的灵感与启迪的同时，也为众声喧哗、话题错位的中国电影理论界增添了一抹闪烁着柔性之光的绚丽曙色。

### 二、女性的缺损与女性的遮蔽

新中国电影在成功消解了好莱坞电影经典叙事中特定的男权意识形态话语后，女性形象在不再作为男性欲望与目光的客体而存在的同时，但她们也同样不曾作为独立于男性的性别群体而存在，而呈现出非性别化的状态。男性、女性间的性别对立与差异消失了，取而代之的是人物间阶级与政治上的对立和差异。同一阶级的男人和女人，是亲密无间、纯洁无瑕的兄弟姐妹，他们绝对忠诚于同一个虚拟的父亲——党和人民，成为党和人民的儿女。

　　在新中国电影政治象征化的经典叙事中，引人注目的是女性的"新人"形象。这就是世纪变革中翻身、获救的女性和由这些女性成长而来的女战士、女英雄。新中国最早的两部同摄于1950年的影片《白毛女》（水华、王滨导演）、《中华女儿》（凌子风导演），成就了两种女性类型形象，并成为中国当代电影中关于女性叙事（1949—1979年）的基本叙事原型。在旧社会她们注定历经苦难，被侮辱、被损害，直到获得一个男性共产党人的救赎，享有了一个解放的妇女、一个新女性的自由与权力。然而，获得是为了再度奉献，她将成为一个巨大群体中非性化的一员，一个消融在群体中的个体而成长、凸显为一个男性化的"女"英雄（《红色娘子军》，谢晋导演，1959年；《青春之歌》，崔嵬导演，1959年）。这一革命的经典叙事模式，在其不断的演进过程中，发展到一个不知性别为何物的女性的政治与社会象征。在女性伸展与解放的体貌下，是一种强大的政治潜抑力与整合力。在这两种合力的遮蔽下，女权的内蕴、女性的意识和独立的女性品格却缺损到几乎无可辨认的境地。

　　与此同时，在新中国电影中，一个始终被沿用的经典女性原型是母亲、地母形象。"在当代中国电影特定的编码系统和政治修辞学之中，母亲形象成为'人民'这一主流意识形态之核心能指的负荷者，一个多元决定的形象。在革命经典电影的叙事中，她与另一个核心能指——共产党人成为一组相映成趣的被拯救者—拯救者—拯救者—被拯救者的互补关系。作为'人民'、劳苦大众的指称，她同样置身于苦井的最底层，期待着、盼望着共产党人将她救赎出来，得见天日；同样作为'人民'的指称，她是历史的原动力与拯救力，她是安泰、共产党人的大地母亲（《母亲》，凌子风导演，1956年；《革命家庭》，水华导演，1964年）。她是传统美德——勤劳勇敢、吃苦耐劳的呈现者。母亲形

## 遮蔽与张扬：新中国女性电影的主题变奏

象所负荷的无言的承受、默默地奉献，又成为当代中国唯一得到正面陈述与颂扬的女性规范。事实上，正是母亲形象成了一座浮桥，连接起当代中国两个历史时期（1949—1976年，1976—至今）关于女性的电影叙事。"①

事实上，"文革"以后的新时期中国主流电影正是凭借女性表象由战士而为母亲的历史性后退动作，完成了其意识形态与叙事模式的转换。在1979年，谢晋导演的《啊，摇篮》中，一个充分男性化（或女性的异化形式）的中国人民解放军的女军官，因再度复苏、萌动了母爱，而成了一位母亲、一个妻子、一个"女人"。她终于从历史的、画面的前景撤入后景之中，将广阔的前景、历史空间归还给男人。新时期主流电影通过女性表象的复位完成了主流意识形态要求的"拨乱反正"的过程。然而，这时期电影叙事中的女性、母亲、地母形象仍是沉重的、超负荷的或多元决定的历史存在。她们分别或同时承担着历史控诉、历史清算、历史的拯救与想象性的抚慰、不堪重负的忏悔、历史的蒙难者与祭品等多重编码。从20世纪70年代末和80年代中国电影塑造的众多女性，如谢晋电影中的系列女性：冯晴岚、宋薇（《天云山传奇》，1979年）、李秀芝（《牧马人》，1981年）、胡玉音（《芙蓉镇》，1987年）等就是这多重编码的承载体和指认物。事实上，女性再度成为经典编码与传统意义上的"空洞的能指"，她们的一切遭际都是为了男人、历史的救赎与赦免，女性仍然呈现在男性欲望的视野中。同时，在第四代导演的最初的影像表征中，女性形象成了历史的剥夺与主人公内在匮乏的指称，成了那些断念式的爱情故事中一去不返的美丽幻影（黄建中《如意》，1982年，藤文骥《苏醒》，1981年），在那些凄楚的、柏拉图或乌托邦的爱情故事中，理想的活动了欲望的意味；叙事中的女性

---

① 戴锦华：《可见与不可见的女性》，来源：银海网·中国电影专栏。

甚至不曾被指认（杨延晋《小街》，1980年）。在美丽的女神和美丽的祭品之间，女性表象成了第四代被政治暴力所阻断的青春梦旅，成为历史阉割下千万的生命与人格匮乏的指称。

在新时期文化反思和文化寻根运动中，20世纪80年代在叙事性文艺作品中大量涌现女性表象，再度成为与女性生存、女性真实无关的"空洞的能指"或男性历史的"想象的能指"。寻根作品的基本母题之一是"干涸、无水的土地，饥渴、无侣的男人，作为叙境中的两个主要角色；寻找水源争夺女人作为民族（男人）生存寓言的情节主部；年长的、有权势的、丧失了生育力的男人，父亲独占了女人的故事，有了东方弑父杀子文化与历史阉割力的象喻，歌声成了水源、女人象喻性的替代。寻根作品中的一部因之而成了种族寂灭的寓言。而在寻根作品的另一个母题：象（图像）与字（文字）的对立，表现在文字、语言、历史之外，万古岿然的自然、空间；其中，女人——'宽臀大乳'的女人成了自然的指称，成了原初生命力的象征，成了毁灭性的历史之外的人类（种族）的拯救力"[①]。

在20世纪80年代的第四代导演的作品中，在他们共有的转型时代的"文明与愚昧"的主题中，女人成了愚昧的牺牲、文明的献祭、历史的沉浸与拯救；成了第四代文化死结的背负者。《逆光》《都市里的村庄》《海滩》《乡情》《乡音》《老井》《野山》等莫不如此。此外，一个有趣的现象是第四代的导演将欲望与压抑的故事、将典型的男性文化困境移置于女性形象，如谢飞的《湘女萧萧》、黄建中的《良家妇女》《贞女》……女人又一次成为男人的假面。

第五代是以拒绝叙事、拒绝女性形象而出现的，因而被人称为"子一代的艺术"。然而，第五代在80年代末解体的同时，仍

---

① 戴锦华：《可见与不可见的女性》，来源：银海网·中国电影专栏。

## 遮蔽与张扬：新中国女性电影的主题变奏

然必须借助女性表象来重新加入历史、文化与叙事。于是在第五代的部分作品中，女性成为好莱坞经典叙事镜语中"男人欲望的客体"。男人之于女人的欲望视域首先呈现在张艺谋的处女作《红高粱》（1987年）之中，女人的进入不仅为第五代提供了悬置已久的成人祭礼，解脱了其"子一代"无名、无语的状态，而且为他们提供了叙事复归的契机。继而在周晓文的《疯狂的代价》（1988年）中，女人出现在男人窥视、渴欲而又恐惧的视域之中。女性形象的是为了完成一次想象性放逐，完成对男性文化及困境的呈现与消解。在后殖民语境的国际化电影类型中，张艺谋的《菊豆》（1989年）、《大红灯笼高高挂》（1991年）、陈凯歌的《边走边唱》（1991年）、《霸王别姬》（1993年）成为这类取向中的典型之作。在《大红灯笼高高挂》中，东方式的空间、东方故事、东方佳丽共同作为西方视域中的"奇观"，在看、被看、男性、女人的经典模式中，将跻身于西方文化边缘中的民族文化呈现为一种自觉的"女性"角色与姿态。①

在90年代崛起的第六代的电影中，女性仍然是第五代影像中的"男人欲望的客体"的延续（《头发乱了》，管虎，1994年；《长大成人》，路学长，1995年；《美丽新世界》，施润久，1998年），或是男性征服的对象而成就男孩的"成人典礼"（《阳光灿烂的日子》，姜文，1995年），或是回归男性灵魂救赎者的"空洞的能指"（《苏州河》，娄烨，1999年）。

事实上，按女权主义电影批评的观点，新时期的电影语言仍然是男性的传播方式，在男性的、意识形态权威话语的遮蔽和扭曲下，新时期电影中的女性依然是缺损的。一些女性评论者大声疾呼建立更接近妇女情感体验的新电影，并对新时期女性电影的创作主体——女性导演寄寓着热切的希冀和厚望。

---

① 戴锦华：《电影批评手册》，北京：科学文献出版社，1993年，第219页。

### 三、女性的视角与女性电影的初萌

无疑,当代中国拥有全世界最为强大、叹为观止的女导演阵营。她们作为当代中国女性文化及生存困境最为直接的呈现者,成为新时期中国电影的生力军,曾一度达到三十人之多。其中几位具有不同程度的世界知名度(诸如黄蜀芹、张暖忻、李少红、胡玫、宁瀛、王君正、王好为、广春兰等);然而耐人寻味的是,在她们的作品中可以称为真正意义上的女性电影的影片也是极其少见的。

事实上,从20世纪80年代中后期开始,伴随着女性在文化视域中的再度浮现,伴随着一种新的反抗或抗议性女性文化雏形的出现,几乎构成一个小小的电影创作思潮的,是一批中年女导演拍摄的、充分自觉的"女性电影"的产生。她们是王君正(《山林中头一个女人》,1987年、《女人、TAXI、女人》,1990年)、秦志钰(《银杏树之恋》,1987年、《朱丽小姐》,1989年、《独身女人》1990年)、鲍芝芳(《金色的指甲》,1988年)、武珍年(《假女真情》,1988年)、董克娜(《谁是第三者》,1988年,《女性世界》1990年)。"女性特色"第一次成为中年女导演们共同的自觉追求。于是,儿童的、女性的、清新或哀婉的题材与故事便再度不言而喻地成为女导演的选择。也正是在这一时期,陆小雅拍摄了《热恋》(1989年)、王好为拍摄了《村路带我回家》(1990年)、《哦,香雪》(1992年),广春兰拍摄了《火焰山来的鼓手》(1992年)。然而有趣的是,这些由女导演拍摄的、有着"自觉"的"女性意识"的、以女人为主人公的影片中,不仅大都与经典电影的叙事模式一般无二,而且电影叙事人的性别视点、立场含糊、混乱;在这些关于女性的影片中,女人似乎愈加成为"不可见"的雾障或谜团,成为混乱、杂糅的话语场;在女性表象出演的地方,制作者试图表达的某种关于女性的真实似乎

## 遮蔽与张扬：新中国女性电影的主题变奏

更深地消隐在不可知、不可解的矛盾表述之中。女性制作者突破主流意识形态或经典男权话语，完成自觉的、反抗或抗议的女性自陈的努力，大都呈现为一次逃脱中的落网。于是，这些影片与其说表现了一种反叛，或异己的立场，不如说是一种自觉的归顺与臣服，一种由女性表达的、男权文化的规范力。影片充满了自知的女性的不自觉、女性的误区与盲点。叙事的窠臼造成了关于女性表述的窠臼。不是影片自觉地呈现了某种女性文化的、或现实的困境，而是影片自身成了女性文化与现实困境的牺牲品。

究其成因，大约有二：其一，这些影片的女性制作者并未能建立一种真正自觉、自省的女性立场，她们大都持有某种本质论的女性观，大都保有某种经典的道德判断与性别价值判断。女性命题与女性形象的历史空白造成了一种深刻的女性自我意识与性别意识的混乱与无知，这一切成了女性电影中女性怪圈的历史成因。其二，大部分女导演的作品大都止步于塑造"正面女性形象"，而始终不曾成为一种话语的与文化的反抗或颠覆。经典叙事模式与镜头语言模式的选用，先在决定了她们的逃脱，注定是又一次的落网。制片系统中的一个重要因素决定了或者加剧了这一电影表达的困境：大部分女导演多与男性的编剧与摄影合作制作影片；于是，男性提供的剧本先在地确定了影片的故事结构、主题表述及其价值或道德的判断；而更为重要的是，摄影师作为"画面——电影真正的本文"的营造与提供者，其性别身份决定了影片的观看方式与观看角度；这类女性电影的某些画面或镜头段落由此而成了对影片之情节及导演意图的反讽与滑稽模仿，至少在相当程度上形成了错位。这些女导演的影片因之始终只能是主流电影的装饰品与补足物。在这类影片中，王君正的《山林中头一个女人》和鲍芝芳的《金色的指甲》堪为其代表。在《山林中头一个女人》中，女性的文化混乱首先表现为叙事视点的混乱。影片中有着一个第一人称叙事人：一个年轻的女大学生，为了她的剧本前往大森林收集素材,一个老男人、老伐木工给她讲述自己的恋人、一个叫小白鞋的、美丽、病弱的妓女的故事。她死于一个恶男人的无耻与粗暴。这是一个传统的而熟悉的关于女人被侮辱与被损害的故事。但在影片的视觉呈现中,小白鞋却是由女大学生的扮演者出演的。于是,人物化的叙事人的存在、主观视点的因素,便使这种呈现方式具有了叙事人(当代女性)以人物身份、经历(妓女)自居的寓意;但这显然不是制作者本意所在,但它却无疑成了某种女性心理、至少是潜意识心理的呈现与表述。而影片的后半部分,则脱离了前面的叙事视点格局,在老伐木工不在场的前提下,讲述了另一个女人、一个名叫大力神的妓女。她显然是一个为制作者所厚爱的人物,她身强力壮、心直口快、刚烈果敢,敢与男人对抗。但她的故事迅速转入了一个经典的女性慷慨的自我牺牲的格局之中,一个由母爱而为性爱、一个无穷贡献而被无尽索取的女人;影片的结尾处,她跪倒在山崖上,跪倒在她为之牺牲了一切、而给予她的只是剥夺的男人身边,对天盟誓:要为他成家立业,生儿育女!她便是"山林中头一个女人"。这无疑是又一个熟悉的形象:一位大地母亲。她的全部意义与价值在于贡献、牺牲,以成全男人的生命与价值。大力神之于地母原型的落网,无疑抹去或削弱了制作者本义中关于强有力的女人与孱弱的男人的人物格局,因为这个强女人只能通过那个孩子般的男人才能获得、实现她生命的全部、也是唯一的意义:为他成家立业、生儿育女。

此外,值得关注是两位女导演——张暖忻、胡玫的创作。早在 80 年代初期,她们便以各自的作品预示了一个朦胧的中国女性电影的前景。在她们的处女作《沙鸥》(1981 年)和《女儿楼》(1984 年)中,不仅女性形象成为其作品中的主人公,而且一种清新、哀婉的电影叙事语调成了影片重要的风格元素与特征。张暖忻在其《沙鸥》中,将第四代的共同主题:关于历史的

## 遮蔽与张扬：新中国女性电影的主题变奏

剥夺、关于丧失、关于"一切都离我而去"，演绎为一个女人的故事，一个"我爱荣誉甚于生命"的女人。而在这部影片中，女主人公沙鸥甚至没有得到机会来实现对主流文化中关于女性的二项对立，或者二难处境：事业、家庭、"女强人"、贤内助的选择，或背负这一女性的困境。历史和灾难永远地夺去了一切。一切便只是无法实现的"可能"而已。"能烧的都烧了，只剩下大石头了。"在一个废墟般的生命中便无所谓"女人"。而在她的第二部作品《青春祭》（1986年）中，女人在历史遭遇与民族文化差异之中觉悟到自己的性别，但这觉悟带来的也只是更多的磨难、更大的尴尬而已。第五代导演胡玫的《女儿楼》回溯政治运动中女性本我的丧失，影片的镜语设置和对两性关系的把握都显出女性特有的感觉方式，一切只是朦胧，只是朦胧中的流逝，只是女主人公心中一份残缺的迟暮之感；女人的经历与体验在一个灾难的大时代甚至不能成为一处角隅，一张完整的、褪色的照片。然而，即使在这两位导演的作品中，女性朦胧、含混的自陈、影片特定的情调与风格，也并未成为一种自觉、稳定的因素；在此后张暖忻的《北京，你早》（1990年）和胡玫的《远离战争的年代》（1987年）及其一系列商业片中，这缕尚可指认的女性印痕几乎消失殆尽。

第四代女导演以无可避讳的勇气，试图解构以男权为中心的传统文化观念体系，探索女性自我意识，寻找属于女性的生命视野。为此，她们塑造的女性形象既不同于男导演作品中那些基于男权需要、理想化的传统东方女性；也迥异于第三代导演那种被平面式讴歌的优秀女性，而多少是些带有诸多现实烦恼的知识女性，并显示出两种不同个性特点：一类是事业与家庭冲突之间面临两难选择的女强人，一类是令人同情、矛盾困惑、又有自身弱点需要自我反思的女性。

在当代中国影坛，可以当之无愧地称为"女性电影"的唯一作品是女导演黄蜀芹的作品《人·鬼·情》（1987年）。这并不是一部"激进的、毁灭快感"①的影片。它只是借助一个特殊的女艺术家——扮演男性的京剧女演员的生活，象喻式地揭示、呈现了一个现代女性的生存与文化困境。女主人公秋芸童年不幸失母、青年爱情受阻、中年婚姻痛苦的命运发展史，生动细腻地展示了一个女人的心态、情感与呐喊，是一部女性生活寓言。片中坦率地对其历史命运提出质询：已经功成名就的秋芸今天的一切是有幸抑或是不幸？作为女人，是成功还是失败？这就从深层次反思了当代女性谋求发展所面临的文化话题。女性面临的困境正像克里斯蒂娃所说，"我们无法在男权文化的苍穹下创造出另一种语言系统来。"② 于是就存在着所谓"花木兰式境遇"。女性如秋芸者只能以改变性别而获取成功。批评家认为这是"现代女性历史命运的一个象喻，一个拒绝并试图逃脱女性而终未获救。"③

事实上，在《人·鬼·情》中，女艺术家秋芸的生活被呈现为一个绝望地试图逃离女性命运与女性悲剧的挣扎；然而她的每一次逃离都只能是对这一性别宿命的遭遇与直面。她为了逃脱女性命运的选择："演男的"，不仅成为现代女性生存困境的指称与象喻，而且更为微妙地揭示并颠覆着经典的男权文化与男性话语。秋芸在舞台上所出演的始终是传统中国文化中经典的男性表象、英雄，但由女人出演的男人，除加深了女性扮演者自觉的、或不自觉的性别指认的困惑之外，还由于角色与其扮演者不能同在，而构成了女性的欲望、男性的对象、女性的被拯救者、男性的拯救者的轮番缺席；一个经典的文化情境便因之永远缺损，成为女人的一个永远难圆满之梦。秋芸不能因扮演男人而成为一个

---

① ［英］劳拉·莫尔维：《视觉快感与叙事性电影》，载《世界电影》1996年第5期。
② 戴锦华：《电影批评手册》，北京：科学文献出版社，1993年，第219页。
③ 戴锦华：《电影批评手册》，北京：科学文献出版社，1993年，第222页。

获救的女人,因为具有拯救力的男人只生存于她的扮演之中。男人、女人间的经典历史情境由此而成为一个谎言,一些难于复原的残片。

在电影批评人的读解中,《人·鬼·情》仿佛变成了女权主义理论的艺术翻版。很多评论者都注意到了影片耐人寻味的片头部分,秋芸曾在镜子面前仔细地审度自己,直到把自己完全变成为男性角色。镜子在此出色地发挥了反向作用。秋芸在镜中完成蜕变过程,观众从镜外端详她的行为,当她与男性角色完全融为一体,镜子便把她彻底吞没,暗示她与角色彼此的置换。在影片结尾,男女参半的意象再次出现,它和片头的影像相互呼应,构成一个揭示性的结语。

### 四、女性、女权的跨世纪镜像

进入90年代,第五代女导演以一种更加开放的心态大胆创新,用女性独有的语言去表现作为现代女性在社会生活中的独特感受。彭小莲表现女中学生追求个性与自我价值实现的《我和我的同学们》,还有她的反映改革后农村妇女觉醒与抗争的《女人的故事》;李少红反映妓女在新中国改造过程中复杂个性的《红粉》……这些影片的艺术追求不同、审美意趣迥异,但在反思女性价值、揭示女性意识上却异曲同工。

刘苗苗的《马蹄声碎》却是一部从反传统的角度反思中国女性欲望、境遇的电影作品。影片叙述的是红军长征时八个女兵被大部队遗弃后仍旧追赶部队的故事。其与同期拍的同类题材相比,多了一些对这些前辈女性的理解与同情,而不再是过滤后单纯的形象图解。影片真实地表述出女红军作为女人,作为特定环境中的女人的性别弱点和七情六欲。影片还一再强调,尽管环境极端恶劣,但女兵们仍未忘却女性身份,仍未丧失女性意识,并且和坚强的革命意识、革命信念融合在一起,成为一个有着完整人性的革命战士。影片真实地把握了女性命运在历史进程中呈现的复杂性，也十分大胆地在这个题材领域思考女性的欲望、性别差异和主体性问题。

在其他一些表现战争与女人的影片，我们也窥视到了这种女性意识的强化和表现视角的嬗变。对比一下相隔30多年的两部同是表现"八女投江"题材的影片，我们可以清楚地看到这种嬗变。50年代的《中华儿女》中的八个女抗联战士，个个都是女中丈夫巾帼英雄。而80年代的《八女投江》写的却是"战争中的女性"，她们的爱情、婚姻、家庭在战火中的煎熬和丧夫别子的痛苦……就连最男性化的女战士也在牺牲前在头发上别一朵野花，表明女英雄依然是女性，女性是美与爱的化身，是人性美的集中体现。

进入21世纪，在近几年的中国银幕上我们看到了众多的女性镜像。在李少红《恋爱中的宝贝》中，从周迅扮演的行为乖张的"宝贝"身上，我们看到了对女性主义的另类阐释：生活在整个社会被大破之后重组的时代里的人，都会被打上时代的烙印。对爱情、希望的梦想和执着，对周遭世界的无法把握和排斥以及对自己无根状态的恐惧，这一切都使"宝贝"面目模糊、行为乖张。"她"无法与世界融合，只能用结束生命的方式以求爱的永恒。最后在假想的空间中，以终结肉体生命的方式求得永生的爱。在霍建起的《暖》中，我们体悟到强大世俗力量对女性的紧缚捆绑：看到了那个瘸了一条腿却仍然美丽的女人在不停地挣扎、反抗，一次次逃遁世俗强加给女性的命运后，身体和头脑终于完全陷入世俗的泥沼。在我们眼前展现的是，那个曾经热望幸福的女人，再提到那些斑驳的过往已无动于衷。影片《20 30 40》展示出女性的每个年龄段在生活面前的表现都是不同的。20是激情，30是矛盾和挣扎，40岁是了然和接受。该片就是通过这样三个不同年龄阶段的女性不同的情感经历，展现不同年龄段

## 遮蔽与张扬：新中国女性电影的主题变奏

与世界之间互相影响、伤害与接纳的微妙关系的同时也揭示出女性意识的苏醒。《美人依旧》是两个女人与一个男人的纠缠，《茉莉花开》是三个女人在不同时代的不同命运，但他们都描写了女人一生中刻骨铭心并由此改变命运的那段情感经历，表现了女性从单纯走向幻灭，再从幻灭中重生并走向成熟的过程。在贾樟柯的《世界》中，赵涛扮演的舞蹈演员辗转在华丽光彩的虚幻世界和无奈困苦的现实世界之间。人生的无奈，爱情的无奈都表现出一个边缘女性的现实困境；然而这种无奈却并不专属于女性的，还属于包括男性在内的所有都市边缘人的。从顾长卫的导演处女作《孔雀》中，我从张静初扮演的"姐姐"身上看到了女性意识的某种张扬，在颇受观众非议的姐姐要降落伞的一场中，姐姐脱裤子是为了取回自己的降落伞，降落伞对她来说，成了一个梦想的残余，精神的慰藉；而此时男性价值观念看重的女性贞操纯洁就退居其次了。孙周的《周渔的火车》在性的表现上的激情动作，据说在中国电影中尚属首次。然而这个电影中的周渔给人的总体感觉就是一个性的亢奋者，她所追求的不是情的投契，而只是性的最终碰撞。影片中她与两个男人的关系，最终都是以性的方式为终极巅峰的。在这部电影中女性再一次成为男性的欲望的载体和投射对象。

在娄烨的《苏州河》中，我们却看到了女性意识的后倾。在《苏州河》中，美人鱼是一个道具，它把两幕故事和两个长得一模一样的人物联系在一起。娄烨在兜兜转转的叙述中，我们看到了其演绎的一个当代的爱情神话。这个神话在于：马达欺骗牡丹、致使少女投河的悲剧在电影中无足轻重、不了了之；而马达寻求牡丹、美美向牡丹认同的过程在电影中被铺展升华。电影强调的是男人寻找的执着和女人对这种执着的感动。在这个感动中，一切欺骗和摧残都得以化解。的确，美人鱼是这个意思，为了爱情，牺牲生命也是必要的。美人鱼的神话意蕴是：得到男人的爱高于生命本身。《苏州河》让一个失意的、神经有问题的男人充当爱情神话的主角,仿佛解构了爱情的不存在。明明是未成年少女牡丹是一场诈骗中的受害者,但在电影里她却被表现成主动的性诱惑者。女性在这个男主角寻找爱的历程中,她们分别扮演诱惑者、启蒙者、被认同和被寻找的目标物这些角色。她们的存在烘托男性寻求,体现男性的重要。《苏州河》最终可以让早年投河的牡丹一经指认,立即重返马达怀抱,正是基于这种对男性重要性的体认。这个信息误导的问题在于,它把妇女的痛苦、妇女的生命代价一笔勾销了。而女性的价值也仅仅在于她终于有了前来领养她的爱情主人。在这个叙述中,女性再一次成为男性的附庸和"欲望的客体",完成了向男权社会的又一次皈依。这种皈依还体现在徐静蕾导演的《一个陌生女人的来信》上。

徐静蕾把茨威格的小说搬到20世纪30年代的中国。然而,这个从小说到电影的转化却遭遇到文化隔阂的尴尬。在西方小说中,那种病态的恋情,借助于一种弗洛伊德式心理学的研究,而出现了许多经典的角色形象。但是,这些角色置换到中国的环境中来,失去了那一种心理分析的传统,必然会导致这种人物改造过来后的水土不服。在原著中着力刻画的一个女人的炽烈的内心,一旦换成一个贫民的女儿的时候,立刻变得奢侈而不适。东方女性对爱的含蓄、委婉的理解,我们在很多东方影片中都看到非常柔美地表现。因此,当徐静蕾把西方女性的那种火一般的心态强加到一个宁静、纯净的中国女孩身上的时候,无论如何达不到一种令人认同的说服力。仅仅因为姜文家里的那几大箱书,仅仅因为骑着摩托车的那种潇洒,仅仅因为撞了一个满怀,就可以让一个少女俯首称臣,欲焰如火,这在中国的文化语境下是难以理解的。多少年后,当她再次遇到这个男人,很快脱衣解带以尽床上之欢,同样是不能吻合中国女性的文化传统的。而当再次遇到姜文的时候,两个人竟然见面不相识。从女性批评的角度审

## 遮蔽与张扬：新中国女性电影的主题变奏

视，在这部女性导演的创作的影片中，女性再一次走上男性的祭坛，只不过是充当了男性灵魂救赎者的角色。

由此可见，21世纪初的女性影像离真正意义上的女权主义依旧相去甚远。迄今为止，黄蜀芹的《人·鬼·情》仍然是唯一的一部严格意义上的中国女性电影的孤例。其以套层叙事的方式对当代女性发展所面临的文化难题进行了历史的透视，而正是在这一点上，它突破了以往一般女性电影所建构的叙事框架。《人·鬼·情》的出现使人们对女性电影的热情显得不那么唐突。它不仅印证了中国女性意识的现实存在，而且还预示了它不同凡响的未来发展。

［原载《西南民族大学学报》（人文社科版），2007年第5期］

"探索与创新"丛书
传媒与文化产业:媒介时代前瞻

# 人类学电影的信息传递方式

郝跃骏

今天,电影和书面专著一样,毫无疑问已经成为人类学观察和思考的一种有效方式。人类学写作和电影制作过程都被认为是对文化认识、描述和信息交流的过程。然而,人类学的影像表达和书面表达是完全不同的两种信息传递方式。两者在表达方式上存在着差别,不注意研究这种差异,仅仅把一篇人类学论文配以相应的画面,完全靠解说旁白叙述事件,再加上大量概念评述,即把论文的简单图解和翻版的"人类学电影",抑或那种完全忽视民族学原理,超出学术原则、规范的"民族学电影",应当说都不是今天人类学电影应有的方法。研究两者的差异,总结人类学电影自己的信息传递方式,也就是说,解决并真正实现人类学电影在学术规范下的"电影化"表达,而不是概念式的"论文化"表达,已成为今天影视人类学发展,尤其是影视人类学在中国发展的一个急待解决的理论和方法论问题。本文试图通过对影视人类学与"书面人类学"的简单比较,讨论影视人类学自己的视听表述语言、人类学电影特有的信息传递方式。

一

人类学的影视表达方法和书面表达方法并不完全等同。它们理解认识概念的方式不一样。人类学电影在这方面具有特殊的方法、过程和价值。它有别于印刷符号和其他传播媒体,电影的记录和叙事功能对于人类学研究来说，是一种对现场观察信息的视听记录、表达和传递的方式，而不是一种概念媒体。当然，这并不是说人类学电影应该彻底放弃对民族学概念的描述，本文所强调的仅是人类学电影对理解概念方式的差异和多样性，以及电影在这方面所具有的特殊性及其价值。

（一）影像是人类学电影传递信息的基本元素

电影的每一个信息源——画面，都是具体的、形象的，具体物大大多于抽象物。与文字不同的是，电影的人类学信息主要以形象方式传递，因此，形象性是构成人类学电影最基本的元素，是区别于人类学文字表达的重要特征之一。

人类学电影传递信息的这种形象性特征主要表现在如下几个层次中：

其一，影视人类学研究和表达的过程，是通过田野工作，记录对象行为（事件）运动发展时空中的某一段落，反映对象行为运动以及发展状态的某个过程，纪录被摄对象在某一时空流程中的外部形态和空间形态，再现该事物某一方面文化特征的视觉信息。这种形象性的信息与嗅觉、触觉无关，作为一种单一的视听映象信息，它剥夺了观众的温热感、季节感。尽管画面形象与现实具有相当的逼真性，但它并不是现实。这与文字相一致。

其二，视觉人类学使用特定的物质手段，决定了其思维方式以形象思维并以提供形象性信息为主。它的思维前提是被感知的客观映象，这种感知映象依赖于被摄对象对拍摄者感官的直接作用。一旦这种作用消失转化为记忆表象，摄影机便无能为力了。也就是说，视觉人类学电影的思维过程是通过再现一个已有的形象来完成的，其思维只能围绕着这个已有的形象来进行。

而书面人类学则可以根据有关的文字叙述或图样示意，在大脑中通过联想形成相应的新形象，甚至可以不必身临其境，根据图文资料或转述别人田野调查的材料，即通过对记忆表象的提炼、抽取、集中、综合，推论等方法，描述、重构出新的形象和概念。比如，摩尔根就曾根据他对易洛魁人亲属制度的研究，推断、描述、重构了人类婚姻家庭发展历史过程的五种形态。这种以逻辑思维为基础的研究方式可以创造描述出一个理性化的新形象，而人类学电影却无法实现对这类理性"形象"的客观转化，无法通过摄影机创造出一个能够实现物化的"现实"。又如，在书面人类学中，研究者可以以某个民族现存的古歌或其他口头、文字材料中，建构并描述早已不复存在（甚至或许根本不存在）的原始社会的"爱情方式"，进而作一些超出现实具象的描述和理性分析①。这种离开现实的"重建"在电影表达中是难以做到的。因为电影和写作处理时间等参项的方法不同，它们表达人类经历永恒的潜能也不同。电影通过影像的有形性描绘现实正在发生的事情；而写作则可以离开拍摄对象和现实，甚至在家里或任何地方"自由"地，全方位、跨越时空地表达、描述理性化的民族志状况（也包括过去），从而可以超出一般的田野工作范畴，把知识变为意识。

也就是说，书面人类学最后的结果可以不必依赖于现实影像而独立，而人类学电影则依赖现实而存在，因而适合于描述"现在正在进行时"，即以现实正在进行的时态来记录、描述表层现象，并通过对具象行为方式和发生事件（回忆、行为、经历等）来组构形象和场面；书面表达方式则归类于更广阔的空间，通过深层描述和对现实的形象化文字描述来再构现实形象和场面。

其三，人类学电影的形象性特征，决定了其工作方式的现场性和制作者对被拍摄现场严重的依赖性。摄制者必须依靠对象的具体视听语言来传达人类学信息。并且，这种内涵信息的传递，

---

① 杜玉亭：《再论原始社会的爱情问题》，载《内蒙古社会科学》1982 年第 5 期。

只有在记录对象的过程中才能实现。

也就是说，人类学电影永远无法离开现实空间，人类行为方式或社会结构只有在它特定的现实空间中展示或运行，人类学电影才具有意义。它的信息源既不能代替，也不能扮演，有的视像场面或对象甚至无法事后补拍（如某些宗教仪式场面）。影片视像的构成元素，包括人物、场景、线条、色彩、光效等一切物理性的影像元素，是被拍对象和客体自身显现存在的，永远不能同影视画面这一物质载体分离。形象依赖对象而存在，与对象同生同存，它永远离不开现实物质世界的具体再现实体。也就是说，人类学电影是表现现实中确实存在，以及可以同时用同种方法证实的人类行为影像纪实的直接产物，电影仅只提供一个纯粹的人类活动或行为的翻版，对于已经过去的场景不可能被重新拍摄。所以，人类学电影对现实的依赖使这一学科难以直接用画面描述历史和未来。而书面人类学则可以通过对前人的访问、回忆和对前人调查文字资料的引用等方式获得新的信息，无须万事来源于对现实具象一对一的完全对应。书面表达的信息来源和研究媒体（包括物质材料），可与被研究对象原型分离而独立存在于思维的记忆体系中，无须具有与观察对象直接而严格的对应关系，甚至在离开田野工作现场很多年后，仍然可以"闭门造车"。正因为电影涉及的具体物远远超过抽象物，所以通常被认为不能表达得严谨和理智。但无论拍摄还是写作，两者都需克服人类学交流有赖于存在和不存在（或许也可以说"近距"和"远距"）这两个矛盾点。这样，电影因为"远距"而使用语言，书面正文则使用文字对现实具象进行的形象化描述以达到"近距"的感觉。

其四，视觉人类学摄影的形象性特征，决定了视觉语言表达语义的多维性和思考性特征。

视觉形象语言是一种通用的国际语言，但这种语言就其画面表象而言，并不具有特定不变的内涵信码，比如，相同的舞蹈动作在宗教仪式中或在节日庆典中所表述的内涵或许就不一样。而视觉语言信息通过传播媒介输送给用户后，不同理论、文化背景或不同需要的研究者，对其信息的接受译码会产生差异，甚至会从形象唤起的思索中发现一些隐藏在形象深处，连拍摄者也未认识到的新的人类学信息，从而会在同一视象画面中得出不同的结论。所以，单纯画面对民族学知识的交流有一定局限。而另一方面，也正是这一特征，人类学电影又正好显示出其巨大的可分析性和思考性特征（对于此特征，笔者将另文详述）。

其五，由于电影的物理特性，使得电影从拍摄一开始就具有了人类学写作所不具有的潜在信息和不可逆转的"选择性"。人类学电影所具有的这种潜在信息，使得电影具有一种双重特性，它既是一种记录方式，又是一种"表达"语言。

作为对现实真实记录的影像信息，或许在制片过程的最初阶段，即电影被感光的时候就已形成，也就是说，未经剪辑过的电影胶片——素材就已经包括或具有了最终成片中的许多含义和信息。所以，未经剪辑的人类学电影素材可以放给能够译解影像的观众观看。而在民族学写作过程中，与电影素材相对应的是以字词形式固定在民族学者笔记本中的"资料"，在此阶段尚没有形成任何含义（除非在民族学者的头脑中）。提供给民族学写作素材的资料需要经过一定程度的组织整理后，读者才能懂得它的意思。[1] 另一方面，最后完成的人类学影片只能由在田野工作实地拍摄的素材构成，后期剪辑时也只能根据已拍到的镜头进行，在剪辑台上不可能再增加或产生新的素材。正因为如此，影视人类学家每一部新的民族志作品的产生都是亲临田野工作现场的结果，离开拍摄现场民族志电影是不存在的（对素材的重新编辑组

---

[1] Peter Ian Crawford: *Film as Ethnography*: *Film as Discourse*: *The Invention of Anthropo Logical Realities*, Manchester University Press, 1993.

合已属另一问题,在此不作讨论)。相反,书面人类学最终完成的论著可能没有一个句子组成的段落是最初实地调查的记录,因而,尤其是经过长时间的田野调查之后,人类学家仍然可以不到现场就写出一篇又一篇新的文章。

(二)电影语言的丰富、微妙和多元化特征,决定了人类学信息的多路径传递

人类学电影的信息主要靠视听语言来传递,这是一套对现实客体转换方式的符号译码系统,影像画面和声音载体构成了一套多彩而神秘的电影符号世界。在人类学信息交流的过程中,为了实现对这些信息准确的传递目的,这个"世界"制定了一系列能够让大家接受并能够理解的有关符号结合方式或交换方式的共同规定,即约定性规则——代码。电影所拥有代码的多种类、多系列、多层次,数量之多,范围之大,远非其他任何载体所能相比。

人类学电影以其代码的交叉性能、错综性、多重性和多样性而有别于人类学仅靠印刷字词来表达传递信息的单一的书面表达形式。人类学电影的信息传递代码至少包含如下五种不同的成分:运动的视觉影像、语言音(包括人物对白、解说等)、非语言音(包括音响、效果声和"噪声"等)、音乐及写作或书面正文(字幕)组成的电影语言。这些综合成分的组合决定了一部影片传达其信息的特定方式。电影中的"字词"包括解说、旁白仅只是上述五种成分中的一种,是客观对象传递信息代码的一部分。所以,人类学电影中的正文信息和影像信息,既不以纯粹的影像也不以纯粹的字词存在,而是综合存在的。

形象、声音和文字等综合语言共同构成了人类学电影信息符号系统,它们互为补充、互为证明、互为完善。为人类学家多角度、多层次、多方位对人类学信息的理解提供了有效的表达语言。然而,这种符号是以形象和声音为核心的。承认人类学电影的这

一特征有助于我们全面地认识人类学电影信息传递及其语言的多元化特征。同时，人类学电影的视听表达还需要借助其他一系列电影艺术技巧的参与才能完成。比如，以淡出、淡入表示时间的流逝；用音响保持时间连续的技巧；为服从叙事的需要，使"事件时间""叙事时间"和"感受时间"获得有机的统一；等等。

  电影画面让我们全面经历了现实，并通过注视运动的画面，从整体到细节对被拍摄对象和过程进行了解；书面则通过组织和再组织过程从细节到整体来引起人们的联想。人类学电影在描述事件时强调严格的时间顺序，要求对一个过程相对完整的纪录，而不是一些支离破碎的镜头。缺乏前后联系的单一镜头很难表达一个准确的信息。电影在描述对象时需要从无数个视点进行连续化表现方能勾勒出一个基本的轮廓，传达一个基本的信息，所以一台摄影机有时难以同时表现多个视点，被拍对象和动作只能被描述成为一个部分相对连续的片断。也就是说，电影形象的产生，是把纪录运动的各个微小阶段的镜头联结起来的结果，电影仅只能通过（不一定按时间顺序的）连续画面，沿着某一特定时间段的叙述、说明途径来引导观众；被分解的单一镜头在人类学电影中或许是没有意义的。有的人类学电影类型甚至需要连续跟踪很多年，当某个事件发展到一定阶段或程度后，人们才能明白当年影片画面所表达的真正含义。因而，人类学电影缺乏概括性。然而，文字表达却具有相当的灵活性和概括性，时常一句话就可表达一个概念信息，在时空的处理上显得更为自由。影片中，一方面时间极其珍贵，另一方面又不得不从一个连续的线性观看中达到对信息的理解，这样，如果影片中的一个概念不简洁明了，便被认为应当删除，而书面人类学则可以加一个注解获得重要的转题机会等等。所以，我们说论文不能替代电影，电影也不能替代论文，电影以电影的方式而不是论文的方式提供人类学信息。人类学电影有自己的一套表达符号、方式和语言。

(三) 读者接受人类学信息方式的差异

民族学电影试图向一个社会说明另一个社会的异同，其结果之一是形成一种非常特殊的文化纪实。然而，今天的民族学电影已不再是对一个社会或团体的私有记录，它们必然要涉及观众，必然会被所描述的社会观看和使用。因此，一方面促使民族学影片的内容必须更真实，另一方面是民族学电影的摄制应该从多个方面，包括从观众接受的角度考虑问题。因此，人类学书面表达和影视表达在学科目的上有一个共同特征，它们都是一种阅读行为，其结果最终都是信息、含义的表达，以及读者（观众）对信息的重新组合。然而，理解人类学电影的过程，就像我们理解绘画、音乐的过程与理解某些理论讲座或经济学课本的过程不同一样，电影认识和理解概念通过一个复式途径产生。

电影与"阶梯式"的认知方式具有某些相似的地方。影视人类学能够通过其特有的语言优势——形象语言来影响理性标准。可以说，所有认识和信息层次都包含着感觉（主要由"大脑""支配"＝"自然"）和概念（主要由"思维""支配"＝"文化"），以及相互间的联系。电影试图创造一条理解的轨道，让人们从影像表达中体验文化内涵，并在某种程度上把这种体验变成自己的一种经历，它所突出的是感觉的力量；而书面，尤其是学术界的书面正文，则具有理性的特征。应当说，电影倾向于传达一种感性认识，而书面正文则设法获得某种解释；电影正文具有传达给观众一种事实形成或变化的过程以及作用于人的自然内在感觉，而书面正文则倾向于给现实以对立和分析的感觉。把阅读行为看作经验现象的一个复合体和一系列形成"格式塔结构"的认识行为（例如达到连贯性，构成影像，形成概念）时，电影理论把阅读行为解释为导致"主题构成"的象征性虚构作用（例如凝视、质问、缝合、设置主题）的一种辩证法。

电影信息的传递需要观众的参与，通过观众对内容的揭示才能完成传递人类学知识。因而观众也是一个产生含义的来源,他们与影片相互作用,并使用自己的阐明策略和思想意识译释影片提供的内容,影片含义最终由观众赋予。因此,成功的阅读是一次"参与观察的经历",是有助于读者获得接近秘密或接近尚未表明的主观方面(例如习俗、偏见、陈规)的方法,并把它们重新构成新的格式塔形式。从人类学的观点来看,观众的感觉结构需要作为文化构成的一部分来分析,这表明人类学电影研究除了需要一门接受美学外还需要一门"接受民族学"。如此看来,民族学电影具有加深沉重的交叉文化理解,以及由此促成新的意识形成的潜能。

民族学写作过程(资料—正文组织—正文)和制片过程(电影胶片—剪辑—电影)的基本区别说明书面民族学真实的"依据"只依赖人类学家,人类学家对书、文章或未经译释的原始材料的整理解释负有全部责任,对"真实"的所有整理都需要经过大脑的处理。在书面写作时,文章的每一个句子都是从人类学家头脑中出来的,因此,可以夸张甚至作奇特的描写(民族学写作的许多现实如此)。弗雷泽在《金枝》中对它文化描述的许多地方就给人一种近乎超现实的奇特感觉,使得一些习俗更接近巫术信仰而不合乎日常理性。因为这是写作,而不是电影,不可能同时充分地考虑某些应当突出的细节;而电影制作中,尽管最后整理解释的责任在于导演(人类学家或人类学家除外),但整理"真实"同时也有赖于摄影师、录音师或者由剪辑师来实现,并且,如前所述拍摄之后的原始素材已经过大量译释(包括当地人的解释)。也就是说,人类学电影所提供信息的一部分需要经过摄影师的头脑,而另一部分则未经过大脑加工,是完全可信的。所以,相比起来,人类学电影更具有客观性和真实性。由于在视觉描写(电影画面)与被描写的物体或事件之间确立相似点的标准暗含一个解释过程,一些研究者也曾根据拍摄对象的可选择性

## 人类学电影的信息传递方式

对影像的客观和真实提出过质疑,甚至认为人类学电影可以是虚假的,可以是对现实的重构、伪造和假设。其实,书本、语言同样可以表达谎言,而且概率可能比电影还要高。所以,无论人类学写作还是电影表达都不可避免地存在着自身的问题。

应当说,影像记录和书面记录是两种不同的观察世界的方式,它们的区别类似"表层描写"和"深沉描写"的区别。表层描写可以捕捉形态、行为却难以表达含义,外在形态在文化上是毫无意义的,一种文化表示"来"和另一种文化表示"去"相同,作为行为动作和形象表达,它们是相同的,但作为社会行动它们却相差甚远。但人类学电影是一个连续的过程,此种"来"或"去"并不是单一的,它通过对一个过程的完整描述,来联系调度观众的经验和联想。

民族学知识交流影视和文字的区别,其实质只在于性质而不在于程度,因为两种"表达形式"不在相同逻辑水平应用,所以按西方现代民族学电影策略,它们既不相互冲突也不是简单的相互补充,而是在不同的表达路径上相互联系着。写作包含影片创作的影像,即写作中包含着大量的视觉化描述部分,而电影包含着对人类学田野工作方法和过程的模拟,如为国际影视人类学界所公认的当代人类学电影主流的"观察电影"学说,即是对这种模拟的直接产物①。

## 二

不难看出,人类学的影视表达方式有自己的一套表达语言、思维逻辑和表现技巧,有与文字表达不完全一样的描述和信息传递方式。视听符号与文字符号之间不应是一种符号的简单翻译和简单对应。

---

① 郝跃骏:《人类学电影的学说及类型问题》。

语言是构成现实的一种连接方式，而影像则是现实的一种直接表达。事实上制片和写作是有差异的，电影为了达到清楚有力地表达主题和易懂，必须远离由影像始终"在那儿"而形成的电影固有的"存在"；而写作，在另一方面，尽量避免本身固有的"不存在"，试图减小它本身和"被拍摄者"之间强加的距离，由此表达"在那儿"所能形成的感觉上的理解。电影中的距离通常通过使用形象注解，常见的有语言（如叙述）来达到；写作中，存在的感觉通过对现实交流的模拟要素来表达，这通常含有使用影像的意思；其中也包括在正文中使用插图，或者采用一种通过大量使用隐喻、形象化描述的文字和诗化文体的写作格式，放松了学术专门术语和数字式精确的约束，民族学写作的这种形象化描述是拉近与被拍摄者距离的一个有效方式。换句话说，民族学电影和民族学写作为了对其他文化作更好的叙述和分析，都试图尽量克服由主体和客体间的距离而引起的问题。民族志的书面写作的过程，大多是以很大的篇幅来对观察到的有形的和无形的形象进行形象描述的过程，而这种大量的形象描述过程在人类学电影中是不必要的。

笔者以为，人类学寻求认识不同生活方式、不同文化现象的相互作用和联系而不是尽力阐述科学的规律，换句话说，民族志的"转述"甚于解释，这与民族学电影相一致。然而，民族志电影还在于对拍摄事件进行纯粹的视听描述，而无须解释业已存在的画面现实，也无须对现实进行"科学意义"上的概念阐述。每个把影片作为一种解释手段的企图只能构成一种重复和高成本的浪费行为。这样，影视记录便有了自己的叙述逻辑，在某些情况下人类学电影能够提供甚至许多意料不到的人类学知识信息（而这种信息在书面人类学中的表达或许是困难的）。

（一）为研究者提供一种被"放大了的"可视信息

影像可以记录下人类学家在田野工作中可能并没有看到或因

特殊原因看不到的过程和细节,而摄影机捕捉到的这些可视社会生活特征的过程和细节,或许对于无形的社会文化具有重要的意义。也就是说,电影借助摄影机焦距长短不同的光学镜头,通过观察者与被观察体远近距离为转移的自由伸缩,调整画面中主体形象的远近位置及其在画面中的大小比例,调整被摄体的远近距离,以保证观众(读者)的注意力不致分散,从而认识画面形象细部的某些被放大了的信息,探索画面符号之外的文化内涵特征。电影实现了人眼视力距离的延伸。

(二) 提供再现现场的全息和再度识别信息

田野工作现场的几乎所有信息源,包括声音和形象都可以通过画面全部传递给观众。

由于人眼观察及人脑记忆的局限,田野工作中笔记本记录的或许并不是事件的全部,存在着从未记录或被遗忘的事实,而摄影机既可以捕捉视野内的全部视听信息,也可以随时归还你的记忆,以便在任何时候重复观看任意情节,这是摄影机的重要功能之一。

人类学学科本身就是对抽象文化的一种联系体,而人类学电影则使文化的抽象和差异具体化、凝固化。通过影像画面,人们可以接受完整的一套现场具象信息。也就是说,影像纪录尽管是一个"延迟的"观察,但能够重现观察经历,尤其对某些具有宗教性质的活动,观察者可能很难观察发现并领会到它的全部,而这些复杂的活动通过影像延迟观察的方式可以得到准确的再度识别。

(三) 提供文化氛围信息

人类学电影所能提供的信息及变化非常微妙而丰富,其中之一就是对人类学对象进行"广博的描述"和"模糊的文化洞察",通过画面、字幕(文字)、语言(客体描述和主体描述)、音乐效果等多种手段,可以真实地还原或强化被研究对象特有而在其他文化中无法感受到的文化氛围信息，包括环境、生态及有关背景信息。这样，人类学电影的视觉描写使人们"看见"了词语不能看见的东西。影像具有把人从现实观察中所体验到的知觉整体提供给人们的能力，所以，它能把文字"按事物逻辑表达不了的内容"统一地表现出来。比如，电影可以通过影像和声音的交织来表现、思索生生死死，循而复始的青春和衰老，相互依存的肉体的寿命和精神的永生；可通过空无一人的庭院，烟雾弥漫、寂静无声的空间等等影像来表达死亡、空寂、空白和死后的灵魂；钟声、划船声、铁锤声等声音则可表示时间的流逝，生命和死亡……而茫然、变化、过程、时间的流逝、净身、亵渎等等特有的文化氛围等感觉也都适于用影像来表达，而难以用概念来直接陈述。

另外，一种文化和另一种文化氛围的差异在许多方面是需要通过"感觉"和领悟才能表达的。人类学电影可以较为容易、准确地传递这种信息，例如，当被拍摄者用一种极富魅力和感染力的声音，包括表情、形体和手势来讲述自己的文化或对某事的看法时，我们或许会感受到当地人特有的表达习惯、情绪、性格等等文化方面的信息，并受到某种文化氛围气息的感染。并且，这些信息通过影像可以一直贯穿全片，给人留下深刻的印象。而电影能够让人感受到的东西，如上述极富内涵的微妙信息，我们用文字描述时可以说某人以"洪钟般"的声音或用相关词句一带而过，显得枯燥而缺乏感染力。这种通过文字描写之后便索然无味的例子还可以举出许多。所以，有的时候书面民族学缺乏人类学电影正文中所具有的对细微信息的描述以及某些精神因素和象征性信息的传递。人类学电影对文化氛围信息的表达和传递，具有论文写作无法比拟的长处。正是人类学电影使现实和表现之间的距离淡化了。

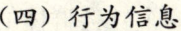

(四)行为信息

人类学电影可以提供不同种族不同的外在行为方式的直接比较,而这种比较在普通人类学中是难以做到的。比如,对不同种族的不同外在行为方式的比较,如:意大利人类学家和纪录电影导演安东尼奥·马拉兹为大会带来的影片《儿童移民》正是通过片中儿童的大量行为比较来提供人类学信息的。

电影能使我们重复观看田野工作中的任意细节,电影作为一记纪录、考察和研究方式,以及有时作为事件的参与者和当事人,它同时也使田野工作变得容易和深入化。此种类型的人类学电影里包含有文字、语调、停顿、面部表情、手势,甚至人类学家和资料提供者之间相互的不理解(或理解)等暗示关系……这一切人类学家独自写作是有困难的。所以,对社会活动的影像记录无疑是对笔记的一项重要补充,它可能捕捉到否则将保持未知的某些行为特征。又如,一些纪录仪式的人类学电影,对集体性的行为动作的强调及明晰,也为文字描述所不及。

(五)空间关系信息

在空间的表现方面,文字能够任意地把位置转化为空间或把空间转化为位置,而电影的空间是在二维平面上,通过摄影机运动、光影和被拍摄对象的运动造成三维空间中的运动幻觉。电影的画面空间,不仅能够真实地再现人类学对象在客观三维空间中的静态与动态,并且可以在动态中展现客观自然空间的状貌,形成静态的自然空间景物在银幕上的流动。影像能够使经历过的人产生空间记忆,可以实现对运动和不稳定空间关系的完整记载。而对于空间关系的表现,文字的表现能力远不如电影。

(六)情感信息

人类学电影的信息部分来源于直觉和模糊的认知,这种直觉包括情感、象征、隐喻等等"感觉结构",它包含了一个社会群体的"感觉"——冲动、抑制以及精神、意识和亲属关系等特有的感情要素。当然,这种感觉结构难以表达一个社会群体的社会形态或等级关系,而属于被描述社会整体精神气质的层次,它表明一个群体"存在"的"特有",以及普遍认同的常规和看法。人类学电影的目的之一是试图向一个社会说明另一个社会文化的不同和冲突,不能不涉及此领域。

对某个民族的社会行为及其情感经历的描述,仅通过论文按某种逻辑进行分析研究,往往难以简单捕捉到它们的真正意义。因此,把事物的内在逻辑和情感,通过胶片或录相带体现出来,要比单纯的形式逻辑要更有益和准确。人类学电影较之人类学文章更擅于对被拍摄对象的情感表达。某些电影语言本身就具有联系被拍摄对象行为方式暗含的信息,例如,可以通过对一些人面部特写的表达,从视觉上表现他们的民族性格和愿望,从而传递其内心世界的情感信息;一个民族,一个家庭或一个人因某事引起的情感的自然流露,以及情绪经历等信息,都可以在画面中得到最充分的表达,并激起观众的认同和情感反应。如,一部描写卢旺达种族大屠杀的民族学电影所提供的情感信息要比书面描述强烈得多。

影像的表达在感情范围及情感意识层次的交流往往强过书籍,甚于文字。影片所创造的一种"现实幻觉"和"现场的直接感觉"作用,在70年代就已得到视觉人类学界的认可[1],但对此作用的认识和估价是人类学电影发展到今天才真正开始的。如,关于不同文化对待死亡方式的文化意义,书面人类学和深受文字表达影响的传统民族学电影大多都通过葬礼仪式来表达,强调的仅是仪式本身的形象描述和外在行为动作,使这些仪式大多成了一种如机器人一样精确地旅行宗教义务和拘泥于形式的集体活动,淡化了悲痛、失落等个人感情的纪录。过去的电影描述方

---

① [美]卡尔·海德:《影视民族学》,北京:中央民族大学出版社,1989年。

式甚至没有主要人物,因而缺少感染力和情感信息的记录;现代民族学电影则通过对个人经历的描述,更准确地表达文化差异中的情感因素,表达宗教仪式中的主观性情感信息,从而更多地了解文化本身,并为理论研究提供了材料。

如上所述,视觉成形的模拟和修辞能力不仅再创造了"现实"的"幻象"而且还强化构成了我们关于"现实"和主观同一性的认同。电影使用影像,因而需要发挥影像的特性;电影提供自己特有的信息,因而需要扬长避短,无须重复文字表达信息,也无需用语言来重复画面已有的形象。视觉人类学信息传递的优势,决定了一部影片只能展示一个文化最适于影像表达的部分现实,不能要求也不适于展现这个文化的所有方面和全部事实。也就是说,有的民族学题材适于拍摄成电影,诸如仪式、传统工艺等;而有的如语言、家族关系等文化特征则应该更多地出现在书面人类学的表达中。

综上所述,视觉人类学所要表达和传递的人类学信息,即人类学电影在人类学信息的记录和传递等方面,有着与文字描写不同的侧重点。作为一门交叉性学科的视觉人类学,不能忽视了这门学科的最终载体——电影的形象化表达和这种表达、描述方式的特殊性和局限性。不注意研究这一点,把人类学电影当成书面人类学的简单重复或翻版,那么,以影像为表达方式和载体的视觉人类学学科的存在将毫无意义。

国际人类学电影最新发展趋势和成果表明,人类学电影至少在多媒体广泛运用和普及以前,其表达重点已开始转向对人类学对象"广博的描述和模糊的文化洞察"以及"特有的文化氛围感受"的描述等方面,以避免整个学科陷入一种进退两难的境地。——这种关注热点转移和"逃避"的结果是意味深长的。人类学电影发展的过程,就是逐渐摆脱书面描写影响的过程,以及在学术规范下对人类学主题内容的电影化独立表达的过程;视觉人类学获得成功的沉重代价,一方面是拉大了民族学电影表达与书面表达在方法上的距离,另一方面也使人类学电影的信息传递方式彻底摆脱了书面印刷媒体的羁绊,而得以生存和发展起来。

在中国视觉人类学学科的发展日益受到重视、视觉人类学国际学术交流开始得到发展的今天,认识电影和书面两种不同的表达语言,研究人类学电影特有的信息传递方式,对于方法概念老化、陈旧,难以与国际学术界对话交流的中国民族志电影制作方法概念的突破与创新,实现与世界的全面接轨将具有现实意义。

[原载《西南民族大学学报》(人文社科版),2004年第8期]

# 微博时代电视娱乐节目传播特征探析
## ——以《中国好声音》的传播实践为例

朱 天 姚 婷

节目原型由国外整体引进，同时也实现了真正意义上的制播分离，并被冠以大型励志专业音乐评论节目的《中国好声音》，无疑是 2012 年电视收视市场中的"宠儿"，在获得各种显赫收视业绩的同时，也开创了若干新的传播与营销模式。本文针对其在节目传播过程中对微博传播方式的使用，以及由此形成的"电视+微博"的传播模式，进行相应的观察研究，以期发现其中的规律特征，为新媒体环境下电视娱乐节目的传播发展提供些许借鉴。

**一、微博时代背景下的《中国好声音》传播模式分析**

从 2012 年 7 月 13 日第一期开播，《中国好声音》就迅速蹿上新浪微博热门话题榜前十，直至 9 月 30 日第一季播放结束，"好声音"相关讨论依旧占据各大门户网站首页。据新浪微博官网统计，截至 10 月 1 日新浪微博关于"中国好声音"的微博条数达到了 46612908 条①。短短三个月，《中国好声音》新浪官方微博及中国好声音微吧的粉丝量已超过千万，每条微博的互动量，少则几千条，多则几万条；同时通过与微博网站的连接，各

---

① 该数据出自新浪微博官方网站，网址：http://s.weibo.com/weibo。

大视频网站《中国好声音》相关视频的累计点击量也达到了10亿次①。

1. 《中国好声音》的传播模式观察

通过对《中国好声音》的传播过程观察，我们不难发现微博、视频网站等新媒体与电视媒体的有效互动，始终在其中发挥着尤为重要的作用。节目播放前一个月，栏目组就对《中国好声音》进行了浩大的前期宣传预热，利用多媒体结合的方式推介节目的内容与模式。节目录制过程中，栏目组通过各大网络媒体在网络门户、微博上及时进行预告，邀请记者和娱乐明星好友现场观看，并通过其微博发布相关感受和评论，充分利用这些"意见领袖"的口碑传播效应，影响其周边的朋友圈子，迅速形成了传播内容影响的聚集效果。如冯小刚、李玟、姚晨等名人舆论领袖先后转发的《中国好声音》微博引起的转发量达到了几万到十多万，从而引发了新一轮的关注和讨论，实现二级乃至多级传播，产生核裂变般传播效果②。7月16日01：27，《中国好声音》第一期播放后，冯小刚在微博中转发了"中国好声音微吧"一条关于徐海星的盲选视频，并附点评"歌唱得好，情也真。猝不及防被娃的真挚撞了怀。这娃是去污粉，能洗掉心里的灰尘。"③ 引起网友关注与热议，达到了一万多的转发量。同日，姚晨、李玟都相继转发了该视频，李玟发微博感慨："这是我唱过其中一首最难唱的歌！她很棒！"④ 多位舆论领袖的共同推介使得《中国好声音》及徐海星本人都受到网民的极大关注，以至于引发网友对徐海星的"人肉搜索"。同时，《中国好声音》栏目组与新浪微

---

① 《中国好声音56网播放2.3亿 展示第一阵营实力》，来源：千龙网，http：//ent.163.com/12/1016/12/8DUIUCEK00032DGD.html.
② 胡敏：《好声音，好营销》，载《中国经营报》2012—08—27C05版.
③ 出自新浪认证冯小刚微博，网址：http：//weibo.com/fengxiaogang.
④ 出自新浪认证李玟微博，网址：http：//weibo.com/cocolee117.

博建立合作推广关系，将最新消息第一时间在新浪微博发布，以保持《中国好声音》相关话题在热门话题榜的出现率。《中国好声音》在微博上的传播，一定程度上开放了其闭合性文本重新解码的可能与再生产的期待，让观众不仅得到观赏节目的满足感，也获得发掘与创造的空间。

为与网络话题相呼应，栏目组制作了《酷我真声音》《好声音成长教室》等《中国好声音》子节目，让亲历者导师杨坤作为主持人，直接质问在网络中备受质疑的热点选手如徐海星、关喆、吉克隽逸等，对网络中关于《中国好声音》学员造假的质疑，进行了正面回应与强化传播，不仅"回炉"了热点，实现了相关信息从传统电视媒体到网络微博，再回到传统电视媒体的多循环、多层级的传播，极大地放大了传播效果。同时，网络互动紧跟步伐，如新浪先后邀请到导师、主持人等关键人物，以及被质疑的话题学员徐海星、郑虹、黄勇等人做微访谈，直面网友质疑，讨论网络网友热议的"好声音"话题。上述方式不仅形成了节目自身闭合式的传播系统，而且在保证了信息最大程度系统内"发酵"的同时，更大限度地实现了节目预置的传播取向及效果。

2. 微博环境中的《中国好声音》线上线下互动传播机制

《中国好声音》在传播模式设计与节目营销中的最大成功之处，就在于其充分利用了"电视媒体+网络微博"的叠加模式，在实现了观众真正"进场"的基础上，达到了更大范围与更为精细化分层的受众交叉覆盖，并实现了其线上线下彼此助推、相互累进的传播效果。

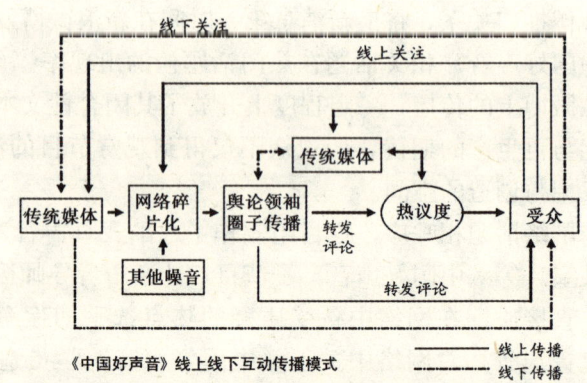

《中国好声音》线上线下互动传播模式

由上图可看出《中国好声音》线上线下的互动传播态势：首先，《中国好声音》通过电视等传统媒体，向受众进行线下方式的单向传播，让受众对其节目的基本形式及内容初步了解；同时，《中国好声音》充分使用微博所形成的人际关系平台，利用微博能将个别碎片化文本指向性传播的最大化，呈现出一种理想的分众传播状态[①]的特性，通过邀请微博舆论领袖参与体验，自主对粉丝与社交圈子进行"圈内传播"等方式，对节目及相关内容进行二级甚至多级传播，让其节目内容与影响不断发散，并形成新的注意力聚集与影响力扩散效应。这样就形成传统媒体通过线下传播，让观众形成对节目内容的初步印象，微博等新媒体方式线上跟进，构建线上的"好声音"社区，对相应内容形成话题热议，然后再由传统媒体进行线下传播跟进，形成线上线下互动传播的态势。由此产生传播内容的被关注度及被解读度螺旋式上升的互动传播效应。

如冯小刚8月24日晚发表微博"好声音刘欢组pk，其中三组的去留我与刘欢的决定一致。只有郑虹和李代沫让我难分伯仲，如果让我选择，我只能抛硬币决定去留。郑虹，我没有演唱

---

① 胡敏：《好声音，好营销》，载《中国经营报》2012-08-27C05版。

会,不知道拿什么安慰你。但你在我心里留下了。"据新浪微博统计,截至10月1日,该微博引起14930次转发与8200次评论。① 在这一过程中,冯小刚的意见与粉丝的意见进一步传播与发酵,相关议题也实现了多级与多层传播的目标。冯小刚的微博传播,不仅实现了《中国好声音》在线上的深度传播,形成网络新媒体与传统电视媒体实时互动的态势,更实现了线上线下彼此助推、相互累进的传播效果。事实证明,这种"电视媒体+网络微博"的叠加传播模式,是微博时代建构电视娱乐节目传播机制,实现节目最大传播效果的有效路径。

**二、《中国好声音》中改变与被改变的电视娱乐节目范式**

波兹曼在《娱乐至死》一书中说:"电视是我们文化中存在的,了解文化的最主要方式。"② 电视娱乐节目作为当代社会文化的重要载体,其节目范式所承载的文化功能,不仅要在受众接受与消费中得以实现,节目范式本身也会受到社会文化现实的深刻影响,进而会发生相应的改变。

1. 围观即参与:受众对节目介入的能量及方式改变

中国人民大学喻国明教授说过:"以微博这类社会化媒体为代表的新兴传播方式极大地释放了人们的社会表达,为每一个人都'安装'了向社会喊话的'麦克风'"。微博中迅捷的信息流动与多样化的意见表达,更多"去中心化"的议程设置和更具侵犯性的"人肉搜索",形成了一种大众围观的社会格局③。如《中国好声音》出现的学员身份造假等虚假事件引来微博用户无数的

---

① 出自新浪认证冯小刚微博,网址:http://weibo.com/fengxiaogang。
② [美]尼尔·波兹曼著,章艳译:《娱乐至死》,桂林:广西师范大学出版社,2011年,第145~146页。
③ 喻国明:《"关系革命"背景下的媒体角色与功能》,载《新闻大学学报》2012年第2期。

"转发",而网民通过看似低参与度的"围观"将真相暴露于阳光下,引来更多的"围观"。在这里,围观不再是"冷漠"的代名词,而隐喻着这样一个事实:围观即参与。围观只是第一步,小小的一份转发汇聚微博围观的群体,以围观的微弱力量表达着"我在""我知"与"我能"的态度。

长期以来,公共话语权都被电视、广播、报纸等强势的传统媒体与精英人物所占领,受众只能被动地接受信息,或者"主动的接触、记忆与理解信息",在微博环境下,大众可以选择"主动生产与传播"个性化信息,极大地实现了信息的平民化与多元化。强势的传统媒体与精英人物的"中心化"地位被消解,"去中心化"带来的是内容生产主体的多元化。在微博时代"围观即参与"的语境之下,受众对电视娱乐节目内容生产的介入程度与参与方式,都发生了根本的改变:受众手上的传播权力使其不仅可以决定自己怎么想,而且在想什么上也有惊人的自主性。

《中国好声音》作为典型的"闭合性文本",以统一的叙事结构与叙事风格,试图在观众中产生统一的解读,然而这并没有影响到其内容生产的多元化与丰富性,网民通过微博对《中国好声音》进行的个性化解读与内容再生产更能在网络中掀起传播的热情与围观的热潮:从《中国好声音》导师到学员,从舆论领袖到普通网民,传统媒体到新媒体用户,都是其内容的生产者,都从不同的层面、角度对《中国好声音》作出了自己的诠释,补充了一个更饱满、立体的《中国好声音》,实现了内容的再生产与再传播。正如费斯克(John Fiske)所号称的,任何"宰制力量"都不能剥夺大众接受大众文本的主动性[①]。电视文本被描述为主流意识形态与各种各样观众之间斗争的场所,而微博乃至网络则

---

① [美]约翰·费斯克著,王晓珏、宋伟杰译:《理解大众文化》,北京:中央编译出版社,2001年,第150~172页。

## 微博时代电视娱乐节目传播特征探析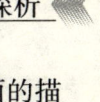

给观众提供了这样一个平台:大众文本以粗浅的笔触、浮面的描述把自己向各种社会关系敞开,大众可以在其中填入自己的社会经验,写入自己的意义,建构出自己的文化。受众从而通过"深度"围观实现了"从媒体对受众做了什么"到"受众对媒体做了什么"的转变[1]。在某种程度上,《中国好声音》是在直播——在微博上实现了直播,电视上播放的内容不过是作为微博上讨论的背景资料而存在。

2. 从碎片到圈子:破与立中产生的信息流动新秩序

微博受到最大的诟病在于微内容传播带来的"碎片化"后果。但在《中国好声音》的传播过程中,碎片化的微博传播带来了更巨大的传播效果,碎片化以正面效果存在的方式,成为其中的关键。某个学员的视频片段、某个导师的搞笑截图或者学员的漫画像都是微博用户传播的对象,这些碎片化的信息反而更符合微博微内容承载模式。其实碎片化不是目的,碎化、微化实际上是将原有紧密地构建在一起的社会要素、产业要素加以解构,让它们拥有新的功能聚合的可能。也就是说,功能性的聚合才是当前发展变化的关键所在,而微化的本质是引发一场新的关系革命基础上的产业革命[2]。不破不立,一个紧密固结在一起的事物是很难进行新的关系盘整的,在这里,碎片化的解构只是为了在新的功能聚合时建立信息流动的新秩序。

在微博中功能性聚合的表现形式为:大众传媒通过传统媒体向个人传播,个人通过碎片化微内容在微博进行分众传播,分众传播促进圈子的建立进而实现多级个人传播,传统媒体进一步跟进,在互动融合中最后实现真正的大众传播,最终建立信息流动

---

[1] 邓筑虹:《从〈理解大众文化〉看约翰·费斯克的文化理论》,载《广东海洋大学学报》2010 年第 2 期。

[2] 邓筑虹:《从〈理解大众文化〉看约翰·费斯克的文化理论》,载《广东海洋大学学报》2010 年第 2 期。

的新秩序。在其间,舆论领袖起着关键的作用。如9月30日当晚,"微博女王"姚晨通过电视观看《中国好声音》总决赛,发表了微博"吉克隽逸今晚唱得真好,很打动人心。应该说,她每场都唱得很好,她也是当之无愧的中国好声音"。截至10月20日,据微博统计数据显示,该微博产生了3561条转发与4651条评论①,引发了其粉丝支持与反对的大讨论。如一名粉丝拥簇姚晨说:"吉克隽逸的歌声开扬,听起来很舒服,永远支持隽逸!"而随之另一名粉丝发表不同观点:"吉克隽逸之前叫王隽逸。很白很有钱。为了加分故意去晒黑,无耻!""人家就是唱得好啊,就算那些说的是真的,你们没见过明星都要包装啊。""肤浅!这是唱歌比赛,不是选美!没听过晒黑还能加分的!"② 粉丝在讨论中发生分歧或者达成共识,而这些讨论也会通过转发即刻被姚晨其他关注者以及其自身的关注者接收到,进而形成了不同的网络圈子,这些网络圈子通过大网络环境与传统媒体合作将信息进一步发散,最终实现信息的多级传播。需要认识到的是,微博传播附着着一种基于博主和粉丝的认同关系、欣赏关系的内容传播特性,进而形成了一种圈子文化的产物③。因此,微博在传播时就如下图所示,实现了由点到面、由面到多维主体的规模形态,使微博的传播效果和传播力进一步扩大;个人传播、分众传播与大众传播的交织作用,加大了微博传播的无可比拟的纵深度。因此如下图所示,传统大众媒体在参与并缝合其碎片与间隙的过程中,通过微博所传播的内容,在影响力、可信度、可接受程度方面发挥出其最大效率,并使传播内容在新的循环中达到了更高层级的聚合与发酵。

---

① 出自新浪认证姚晨微博,网址:http://weibo.com/yaochen.
② 资料引自新浪认证姚晨微博,网址:http://weibo.com/yaochen.
③ 喻国明:《嵌入圈子、功能聚合、跨界整合——"关系革命"背景下传媒发展的关键词》,载《新闻与写作》2012年第6期。

3. 从去中心化到再中心化:新舆论领袖与伪"草根化"

在互联网环境下,公众得到一个巨大的、前所未有的互动空间,通过"去中心化"消解了传统权威。而互联网带来的除了自由互动,还有海量数据。根据新浪微博统计,新浪微博每天产生一亿条左右微博,网民陷入了信息海洋之中。为解读海量信息网民需要新的"权威",于是网民"选举"新舆论领袖成为了网民网络信息新的"守门人":网民对舆论领袖的认同不仅表现为对其个人魅力的欣赏,更在于"托付"舆论领袖为其筛选信息,甚至解读信息。因此,网民信息解读的"托付"行为实现了网络信息传播的"再中心化"。在微博中该"托付"行为表现充分:新的微博用户首次登陆就需要选择关注对象,备选对象多为社会名人、文化精英或者娱乐明星等加"V"认证的新舆论领袖,选择后微博中就会自动弹出所关注对象即时更新的微博信息。通过关注这一"托付"行为,微博用户实现了对信息的筛选与把关。笔者注意到,舆论领袖作为信息节点在《中国好声音》微博信息传播中扮演着非常关键的角色,大多数网民都是通过微博舆论领袖才开始了解与关注该节目,并通过微博与他人对《中国好声音》话题进行在线讨论,进而引发进一步的传播。正是因为有效运用了新舆论领袖强大的号召力与动员力,才使得《中国好声音》传播效果达到了前所未有的广度与深度。

需要认识到的是,短信时代,《超级女声》通过设置短信投票在一定程度上实现了"人人都只有一票"的民主参与;而在微博时代,拥有 2593 万粉丝①的微博"女王"姚晨通过微博传播,理论上却拥有了 2593 万的投票权。由此可以看出,受众消解传统权威实现的"去中心化"并没有打破传统的金字塔,而只是打破了金字塔原有的结构模式,新的舆论领袖取而代之走上金字塔

---

① 出自新浪认证姚晨微博,网址:http://s.weibo.com/weibo。

顶端,实现了再中心化,人们只是在隐形的"伪草根"中狂欢。粉丝无论怎么活跃,都只是在舆论领袖碎片化的个人传播中"画地为牢";在微博中并非"人人都有麦克风",有人拿的是有音响的麦克风,而有人甚至是扯着嗓子喊,最后命运都只能是被麦克风淹没。而《中国好声音》的传播实践证明了微博中新舆论领袖的传播能力与效应,更体现了通过舆论领袖加速信息传播的可行性与必要性,这也是《中国好声音》通过微博环节取得最终良好传播效益的关键所在。

### 三、总结

《中国好声音》的第一季已落下帷幕,其传播实践已经证明,微博对电视娱乐节目传播的介入,不仅改变了节目传播的效果,产生了巨大的节目影响力及市场收益;更由于这种新媒体形式的介入,以及与电视媒体的有机融合后产生的线上及线下结合的互动、开放传播方式,也改变了电视娱乐节目的范式,为新的社会形态与媒介形态下的电视娱乐节目发展提供了一条可资借鉴的有效路径。虽然在《中国好声音》的节目内容及传播过程中,依然存在着若干被质疑、诟病的因素及环节,但其与新媒体密切结合的传播意识,以及由此所形成的一些电视娱乐节目范式,仍具有非常大的参照与借鉴价值。

[原载《西南民族大学学报》(人文社会科学版),2013年2期]